北京高等教育精品教材

高等院校小学教育专业教材

儿童发展与教育心理学

Ertong Fazhan yu Jiaoyu Xinlixue

（第2版）

主　编　伍新春

副主编　张　军　赖丹凤

编写者　王大顺　叶青青　伍新春

　　　　朱　瑾　何立新　张　军

　　　　张爱芹　汪红烨　岳永华

　　　　俞　劼　胡　博　夏　令

　　　　储召红　曾玲娟　赖丹凤

高等教育出版社·北京

内容提要

　　本书为教育部教师工作司组织专家审定的高等院校小学教育专业教材的修订版。　入选北京高等教育精品教材。

　　全书广泛借鉴国内外儿童发展与教育心理学研究的最新理念和成果，紧密结合教与学的实践，从心理发展与教育、学习心理与教学、教学心理与教师三个方面阐述了儿童发展与教育心理学的基础知识和基本理论。　每一章都从真实的教育教学案例引入，然后从理论基础、研究事实、教学应用等方面逐步展开论述，尤其是在结合小学教育教学实践、解决小学教育实际问题方面，阐述系统而精要。　在每章结尾提供"理解·反思·探究"和"阅读导航"，帮助学生进一步领会基本原理、解决实际问题、阅读相关文献，促进其自主学习和主动发展。

　　此次修订结合《国家中长期教育改革和发展规划纲要（2010—2020 年）》和《小学教师专业标准（试行）》，增加了小学生想象和言语、社会经济地位差异与教育的内容，修改了发展理论、学习动机、问题解决、教学测评方面的内容；尤其从教学心理与教师角度，增加了教师职业发展的内容。

　　本书可作为高等院校小学教育专业的本、专科教材，也可作为在职小学教师继续教育和各种考试（如硕士研究生入学考试、小学教师资格考试）的参考用书。

图书在版编目（CIP）数据

　　儿童发展与教育心理学/伍新春主编. —2 版. —北京：高等教育出版社,2013.4（2019.1 重印）
　　ISBN 978 - 7 - 04 - 032325 - 2

　　Ⅰ.①儿…　Ⅱ.①伍…　Ⅲ.①儿童心理学-教育心理学-高等学校-教材　Ⅳ.①G44

　　中国版本图书馆 CIP 数据核字（2013）第 011988 号

| 策划编辑 | 禹明秋 | 责任编辑 | 肖冬民 | 封面设计 | 张　志 | 版式设计 | 范晓红 |
| 插图绘制 | 尹文军 | 责任校对 | 刘　莉 | 责任印制 | 毛斯璐 | | |

出版发行	高等教育出版社	网　　址	http://www.hep.edu.cn
社　　址	北京市西城区德外大街 4 号		http://www.hep.com.cn
邮政编码	100120	网上订购	http://www.landraco.com
印　　刷	北京玥实印刷有限公司		http://www.landraco.com.cn
开　　本	787mm×960mm　1/16		
印　　张	26.5	版　　次	2004 年 7 月第 1 版
字　　数	480 千字		2013 年 4 月第 2 版
购书热线	010-58581118	印　　次	2019 年 1 月第 13 次印刷
咨询电话	400-810-0598	定　　价	38.00 元

本书如有缺页、倒页、脱页等质量问题,请到所购图书销售部门联系调换

物 料 号　32325-A0

高等院校小学教育专业教材总序

教育部教师工作司

我国已进入全面建设小康社会、加速推进现代化建设的新的历史阶段。在这样一个历史阶段,教育越来越成为促进社会全面发展、推动科技迅猛进步,进而不断增强综合国力的重要力量,成为我国从人口大国逐步走向人力资源强国的关键因素。我国的教师教育正面临着前所未有的机遇和挑战。教师教育的改革发展直接关系到千百万教师的成长,关系到素质教育的全面推进,关系到一代新人思想道德、创新精神和实践能力的培养和提高,最终关系到推动科学发展、促进社会和谐、全面建设小康社会奋斗目标的实现。

培养具有较高学历的小学教师是全面建设小康社会和适应基础教育改革与发展的迫切需要,也是我国教师教育改革发展的必然趋势。为了适应基础教育改革与发展的需要,我国对培养较高学历小学教师工作进行了长时间的积极探索,取得了较大成绩,并积累了许多宝贵经验。《中共中央国务院关于深化教育改革全面推进素质教育的决定》指出:建设高质量的教师队伍是全面推进素质教育的基本保障。教育部在《关于"十五"期间教师教育改革与发展的意见》中明确指出:"开创教师培养的新格局,提高新师资的学历层次。"教育部印发的《关于加强专科以上学历小学教师培养工作的几点意见》(以下简称《意见》)中指出:"教育部将组织制订专科学历小学教师的培养目标、规格,完善和改革课程体系和教学内容,制定《师范高等专科三年制小学教育专业教学方案(试行)》,组织编写小学教育专业教材,加强小学教育专业建设。"

开展小学教师培养工作,课程教材建设是关键。当务之急是组织教育科研机构、高等师范大学的专家学者和广大师专院校的教师联合编写出一套高水平、规范化的、专为培养较高学历小学教师使用的教材。

编写小学教育专业课程教材,应该遵循以下原则:

一、时代性与前瞻性。教材要面向现代化、面向世界、面向未来,反映当代社会经济、文化和科技发展的趋势,贴近国际教育改革和我国基础教育课程改革的前沿,体现新的教育理念。

二、基础性与专业性。教材要体现高等专科或本科教育的基础性,同时要紧密结合当今小学教育课程改革的趋势和实施素质教育的要求,针对小学教育专业的特征和小学教师的职业特点,力求构建科学的教材体系,提高小学教师的专业化水平。

三、综合性与学有专长。教材要根据现代科技发展和基础教育课程改革综合化的趋势,强化综合素质教育,加强文理渗透,注重科学素养,体现人文精神,加强学科间的相互融合以及信息技术与各学科的整合;同时,根据小学教育的需要,综合性教育与单科性教育相结合,使学生文理兼通,学有专长,一专多能。

四、理论与实践相结合。教材要根据小学教师职前教育的要求,既要科学地安排文化知识课和教育理论课,又要加强实践环节,注重教育实践和科学实验,重视教师职业技能和职业能力的培养。

五、充分体现教材的权威性、专业性、通用性和创新性。以教育部制定的小学教育专业课程方案为编写依据,以本、专科通用为目的,培养、培训沟通,在教材体系框架、内容、呈现方式等方面开拓创新,加大改革力度,充分体现以学生为本的教育理念,使教材从能用、好用上升到教师、学生喜欢用。

高等教育出版社和华东师范大学出版社根据以上原则分别组织编写了有关教材,经过专家审定,我们向各地推荐这套教材,请有关单位和学校酌情选用。

第2版前言

本书是教育部教师工作司组织专家审定并向全国推荐使用的高等院校小学教育专业教材之一。自2004年出版以来,被全国许多高等院校选为小学教育专业的教材,被教育部评为教师教育优秀课程资源,得到了大家的普遍好评。本书的修订工作被列为2009年度北京高等教育精品教材建设立项项目,得到了北京市教育委员会的经费支持,并入选2009年度北京高等教育精品教材。这些既是对我们的肯定,更是对我们的鞭策。为了及时总结本书在使用中的成功经验,使得本书具有更高的质量和更强的生命力,我们于2009年春正式启动了本书的修订工作。在历时近四载的修订过程中,我们力图贯彻三个基本原则,那就是所修订的教材必须更好地回应师生的需求,更好地反映学科的进展,更好地反映时代的精神。

为了本书能更好地回应师生的需求,2008—2010年,我们曾利用在全国各地召开"教师教育课程资源建设研讨会"的机会,向广大任课教师征求对教材内容和教材使用的建议,进行了数场教师座谈和数次学生调研活动,并多次深入课堂了解教师的教学活动、了解学生的学习需求,为我们修订出一本质量上乘、适用性强的教材奠定了坚实的基础。当然,高等院校小学教育专业的学生毕业后将会成为光荣的人民教师,因此我们修编的教材不仅应该有效地促进小学教育专业师范生的学,更重要的是要促进小学教师的专业成长,促进他们更好地适应小学教师的工作岗位。为此,我们邀请了长期与我们从事合作研究的来自北京、天津、内蒙古、山西、湖北、湖南的多所小学的校长和教师,从教育教学一线需要的角度,给我们的教材修订提出建议,并为我们提供鲜活的案例,从而保证本书最终对促进教师的专业发展有所帮助。

当然,一本优秀的教材除了满足一线教师教学和学生学习的需求之外,还应该引导其需求的发展,这就要求所修订的教材应该尽量反映与教育教学实际密切相关的学科的最新进展。为此,我们阅读了大量最新的相关文献,参阅了新近出版的有关教材,在保持全书基本框架结构不变的前提下,适当调整、增删了本书的部分内容。首先,增加了第十四章"教师的职业发展",将第三编变更为"教学心理与教师",以便未来的小学教师能从职业发展的视角,审视自己的专业素养与理想的教师素养的差距,明确现代小学教师需承担的工作角色及可能带来的角色冲突,懂得在未来的职业发展道路上如何有效地维护自己的心理健康,从而在促进学生发展的同时,也能享受职业给自己带来的幸福感。其次,删除了部分与小学教育关系较远的内容,增加了密切联系小学教育实践并反映学科发展的内容。例如,第二章删除了作为历史争论的华生的环境论和弗洛伊德的本能论,因为它们探讨的主要是影响个体发展的因素,而这些可在心理发展辩证观中得到解释;同时,增加了能有效揭示儿童社会性发展的心理理论和能有效解释儿童发展影响因素的生态系统理论,从而使得第二章从认知发展、人格发展、社会性发展的角度全面探讨了儿童发展的理论,并对影响儿童发展的不同因素进行了合理的整合。再如,第三章适当补充了儿童想象和言语发展的内容;第五章增加了社会经济地位差异与教育的议题,简要介绍了留守儿童和流动儿童的教育问题;第七章增加了成就目标理论、自我价值理论和自我决定理论的内容及相应的动机激发措施;第十三章补充了档案袋评价的有关内容。所有这些变化,既是为了反映学科的发展,更是为了回应现实教育的实际需要,为教学工作提供切实的理论指导。

在修订过程中,2010 年 7 月国务院颁布了《国家中长期教育改革和发展规划纲要(2010—2020 年)》,系统规划了我国 21 世纪第二个十年教育的改革和发展蓝图,必将深刻地影响我国教师教育事业的发展。此后,教育部颁布了幼儿园、小学、中学的"教师专业标准",《教师教育课程标准(试行)》和《中小学和幼儿园教师资格考试标准(试行)》等相关文件。本书就是为了反映小学教师专业标准的要求、体现小学教师教育课程设置的需要、促进未来的小学教师顺利通过教师资格考试的目的而进行精心修订的,以充分反映时代精神,满足当今社会对教师的新要求。其中,小学职前教师教育课程要求引导未来教师理解小学生成长的特点与差异,学会创设富有支持性与挑战性的学习环境,满足他们的表现欲和求知欲;理解小学生的生活经验和现场资源的重要意义,学会设计和组织适宜的活动,指导和帮助他们自主、合作与探究学习,形成良好的学习习惯;理解交往对小学生发展的价值和独特性,学会组织各种集体和伙伴活动,让他们在有意义的学校生活中快乐成长。为此,《教师教育课程标准(试行)》小学职前教师教育课程中设置了 6 大学习领域、20 多个建议模块,本书即是为了落实"儿童发展与学习"领域的要求而将"儿童发展"和"小学生认知与学习"等模块进行整合而成的一本小学教育专业教材。

　　总之,本书的修订是在进行充分的需求调研、查阅大量的相关文献、落实教育部相关文件精神的背景下完成的。为了保证修订工作的顺利进行,参与本书修订的人员在第 1 版编写人员的基础上进行了适当的调整。修订版仍由北京师范大学心理学院博士生导师伍新春教授担任主编,副主编改由北京师范大学珠海分校教育学院张军副教授和厦门大学公共事务学院助理教授赖丹凤博士担任。此外,参与本书修订工作的还有甘肃河西学院教育系王大顺教授、安徽皖西学院教育系储召红教授、广西师范学院教育系曾玲娟教授、首都师范大学初等教育学院俞劼副教授、郑州大学教育学院叶青青讲师、河南省教育学院夏令讲师、北京师范大学心理学院胡博硕士等。当然,本书的修订是在第 1 版的基础上进行调整、更新、修改、补充和完善而来的,虽然此次修订工作没有邀请原来的全部作者参与,但是本书仍然在一定程度上反映了他们的劳动,本书的修订是大家共同劳动的成果。因此,我们将参与各章修订的作者和第 1 版的作者视为各章的共同作者。具体的情况是:第一章,伍新春;第二章,伍新春、胡博、岳永华;第三章,储召红、张军;第四章,储召红;第五章,张军、储召红;第六章,伍新春、曾玲娟;第七章,赖丹凤、王大顺;第八章,夏令、伍新春、张爱芹;第九章,王大顺;第十章,伍新春、赖丹凤、朱瑾;第十一章,王大顺、赖丹凤;第十二章,俞劼、何立新;第十三章,叶青青、汪红烨;第十四章,曾玲娟、张军。在修订的初稿完成后,主编对各章进行了认真的修改,对部分内容进行了重写,并最终定稿。在此过程中,副主编张军和赖丹凤协助做了大量工作。

　　和本书的第 1 版一样,本书的修订也是在借鉴、参考和引用国内外大量文献资料的基础上完成的。限于篇幅,我们在参考文献中也只列出了有关的主要书目,而对相关的论文和报告未能一一列出,谨此表示深切的谢意和歉意。在本书修订的过程中,我们曾得到高等教育出版社教师教育出版事业部禹明秋和肖冬民两位副编审的大力支持与协助,在此一并致谢。

　　我深深地感到修订一本教材并不比编写一本教材容易!虽然我们历时四载进行了认真的修订,但由于作者的水平有限,修订中的疏漏和错误在所难免,诚恳地欢迎同行专家和广大读者继续提出宝贵的批评和意见。

伍新春

北京师范大学心理学院

2012 年 12 月 12 日

第1版前言

一

教育作为一种永恒的社会现象,是一项宏大的系统工程,它包括各级各类教育。小学教育作为整个教育系统的基石,是义务教育的起点,是素质教育的关键。为了给儿童的终身学习和可持续发展打下坚实的基础,必须有一大批政治合格、作风优良、敬业爱岗、业务精深、了解学生的教师全身心地投入到小学教育活动中来。一般而言,目前的小学教师都受过良好的政治思想教育和科学的专业素质训练,但他们往往对学生的认知、学习和个性缺乏深刻的了解,不能依据小学生的心理发展特点,有针对性地进行教学。造成这一现象的主要原因,在于他们普遍缺乏必要的儿童发展与教育心理学知识,不能自觉地运用儿童发展与教育心理学理论来指导自己的教育实践。

儿童发展与教育心理学的首要任务在于揭示学生的认知发展与社会性发展的心理特点,探索学生掌握知识和技能、发展能力和创意、形成态度和品德、激发动机和兴趣的心理规律,揭示学生的学习活动、心理发展与教育条件、教育情境的依存关系,从而使教育工作建立在心理科学的基础上,提高教育的科学性和效益,促进教育事业的发展。因此,小学教师都必须具有一定的儿童发展与教育心理学的基础知识,善于从心理学的角度去分析教育过程,并学会从心理学的角度去认识学生的心理特点,在心理科学的指导下,在独立学习和自我培养中,不断丰富和完善自己。

二

我们认为,引导小学教师学习儿童发展与教育心理学的主要目的,在于帮助他们熟悉小学生的心理发展特点,掌握学生学习规律与教学活动规律,以尽快适应小学的教育和教学工作,成为一名合格的小学教师。为此,本书从心理发展与教育、学习心理与教学、教学设计与测评三个方面全面系统地阐述了儿童发展与

教育心理学的重要主题,以满足小学教师培养与培训的要求。在编写过程中,我们力图体现以下特点:

一、实用性与时代性。作为小学教育专业的教材,该书每一章都从真实的教育教学案例引入,然后从理论基础、研究事实、教学应用等方面逐步展开论述,尤其是在结合小学教育教学实践、解决小学教育实际问题方面,阐述系统而精要;最后在每章结尾提供"理解·反思·探究"和"阅读导航",帮助未来的教师进一步领会基本原理、回顾学习经历、解决实际问题,并引导他们阅读相关文献,促进其自主学习和主动发展。本书的内容紧扣基础教育课程改革的时代精神和促进师生共同发展的培养要求,着力突出主动建构知识、掌握学习方法、提高实践能力、培养创新意识等教学主题。

二、科学性与系统性。本书在讲求实用性与实践性的同时,十分重视为小学教师打下扎实的理论基础,并提供了大量科学研究的案例和教学应用的实例。全书构建了儿童发展与教育心理学的学科体系,既强调了心理发展理论、儿童认知发展和社会性发展规律,也特别关注了发展差异的教育含义;在阐述学习理论、学习动机等一般学习规律的基础上,重点阐述了知识建构、技能形成、学习策略教学、问题解决能力培养、社会规范学习与品德发展等与教育教学实际密切相关的特殊学习规律;并介绍了教学设计与测评等重要内容。

三

根据儿童发展与教育心理学的学科性质,为了体现教材的实用性与时代性、反映教材的科学性与系统性,我们在教材第一章全面回顾儿童发展与教育心理学的研究历史与现状、系统阐述儿童发展与教育心理学的研究对象与任务的基础之上,分"心理发展与教育"、"学习心理与教学"、"教学设计与测评"三个部分介绍了儿童发展与教育心理学的主要内容。

第一编"心理发展与教育"主要阐述了儿童心理发展的特点及因材施教的规律。学生是教学活动的对象,是学习活动的主体,一切教育教学活动的最根本目的就在于促进学生的和谐发展。因此,学生的心理发展既是学习与教学活动的起点,也是学习与教学活动的目的。为了让未来的小学教师更好地了解儿童心理发展的规律与小学儿童心理发展的特点,我们在本书的第二至第五章,系统介绍了有关儿童心理发展的主要理论解释、小学儿童的认知与思维发展特点、小学儿童的个性与社会性发展特点、小学儿童心理发展的个体差异与群体差异等主要内容,以提高未来教师对小学儿童心理世界把握的能力。

第二编"学习心理与教学"主要阐述了学生学习的过程与条件等基本学习规律。由于教师的教学必须通过学生的学习活动才能起到促进学生发展的目的，因此有关学生学习的过程与条件等内容自然成为发展与教育心理学的重点。为此，我们在本书的第六至第十二章，不仅系统介绍现代学习理论观点的演变、学习动机的培养与激发等学习的一般规律，而且详细阐述了知识的理解与建构、技能的形成与训练、策略的获得与养成、问题解决能力的提高和创造性的培养、社会规范的学习与品德的发展等不同领域学习的特殊规律，以使未来的教师明确任何教育教学措施都是建立在小学生的学习规律基础之上的，从而增强对教育教学的科学性的认识。

第三编"教学设计与测评"主要阐述如何将儿童心理的发展特点与小学生的学习规律应用于教学实践。大家知道，学生发展特点与学习规律的研究，最终是为了提高教学质量，促进学生的发展。为此，我们在本书特别讨论了教学活动的设计和测评问题，帮助教师提高教育教学的目的性和有效性。

四

本书由北京师范大学心理学院副院长、教育心理与心理健康研究所所长伍新春教授主编，副主编由甘肃河西学院王大顺副教授和安徽皖西学院储召红副教授担任。北京师范大学发展心理研究所所长、中国心理学会教育心理专业委员会主任申继亮教授亲自审阅本书，并提出了宝贵意见。具体的执笔情况是：第一章，伍新春；第二章，岳永华；第三、四、五章，储召红；第六章，曾玲娟；第七章，王大顺；第八章，伍新春、夏令、张爱芹；第九章，王大顺；第十章，伍新春、朱瑾；第十一章，王大顺；第十二章，何立新；第十三章，汪红烨。在初稿完成后，主编对各章进行了认真的修改，对部分内容进行了重写，对全书的体例和风格进行了统一，并最终定稿。

本书是在借鉴、参考和引用国内外大量文献资料的基础上完成的。限于篇幅，我们在参考文献中只列出了有关的主要书目，而对相关的论文和报告未能一一列出，谨此向有关的编著者和出版者表示深切的谢意。在本书成稿的过程中，我们曾得到高等教育出版社禹明秋编辑的大力支持与协助，在此一并致谢。

当然，由于我们水平有限，编写的疏漏和错误在所难免。诚恳地欢迎同行专家和使用本书的每一位读者提出宝贵的批评和意见，以便今后进一步修订和不断完善。

伍新春

2004 年 4 月 28 日

北京师范大学英东教育楼

目 录

第四章　小学儿童的个性与社会性发展

第五章　心理发展的差异与教育

第二编　学习心理与教学

第六章　学习的理论观点

第七章　学习动机的激发

第八章　知识的建构

第九章　技能的形成

第十章　学习策略及其教学

第十一章　问题解决能力与创造性的培养

第十二章　社会规范学习与品德发展

第三编　教学心理与教师

第十三章　教学活动的设计

第十四章　教师的职业发展

第一章　儿童发展与教育心理学概述

2010 年 7 月颁布的《国家中长期教育改革和发展规划纲要（2010—2020年）》（以下简称《教育规划纲要》）强调，今后十年我国教育改革发展要贯彻优先发展、育人为本、改革创新、促进公平、提高质量的工作方针。其中特别指出，把育人为本作为教育工作的根本要求，尊重教育规律和学生身心发展规律。要以学生为主体，以教师为主导，充分发挥学生的主动性，把促进学生健康成长作为学校一切工作的出发点和落脚点。把促进公平作为国家基本教育政策，保障公民依法享有受教育的权利。坚持教育的公益性和普惠性，建成覆盖城乡的基本公共教育服务体系，努力办好每一所学校，教好每一个学生。把提高质量作为教育改革发展的核心任务，注重教育内涵发展，鼓励学校办出特色、办出水平。扩大优质教育资源总量，更好地满足人民群众接受高质量教育的需求。

《教育规划纲要》强调："面对前所未有的机遇和挑战，必须清醒认识到，我国教育还不完全适应国家经济社会发展和人民群众接受良好教育的要求。教育观念相对落后，内容方法比较陈旧，中小学生课业负担过重，素质教育推进困难；学生适应社会和就业创业能力不强，创新型、实用型、复合型人才紧缺……国运兴衰，系于教育；教育振兴，全民有责……按照面向现代化、面向世界、面向未来的要求，适应全面建设小康社会、建设创新型国家的需要……全面实施素质教育，推动教育事业在新的历史起点上科学发展，加快从教育大国向教育强国、从人力资源大国向人力资源强国迈进，为中华民族伟大复兴和人类文明进步作出更大贡献。"

面对国家教育改革和发展的需要，作为未来的小学教师，你认为自己的优势在哪里？当你走向工作岗位后，如何尽快成为一名优秀的教师？当然，你应该了解教师的职业特点，要不断丰富教学经验。但是，更重要的是，你首先必须了解自己工作的对象——小学儿童，特别是他们的心理发展特点和学习活动规律。那么，怎样才能科学高效地了解小学儿童的心理发展特点和学习活动规律呢？"儿童发展与教育心理学"这门课程，就是你进入儿童内心世界的最佳"敲门砖"。本书将系统介绍小学儿童的心理发展特点、小学儿童的学习活动规律，以及如何依据儿童发展特点和学习活动规律进行有效教学等内容，以帮助你全面了解学与教的基本原理及其实践应用。

第一节 儿童发展与教育心理学的历史与现状

德国心理学家艾宾浩斯(H. Ebbinghaus)曾经指出:心理学具有悠久的过去,但只有短暂的历史。此种说法不仅适用于解释心理学的发展,也适用于解释发展与教育心理学的发展。下面简单回顾一下发展与教育心理学的演变历程,以明确其发展方向。

一、古代哲学心理学时期的儿童发展与教育心理学思想

从历史发展角度看,发展与教育心理学的思想均导源于古代的哲学心理学。发展心理学所探讨的,是古代哲学心理学中有关人性本质变化的根本问题;而教育心理学所探讨的,则是有关人性本质在教育情境中改变的问题。西方如此,中国亦然。

(一)西方古代发展与教育心理学思想

古希腊时期,自柏拉图(Plato)主张教学方法应重视个别差异、教育目的在于促进身心和谐发展,到亚里士多德(Aristotle)主张顺应本性、培养习惯、启发心智的教育原则,均符合现代发展与教育心理学的基本理念。然而,从17世纪开始,欧洲的教育界开始流行以官能心理学为基础的形式训练说。官能心理学认为,人的心灵是由职司认知、情感、意志等多种不同官能所组成的整体。各种官能就像身体的各种器官一样,各自具有与生俱来的能力。教育对学生的价值,并不在于教给他具体的知识或技能,而在于提供给他训练的机会,以发展他的官能。只有人的官能得到发展,才能促进训练的迁移,才能使个体终生受益。像这种只重材料形式和训练价值而不重学习内容和实用知识的形式训练说,虽然在现代教育思想上已不再被重视,但作为这一学说的理论基础的官能心理学所强调的发展认知、情感、意志等人性特质的看法,仍然是现代发展与教育心理学的重要理念。除此之外,在科学心理学诞生之前,欧洲有四位著名学者的思想对发展与教育心理学的发展产生了深远的影响。

较早的一位是瑞士教育家裴斯塔洛齐(J. Pestalozzi,又译作裴斯泰洛齐),他的发展与教育心理学思想可归纳为四点:(1)人性中包含有原始性(兽性)、社会性与道德性三个层面,教育的功能就在于克制人的原始性而发扬其道德性;(2)强调以爱为教育的中心,视学校如家庭,视教师如父母,视学生如子女;(3)在教学上强调使学生的头(心智)、心(情意)、手(行动)三方面均衡发展;(4)重视儿童的个性发展,视教师如园丁,视学生如花木。既重视学生的个别差异与自然发展,也主张教师除爱护学生之外,也需要培养其道德规范。

　　第二位是德国教育家赫尔巴特(J. Herbart)，他的发展与教育心理学思想可以概括为以下四点：(1)人类的心灵兼具有知、情、意三种功能；(2)教育应以道德为先，道德教育的实施则以自由、完美、善意、权利、正义五者为基础；(3)重视儿童兴趣的培养，而兴趣又有对事(认识自然环境)的兴趣与对人(认识社会生活)的兴趣之分；(4)重视教学的程序，将整个教学过程分为明了、联合、系统、方法四个步骤，后经其弟子增补而成为著名的五段教学法，即准备、提示、比较、概括和应用。

　　第三位是德国教育家福禄贝尔(F. Froebel)，他的发展与教育心理学思想可以简述为以下四点：(1)家庭是学校教育的基础，父母的爱是子女人格发展的动力；(2)自由与创造是人类的天性，前者使人选择向善，后者使人得到智慧；(3)重视团体游戏的社会化教育功能，儿童从游戏中既可以学到与人合作，也可以学到遵守道德规范；(4)重视儿童的感觉与知觉发展，并进而使儿童达到认识周围环境、发展美感的目的。

　　第四位是德国教育理论家莫依曼(E. Meuman)，他是"实验教育学运动"的倡导者。莫依曼认为，可以把教育学分为研究教育目的的普通教育学和研究儿童身心发展及教育方法的实验教育学。他提出"实验教育学"主要研究：(1)儿童身心发展的特征与成人身心发展的差异，使教材、教法心理学化；(2)儿童身心发展的过程及其个性禀赋的差异，使教育活动个性化；(3)儿童学习与疲劳，即儿童在完成学校及家庭作业时身心的疲劳程度，研究怎样创造在学习上费力少而收效多的条件，使学习"经济化"。他主张在上述研究的基础上，改革课程与教育教学方法。

（二）中国古代发展与教育心理学思想

　　受儒家思想的影响，中国自古就重视教育，流传下来的古代发展与教育心理学思想也极其丰富。

1．人性本质与教育功能

　　发展与教育心理学思想的根本问题之一是探讨人性本质与教育功能的关系。对于这个问题，孔子、孟子和荀子三个人各有不同的看法。孔子认为："性相近也，习相远也。"(《论语·阳货》)它表明，人性中包括本性与习性两方面，前者来自遗传，后者学于环境；教育对人是有必要的，它具有使人改变习性的功能。

　　孟子对人性本质与教育功能的看法，主要表现在他的性善论上。孟子认为："人性之善也，犹水之就下也；人无有不善，水无有不下。"(《孟子·告子上》)孟子强调，人性之中本就具有恻隐、羞恶、辞让、是非四种善根，并称之为"四端"或"善端"。顺乎人性本质发展，即可形成合于教育理想的仁、义、礼、智的行为。孟子说："仁义礼智，非由外铄我也，我固有之也，弗思耳矣。"(《孟子·告子上》)孟子这种视教育功能为发展人性的思想,与西方人本主义心理学的思想(详见第六章)颇为相似。

对于人性本质与教育功能的看法,荀子的主张与孔子、孟子大不相同。荀子的基本理念是:"人之性恶,其善者伪也。"(《荀子·性恶篇》)"伪"同"为",意指由学习而矫正其本来恶性的意思。荀子强调教育具有"化性起伪"的功能。他认为:"性也者,吾所不能为也,然而可化也。"(《荀子·儒效篇》)意思是说,人的本性是不学而能的,但本性中的恶劣成分是可以改善的。"故圣人化性而起伪,伪起而生礼义。"(《荀子·性恶篇》)荀子这种借教育的外铄力量来改变人性的思想,与西方行为主义心理学的主张(详见本书第六章)可谓异曲同工。

2. 道德教育与知识学习

德育与智育是中国自古以来教育的两大重点。如何培养学生的道德品质及如何教授学生知识,自然成为中国古代发展与教育心理学探讨的主题。

从道德教育看,在孔子的思想中,他所持有的知、情、意、行四者并重的理念,可视为最完整的德育心理思想。孔子的道德教育思想以仁为中心,他认为"克己复礼为仁"(《论语·颜渊》)。也就是说,能克制私欲而实践礼的人,就是有道德的人。至于在教育实践中,如何使学生学到仁的理念与行为?孔子主张通过以下途径来实施道德教育:(1) 道德认知。孔子说"未知,焉得仁"(《论语·公冶长》),认为"知"是实现"仁"的先决条件。(2) 道德情感。孔子说"仁者不忧"(《论语·宪问》),"唯仁者,能好人,能恶人"(《论语·里仁》),认为有道德的人是有感情的。(3) 道德意志。孔子说"苟志于仁矣,无恶也"(《论语·里仁》),认为有志于仁的人,是不会做坏事的。(4) 道德实践。孔子说"先行其言,而后从之","人而无信,不知其可也"(《论语·为政》),强调言行一致的重要性。

从知识学习看,孔子同样主张知、情、意、行四者并重。孔子说:"学而不思则罔,思而不学则殆。"(《论语·为政》)意思是说,只是一味地读书,而不动脑思考,就会惘然无得;只是沉迷于思考,而不认真读书,就会疲劳倦怠。他又说:"知之者不如好之者,好之者不如乐之者。"(《论语·雍也》)也就是说,如果个体对所学知识有兴趣,并能体会到学习的乐趣,就能产生最佳的效果。后来,荀子做了补充,特别强调"知"之后的"行"的重要性。荀子说:"不闻不若闻之,闻之不若见之,见之不若知之,知之不若行之。学至于行之而止矣。"(《荀子·儒效篇》)如将孔子与荀子的思想结合起来,则当代教育心理学所强调的知、情、意、行四者合一的知识学习心路历程,早在两千多年前的中国儒家思想中,就已经阐述得相当完整了。

在中国古代的发展与教育心理学思想中,除上述两个重点外,有关教师心理的思想也很有价值。孔子所说的"学而不厌,诲人不倦"(《论语·述而》)、"其身正,不令而行;其身不正,虽令不从"(《论语·子路》)等思想,指出了理想教师的心理品质和行为特点。唐代韩愈在其名著《师说》中所持的"师者,所以传道、受业,解惑也"的观点,也在相当长的时间内影响了教师职业角色的建立。

二、教育科学取向下儿童发展与教育心理学的希望与挫折

自从 19 世纪末心理学脱离哲学而成为一门独立学科以来,发展与教育心理学因受心理科学方法的影响,也放弃了固有的哲学基础,走上了科学的道路。在发展与教育心理学改变取向的初期,由两位心理学家的思想所带动的两次教育改革运动影响最大,一是以桑代克(E. L. Thorndike)思想为中心的"教育科学运动",二是以杜威(J. Dewey)思想为中心的"进步教育运动"。

(一)教育科学运动

"教育科学运动"发生在第一次世界大战之后的美国。1903 年桑代克出版了影响深远的《教育心理学》,并于 1913—1914 年修订成三大册。桑代克的著作是采用当时流行的实证主义的科学取向而撰写的。它不仅使得发展与教育心理学的研究走向科学化,而且促使整个教育学研究走向了科学化。

美国教育界为了大规模推动教育科学改革,进行了多项发展与教育心理学的研究计划。其中,最著名的研究有四项:(1)儿童阅读心理的研究,由芝加哥大学贾德(C. H. Judd)主持;(2)智力与智力测量的研究,由哥伦比亚大学桑代克主持;(3)天才儿童的研究,由斯坦福大学推孟(L. M. Terman)主持;(4)天性与教养问题的研究,由美国教育研究协会(American Educational Research Association, AERA)负责。这四大研究计划,所研究的问题都是教育的根本问题,而且均由当时最著名的心理学家主持。因此,以心理学为主导的教育科学运动,确实对 20 世纪 20 年代的发展与教育心理学的发展,产生了极大的鼓舞作用。但是,这些计划推行十年之后,其结果并未达到预期的目标,从而促使人们逐渐认识到:采用心理学的科学方法研究教育问题,如果舍问题的内在心路历程于不顾,只从问题表象去分析研究,再严密的方法也不能用来了解问题的症结所在,更难达到解决问题的目的。

(二)进步教育运动

杜威是跨哲学、心理学、教育学三大领域的杰出学者,是 20 世纪对东西方文化影响最大的人物之一。在发展与教育心理学上,杜威的主张是:(1)学校即社会,教育即生活,充实学生在校的学习生活,重于教其准备未来的生活;(2)学校课程必须符合学生的兴趣与能力,教学活动应以学生为中心,而非以教师为中心;(3)强调学生在行动中学习知识,因而主张"做中学";(4)主张教育本身无

固定目的,让学生在快乐学习中健康成长就是教育的主要目的。杜威的这些发展与教育心理学的理念,也正是"进步教育运动"的主张。

支持杜威上述主张的美国教育界,在 1920 年成立了进步教育协会(Progressive Education Association, PEA),并将"进步教育运动"在 20 世纪 30 年代推向了高潮。当时他们推行了一项号称"八年研究"的计划。该计划的研究目的是以 30 所中小学为实验学校,采用杜威的民主教育方式改革教材教法,以期实现进步教育的理想。八年之后,有 29 所学校完成了实验。但是,从实验结果中并未发现"进步教育运动"对学生的学习成绩与身心发展的显著影响。

客观地说,从"教育科学运动"到"进步教育运动"的 20 多年,采取教育科学取向以改革学校教育,给人们带来了希望;但是上述研究没有获得预期的成效,也给人们带来很大的挫折感,从而降低了发展与教育心理学者对学校教育问题研究的兴趣与信心,并使此后的发展与教育心理学的发展陷入了低潮。

三、心理科学取向使儿童发展与教育心理学的研究偏离正轨

20 世纪 30 年代以后的发展与教育心理学,在遭受上述两次挫折之后,终于放弃了对学校教育实际问题研究的初衷,改而走上心理科学研究取向的道路。在心理科学取向下,以人或动物为对象所进行的心理学研究,其目的只在从人或动物的行为变化中发现普遍的原理或原则,这与发展与教育心理学研究的目的极不相同,后者强调在教育情境中了解人性并改变人性。因此,发展与教育心理学的研究在走上心理科学取向之后,无异于偏离了自身的目的,并最终失去了自身的独特性。儿童发展心理学不再关注儿童在教育情境中的发展,也不再重视教育对儿童发展的影响,而专注于远离教育实践的规律的发现,其中的典型代表是瑞士著名心理学家皮亚杰(J. Piaget)的认知发展理论。教育心理学则沦落为"心理学原理在教育上的应用"的"大杂烩",结果导致了对教育心理学自身理论建构的忽略。单以与学校教育关系密切的学习心理研究为例,这一时期虽有各种学习理论纷纷提出,但它们都是建立在非学校情境中的学习活动基础之上的,对于解决学校教育实际的问题缺乏应用价值。这就使得教育心理学的发展不仅失去了独立性,而且陷入了"等待"与"借用"的困境:"等待"一般心理学原理和原则的发现,"借用"心理学研究结果以解决教育问题。如此恶性循环,致使多年来教育心理学的发展,未能充分发挥其应有的价值和作用。

在 20 世纪 30 年代至 60 年代,正是以斯金纳(B. F. Skinner)、赫尔(C. L. Hull)等人为代表的极端行为主义心理学盛行的时期。斯金纳和赫尔根据动物实验获得的学习原理,将人类一切复杂学习行为简化,以刺激与反应的联结来解释学校中的一切学习活动。如此一来,传统教育中一向重视"人教育人"与"人

感化人"的教育理念完全丧失了。结果,原本以人为研究对象的心理学,自从受自然科学影响转向科学化之后,先是失去人的灵魂,继而又失去人的心,最后连人的意识也完全丧失了。心理学本身的研究演变到了既"非人"又"无心"的地步,其研究所得原理或原则能否用之于解决教育问题,就可想而知了。

四、认知发展与教学心理取向使儿童发展与教育心理学的研究对象窄化

20世纪60年代以后,发展与教育心理学的发展从心理科学取向转变为认知发展与教学心理学取向。导致发展与教育心理学发生这一转变的,主要有三种因素:(1)教育技术的应用。教育技术指运用心理学、生理学及物理学等多方面的知识,配合学校教学的需要所设计的各种辅助教学器材与运作方法(诸如幻灯机、录音录像机、电脑等视听教育器材)。(2)人造卫星的影响。第二次世界大战之后的美国,举国上下一致以世界第一强国自居,却不料在1957年苏联率先成功发射了人造卫星,极大地震惊了美国。对于"人造卫星"事件的反思,反映在教育改革上,就是兴起了所谓的"恢复基础运动",主张加强读、写、算的教学,以提高国民的科学知识水平。(3)认知心理学的发展。认知心理学兴起于20世纪60年代末期,由于它对人类的知识结构及其知识的编码、储存和提取的过程提出了较合理的解释,从而成为了现代心理学最重要的一个发展领域。由于认知心理学以解释人类如何学习知识为主要宗旨,其研究成果自然会受到学校教育的重视。由布鲁纳(J. S. Bruner)领头的、建立在人类认知和认知发展基础之上的结构主义教学改革运动,就是明证。因此,发展与教育心理学发展到20世纪70年代,逐渐显示出认知发展与教学心理的取向。

如果只从知识教学的观点看,认知发展与教学心理取向的发展与教育心理学研究是可取的。因为认知发展与教学心理学摒弃了以往行为主义只重外显行为分析的取向,改而研究认知发展和知识学习的内在心路历程,是符合学校教育的实际需要的。但如从学校教育的目的看,认知发展与教学心理学的研究,只能视为发展与教育心理学研究的重要主题之一,而不能取代发展与教育心理学。学校教育不仅要促进学生的认知与智力发展,而且更应促进学生的人格和社会性的发展;不仅要教授学生不同的学科知识,而且要培养学生的道德品质。因此,在20世纪80年代初期,美国的有识之士指出:以前学校教育忽视科学知识教学,导致国民科学知识水平低下,是国家的危机;但是,如果学校教育过于偏重科学知识的教学,而忽视健全人格的培养,更是违反人性的,势必使国家在未来陷入另一种更严重的危机。

五、社会性发展与成就动机研究使儿童发展与教育心理学迈向全人发展的轨道

随着人本主义心理学在社会生活和教育领域中的影响日益增大,随着苏联维果茨基(L. S. Vygotsky)的社会文化历史发展理论被大量介绍到美国,随着信息技术环境对学生学习产生的影响越来越广泛,自 20 世纪 80 年代以来,发展与教育心理学越来越关注儿童的个性与社会性发展,开始系统研究社会文化和网络环境对学生的影响,越来越重视个体在社会生活中追求成就的动因,从而使发展与教育心理学逐渐迈向了全人发展的轨道,真正体现了素质教育的目的。

在这一时期,发展与教育心理学越来越重视研究教学中的社会心理因素。例如,有人从社会心理学的角度来研究个体和群体的成就动机;还有人重视教学组织形式中的社会心理问题,如班级的大小、学生的角色对个体发展的影响等。同时,发展与教育心理学越来越关注教育实际,越来越注重为教学实践服务,发展了许多有效的教学模式,如合作学习等。此时,发展与教育心理学的研究重点逐渐集中在以下四个方面:(1) 主动性研究,研究如何使学生主动参与教学的过程,并对自身的心理活动进行更多的控制;(2) 反思性研究,研究如何促使学生从内部理解所学内容的意义,并对学习进行自我调节;(3) 合作性研究,研究如何使学生共享教学过程中所涉及的人类资源,如何在一定背景下将学生组织起来一起学习,如同伴辅导、合作学习、交互式学习等,从而使学生把个人的积极思考与同伴合作相结合;(4) 社会文化研究,研究社会文化背景是如何影响学习过程和人格发展的。

我国教育心理学的发展历程

据有关研究,我国出现的第一本有关教育心理的著作是 1906 年由房宗岳翻译日本小泉所著的《教育实用心理学》。其后,著名教育心理学家廖世承于 1924 年出版了《教育心理学》,这是中国最早自编的教育心理学教材。与此同时,在学科心理、教育与心理测量等方面也取得了一定的成绩,并翻译介绍了大量西方的教育心理学教材。这是我国教育心理研究的萌芽和起步阶段。

新中国成立以后,经济建设和文教事业的发展为中国教育心理研究和普及提供了广阔的发展前景。新中国成立 60 多年来,我国教育心理学的发展大致经历了改造、起步、破坏、新生、繁荣五个时期。

1. 从 1949 年到 1956 年,心理学工作者开始以马克思主义为指导来改造旧中国的心理学,并大量翻译和学习苏联心理学,试图树立心理学的辩证唯物主义观点,以确立我国教育心理学的发展方向。同时,也对桑代克的教育心理学理论和测验技术进行了研究、认识和清理批判。

2. 从 1956 年到 1966 年,是我国教育心理学的研究迅速向纵深发展的时期。心理学界以马克思主义为指导,探索能为社会主义经济和文化建设服务的方向,教育心理学也取得长足的进步。虽然在 1958 年前后,受"左"的思想影响,心理学界出现了思想混乱,但随着偏差的纠正,教育心理学研究出现了欣欣向荣的局面。研究范围涉及学习心理、德育心理、智育心理、学科心理、学生个别差异、教学法改革等课题,1963 年出版了潘菽主编的《教育心理学》,各师范院校也相继开设了教育心理学课程。

3. 在 1966 年到 1976 年的"十年动乱"期间,心理学界备受摧残,教学和科研机构几乎全部被迫停办或撤销,队伍全部解散,一些心理学工作者被迫害致死。但是,就是在心理学遭受厄运的最艰难时候,仍有不少心理学工作者不畏艰险,坚持了心理学的研究、心理学著作的编译和著述。

4. 1976 年以后,我国心理学和教育心理学获得了新生。20 世纪 80 年代,我国的教育心理学研究重新起步,有关教育心理学的科研课题受到高度重视,并在学习心理、教学心理、德育心理、学习归因、心理健康、特殊儿童教育心理的研究方面取得了许多令人瞩目的成果,先后出版了潘菽主编的《教育心理学》(1980)、冯忠良著的《学习心理学》和《智育心理学》(1981)、邵瑞珍主编的《教育心理学:学与教的原理》(1983)等教材,在一定程度上满足了当时教学和培训的需要。

5. 进入 20 世纪 90 年代之后,我国教育心理学迈向了繁荣发展的道路。在教育心理学教材建设方面,先后出版了邵瑞珍和皮连生主编的《教育心理学》(1988/1997/2004/2011)、李伯黍和燕国材主编的《教育心理学》(1993/2001/2010)、陈琦和刘儒德主编的《当代教育心理学》(1997/2007)、冯忠良和伍新春等著的《教育心理学》(2000/2010)等一批比较有影响的教材。在教育心理学理论建设方面,冯忠良教授提出了"结构-定向教学心理学原理",皮连生教授提出了"知识分类与目标导向教学理论",这些作为具有中国特色的、密切联系我国教学改革实际的教育心理学理论,对我国教育心理学的发展和建设具有重要的价值。

总之,经过心理学与教育的分分合合,经过发展心理学与教育心理学的分分合合,目前的发展与教育心理学已逐渐迈向成熟。人们逐渐认识到:发展心理学与教育心理学必须相互借鉴,取长补短,共同发展。也就是说,必须将发展心理学所揭示的儿童心理发展的基本规律应用于教育教学实践,以检验其是否符合实际;同时教育心理学所研究的学与教的基本规律也必须符合儿童心理发展的水平,以加强其针对性和实效性。

第二节　儿童发展与教育心理学的研究对象与任务

发展与教育心理学作为研究学生发展特点与学习规律的科学,它既研究学生的心理发展特点,也研究学生的学习过程与条件,但主要关注的是学生课堂的学习与教学问题。在这一节里,我们具体探讨发展与教育心理学的研究对象,并简要介绍其内容体系和研究任务,以便大家对发展与教育心理学有一个最基本的全局性认识。

一、儿童发展与教育心理学的研究对象

儿童发展与教育心理学是儿童发展心理学与教育心理学相结合的产物。儿童发展心理学是发展心理学中专门研究儿童时期身心发展特点与规律的科学,也称为儿童心理学,是心理学的基础学科之一。教育心理学主要探讨学校教育情境中学生的学习过程与学习条件,注重解决教育实践领域中的心理学问题,属于心理学的应用学科之一。因此,儿童发展与教育心理学既具有基础学科的色彩,也有应用学科的特性,是研究儿童时期的心理发展特点与规律以及在学校情境中学生的学习过程与学习条件的科学。简言之,儿童发展与教育心理学是研究儿童心理发展特点与学习规律及其教学应用的科学。

(一)儿童心理发展特点与规律的研究是基础

要想教育学生,首先必须了解学生,了解学生的心理发展特点与规律。学生是教学活动的对象,是学习活动的主体,一切教育教学活动的最根本目的就在于促进学生的全面发展。因此,学生的心理发展既是学习与教学活动的起点,也是学习与教学活动的目的,从而使得有关儿童心理发展特点与规律的研究成为发展与教育心理学的首要内容。

为了让未来的小学教师更好地了解儿童心理发展的规律与小学儿童心理发展的特点,我们将在第一编"心理发展与教育"中系统介绍有关儿童心理发展的主要理论、小学儿童的认知与思维发展特点、小学儿童的个性与社会性发展特点、小学儿童心理发展的差异等主要内容,从而提高未来教师对小学儿童心理世界把握的能力。本书第二、三、四、五章,就是围绕儿童的心理发展特点与规律而展开论述的。

(二)学生学习过程与学习条件的揭示是重点

由于教师的教学必须通过学生的学习活动才能起到促进学生发展的作用,

因此有关学生的学习过程与学习条件等内容自然成为了发展与教育心理学研究的重点。为此,我们首先必须揭示教育系统中学生学习的性质、特点与类型。因为只有弄清学生学习的性质、特点及类型,才能进一步探讨学生学习的规律。

其次,应该揭示学生学习的规律,即学习的发生、变化及发展的必然性。教师与学生只有了解了这种学习的必然性,才能采取有效措施以促进学习和教学,才能完善或优化教学系统、提高教学成效。所谓学习规律,主要体现在两个方面:首先是以学习的发生、变化及发展的过程或阶段表现出来的。学生在学习中,由不知到知,不会到会,不信到信,所有这些变化都是不同的学习过程的体现。研究学习规律,要揭示学习的这种过程,而过程的进展及结果总是依赖一定的条件的,学习是在一定条件的作用下发生、又在一定条件作用下变化的。所以,学习规律的研究,除了要揭示表示学习进展的过程以外,还要揭示直接影响过程进展的条件。

在研究学生的学习规律时,必须注意区分一般规律与特殊规律。学习的一般规律是指各种不同的学习所共有的规律,其作用范围较广;学习的特殊规律是指某种学习所特有的规律,其作用范围较窄。区分这两种不同的规律,不仅利于研究工作的深入,而且利于在教育实践中对学习规律的自觉应用。为此,在第二编"学习心理与教学"中将系统介绍现代学习理论观点、学习动机的激发等学习的一般规律,详细讨论知识的建构与理解、技能的形成与训练、学习策略的获得与养成、问题解决能力和创造性的培养、社会规范的学习与品德的发展等不同领域学习的特殊规律,以使未来的教师明确任何教育教学措施都是建立在小学生的学习规律基础之上的,从而增强对教育教学的科学性的认识。本书的第六、七、八、九、十、十一、十二章,就是围绕上述学生的学习规律展开阐述的。

(三)将发展特点与学习规律应用于教学实践是目的

学生的发展特点与学习规律的研究,最终是为了提高教学质量,促进学生的发展。这就要求发展与教育心理学,不仅要研究儿童的心理发展特点与各种学习规律,同时也要研究这些发展特点与学习规律在教学实践中的应用问题,以利于它们转化成为教学技术。同时,这些特点与规律只有被教师所理解和接受,才能在教育实践中真正发挥作用。为此,本书第三编"教学心理与教师"特别介绍了教学活动的设计和教师的成长与发展等问题,也就是第十三、十四章阐述的内容。

当然,学生的发展特点与学习规律的应用是一件十分复杂的工作,是许多教育学科共同的任务。发展与教育心理学不可能也不应该包揽一切而替代其他教育学科。发展与教育心理学对发展特点与学习规律的应用研究,主要是提供有利于教学技术开发的原则而不是教学技术本身,因为教学技术的开发更多地要依赖其他教育学科。

总之,发展与教育心理学既要研究学生的发展特点与学习规律,同时也要研究如何指导学生进行有效学习;既要探讨不同类型学习的过程和条件,也要研究教师的教学行为,探讨教学设计及教学考评等,为有效教学提供科学依据。为此,发展与教育心理学的首要任务就在于揭示学生掌握知识、形成技能、获得策略、发展能力、形成品德的心理规律,揭示学生的学习活动和心理发展与教育条件和教育情境的依存关系,从而使教育工作建立在心理科学的基础上,提高教育的科学性和效益,促进教育事业的发展。同时,发展与教育心理学对教师有效的独立学习和自我培养,也可以提供必要的帮助。不论从事哪一种教育工作,必须具有一定的心理学基础知识和必要的心理学观点,善于从心理学的角度去看待和分析教育过程,并学会从心理学的角度去分析和认识学生的心理特点和心理发展状况,在心理科学的指导下,在独立学习和自我培养中,不断丰富和完善自己。

二、儿童发展与教育心理学的研究内容

儿童发展与教育心理学的具体研究内容,是围绕学生的学与教师的教这一相互作用过程而展开的。学生的学与教师的教是一个系统的过程(图1-1),该系统包含学生、教师、教学内容、教学媒体和教学环境五种要素,由学习过程、教学过程和评价-反思过程三种活动交织在一起。

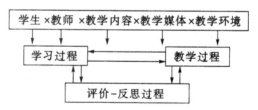

图1-1   学生的学与教师的教的相互作用模式

(一)学习与教学的要素

1. 学生

学生是学习的主体,任何教学手段必须通过学生起作用。学生这一要素主要从两个方面来影响学与教的过程。第一是群体差异,包括年龄、性别和社会文化差异等。以年龄差异为例,年龄差异主要体现在思维水平的差异上。小学五年级和小学一年级的学生,具有不同的思维水平,其学与教的过程也会表现出相应的差异。同一种教学方法,在五年级也许效果很好,但在一年级可能行不通。

第二是个体差异,包括先前的知识基础、学习方式、智力水平、兴趣和需要等差异。它们是任何学习和教学的重要内在条件,因为学习就是在原有的知识经验基础上生成新的知识经验的过程。在日常生活中,在以往的学习中,学生已经获得了大量的经验,在开始某一主题的教学之前,他们常常已经对这一主题有了自己的认识和理解。教学不是忽视这些经验另起炉灶,而是要把它们作为新知识的生长点,由此引导学生获得更精确、更丰富、更恰当的知识经验。如果无视学生的这些个体差异,将会使教学过易或过难,从而影响教学的效果和效率。

2. 教师

在教育过程中,学生是学习过程的主体,但这并不否定教师对学生的指导地位。学校教育需要按照特定的教学目标来有效地组织教学,教师在其中起着关键的作用。教师这一要素主要涉及敬业精神、专业知识、专业技能以及教学风格等方面。敬业精神包括热情、责任心、不断反思和总结经验;专业知识不仅包括学科知识,而且包括教育观念、学习与教学理论、学科教学知识等;专业技能包括目标设计、材料组织、信息交流、课堂管理、成效考评等方面;教学风格涉及教师在课堂的管理与组织、师生沟通与交流等方面的差异——它们对学生的学习有着重要的影响。

3. 教学内容

教学内容是学与教的过程中有意传递的主要信息部分,一般表现为教学大纲、教材和课程。教材的编制和课程的设置必须以学习和教学的理论与研究为基础。例如,教材的内容、结构以及难度,既要适合学生的现有发展水平,又要能有效地促进学生向更高水平发展;既要适合学生学习的过程和特点,又要考虑到教学的有效性。同时,教学内容的选编还必须考虑社会发展的需要。农业社会注重知识与经验的传授,工业社会强调知识与技能的训练,信息时代则越来越关注筛选信息和处理信息的能力、解决问题和自主学习的能力、创新意识和健康人格品质的培养等。因此,随着社会的发展,教学内容也要作出相应的调整。

4. 教学媒体

教学媒体是教学内容的载体,是教学内容的表现形式,是师生之间传递信息的工具。随着科学技术的发展,教学媒体也在不断更新,从简单的实物、口头语言、书本、录音、录像,到多媒体、计算机、网络等。教学媒体已成为教学过程中一个具有独特意义的因素,不仅影响着教学内容的呈现方式和容量的大小,而且对教师和学生在教学过程中的作用、教学组织形式以及学生的学习方式等都将产生深远的影响。因此,教学媒体日益成为发展与教育心理学所关注的一项独特课题。

5. 教学环境

教学环境包括物质环境和社会环境两个方面,前者涉及课堂自然条件(如温度和照明）、教学设施（如桌椅、黑板和投影机）以及空间布置（如座位的排列）等，后者涉及课堂纪律、课堂气氛、师生关系、同学关系、校风以及社会文化背景等。教学环境影响学生的学习过程和方法、教师的教学方法与组织。发展与教育心理学家们越来越认识到，教学环境尤其是社会环境不仅影响着学生情感和社会性的发展，而且对学生的认知发展过程也有着直接的作用。因此，教学环境不仅是课堂管理研究的主要范畴，也是学习过程研究和教学设计研究所不能忽视的重要内容。

（二）学习与教学的过程

1. 学习过程

学习过程指学生在教学情境中通过与教师、同学以及教学信息的相互作用获得知识、技能、策略、能力和品德的过程。学习过程是发展与教育心理学研究的核心内容，如学习的实质与条件、学习动机以及不同类型学习的规律等。

2. 教学过程

在教学过程中，教师设计教学情境（如教学目标的选择、教学材料的安排以及课堂环境的设置等），组织教学活动（如讲演、讨论、练习以及实验等），与学生进行信息交流（如信息的呈现、课堂提问与答疑等），从而引导学生的理解、思考、探索和发现过程，使其获得知识、技能、能力和品德等。此外，教师还要进行教学管理，调节教学的进程，以确保教学的有效性。

3. 评价–反思过程

评价–反思过程虽是一个独立的成分，但它始终贯穿在整个教学过程中，包括在教学之前对教学设计效果的预测和评判、在教学过程中对教学实施进程的监视和分析、在教学之后对教学效果与效率的检验和反思。

在教学结束后，教师要特别注意评价学习的结果。如果没有达到预期的效果，就需要对学生和教师自己的行为进行反思：错误出在哪儿？这些目标适合这些学生吗？教学方法适合这些目标吗？是否有必要全部或部分重教一遍？这些班级是否可以迈向下一个目标？通过反思，从而提出改进方案，以提高教学的效果和效率。

在学生的学与教师的教的互动模式中，五种因素共同影响着三种过程，而且三种过程交织在一起、相互影响。学生的学习过程是以自身先前知识和学习发展水平为基础的，是在教学过程的背景下进行的，学习的进展因教学的质量而变化。反过来，教学过程要以学习过程为基础进行，例如，学习目标的确定必须考虑学生原有的知识基础和学习能力，考虑所教内容的学习过程与特点等，而且必须通过学习过程而起作用，依据学生的学习进展情况不断地作出改变。教学过程还要根据教师自身的特点、教学内容的难易以及教学媒体和环境的情况而灵活进行调整。评价-反思随学习过程和教学过程的进行而侧重于不同方面,反过来又促进学习和教学,从而确保学习与教学达到最佳的效果。

三、儿童发展与教育心理学的研究任务

儿童发展与教育心理学作为研究儿童的心理发展特点、学习规律及其教学应用的学科,对于促进教师的个人成长和专业发展有重要作用。

(一)教师的专业成长之路就是从新手教师走向专家型教师

研究表明,新手教师在刚刚开始教学活动时,往往存在三类错误:第一,认为教学就是传递知识。在课堂教学中,新教师往往认为只要把知识讲述清楚,教学任务就完成了,而无暇顾及学生,更不用说考虑学生的先前经验尤其是其错误概念对教学可能产生的影响。事实上,在学习过程中,学生不是被动的信息接受者,他们必须以自己的知识经验为基础,进行积极主动的加工,才能理解知识的含义。如果学生在学习某一概念之前,具有很多与科学概念相违背的错误概念,则首先要进行的工作是纠正其错误概念,否则就无法有效地完成教学任务。本书中的"学习心理与教学"部分,将有助于新教师理解学生为什么会产生错误概念,并给新教师提供如何采取措施来消除学生错误概念的建议。

第二,认为具有某一学科的知识就能教授这门学科。许多新教师认为,学科知识包括了教学所需的全部知识。但是事实上,有关如何呈现教学内容、如何了解学生特点等知识,也是新教师所必须具备的。有研究者曾对新教师是如何说明并呈现数学概念的问题作过调查,结果发现,有数学专业背景的新教师与缺乏数学专业背景的新教师的教学效果,并没有显著差异,这是因为他们都缺乏如何为不同年龄段的学生安排授课难度、如何为不同内容选择合适的教学方法等教育教学知识,而学习发展与教育心理学正是获得有效教学所必需的各类知识的一个重要途径。一个教师有了较高的学术水平,只解决了教什么的问题,而掌握有关的发展与教育心理学理论,则有助于解决怎样教和如何教得更好的问题。诚然,教师自己学识渊博是学生有效掌握有关知识的重要条件,然而教学任务完成得好坏并不是看教师自己拥有多少知识,而是看学生得到了什么程度的发展。

第三,认为学会教学仅仅是一个经验积累的过程。应该说,教学经验对新教师的成长固然重要,但仅有实践还远远不够。通过实践能够积累经验,但这些经验本身可能存在两个问题:一方面,新教师观察到的教学或自己的教学不一定都很成功,因而在一定程度上,这种经验并不能有助于自身教学能力的提高;另一方面,即使是同样优秀的教师,他们在教学方法上也存在很大差异,漫无目的地学习各类成功经验,而不根据自己的特点和所教学生的情况进行灵活调整,也无法

有效地促进自我教学能力的提高。研究发现,学校或各类教师培训机构必须为观察者(新教师或实习教师)提供特定指导,提醒应关注的行为,否则观察者将无所适从,并可能学到不恰当或无关的教学行为。因此,除了实践外,新教师还要学习各类理论知识,而发展与教育心理学将从理论上指导新教师的教学行为,使他们把自己的教学工作建立在科学的基础之上,自觉地按照科学规律进行教学。这样,新教师必然会缩短自我摸索的过程,较快地取得教学经验,增强教学能力,提高教学质量。

从新手教师到专家型教师的过程

有研究者(Dreyfus & Dreyfus,1986)将教师从新手到专家的过程划分为5个阶段:新手水平、高级新手水平、胜任水平、熟练水平和专家水平。

新手水平教师是师范生或刚进入教学领域的教师。在这个阶段,教师的任务是学习一般的教学原理、教材内容知识和教学方法等,并熟悉课堂教学的步骤和各类教学情境,初步获得教学经验。

高级新手水平教师是有两三年教龄的教师。他们的言语化理论知识与经验相融合,教学事件也与案例知识相结合。他们开始意识到各种教学情境有其共性,也会运用一些教学策略来调节和控制自己的行为。但是,他们还不能有意识地控制自己的行为或课堂中的教学事件,还不能确定教学事件的重要性。因此,这个阶段的教师虽然获得了一些关于课堂教学事件的知识,但他们的课堂管理与教学活动还带有很大的偶然性和盲目性。

胜任水平,并不是每个教师都能达到的。胜任水平教师的教学有两个特性:能明确自己的教学目标和内容;能确定课堂教学活动中各类事件的主次。此水平教师对完成教学目标有较强的自信心,但是他们的教学仍然达不到迅速、流畅与变通的水平。

熟练水平教师对课堂教学情境和学生的反应有敏锐的观察力。他们能从不同教学事件中总结共性,形成有关教学的模式识别能力,可以准确预测学生的学习反应。正是由于获得了这些能力,熟练水平教师能根据课堂教学进程及学生的学习反应,及时调整自己的教学计划,并有效控制自己的教学活动。

专家水平教师在处理课堂教学事件时,并非以分析、思考、有意识选择与控制等方式,而是以直觉方式立即反应,从而能轻松、流畅地完成教学任务。此外,专家水平教师会针对复杂程度各异的教学情境,采取不同的处理方式:当陌生的教学事件发生时,他们开始有意识地思考,采取审慎的解决方法;当教学事件进行得十分流畅时,他们的课堂行为就成为一种自然而然的反射行为。

　　所谓专家型教师,就是具备科学的教学知识、高超的教学能力、丰富的教学经验的教师。研究表明,专家型教师往往具有四种教学专长,即学科知识专长、课堂管理专长、教授专长和诊断专长。学科知识专长是指所教学科的内容知识,它是一个组织良好且易于提取的知识实体,包括:(1)事实的或概念性的知识;(2)各种特殊的解题方法;(3)对课程目标、内容等的反思;(4)知识的优化组织;(5)任务的难度等。因此,学科知识专长不仅指特定内容的知识,还有优化教学所需的知识结构。课堂管理专长是指支持有效教学和有效学习的课堂条件的知识。此专长的作用在于:(1)维持课堂教学任务的进行;(2)预防或迅速消除课堂的不良行为;(3)创造良好的课堂气氛等。教授专长是指为了有效地完成教学目标,与教学策略及教学方法有关的内隐知识和外显知识的总和。教授专长存在于复杂但有规律的教学活动中,涉及的能力包括计划、监视、控制、评价和应变等,这些能力能适应不断变化的课堂情境,使教学变得更为流畅。诊断专长是指获得关于全部学生和个别学生学习状况的方法,这些学习状况的内容主要有:(1)学习需求;(2)学习目标;(3)学生的能力;(4)学生现有的学业水平;(5)学生的优势与不足等。

　　应当注意,拥有上述四类专长只是成为专家型教师的必要条件,而非充分条件。研究发现,教师对所教科目的热爱程度与学生的学业成就呈正相关,教师的热心、友好、善解人意这三种品质与学生的学习态度相关最大。也就是说,热心、友善的教师更受学生欢迎。因此,教师的教学能力并不仅仅是上述四类专长的综合运用,它还与教师的人格特征、动机、价值观与情绪等因素密切相关。

（二）发展与教育心理学有助于促进教师的专业成长

　　专家型教师区别于新教师的重要一点是,他们不仅掌握了扎实的学科内容知识,而且具有丰富而熟练的教育教学知识;他们不仅具有怎样激发学习动机、怎样管理不同水平的学生等"如何进行教学"的一般性知识,而且具有怎样教授负数这一概念、怎样纠正学生关于地球形状的错误概念等"如何教授具体内容"的特殊能力。而发展与教育心理学正可以为未来的教师提供有关这方面的知识、经验和理论解释,从而可以加速教师专业成长与发展的进程。研究表明,发展与教育心理学对教育教学实践具有描述、解释、预测和控制的作用。在实际应用中,这些作用往往相互交织在一起。

1. 帮助教师准确地了解问题

　　学生的情况是千差万别的,一旦出现了学习困难,发展与教育心理学虽不能告诉教师具体的"处方",但可帮助教师采用多种方法来了解出现困难的原因。例如,一名小学四年级学生在语文阅读方面存在困难,我们就可以应用智力测验、阅读测验等各种形式的测查手段,来找出困难的症结所在。当然,阅读困难也可能与个人的生活经验有关,如父母离异、对儿童漠不关心或期望过高致使其学习动机受挫,或者与教师关系不和、教学方法不当等致使儿童失去学习兴趣等。教师可以应用发展与教育心理学的理论和研究方法,对学生学习困难或心理发展过程中存在的有关问题追根溯源,准确了解学生,从而采取针对性的方法,促进学生的学业进步和心理的健康发展。

发展与教育心理学有助于对传统常规的教学方法和教学行为进行分析和研究,提出更为科学的观点,形成新的科学认识。例如,在小学语文课上,教师应该采用什么方式来指定学生朗诵课文,是随机点名还是按顺序点名?对这个看上去不成为问题的问题,发展与教育心理学的研究却表明,其答案并非像人们想象得那么简单,应综合考虑不同的年级、不同点名方式的利弊等,选取恰当的点名方式。

2. 为实际教学提供科学的理论指导

发展与教育心理学为实际教学提供了一般性的原则或技术。教师可结合实际的教学内容、教学对象、教学材料、教学环境等,将这些原则或技术转变为具体的教学程序或活动。例如,依据学习动机的规律,在课堂教学中可以采取创设问题情境、积极反馈、恰当控制动机水平等手段来培养和激发学生的学习动机;依据知识学习的规律,可以在教学内容的选编、教学程序的安排等方面采取措施,以促进知识的理解、建构与整合。依据学生的个性与社会性发展规律,可以有效地促进学生自我意识的发展、道德品质的形成,帮助学生建立良好的人际关系,维护心理的健康和正常发展。

3. 帮助教师分析、预测并干预学生的行为

利用发展与教育心理学原理,教师不仅可以正确分析和了解学生,而且可以帮助教师预测学生将要发生的行为或发展的方向,并采取相应的干预或预防措施,达到预期的效果。比如,根据学生的智力发展水平,为智力超常或有特殊才能的儿童提供更为充实、更有利于其潜能充分发展的环境和教学内容;为智力落后或学习困难的学生提供额外的帮助或行之有效的具体的矫正措施,使其达到最大程度的发展。又如,对于小学低年级学生擅自离开座位的行为,一般教师的做法是:一旦学生离开座位,教师就提醒他坐下,甚至对他进行批评。但是,发展与教育心理学的研究表明,此时教师越要求学生坐下,他们往往越要离开;而当教师不理睬他们的离座行为,只是表扬那些安静坐在自己座位上的学生时,离座率反而会下降。因为,许多小学生离开座位的目的就在于引起教师和同学的关注,而教师的要求和批评正是对他的一种关注,从而强化了他的不良行为;如果教师表扬其他遵守纪律的同学,而不关注破坏纪律的行为,则可以强化良好的课堂行为,抑制不良的行为习惯。

4. 帮助教师结合实际教学进行创造性研究

发展与教育心理学不仅为实际教育活动提供一般性的理论指导,也为教师参与教学研究提供可参照的丰富的例证。有效的教学需要教师因人、因事、因时、因地而灵活地进行,因为学生、班级、学校以及相应的社会环境各有不同,教学内容、教学时段、教学方法等也各有不同,普遍适用的教学模式是不存在的,需要教师结合教学实际,创造性地、灵活地将发展与教育心理学的基本原理与规律应用于教学中。否则,生搬硬套某些原理与规律,往往无助于教学效率的提高,甚至会适得其反。发展与教育心理学并非给教师提供解决一切特定问题的具体模式,它主要是给教师提供进行科学研究的思路和方法,使教师不仅能够理解、应用某些基本的原理和方法,而且还可以结合自己的教学实际进行创造性的研究,去验证这些原理并解决特定的问题。

理解 · 反思 · 探究

1. 请根据发展与教育心理学发展历史中的哲学心理学时期、教育科学取向时期、心理科学取向时期、认知发展与教学心理取向时期、社会性发展与成就动机研究时期的不同特点,谈谈你对心理学理论与教育实践相结合的过程的理解,谈谈你对发展心理学与教育心理学的分合价值的认识。

2. 假如你是一位小学一年级的班主任,班里有 25 名学生,请问:你对于学科内容知识、一般性教育教学知识、特定内容的教育知识各自在实际教学中的重要性如何认识? 你认为其中最重要的是哪一种知识,最不重要的又是哪一种知识? 为什么?

阅读导航

1. 冯忠良、伍新春等:《教育心理学》(第一、二章),北京:人民教育出版社,2010 年。

国内最有影响的教育心理学教材之一。第一、二章对于教育心理学的发展历史及其有关的经验教训进行了总结,对于教育心理学研究对象的确定和研究任务的确立也有深刻的论述。

2. 陈琦、刘儒德:《教育心理学》(第一章),北京:北京师范大学出版社,2007 年。

国内最有影响的教育心理学教材之一。第一章不仅阐述了教育心理学的学科性质和发展历史,而且对于教育心理学的研究内容及其对于教师成长的作用,也有比较深入的阐述。

3. 张春兴:《教育心理学》(第一章),杭州:浙江教育出版社,1998 年。

教育心理学"研究目的教育化"、"研究对象全人化"、"研究方法本土化"探索的力作。第一章重点阐述了教育心理学研究取向的历史演变过程,提出了教育心理学的教育科学取向、心理科学取向和教学心理取向的发展阶段理论,具有重要的参考价值。

4. 林崇德:《发展心理学》(第一章),北京:人民教育出版社,2009 年。

国内发展心理学领域最有影响的著作之一。第一章在明确发展心理学研究对象的基础上,系统介绍了发展心理学的研究历史、当前进展和未来展望。

5. 安妮塔·伍尔福克著,伍新春等译:《伍尔福克教育心理学》(第一章),北京:中国人民大学出版社,2012 年。

国际教育心理学领域最具代表性和影响力的教材。第一章首先阐述了在社会对教育寄予高期望的今天,教师所能发挥的核心作用,然后介绍了教育心理学对于促进教师专业发展的重要价值。

第一编　心理发展与教育

1

第二章 心理发展的主要理论

　　小学生明明经常出现一些不良行为,他不仅常常欺负同学、不遵守纪律、顶撞老师、欺骗家长,而且有时还抢、偷同学的文具和玩具。对于他的这些行为,家长和老师伤透了脑筋,却难以找出其中的原因和纠正的方法。

　　对于明明的行为,不同学派的心理学家有着不同的看法:

　　信奉埃里克森的"自我同一性理论"的心理学家认为,明明的自我意识发展不好,在某些重要时期没有很好地解决好关键的危机,因此出现了这些现象。他们建议,应该鼓励明明多参加一些学习或体育活动,并在这种活动中对他多加鼓励,使他逐渐建立起自信,克服他内心的自卑感。

　　研究心理理论的学者则认为明明的心理理论发展不好,以至于他在与同伴交往的过程中不能很好地理解他人的心理状态,从而养成了以攻击性行为或言语解决问题的习惯。此外,明明的不良人际交往方式导致他在同伴中的接纳程度低,又阻碍了其心理理论的发展。他们建议,在与明明的沟通过程中,应引导其使用心理状态词语,并尽可能以心理状态词语进行反馈。

　　生态系统理论的拥趸者则会对明明生活的环境系统及各环境系统间的关系进行分析,如了解明明感知到的主观环境,对明明的家庭、学校及同伴系统中的活动、角色和人际关系进行分析等。他们建议,应有针对性地对明明的环境系统进行调整,以促进其发展。

　　在心理科学浩瀚的海洋中,有着多种不同的理论。对于个体发展的进程和成长中所表现出的各种现象和特点,这些理论有着各自不同的观察和思考视角,因此也就有着各自不同的解释。

　　在这一章中,我们将介绍几种对于儿童心理发展过程和规律有着卓越贡献的理论。通过学习,你不仅能够了解这些理论的基本观点和主要内容,也可以看到一些有关的研究方法和经典实验。

第一节　皮亚杰的认知发展理论

　　皮亚杰是瑞士心理学家,当代最著名的儿童心理学家和发生认识论专家。皮亚杰的研究主要偏重于儿童的认知和思维发展,使用数理逻辑作为研究和分析儿童思维活动的工具,对儿童思维的发生与发展进行了深入细致的分析,建立了自己的建构主义发展理论。

一、心理发展的认知建构论

(一)儿童认知发展的机制

1. 动作

皮亚杰十分重视动作在儿童认知发展中所起的重要作用。他认为,儿童的思维既不是起源于先天的成熟,也不是起源于后天的经验,而是起源于主体的动作。皮亚杰强调儿童与环境之间的相互作用,认为正是这种主体与客体之间的相互作用使儿童的心理不断地得以发展。而这种主体与客体之间的相互作用正是通过儿童的动作来完成的,动作的本质就是主体对客体的适应(adaptation)。儿童通过动作而完成的对于客观环境的认识,是儿童心理发展的真正原因。

比如,一个饥饿的婴儿会拿起奶瓶,将它放到嘴里,这就是一种适应性的行为。而一个少年在旅行时会通过看地图来找到正确的道路,这也是一种适应。随着儿童的逐渐成熟,他们会逐渐掌握越来越复杂的认知结构,这些结构能够帮助他们不断适应越来越复杂的环境。

2. 图式

皮亚杰认为,图式即儿童对环境作出适应的认知结构。不同的主体对外界环境中的刺激会作出不同的反应,是因为每个主体的图式有所不同。

图式最初来自于遗传,一些低级的动作图式,如吮吸、抓握、行走等,都来自于遗传。这些基本的动作图式对于儿童的发展有着重要的意义。正是通过抓握、举手、爬行等动作,儿童可以不断地探索周围的环境,因而逐渐获得有用的信息,并学会通过思维来解决问题。

在个体不断适应环境的过程中,图式会不断地得到改变和丰富,逐渐发展出一些更高级的图式。在任何年龄阶段,儿童都要依赖他们现有的认知图式来认识周围的世界。由于不同年龄的孩子有着不同的认知图式,因此他们会使用不同的方法来解释同样的事物,并得到不同的结论。比如,很多3岁左右的孩子认为太阳是有生命的,因为它会在早上升起、晚上落下。皮亚杰认为,这就是因为这些孩子拥有着"会动的东西是有生命的"这样的基本认知图式。

3. 同化与顺应

皮亚杰认为,儿童并不是天生就具有关于周围世界的知识的,这些信息也不是谁教给他们的,而是通过他们自己的经验逐渐建构起来的。孩子们每天都在观察周围的世界、触摸周围的物体、感受周围所发生的事情。在这个过程中,他们逐渐适应了周围的环境。而适应有两种不同的形式:同化(assimilation)与顺应(accommodation)。

　　同化是指将周围的环境因素纳入到机体已有的图式中,以加强和丰富主体的图式。即使没有任何成人告诉过孩子太阳是有生命的,孩子们也会这样想。他们的想法是以他们的经验为根据的。他们看到过很多会动的东西都是有生命的,因此认为所有会动的东西都是有生命的。当他们看到任何以前没有见过的东西可以动的时候,他们就会使用这种认知图式去解释它,认为它是有生命的。由此可以说,同化就是使用已有的认知图式去解释新的信息或经验的过程。

　　顺应是指主体改变已有的图式以适应客观的变化。在孩子逐渐长大的过程中,他会看到越来越多会动却没有生命的东西,比如纸飞机、遥控玩具等。这时,儿童的主观认识与客观现实就会产生冲突,从而出现认知的不平衡。于是,他们对"会动的东西都是有生命的"这个图式加以修正,以合理地解释他们所遇到的事情。

　　同化与顺应并不只出现在儿童阶段,而是贯穿人的一生。任何时候,我们都在通过同化和顺应来解决我们所面临的问题,以达到与环境的平衡。最开始,我们往往会使用已有的图式来解决自己所面临的新问题,这就是同化的过程。而渐渐地,我们发现自己已有的图式不能解决问题,而必须要修正它以更好地适应现实,这时就会出现顺应。

　　当然,生物性的成熟在这个过程中起着重要的作用。大脑和神经系统的成熟使得儿童能够参与越来越复杂的认知活动,并在这个过程中逐渐通过同化和顺应建构起越来越高级的图式。

　　4. 影响儿童发展的因素

　　皮亚杰认为,支配儿童心理发展的因素主要有四个:成熟、物理因素、社会环境和平衡。

　　成熟主要是指神经系统的生长。正如我们前面所提到的,儿童某些行为模式的出现依赖一定的躯体结构和神经系统的机能。生理上的成熟为儿童的某些认知活动提供了必要的条件。但是,单靠成熟本身并不能使儿童获得认知方面的发展。

　　物理因素是指个体在与物体的相互作用中所获得的经验。仅仅为孩子提供一些物体是不能促进孩子的认知发展的,还必须要使孩子与这些物体进行相互的作用,使它们成为孩子周围环境的一个部分。物理因素是影响儿童发展的一个重要因素,但它不起决定性的作用。

　　社会环境包括社会生活、文化教育、语言符号等。它同样也是儿童心理发展的必要条件,但并不是充分条件。皮亚杰认为,环境与教育只能促进或延缓儿童的心理发展,而不能对儿童的心理发展起决定性的作用。

　　平衡就是不断成熟的内部组织与外部环境的相互作用,它才是儿童心理发展的决定因素。这种平衡并不是一种静态的平衡,而是动态的平衡,具有自我调节的作用。只有通过这种动态的平衡,儿童的心理结构才能不断地变化和发展。

(二)儿童认知发展的阶段

1.认知发展阶段论概述

皮亚杰认为,儿童的心理发展是一个连续的过程,但这一过程具有阶段性,可以划分为感知运动、前运算、具体运算、形式运算四个不同的阶段。这些阶段之间有着质的差异,每个阶段都有独特的图式,标志着这个阶段的年龄特征。同时,每两个阶段之间都不是截然分开的,而是有着一定的交叉和重叠。

皮亚杰的认知发展阶段理论认为,认知发展的四个阶段的顺序是不可改变的,因为每一个阶段都是下一个阶段的必要条件,前一阶段的认知图式是后一阶段的基础。每个孩子的认知发展都要依次经历这四个发展阶段,而不可能跳过其中的任何一个。但是,由于环境、文化、教育等的差异,这些阶段的出现可能提前,也可能推迟。

表2-1简要描述了皮亚杰提出的儿童从不成熟到成熟的认知发展所必须经历的四个发展阶段及其主要特点。

表 2-1   皮亚杰的认知发展阶段论

年龄	阶段	主要图式	主要的发展
0—2岁	感知运动阶段	婴儿使用感知和运动来探索环境并获得关于环境的基本知识。在刚刚出生时,他们只能做一些简单的反射活动;到了感知运动阶段的后期,他们能够做一些复杂的协调动作	获得关于"自己"和"客体"的基本概念。知道即使自己看不到某样东西,它仍然是存在的(获得"客体永久性")。开始内化一些能够产生表象和思维活动的行为图式
2—7岁	前运算阶段	儿童凭借表象进行思维,并开始使用符号来表现和理解环境中的事物。能够根据物体和事物的不同性质来对他们作出不同的反应。他们的思维有着明显的自我中心的特点,认为别人所看到的世界与他们所看到的完全一样。没有守恒概念。当注意力集中在问题的某一方面时,不能同时将注意力转移到其他方面	在游戏活动中,儿童开始表现出想象力,能够进行一些象征性的活动或游戏

续表

年龄	阶段	主要图式	主要的发展
7—11岁	具体运算阶段	儿童开始获得并使用认知操作,可以在头脑中进行一些逻辑思维活动。在这个阶段,他们开始能够完成一些在上一阶段不能完成的任务,并逐渐克服了自我中心	儿童不再被事物的表面特征所迷惑。他们开始逐渐了解日常生活中的一些物体和事件所具有的特性和它们之间的相互联系;获得了守恒概念,能够进行比较、分类、间接推理等逻辑运算
11岁之后	形式运算阶段	能够进行相当抽象、系统的思维活动	思维不再局限于具体可观察的范围。可以进行命题运算,能够离开具体事物,根据假设来进行逻辑推演

2. 具体运算阶段的特点

依据皮亚杰的观点,小学儿童的认知发展正处于具体运算阶段。这个阶段的基本特征就是对物理世界逻辑稳定性的认知,意识到变化了的元素仍保有它们原有的特征,并且这些改变是可逆的。同时,在此基础上逐渐获得分类和排序的能力。

皮亚杰认为,学生能否解决守恒问题取决于对以下三个方面是否理解:同一性、补偿性和可逆性。当学生完全掌握了同一性时,他就会知道没有增加或减少,量就不会变化。当学生理解了补偿性,他就会知道一个维度上外观的变化可以通过另一个维度的改变得到补偿。当学生理解了可逆性,学生就能从心理上"取消"已发生的变化。

儿童守恒概念的获得——皮亚杰的"柠檬汁实验"

"柠檬汁实验"是皮亚杰研究中的一个经典实验,它有力地证明了儿童对于守恒概念的掌握。

在实验中,研究者将同样多的柠檬汁分别倒进两个相同的杯子中,要求儿童判断哪个杯子中的柠檬汁更多。这时候,5岁和7岁的儿童都认为两个杯子中的柠檬汁一样多。然后,研究者当着儿童的面,将其中一个杯子中的柠檬汁倒入一个又高又细的杯子中,要求他们再次进行判断。这时候,5岁的儿童虽然知道高杯子中的柠檬汁还是原来的柠檬汁,但却坚持认为这个杯子中的柠檬汁变多了;而7岁的儿童认为两个杯子中的柠檬汁一样多。

> 这个研究有力地证明,7 岁的儿童已经掌握了守恒概念。他们不再只根据物体的表面现象下结论,而开始懂得,如果不增加或减少什么,物体的物理性质是不会发生改变的。

小学阶段获得的另一种重要能力是分类。分类取决于学生是否具有这样的能力——找出一系列物体中蕴涵的某个单一特性(如颜色),并根据这个特性进行分组。具体运算阶段中更高水平的分类是把一类纳入更高一级的类别中去。例如,一个城市可能在某个省内,也可能在某个国家内。当儿童应用这种高水平分类法解决位置问题时,他们经常会表现出对"完整"地址的好奇。例如,北京师范大学的完整地址是:新街口外大街 19 号,海淀区,北京市,中国,亚洲,北半球,地球,太阳系,银河,宇宙。

分类与可逆性也有关系。在心理上逆转一个过程的能力,能够帮助处于具体运算阶段的学生认识到我们可以从多个角度对物体进行分类。例如,学生知道可以按颜色将纽扣分类,也可以根据大小或扣眼的多少将它们重新分类。

排序是指按照从大到小或从小到大进行有序排列的过程,排序能力的获得是小学阶段的重要发展成果。对次序关系的理解有助于学生建立起逻辑序列,如 $A<B<C$(A 小于 B,B 小于 C)等。与前运算阶段的儿童不同,具体运算阶段的儿童能够理解"B 大于 A 但仍小于 C"。

掌握了守恒、分类、排序等运算能力后,具体运算阶段的学生终于建立起一个完整的、非常有逻辑的思维系统。然而,这种思维系统仍然是与物理现实联系在一起的。这一阶段的儿童已经能够对基于具体情境的逻辑进行组织、分类和操作。因此,他们在规划自己的房间时,已经能在实际搬动家具前,想象出几种不同的安排方式,而不必通过实际搬动进行尝试或纠正错误。但是,这一阶段的儿童仍然不能对假设性、抽象性的问题进行推理,因为这需要同时协调多个因素,皮亚杰认为这是形式运算阶段将要发展的能力。

二、评价与启示

(一)对皮亚杰理论的评价

皮亚杰对于儿童心理学的贡献是其他人所无法比拟的,他的研究方法和他所提出的理论都有着重要的突破性价值,对于儿童心理学的发展有着广泛而深刻的影响。

皮亚杰所提倡的临床法突破了以前心理学研究所使用的测验法和观察法的局限,不再仅仅测查儿童已经具有的"成就"或"结果",而是更多地探索了儿童思维发展的内在过程,使得心理学研究真正可以在机制或结构上去进行。方法的改进使皮亚杰的研究不再像过去那样只停留在对于心理事件的描述和说明上，而可以去解释心理发展的内在规律，去探索心理发展的内部机制。这对儿童心理学研究是一个重大突破。

同时，皮亚杰的理论对于儿童教育也有着重要的启示作用。他对动作和主客体相互作用的强调、对儿童心理发展连续性和阶段性的描述、对主体在认知发展过程中的能动性的认识等都对教育产生了深远影响。皮亚杰的理论提醒我们，教育只有符合儿童发展的年龄特征和客观规律，才能为儿童的智力发展提供有效的支持。

但是，皮亚杰的理论也遭到了一些批评。有人认为，皮亚杰低估了儿童的认知能力。在现实生活中，很多孩子表现出了超越皮亚杰所描述的相应年龄发展阶段的认知水平。还有一些研究者发现，皮亚杰的研究所采用的很多任务是可以通过训练使孩子掌握的，因此对他所主张的主客体相互作用促进认知发展的观点提出了疑问。

对皮亚杰的另一种批评是针对他的研究方法的，认为他所采用的方法很可能混淆了儿童的能力和表现。在皮亚杰的研究中，当儿童不能完成相应的任务时，皮亚杰就认为他没有获得所要测查的概念或图式。但是，儿童很可能已经具有了这些概念或图式，只是在实验中由于各种原因没有表现出来。

还有一种观点认为，皮亚杰的理论忽视了社会生活，特别是文化和教育在儿童认知发展中所起的作用，忽视了语言的重要意义。

（二）对小学教育的启示

根据皮亚杰的认知发展阶段理论，小学儿童正处于具体运算阶段。这个时期是儿童的逻辑思维初步发展的阶段，对个体的思维发展有着极其重要的意义。小学低年级时，学生正在朝着这一逻辑性思维发展；中年级时，他们的思维正在发展之中，可以通过有效的教学得以应用和拓展；进入高年级（甚至成人）后，他们仍然会经常使用这种逻辑性思维，尤其是当他们需要进入新的、不熟悉的领域时更是如此。因此，在整个小学教育阶段，要高度重视对儿童思维能力的培养。在教学中不能一味地追求知识的量，更要重视儿童思维活动的质。我们在教学生学习一些知识的同时，更要重视观察、引导和培养他们的思维能力。

同时，小学儿童的思维活动具有很大的具体形象性，一般还离不开具体事物的支持。因此，在教学中，我们应尽可能地使用一些图片、模型等教具来帮助学生理解相应的知识，即使在条件不允许的情况下，也应该使用各种办法帮助学生形成有助于思维的表象。到了小学高年级阶段，可以适当地减少一些教具的使用，多使用语言引导学生进行想象，适当增加一些理论、定理等抽象内容，帮助他们的思维活动逐渐摆脱对具体事物的依赖。

皮亚杰十分强调活动在思维中的重要性,认为儿童只有参与了某种活动,才能获得真实的知识。因此,在小学教学活动中,我们还要尽量多给学生一些自己发现问题、解决问题的机会,使他们在自主学习和探索活动中掌握知识。同时,还要注意培养学生的学习兴趣和动机,增强他们学习的自发性和自主性。

具体运算阶段儿童的教育

1. 继续使用具体的道具和视觉上的帮助,在处理复杂问题时更应如此。例如:教历史时使用时间轴,教科学时使用三维空间模型。使用图表来说明等级关系,如政府的各个部门以及各个部门的下属机构。

2. 继续给予学生动手操作和检验的机会。例如,做一个探讨火焰和氧气关系的简单科学实验,当你试图从远处吹灭火焰时,火焰会有什么变化?(如果你没有吹灭它,火焰会短暂地变旺,这是因为它获得了更多的氧气助燃。)如果你用瓶子罩住火焰,又会出现什么现象?

3. 保证你的讲解和你提供给学生们的阅读材料都是简短且结构性强的。例如,将故事或书分为短的、有逻辑的章节供学生阅读,等他们具备了相应的能力后,再布置较长的阅读任务。在讲解过程中,每讲完一步就给学生练习的机会。

4. 用熟悉的事例来解释复杂的观点。例如,在教授"面积"这一概念时,可以让学生去测量校内两个不同大小的教室来帮助理解。

5. 给学生提供机会,对逐渐复杂的物体或观念进行分组和归类。例如,给学生看写有不同句子的纸片,要求学生将句子连成段落。把人类身体系统比拟成其他系统,如大脑和计算机、心脏和泵。

6. 提出一些需要逻辑分析、系统思考的问题。例如,通过讨论诸如"大脑和思想是一回事吗?""城市应当如何处理走失的动物?""最大的数字是几?"等开放性问题,激发学生思考。

第二节　维果茨基的社会文化理论

维果茨基是苏联著名心理学家,苏联儿童心理学的开创者。他重视人类高级心理机能的研究,强调语言符号在心理发展中所起到的作用,对人的高级心理机能的社会历史发生问题进行了深入探讨,创立了心理发展的社会文化理论。

一、心理发展的社会文化论

（一）低级心理机能与高级心理机能

维果茨基认为，婴儿生来就具有一些基本的低级心理机能，如感觉、知觉、注意、记忆等。由于社会文化特别是语言符号的作用，这些低级心理机能逐渐转变为更加复杂的高级心理机能。以记忆为例，儿童在出生时就具有一定的记忆能力，只是这种能力十分有限。生活在每一种社会文化中的儿童都将掌握一些工具，使他们能够更有效地使用自己的低级心理机能。于是，生活在现代社会中的儿童学会了通过文字记录来帮助自己记忆，而生活在没有文字的原始社会中的儿童学会了使用刻划、结绳等方法来达到记忆更多内容的目的。

维果茨基认为，正是通过一定的社会文化的作用，儿童在与其他社会成员特别是成人的交往过程中，逐渐掌握了高级心理机能的工具——语言和符号，并因此在低级心理机能的基础上逐渐形成了各种新的高级心理机能，如思维等。但是，由于每个社会中的文化内容有所不同，维果茨基不像皮亚杰那样认为儿童智力发展的过程和内容都是完全相同的，而认为它们会因社会文化的不同而存在一定的差异。

（二）心理发展的实质

维果茨基指出，一个人的心理发展是在环境与教育的影响下，由低级心理机能逐渐向高级心理机能转化的过程。儿童心理机能从低级向高级发展的标志主要有四点：(1)心理活动的随意机能。随意机能是指心理活动受到主体的能动控制，可以按照一定的目的有意识地引起。儿童心理活动的随意性越强，心理水平就越高。(2)心理活动的抽象概括机能。随着儿童心理的发展，他们所掌握的抽象语言符号越来越多，也逐渐开始具备一些概括性的知识经验。这些都能促进他们抽象概括能力的发展，最后形成高级的意识系统。(3)以抽象符号为中介的心理结构的形成。各种心理机能之间的关系不断地变化、组合，形成了间接的、以符号或词为中介的心理结构。(4)心理活动的个性化。在儿童心理发展的过程中，他们的心理活动逐渐出现一些个性化的特征，这种个性的形成是高级心理机能发展的重要标志。

（三）语言与认知发展

维果茨基认为，语言在认知发展中有两个重要作用。首先，语言作为一种交流的工具，帮助成人将已经形成的概念、原理、解决问题的办法等传递给儿童。其次，语言本身也是一种非常有效的思维工具。

在语言与思维关系的问题上，维果茨基与皮亚杰的观点有着明显的不同。皮亚杰曾指出，语言仅仅能够说明儿童已经掌握了某些图式，而它对儿童的思维发展和知识获得作用很小。皮亚杰把儿童在解决问题时对自己说话的现象称为

"自我中心言语",认为它反映了儿童正在进行的思维活动。

维果茨基却在研究中发现,儿童这种自言自语的行为并不是随时随地都会发生的,而是更多地发生在某些环境下。当儿童在试图解决问题或完成重要的任务时,他们这种"对自己说话"的行为出现得更多也更频繁。特别是当儿童在解决问题的过程中遇到了某些困难的时候,他们的这种行为会显著增加。因此,维果茨基认为,儿童的这种非社会言语并不是反映了他们的自我中心,而是为了交流,只不过儿童是在"与自己对话",他们通过这种言语达到与自己交流的目的。这种"自我对话"可以帮助儿童做出计划、选择策略和调节行为,从而使他们能够更好地完成任务。因此,语言在儿童的认知发展中扮演着十分重要的角色,它使儿童逐渐成为有能力的问题解决者。维果茨基还指出,这种"自我对话"会随着年龄的增长逐渐减少并最终消失,因为它成为了一种内部言语。我们每天都在使用这种内部言语来调节自己的行为。

（四）教学与发展的关系

与皮亚杰一样,维果茨基认为,儿童是在积极探索环境的过程中不断获得新信息和新规则的。但是,他不像皮亚杰那么重视儿童自发的探索与发现,而是更强调社会因素,特别是教育对儿童认知发展所起的作用。

维果茨基认为,儿童真正有价值的重要发现是在与教师或指导者的交流与合作中完成的。在这个过程中,教师通过语言、动作等来传递信息,儿童则不断地去理解教学内容,然后将这些信息内化,用以指导自己的行动。

在教学与发展的关系上,维果茨基提出了"最近发展区"、教学应走在发展的前面、学习的关键期等三个重要的问题。

1. 最近发展区

"最近发展区"是指介于儿童能够独立完成的认知任务与在成人的指导下所能够完成的认知任务之间的差距。只有针对"最近发展区"所进行的教学,才容易收到明显效果并可以较准确地预期结果。

2. 教学应走在发展的前面

维果茨基认为,针对"最近发展区"的教学为学生提供了发展的可能性,教与学之间的相互作用刺激了儿童的发展。因此,他又提出了"教学应该走在发展的前面",主张教学内容应该略高于儿童现有的水平,这样教学才能够促进发展。

维果茨基高度重视教学的作用,认为教学决定着儿童智力的发展。这种决定作用既表现在智力发展的内容、水平和智力活动的特点上,也表现在智力发展的速度上。

3. 学习的关键期

为了发挥教学的最大作用,维果茨基提出了"学习的关键期"。他认为,每一种认知能力的学习都有其关键年龄,一旦错过了这个关键年龄,就会对发展造成不利的影响,造成儿童智力发展的障碍。因此,教学的时间非常重要,针对任何一种认知能力的教学都应该以儿童的成熟为前提,在相应的关键期内进行。

语言发展的关键期与第二语言教学

有研究发现,白冠雀必须在出生后的 40～50 天内听到成年雄雀的叫声,才能学会鸣叫。而一旦错过了这段时间,即使听到成年雄雀的叫声,幼雀也不可能再学会鸣叫(Gould,1987)。可以说,出生后的 40～50 天,是白冠雀发展鸣叫行为的关键期。

1967 年,雷纳伯格(Lenneberg)首次提出了语言习得关键期的概念。他认为,在语言习得的过程中存在着一段时间,在这段时间内,由于生理因素的作用,语言的习得最为容易,而一旦过了这段时间,语言的习得能力就会受到一定程度的限制。这个观点一经提出,就引起了人们的极大兴趣。很多研究都证明了确实存在着这种语言发展的关键期,但是对于这个关键期的具体时间,却一直没有准确一致的结论。不过,综合相关研究,我们可以发现,从出生到青春期前的这段时间里,语言的发展比较迅速,其中 1～5 岁最为关键。

这种关键期对于第二语言的发展同样有着重要的作用。在我们的日常经验中,普遍认为孩子越小,学习外语的速度越快、质量越高。这是有一定道理的。很多带孩子出国工作的中国父母都发现,自己学了十几年甚至几十年的外语,而自己的孩子只是在幼儿园或小学上了半年学,外语却远比自己讲得准确而地道。这种现象的出现,在很大程度上是因为孩子还处在语言学习的关键期,他们在这个关键的时期内得到了第二语言的刺激,如同掌握母语一样掌握了第二种语言。成人由于已经错过了这个关键期,他们在学习第二语言时,不可能再像学习母语一样轻松自如,必须付出巨大的努力,使用不同的方法,而学习的结果可能永远也不能令人满意。

目前,在我国的小学中,普遍从小学一年级就开始了英语课的教学。这是符合儿童语言发展规律的。小学一年级的孩子还只有六七岁,学习第二语言的能力很强,这时的英语课将对他们一生的英语学习产生重要的影响。我们在教学中,也应该充分重视语言学习关键期的作用,力图找到最适合孩子年龄特点的方法开展教学,比如将听说的教学置于读写的前面,优先考虑语言的流畅性而不是准确性等,而不应使用成人学习的方法和标准来要求孩子。我们相信,通过科学的教学,处在语言学习关键期的小学生,一定可以把英语说得像汉语一样好。

二、评价与启示

（一）对维果茨基理论的评价

维果茨基是苏联最卓越的心理学家之一，他对儿童心理和智力的研究十分深刻、全面和系统，几乎涉及了儿童发展的每一个方面。

维果茨基的社会文化理论强调了社会文化对于儿童认知发展的作用，为我们认识儿童认知发展的实质提供了一个新的视角。他的理论可以帮助我们更好地理解处于不同社会文化背景下的儿童在认知发展过程中所体现出来的巨大差异。

但是，对于维果茨基的理论也存在着一些分歧。一些批评是针对社会文化理论的抽象社会学观点提出的。批评指出，影响人类心理发展的因素是非常复杂多样的，在儿童心理发展的不同阶段也存在着不同的影响因素，但社会文化理论仅仅强调了语言符号的作用，具有一定的局限性。

另一些争议则集中于维果茨基关于内部言语的观点上。维果茨基认为，言语起源于自我中心言语，是"对自己"的言语，而外部言语则是"对他人"的言语。在他看来，自我中心言语是从外部言语向内部言语过渡的中心环节，是内部言语的早期表现形式。对此，反对者认为内部言语和外部言语是同时发展起来的。因为任何人在说与听的过程中都不可避免地要进行思考，因此内部言语同样是社会交流所产生的言语，它的起源并不是自我中心言语。

（二）对小学教育的启示

维果茨基所提出的"最近发展区"、"教学应走在发展的前面"、"学习的关键期"等观点，都对于小学教育有着重要的指导作用。我们应该注意教学内容的选择，既不要超越学生的"最近发展区"，把过深过难的内容强加在学生身上，同时也要注意提供略高于学生发展水平的内容，给予学生一些挑战。在这一过程中，要重视教师在学生学习中所扮演的重要角色，适时给予学生必要的帮助。

维果茨基认为所有的高级心理过程，如推理和问题解决，都是以语言符号等为中介的，即语言符号支持高级心理过程；高级心理过程借助语言符号得以完成，语言符号能够帮助学生促进他们自身的发展。因此，教师在教学中要重视语言符号的作用，与学生进行充分的交流。

维果茨基理论在教学中的应用

1. 建立适合学生需求的支架。当学生刚开始新的任务或主题时，提供示范、提示、引入语、训练和反馈。随着学生逐渐掌握，减少帮助，给他们更多独立作业的机会。让学生自己选择任务的困难水平和完成任务的独立程度，鼓励他们向自己挑战,但真正进行不下去的时候,要教会他们如何寻求帮助。

2. 确保学生能够获得促进思维的有效工具。教学生使用学习和组织的策略、研究工具、语言工具(维基百科、字典或电脑搜索)、电子制表软件以及文字处理程序。示范如何使用工具,例如向学生展示你是如何使用记事本或电子记事本制订计划和管理时间的。

3. 利用对话和小组进行学习。例如,让同伴当小"老师";教学生如何提出好的问题,如何给予同伴有帮助的解释。

第三节　埃里克森的人格发展理论

埃里克森(E. H. Erikson)是美国著名的心理学家,曾追随弗洛伊德学习精神分析学说,提出了独特的人格发展理论,即心理社会发展阶段理论,其中,他对自我同一性的论述深刻影响了心理学的发展,因此其理论也称为自我同一性理论。

一、心理社会发展阶段理论

(一)心理社会发展阶段理论概述

埃里克森的理论特别强调社会文化对人格发展的影响。他将孩子看作自发适应环境的积极探索者,相信在人生的每一个阶段,人们都要面对一些社会任务,这样才能不断发展。他特别强调自我的作用,认为在人格发展中逐渐形成自我的过程,在个人与周围环境的相互作用中起着主导和整合的作用。以此为基础,他提出了心理社会发展阶段理论。

与皮亚杰一样,埃里克森将发展看成历经一系列阶段的过程,他认为人的一生可以分为八个既相互联系又各不相同的发展阶段,在每一个阶段中都存在着某种危机或冲突。这些危机是随着个体生理的成熟和社会任务的改变而相继出现的,是每一个发展阶段的标志。因此,发展危机并不完全是负面的,对于个体而言,它也具有正面的促进作用。因为当感受到危机的压力时,个体必须学习如何调整自己,以符合社会对他的要求;调整自我之后,使危机得以化解,个体的自我得以整合,人格得以发展。因此,埃里克森的发展理论也被称为自我同一性理论。

埃里克森认为,人格发展的过程就是发展危机化解的过程,而每一个阶段的危机解决得好不好,将影响着个体以后的发展。因此,发展危机也就是发展转机;没有发展危机,个体的自我就无法获得充分的发展。表2-2简要描述了这八个发展阶段的特点及其主要发展任务。

表 2-2   埃里克森的心理社会发展阶段论

年龄阶段	心理危机	主要发展任务	重要事件和社会影响	对未来的影响
0—1 岁	信任对怀疑	满足生理上的需要,发展信任感,克服不信任感	婴儿必须给予养育者充分信任,相信他们能够满足自己的基本需要。如果养育者拒绝满足孩子的需要或者反应不一致,孩子就会认为世界充满危险,认为世界上的人都是不可靠和不值得信任的。这时养育者是个体的重要他人	如果儿童在这时建立了信任感,将来在社会上就可以成为易于信赖和满足的人。否则,就会成为不信任别人和贪得无厌的人
1—3 岁	自主对羞怯	获得自主感,克服羞怯和疑虑,体验意志的实现	儿童必须能够独立自主地吃饭、穿衣、洗脸等。如果不能获得这种独立性,儿童就会怀疑自己的能力并感到羞愧。这时父母是个体的重要他人	这个时期发展任务的解决对个人今后对社会组织和社会理想的态度有着重要影响,为未来的秩序和法制生活做好了准备
3—6 岁	主动对内疚	获得主动感,克服内疚感,体验目的的实现	儿童试图去体验成长并承担超越自己能力的责任。他们有时会进行一些违背父母和其他家庭成员意愿的活动,而这又会使他们感到内疚。成功地解决这种危机的方法是获得一种平衡,使自己既能够体验主动感,又能够避免妨碍他人的权利和目标。这时家庭是个体的重要他人	儿童在本阶段主动性的发展与未来在社会中所取得的工作和经济上的成就有关

续表

年龄阶段	心理危机	主要发展任务	重要事件和社会影响	对未来的影响
6—12 岁	勤奋对自卑	获得勤奋感,克服自卑感,体验能力的实现	儿童必须掌握重要的交往和学习技能。在这个时期,孩子常常会将自己与同伴进行比较。如果孩子足够勤奋,他们在这个时期就能够掌握大量的交往和学习技能,并将因此而感到自信。如果不能掌握这些技能,孩子就会感到自卑。这时老师和同伴是个体的重要他人	个人未来对学习和工作的态度与习惯,都与本阶段的勤奋感有关
12—20 岁（青少年期）	自我同一性对同一性混乱	建立自我同一感,防止同一性混乱,体验忠诚的实现	这个时期的青少年正处在幼稚与成熟的交界处。他们不停地追问"我是谁?"等问题。青少年必须在这个时期建立起基本的社会和职业自我形象,否则就会感到困惑,不知道自己将成为一个怎样的人。这时同伴群体是个体的重要他人	对自我同一性的寻求,可以导致个体形成整合的自我概念,并出现真正的社会创新
20—40 岁（成年初期）	亲密对孤独	获得亲密感,避免孤独感,体验爱情的实现	这个阶段的主要任务是建立亲密的友谊,在与他人的交往中感受爱情与友情。如果找不到友谊或其他的亲密关系,个体就会感到孤独。爱人、配偶和亲密的朋友是个体在这时候的重要他人	发展亲密感对是否能满意地进入社会有重要的作用

续表

年龄阶段	心理危机	主要发展任务	重要事件和社会影响	对未来的影响
40—65 岁（成年中期）	繁殖对迟滞	获得繁殖感，避免停滞感，体验关怀的实现	在这个阶段，成人要面对一系列的任务，他们要在自己的工作中努力进取，又要负担起照顾家庭和养育子女的重任。不能或不愿意负担这些责任的成人，会变得颓废迟滞或自我中心。配偶、子女是个体在这时候的重要他人	
65 岁之后（成年晚期/老年期）	自我完善对绝望	获得完善感，避免失望和厌恶，体验智慧的实现	老年人常常回顾自己所经历的生活。在有些人的回忆中，生活是一种有意义、有价值的愉快经历；而在另一些人的回忆中，生活则充满了失望、悔恨和未能实现的目标。一个人的生活经历，特别是社会经历，决定了他在最后这段日子中的危机	

（二）个体勤奋感的获得

　　绝大多数儿童在 5～7 岁开始上学，这一时期他们的认知能力快速地发展。他们能够更快地加工更多的信息，记忆容量也大幅增多，正从前运算阶段逐渐迈向具体运算阶段。伴随这些内在的变化过程，儿童每天有大量的时间生活在学校里，探索周围的物质环境和社会环境。此时他们必须在陌生的学校环境中重建埃里克森的心理社会发展阶段：学会信任新认识的成人，在这个更为复杂的情境中自主地行动，表现出符合学校规定的主动行为。

　　埃里克森认为，小学儿童面临的心理社会挑战是勤奋对自卑。这一阶段的儿童开始了解毅力与完成工作所带来的喜悦之间的关系。儿童在家庭、邻里间和学校的适应能力和他们处理课业学习、小组活动和朋友关系的能力，将导致他们胜任感的增长；但如果儿童难以应对这些挑战，将会产生情绪上的自卑感。儿童必须掌握新的技能,为新的目标努力,但同时他们会被拿来与他人比较,可能会体验到失败。

　　儿童在学前阶段和低年级所学到的技能和概念是极为重要的,决定了他们今后的学校生活是走向成功还是失败。研究发现,与其他时期相比,儿童在小学阶段的表现更能决定他们未来是否会成功。由于学校在一定程度上反映的是中产阶级的价值观和行为规范,因此来自其他经济条件或文化背景的儿童可能会更不适应学校生活,更难面对勤奋对自卑的挑战。

(三)自我同一性的获得

　　步入青春期,学生在发展抽象思维、理解他人观点等认知能力的同时,生理上也会发生很大的变化。随着心理和生理上的发展,青少年会面临这一时期的核心问题——同一性的建构,它将为成年时期的心理发展打下坚实的基础。自婴儿时期,个体就已经开始发展自我意识,直至青春期,他们才第一次有意识地去回答这个迫在眉睫的问题——"我是谁?"这一阶段的冲突是"同一性对角色混乱"。同一性是指由个体的动机、能力、信念和经历组成的一个一致的自我形象,它涉及深思熟虑的选择和决定,尤其是关于工作、价值观、意识形态、对他人的承诺及看法等方面。如果青少年没有将这些选择和决定整合好,或是感到茫然而不知如何抉择,就会感受到角色混乱的威胁。

　　研究发现,青少年在面临同一性选择时存在同一性混乱、同一性早闭、同一性延缓和同一性获得四种可能。所谓同一性混乱,是指个体没有对任何选择进行探索,也没有采取任何行动。他们不知道自己是谁,也不知道自己有生之年想做什么。这些同一性混乱的青少年可能会成为冷漠、退缩和对未来不抱希望的人,也可能变得公开叛逆。他们经常拉帮结派,并有可能滥用药物。

　　同一性早闭是指个体未经过探索就作出承诺,这些青少年没有体验过不同的同一性或思考过各种选择,只是使自己服从于他人的目标、价值观和生活方式——通常他们的父母不是信徒,就是极端主义者。同一性早闭的青少年更容易变得刻板、偏执、武断和自我防御。

　　在选择中挣扎的青少年,正经历着埃里克森所说的同一性"延缓"。埃里克森用这个术语来说明青少年在探索个人及职业选择时,延缓许下承诺的状态。这种延缓对现在的青少年来说是很普遍的,而且可能是有益的。埃里克森认为处于复杂社会的青少年在延缓时期会有一个同一性危机。但如今这一时期不再被认为是一种危机,因为对大部分人来说,这种经历是渐变的探索过程,而不是带来心理创伤的巨变。

　　同一性获得意味着个体在探索现实的选择后,已经作出决定并为之不断努力。显然只有很少学生在高中毕业之前能达到这种状态;那些升入大学的学生可能也需要较长时间才能作决定。因为如今很多人在高中毕业后会继续读大学或接受成人教育，所以二十来岁的时候仍然在探索同一性也很正常。大约80%的学生至少换过一次专业，而且一些成人在人生某一时期可能获得了同一性，但之后又会选择另一种同一性。因此，对每一个人来说，已形成的同一性可能并不是一成不变的。

心理学家认为，同一性延缓和同一性获得被认为是健康的选择。学校应当给青少年提供社区服务、实践工作、实习和家教等机会，以促进学生同一性的形成。

二、评价与启示

（一）对埃里克森理论的评价

作为精神分析学派的一员，埃里克森发展了弗洛伊德的精神分析学说，修正了弗洛伊德只强调生物的性的因素的人格结构说，强调社会和教育在人格发展中的作用，为精神分析学派的发展与进步做出了重要的贡献。

埃里克森的心理发展阶段理论不再终止于青春期，他所提出心理发展的八个阶段涵盖了人一生的发展，对成年期的心理发展给予了相当的重视，这使得他的理论更加完整并具有较强的现实性。

埃里克森的理论把分析重点从本能冲动的无意识方面转移到自我与社会之间相互作用的意识方面。他强调自我的作用，引进了心理危机的概念，重视家庭和社会对儿童与青少年的教育作用。他对于各阶段的发展危机的描述，为儿童与青少年的教育工作提供了重要的理论基础，提醒我们重视每个阶段的教育。特别是他所提出的"自我同一性"和"同一性混乱"，对于我们研究和解决青春期问题有着很重要的启示作用。

同时，埃里克森虽然也十分强调发展的顺序性，但在他的理论中，并不存在发展与不发展的问题，而只有发展的好坏。发展的成功与否与发展的阶段无关，每个人在自己不同的发展阶段中都可能出现成功或不成功之处，这种成功会影响下一阶段的发展内容，但并不会影响下一阶段的出现。每个人都会完成八个阶段的发展，但是他们在每个阶段中的发展质量是有差别的。这种发展理论对儿童心理发展的阶段性问题提出了新的解释。

但是，埃里克森的理论也有着一些不足之处。其中最为突出的是他认为每一个社会成员都要经历心理发展的八个阶段，这一点是值得商榷的。我们知道，不同的社会有着不同的文化和习俗，这些文化和习俗对于个体的发展必然会产生不同的影响，因此在不同文化环境中的个体，其发展可能"跨越"某一个阶段，也可能"停滞"在某一个时期。

（二）对小学教育的启示

根据埃里克森的发展阶段理论，小学儿童所面临的主要危机是"勤奋与自卑"之间的冲突。在这一阶段，他们的主要发展任务是获得勤奋感而克服自卑感，体验能力的实现。学生成人后对于学习和工作的态度都与这个阶段所获得的勤奋感有着密切的关系。因此，在小学教育中，我们要重视培养学生勤奋刻苦的学习态度，引导他们体验通过认真努力而获得好成绩后的成就感和幸福感。对于学生在学习方面的落后和不足，不能一味地批评，而要多给予鼓励。对于那些在学习上有一定困难的学生，要特别注意培养其自信心，引导他们使用正确的学习方法去努力学习。而当这些学生获得了一定的进步后，一定要及时表扬、鼓励，使其充分体验此时内心所获得的快乐。

"勤奋与自卑"危机的解决是自我发展的决定性任务。儿童已经开始意识到进入了社会，老师和同伴在他们的生活中占有非常重要的地位。学校生活对于他们的成长有着重要的意义。因此，小学教师要特别注意自己的一言一行，要平等而公正地对待学生，不要让任何一个学生因为老师对待自己的态度而感到自卑。

鼓励勤奋的若干教学建议

1. 确保学生设定的学习目标是合理的。例如，先从短期的任务开始，然后再转向较长期的任务。你可以帮助学生设计和使用"学习任务进程表"，以便随时了解学生的进步。同时，教导学生设定合理的目标，要求学生把这些目标具体地写下来，并坚持不懈地为之努力。

2. 给学生展现独立性和责任感的机会。例如，容忍学生犯错误，但坚定地要求他们诚实承认错误。同时，经常委派给学生一些小任务，诸如浇灌班级植物，收发作业本，管理班级计算机，互相给家庭作业评分等。

3. 对受挫学生给予适当的支持。例如，针对每个学生使用个别化的图表展示学生各自的进步。保留学生以前的作业，使学生能够看到自己的进步。经常以各种理由鼓励学生，如进步最大、最乐于助人、工作最勤奋等。

4. 如果可能，尽可能给学生提供多次"重新开始"的机会。例如，当学生出现问题行为或表现不佳时，一定要让他们清楚该行为的后果——对自己及他人如何造成不良影响。同时，给学生提供一些标准答案或其他学生完成的作业，使他们能将自己的作业与好的榜样进行比较。对于某些捣乱的学生而言，他们可能只是在"尝试扮演"某些角色，不要将学生的行为和其本人混为一谈。可以批评学生的行为，但不要否定他们这个人。

第四节 心 理 理 论

当我们寻求自我同一性、形成自我形象时,我们也在学习如何理解周围的"重要他人",在发展自己的"心理理论"(theory of mind)。由于儿童的心理理论与他的其他心理因素的发展存在着密切的关系,因此自普瑞马克(Premack)和伍德拉夫(Woodruff)在 1978 年首次提出"心理理论"的概念以来,它就成为了发展心理学领域的研究热点。

一、心理理论的发展及其影响因素

(一)心理理论及其功能

心理理论是指个体凭借一定的知识系统对自己或他人的心理状态进行归因,并据此对他人的行为作出因果性的预测和解释的能力。这其中,心理状态包括需要、信念、意图、愿望、情绪等。不难看出,心理理论既是认知能力——理解、解释和预测能力,又是知识系统——为个体所掌握的关于心理常识的知识体系与推理系统。

一般认为,心理理论有三个基本功能:(1)解释——个体根据自己关于心理状态的知识系统(心理理论)对自己或他人的行为进行归因解释;(2)预测——个体根据对心理状态的认识,可预测自己和他人在某种情境下的行为;(3)控制——个体对自我和他人的行为有意识地发挥影响,比如欺骗行为等。

(二)心理理论的发展

两三岁的时候,儿童开始发展心理理论,即理解他人也是人,有他们自己的思想、想法、情感、信念、愿望和感觉。儿童需要应用心理理论去理解他人的行为。对自闭症的一种解释就是自闭症儿童缺乏心理理论,因此他们难以理解自己或他人的情绪和行为。

2 岁左右,儿童有了对"意图"的理解,至少是开始理解自己的意图。他们会说:"我想要花生酱三明治。"当儿童发展出心理理论后,他们也能理解他人也有自己的意图。研究表明,儿童在 4 岁时对他人心理的认识获得了重大发展,即 4 岁时儿童的心理理论的发展获得了质的飞跃。那些能与同伴和谐相处的学前儿童,能区别有意行为和无意行为,并作出不同的反应。例如,当其他小孩不小心撞倒了他们的积木,他们不会生气。但是,攻击性儿童在评估他人的意图上存在困难,他们可能去攻击每一个碰倒他们积木的人,即使对方不是故意的。当然,随着不断地成熟,儿童能更准确地判断和考虑他人的意图。

错误信念任务：心理理论研究的经典范式

心理理论研究者常用的错误信念任务之一为"意外转移任务"（unexpected transfer task），由维莫尔（Wimmer）和佩尔奈（Perner）（1983）所设计。"意外转移任务"让被试观察用玩偶演示的故事：男孩马克西（Maxi）将巧克力放在厨房的一个碗柜（位置 A），然后离开。他不在时，母亲把巧克力移到另一个碗柜（位置 B）。Maxi 因不在现场，所以不知道巧克力已被转移。这时，要求被试判断 Maxi 回厨房拿巧克力时将在何处寻找。研究发现，小于 4 岁的儿童常常作出错误判断，也就是说 4 岁以下的儿童认为 Maxi 将会在巧克力现在所处的位置（B）寻找。错误的答案说明儿童还不知道一个人的行为依赖他的信念，正确的答案说明儿童已经知道 Maxi 的行动依赖他的信念，而不是现实情景本身，能区分信念与现实。据此，研究者认为 4 岁是儿童获得心理理论的一个分水岭。

随着心理理论的发展，儿童逐渐能理解他人有不同的感觉和体验，因此可能会有不同的观点或看法。这种观点采择能力随年龄的增长一直在发展，直至成年时达到高度复杂的水平。研究发现，当儿童成熟并接近形式运算阶段时，他们能同时考虑更多的信息，并且意识到即使面对同一情境，不同的人可能会有不同的反应；而在 10～15 岁期间，大部分儿童会发展出一种能力，即从一个旁观者的角度分析一个情境中几个人的观点；最后，年纪较大的青少年和成人甚至能设想不同文化和社会价值观是如何影响旁观者的看法的。即使儿童都会经历这些阶段，但处于同一年龄的不同个体间仍存在很大差异。那些在采择他人观点上存在困难的儿童，当他们伤害同伴或成人时，可能不会有一丝丝的懊悔。如果学生虐待他人的行为不是出于深层的情绪或行为障碍，那么教师只需对他进行观点采择方面的训练，就可能收到明显效果。

（三）心理理论发展的价值

个体的心理理论是儿童在其他众多心理领域发展的前提和基础。其中，儿童心理理论的发展与其亲社会行为之间存在的密切关系，尤其受到研究者的重视。儿童只有在能够认识到别人的意图、情绪、信念、知识等心理状态的前提下，才可能对各种社会行为情境有正确的认识，并作出亲社会行为的反应。因此，儿童亲社会行为的发展必然要以心理理论的发展为基础。不仅如此，儿童心理理论的发展也能够促进儿童社会认知能力的发展，进而影响儿童的亲子交往和同伴交往等。心理理论水平越高，儿童的同伴接纳水平越好。研究表明，个体心理理论的发展在促进合作和道德发展、减少偏见、解决冲突等方面也很重要。

有些研究者指出，儿童心理理论的发展是语言发展的前提与基础。持这一观点的研究者认为是心理理论促进了儿童语言的发展,没有早期的心理理论就没有儿童语言的正常发展。在一些先天机制基础上获得和发展起来的社会知觉技能,如对新面孔、声音等刺激的反应和一些注视行为,是儿童语言获得的基础。

(四)心理理论发展的影响因素

经验在个体心理理论的发展过程中具有重要作用,学生心理理论的发展可以通过后天有意的培养而得到促进。大量研究表明,家庭因素、同伴交往、假装游戏等均对儿童心理理论的发展有影响。

1. 家庭因素对个体心理理论的影响

研究表明,父母的教养方式会影响个体心理理论的发展。在民主型教养方式下成长的儿童,心理理论发展水平最高。也就是说,能够对孩子的行为加以分析和指导、对孩子在成长和学习过程中发生的问题倾向于采取帮助与鼓励方法,并合理地应用奖励与处罚手段的家长教养行为,对促进个体心理理论的发展最为有效。相反,放任型的教养方式最不利于个体心理理论的发展,这里的放任型教养方式就是日常生活中所说的"甩手不管型"的父母教育抚养行为。再者,家庭的言语交流方式也对个体心理理论的发展具有影响。父母较多地使用心理状态言语来应答个体,有助于个体心理理论的发展。此外,在亲子交流过程中,儿童的主动程度越高、谈论情感因果关系的次数越多,其心理理论的发展水平越高。

2. 同伴交往对个体心理理论的影响

同伴关系对个体心理理论发展具有重要影响。同伴关系是指同龄人间或心理发展水平相当的个体交往过程中建立和发展起来的一种人际关系。相对于家庭中的亲子关系,同伴关系提供了一种平等交往的关系。一般来讲,受欢迎的儿童比被拒绝的儿童能更好地理解他人的心理状态。此外,游戏中主动、积极交往的儿童,其心理理论发展水平较高。

3. 假装游戏对个体心理理论的影响

假装游戏被认为与儿童的认知能力、社会能力有着重要的关系。参与假装游戏能够促进儿童心理理论能力的发展,这种经验有助于儿童理解心理和现实的区别。儿童参与假装游戏的质量,如主动提出建议的程度、扮演角色的数量等,对儿童心理理论的发展具有影响。也就是说,在假装游戏的过程中,儿童越能够主动提出建议,扮演角色种类的数量越多,儿童的心理理论发展速度就越快,水平也越高。

二、评价与启示

心理理论的提出不仅丰富了个体心理发展的内容,也为我们提供了新的视角来认识儿童心理能力的发展。近 30 年来关于心理理论的研究取得了长足的发展。但是,受限于研究范式,现有关于心理理论的研究多集中于学前儿童,致使其成果在推广与应用过程中存在一定的局限性。

尽管如此,我们仍可从前文关于心理理论的阐述中得到重要启示。首先,借鉴家庭环境中父母教养方式及亲子言语交流形式对儿童心理理论发展的影响,教师在日常教学工作中也应注意尽可能地关注到每一名学生,多鼓励和帮助,并辅以适当的奖励与惩罚。在与学生的交流过程中,教师应注意学生有关心理知识的词汇,并尽可能运用与心理知识相关的词汇予以反馈。此外,要尽可能地为学生提供与同伴交往的机会,并注意适当地引导。如,充分利用班队会、活动课的时间组织学生活动。不仅如此,教师也可以与所教课程相结合,为学生提供"假装游戏"或类似的机会。如,高年级的语文、英语、思想品德课的教师,可以根据所教内容邀请学生进行简单的情境再现等。最后,根据学生不同的家庭情况、同伴接纳程度,教师应对学生有相应的心理理论发展水平的期望,进而分析、理解其行为,并在此基础上采取适当的方法进行辅导。

第五节　布朗芬布伦纳的生态系统理论

20 世纪八九十年代,一场生态化运动在美国悄然发起。自此,环境及其与个体间交互作用对个体发展的影响越来越受到研究者的关注。在众多理论与实证研究中,布朗芬布伦纳(U. Bronfenbrenner)基于经验和研究提出的有关儿童发展的生态系统理论及模型是其典型代表,它详细系统地描述了环境对个体发展的影响。

一、生态系统理论

受生态发展观及个人经验的影响与启发,布朗芬布伦纳提出了生态系统理论及模型(见图 2-1)。它是生态化运动二十余载中最被广泛接受与应用的理论与模型。生态系统理论及模型将个体环境分为四层系统,这些系统以对个体影响的直接程度依次为微系统、中系统、外系统和宏系统。需要说明的是,布朗芬布伦纳所述的生态系统理论及模型中的环境均为个体感知到的主观环境,即个体对其环境的理解,而非环境的客观特征。

(一)微系统

微系统是最直接与个体发生相互作用的环境。影响儿童发展的微系统主要有家庭系统、学校系统以及同伴群体系统。其中,对学生发展影响最大的是家庭系统,其次是学校系统。每个系统内部包含三个要素——被个体所直接感知到

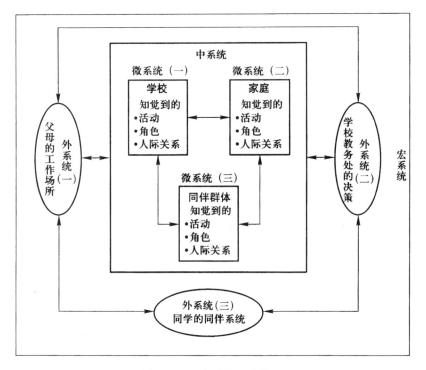

图 2-1　生态系统理论模型

的活动、角色和人际关系——正是这三个要素直接作用于儿童的发展。如在学校系统中,教师若总是以否定的态度、言语和行为方式对待某个学生,则容易导致这个学生的自我接纳程度低、产生自卑心理,或使学生叛逆、产生反社会行为等。此外,布朗芬布伦纳强调微系统与个体的影响是双向、动态的过程。也就是说,不仅儿童的发展会受到微系统中各要素的影响,这些要素也会因儿童的反馈与发展而变化。如,当教师使用表扬、鼓励的方法使某个学生的学习积极性提高的同时,教师也受到影响而增多使用表扬的次数,继而会对其他学生也使用同样的方法。当这些交互影响反复发生时,便会对个体的发展产生持续性的影响。

(二)中系统

中系统指个体所处的两个或更多微系统间的联系与过程。以学生的认知能力发展为例,不仅取决于学校微系统中的活动、角色和人际关系,同时也受到家庭系统中的家长与学校系统的联系与过程的影响,如家长在家校活动中的参与程度、家长与学校教师的合作程度等。布朗芬布伦纳认为,如果微系统之间有较强的积极的联系,发展可能实现最优化。相反,微系统间的非积极的联系则会产生消极的后果。儿童在家庭中与兄弟姐妹的相处模式会影响到他在学校中与同学间的相处模式。如果在家庭中儿童处于被溺爱的地位，在玩具和食物的分配上总是优先，那么一旦在学校中享受不到这种待遇，则会产生极大的不平衡，就不易于与同学建立和谐、亲密的友谊，还会影响到教师对其指导与教育的方式。

（三）外系统

外系统指两个或更多的个体并未直接参与却对个体产生影响的环境系统及其间的联系与过程。外系统通过影响微系统而影响个体的发展，即外系统对个体发展的影响是间接的。对学生来说，父母的工作场所及其与家庭之间的关系、学校学科教研组及其与教师教学活动的关系都是影响其发展的外系统。例如，父母的工作环境就是外系统影响因素，儿童在家庭的情感关系可能会受到父母是否喜欢其工作的影响。

（四）宏系统

宏系统指的是存在于以上三个系统中的文化、亚文化和社会环境。宏系统主要指文化环境，是对个体发展影响最为间接的系统。实际上，宏系统是一个广阔的意识形态，它规定如何对待儿童、应该教给儿童什么以及儿童应该努力的目标。在不同文化中这些观念是不同的，但是这些观念存在于微系统、中系统和外系统中，直接或间接地影响儿童知识经验的获得。

总之，每个学生都是在一个微系统（如家庭、朋友、学校活动、教师等）里发展的，这个微系统包含于某个中系统（所有微系统中元素的相互作用），而中间系统又被嵌入外系统（即使儿童并未直接参与，但对他们的发展仍会产生影响的社会环境，如社区资源、父母的工作地点等），而这三层系统都是宏系统（含有法律、习俗和价值观等的更大的社会环境）中的一部分。

二、评价与启示

（一）对生态系统理论的评价

生态心理学及其主要观点，目前已被广泛应用于心理学研究的各个领域。相对于传统心理发展观而言，生态发展观的形成、布朗芬布伦纳关于个体发展的生态系统理论及模型，不仅引进和补充了环境对个体发展的影响，并且对"环境"的概念和内容进行了扩充，使之获得了系统化与动态化的阐述。生态系统理论中的环境不仅包括个体生存、生长的新近刺激与直接环境，也引入了间接影响个体的环境内容，如学生家长的工作场所、学校教务处、生活习俗等。理论与模型中的"环境"依其对个体发展影响的直接程度依次被划分为微系统、中系统、外系统和宏系统，使纷繁复杂的"环境"变得更加系统。与此同时，生态系统理论强调各系统的联系、强调个体与微系统间作用的双向性,强调个体不断调整以适应环境并对环境进行选择、调整的过程,使环境对个体的影响具有动态性。环境的系统化和动态化阐述还原了影响个体发展的真实情境,使这一理论更具生态效度。

尽管如此,生态系统理论及其模型仍然存在亟待完善的地方。首先,生态系统理论虽然全面地论述了环境对个体发展的影响,但并未像皮亚杰和埃里克森一样阐述个体系统的发展过程。也就是说,生态系统理论并未系统整理在个体发展的不同阶段,不同的环境变量对个体发展影响的特点与关联。其次,生态系统理论虽然得到了大量实证研究的支持与佐证,却缺乏对这些过程的梳理。因此,生态系统理论对实践应用的指导作用往往比较宏观和笼统,增大了理论指导实践的难度。

(二)对小学教育的启示

根据生态系统理论,为了更好地促进个体发展,我们不仅需要关注教学材料、教学工具、教学方法等客观环境的影响,同时也需要关注教师对个体的态度、行为模式等的影响;不仅需要关注教师教学能力、父母教养方式等直接环境的影响,也需要关注家校关系、父母工作环境、学校教学决策、生活习俗等对个体发展的影响。一方面,这意味着我们可以在更多方面进行选择与调整,以促进个体发展。另一方面,这也要求教师在对个体心理与行为进行分析时,应考虑更全面的环境与时间因素。以一个经常出现攻击性行为的学生为例,教师在进行行为分析时,不仅要考虑到学生个体的性格与品德问题,也要分析其同伴系统是否存在不良示范,学生家长是否对学生疏于管教,教师与家长在管教学生方面是否存在观点与行为上的分歧,教务处做出的学生管理决策是否仍待完善,这个学生是否来自具有某一特殊行为特征的群体等,同时还要考虑这些环境因素间的交互影响。再如,对于一名学习成绩不稳定的学生,除上述环境因素外,教师还需观察个体的生理状况——一名单侧失聪的学生可能因为在教室中所坐位置的不同而收获不同的听课效果。

父母离异:来自家庭微系统的挑战

当今社会,越来越多的学龄期孩子不得不面对父母离异的事实。父母真正分居之前,要么是家庭矛盾已经持续了很多年,要么像是突然发生,让所有人(尤其是孩子)感到震惊。在离异过程中,孩子可能会目睹父母因财产或监护权而发生剧烈冲突。父母离异后,孩子又需要面临更多打乱正常生活的变化,如失去父亲或母亲的陪伴、搬家等。对孩子来说,这意味着在他们最需要支持的时候,却不得不离开原来的邻居和好朋友。

不管对男孩还是女孩来说，父母离异后的前两年可能都是最困难的时期。在这个阶段，孩子在学校里可能出现很多问题，如逃学、体重不正常地增加或减少、失眠等。但对父母离异的适应是因人而异的，一些孩子可能会因此责任感增强、更加成熟，应变能力也有所提高（Amato，2006；Amato，Loomis & Booth，1995）。随着时间的流逝，75%～80%的离异家庭的儿童都能逐渐适应，并且在一定程度上适应良好（Hetherington & Kelly，2002）。

为了帮助离异家庭的孩子尽快适应学校生活，教师需要额外给予关心，如谨慎地记录该学生任何一个突如其来的变化（头疼或胃痛、体重剧增或剧减、疲乏或精力过剩等），警觉学生不良情绪的征兆（喜怒无常、脾气暴躁、注意力无法集中等），与学生个别交谈，做一个好的聆听者，因为可能没有其他成年人愿意去倾听他们的心声，课堂上尽量使用"你的家庭"，而不是说"你的父亲和母亲"。学生可能对自己的父母不满，却把火气撒在教师身上，所以不要太在意学生的愤怒。

再者，根据布朗芬布伦纳生态系统理论对环境的解释——个体感知到的是主观环境而非客观条件，教师可以通过改变学生对环境的感知来改变影响个体发展的环境因素，从而促进个体健康、全面的发展。如，教师可以引导学生从积极的视角看待同一客观条件。

同时，布朗芬布伦纳对"双向影响"的强调也提示教师在与学生的互动过程中需要有意识地监控、调整自己的认知、情绪与行为。如，学生的不良行为往往会引起教师的反感，进而使教师倾向于以消极的言行对其进行反馈，从而出现恶性循环的结果。但是，如果教师能够知道他与学生的影响是双向的，即教师能够意识到其言行也受到了学生行为的影响，那么便可以促进教师对自己的态度、行为进行觉察，进而有意识地控制自己的行为，以促进学生积极发展。

第六节　心理发展的辩证观

从本章前几节对心理发展领域不同流派理论所进行的介绍和分析中，我们可以看到不同学派的学者对于心理发展的先天与后天影响、心理发展的年龄特征与个别差异等问题，一直存在着不同的观点和争论。实际上，对于这些问题的思考，不应片面地强调一方面而偏废另一方面。只有辩证地去看待这些问题，才能够获得一个更加全面而透彻的理解。

一、心理发展的影响因素

（一）遗传的作用

遗传是一种生物现象。通过遗传，各种生物将祖先的许多生物特征传递给后代，使得这些生物特征能够在种系中得以保持。人类也是这样，通过遗传，每一个人都继承了祖先的许多生物特征，如机体的构造、形态、感官和神经系统的特征等。

遗传是儿童心理发展的生物前提和自然条件。如果遗传方面的因素没有为儿童的发展提供所必需的自然条件，无论后天如何教育，都不可能达到相应的效果。比如，如果一个孩子由于遗传的作用生来就是色盲，无法辨别颜色，那么无论我们如何对他进行教育，也不能改变其对颜色的感知。

众所周知，孩子从一出生，就会表现出一定的差别。有的孩子比较安静，有的比较活跃；有的容易安抚，有的则显得焦躁。这些都是遗传的因素在起作用。遗传对于儿童的身体特征和心理特征都有着一定的影响，影响着儿童的身高、体重、智力、个性等的形成与发展。

但是，遗传仅仅是影响儿童发展的一个必要条件，而不是决定性条件。它只能提供儿童发展的自然前提和可能性，而不能完全决定孩子的发展。一个孩子可能生来就具有敏锐的听觉辨别能力和极强的乐感，具有一定的音乐天赋，但如果没能受到良好的音乐教育，缺乏一定的音乐环境，也很难成为一名音乐家。

（二）环境与教育的作用

遗传为儿童的发展提供了可能性，而要使这种可能性得以实现，就要依赖环境与教育的作用。绝大多数儿童在出生时都具有健全的头脑和感官，但他们日后的发展却可能有着很大的差异。有些儿童在良好的环境中成长，环境为其成长提供了促进性的条件；而有些儿童由于缺乏适宜的环境和教育，发展受到了一定的阻碍。

生活在大城市的儿童有着较好的接受教育的机会，可以在学校生活中获得一些相应的能力，如读书写字、计算绘画、操作计算机等。而生活在偏僻山区的孩子则可能会因为客观环境的限制失去上学的机会，甚至不识字。当然，周围的生活环境和教育也可能使他们发展起另一方面的能力，使他们学会挑水耕田、识别农作物。

但是，环境与教育的作用是以遗传所提供的可能性为基础的，它不能超越遗传的作用而决定儿童的发展。正如前面所说，无论提供什么样的环境和教育，我们不可能将一名天生色盲的儿童培养成画家，不可能将一名天生失聪的儿童培养成音乐家。同样，教育也要以儿童的成熟为基础，遵循儿童的发展规律。

（三）遗传与环境的关系

前面我们分别讨论了遗传与环境对于儿童心理发展的作用。其实,这两个因素并非相互独立、毫不相关的,大量事实与研究证明在影响个体发展的过程中,遗传与环境是有着一定关联的。

首先,家长为孩子所提供的家庭条件与家长的遗传特征有着一定的关系。而孩子的遗传特征又来源于家长,因此绝大多数孩子所受到的教育和其所处的成长环境,与其遗传因素有着一定的关系。比如,一个出生于运动世家的孩子,很可能遗传了父母的身体特征和运动天赋。同时,曾经作为运动员的父母无论有意还是无意,都会为孩子提供更有利于发展运动能力的环境和教育。他们可能会希望孩子继续走自己的路,成为优秀的运动员,从而有意识地为他们提供这方面的条件和教育。他们也可能只是保持了做运动员时的习惯,比常人更多地参加体育活动,也鼓励家人多参加体育活动。他们也可能会有很多运动员朋友,常常会和朋友一起谈论相关的内容。而这些都潜移默化地为孩子提供了良好的影响,支持和促进孩子在运动方面的发展。

其次,孩子的遗传特征会影响到他人对其的态度和行为。在孩子刚刚出生时,他们就会表现出一些气质上的差别,这些差别又会影响到养育者对他们的态度。一个活跃而快乐的孩子会得到成人更多的注意、疼爱和赞美,一个整天闷闷不乐的孩子则较少受到关注,而一个常常烦躁不安、哭闹不止的孩子则可能使妈妈对他产生厌烦的情绪。即使是在孩子长大以后,这种情况仍然存在。学校中的老师不可避免地会喜欢那些聪明漂亮、既活跃又乖巧的孩子,对这些孩子给予更多的关注,对他们的要求也尽可能地满足。因此,孩子的遗传特征会在一定程度上影响到别人对他们的态度和行为,从而影响到他们所处的教育和生活环境。

最后,孩子对环境的选择也会受到遗传特征的影响。活跃外向的孩子比较喜欢热闹的场合,也更愿意多交一些不同的朋友。因此,他们会更多地参加集体活动,进而接受到更多的社会化刺激、学习到更多的社会技能。而内向害羞的孩子则不愿意参加类似的活动,他们更喜欢独处,因此锻炼社会技能的机会也相对较少。这些孩子的遗传特征影响到了他们的生活内容和人际交往的机会,从而会影响到他们在人格、情绪和智力等方面的发展。

二、心理发展的内在动力

环境与教育对于儿童的心理发展起着决定性作用。但是,环境与教育只是儿童心理发展的外因,它必须要通过内因才能使其影响得以实现。

那么,什么是儿童心理发展的内因呢? 在儿童主体和客观事物相互作用的过程中,社会和教育向儿童不断提出的要求会使儿童产生新的需要。这种新的需要与儿童已有的心理水平或心理状态之间的矛盾,即为儿童心理发展的内部矛盾,是儿童心理不断向前发展的动力。

(一)儿童心理内部矛盾的产生

儿童心理的内部矛盾是在儿童不断积极探索环境的过程中产生的,是儿童主体与客观事物相互作用的产物。

需要是儿童感到某种缺乏而力求获得满足的心理倾向,它是有机体自身和外部生活条件的要求在头脑中的反映。儿童现有的心理水平或心理状态是对其过去活动的反映,是在过去的活动中形成的,它往往是个体心理活动中较旧、较稳定的一面。在儿童与环境相互作用的过程中,会产生一些新的需要。这种新的需要是建立在他现有的心理水平的基础上的,但又常常是超越其现有心理水平的。儿童现有的心理水平满足不了他的这种新需要时,就会形成内部矛盾,推动他的心理发展。

比如,当婴儿还没有学会说话的时候,他们常常用哭声来表达自己的要求。无论饿了、渴了、尿布湿了,他们都会用哭声来表示。这种哭声有着一定的作用,当他们的妈妈听到哭声后就会马上过来照料他们。但这种哭声所传递的信息是很不准确的,妈妈们需要逐一地猜测、排除,才有可能明白孩子究竟想要什么。随着婴儿的逐渐成长,他们的生活内容逐渐地丰富。有时候,他们并不仅仅是要吃要喝,也可能是想要妈妈抱他、想要某一个玩具。这时候如果还是用哭声来表达自己的要求,妈妈很难在多种可能中找到正确的那一种,因此常常不能满足孩子的需求。这时,婴儿就产生了新的需要,他需要有一种更好的方法与别人进行交流。新的需要与他已有的心理水平之间产生了矛盾,推动他去学习一些简单的词汇,来表达自己的要求。

当然,我们同时也应该看到,需要的产生是以现有的心理水平为基础的,它不可能超越儿童现有的心理水平。比如,婴儿由于不能准确地向妈妈表达自己的要求而产生了学习语言的需要,但他的需要仅仅是学习能够表达自己愿望的一些简单词汇,而不会产生掌握复杂句子或学习语法的需要。

(二)内因与外因的共同作用

内部矛盾是儿童心理发展的内因,是推动儿童心理发展的内在动力。但是,内部矛盾的运动在任何时候都离不开一定的外因。教育是儿童心理发展的最主要外因,是儿童心理发展的最主要条件。内因与外因共同推动着儿童的发展,任何一方面都是不可缺少的。如果只有外因的作用,而儿童没有相应的需要,教育是不可能发挥作用的。但是,如果只有内因,而没有适当的教育,儿童的心理也无法得到发展。儿童心理如何发展,向哪里发展,不是由外因机械决定的,也不是由内因孤立决定的,而是由适应于内因的一定外因决定的。也就是说,儿童的心理发展主要是由适应于儿童心理内因的那些教育条件决定的。由于外因是通过内因起作用的,因此,教育要想充分地发挥作用,就一定要考虑到儿童心理发展的内部矛盾,考虑到儿童现有的心理水平和需要。

教育作为儿童心理发展的主要外因,对儿童的心理发展起着至关重要的作用。但正如前面所说,教育这个外因一定要通过内因起作用,只有建立在儿童实际心理水平基础上的教育,才能够真正发挥作用。如果教育脱离了儿童发展的实际,就不会引起儿童学习的需要,甚至可能产生一些不良的后果,使矛盾向不正常的方面转化,甚至使儿童对学习产生厌烦、畏惧的心理等。

三、心理发展的年龄特点

(一)儿童心理发展的年龄阶段

从前面的介绍中我们可以看到,虽然儿童的心理发展是一个连续的过程,但是很多心理学家都为儿童的心理发展划分了阶段,并指出了每个阶段的标志性特征。这是因为儿童的心理发展充满了从量变到质变的过程,很多心理机能的发展由连续的量变积累起来,产生了质的变化。这就使我们可以通过儿童心理在不同年龄阶段所表现出的质的差别,将其划分为不同的阶段。

儿童心理发展的各个阶段所表现出的质的特征,就是儿童心理的年龄特征。它是指在一定社会和教育条件下,在儿童发展的不同年龄阶段所形成的一般的、典型的、本质的心理特征。儿童的发展速度有着一定的差别,有的儿童发展快一些,有的儿童发展慢一些。但是,在一定的社会和教育条件下,儿童发展所经历的年龄阶段是相同的,这些年龄阶段出现的顺序是一定的,其持续的时间也基本一致。儿童心理发展的年龄特征就是针对这种年龄阶段而言的。但是,这种年龄特征并不是绝对的。处在某一年龄阶段可能会表现出前一阶段或下一阶段的特征,即使是同一年龄的儿童,他们的特征也不是一模一样的。

儿童的心理发展阶段有着不同的划分标准。如同我们前面所看到的,皮亚杰使用不同年龄阶段儿童的思维水平作为划分标准,而埃里克森则使用儿童的个性特征作为划分的标准。此外,儿童的生理发展、活动特点等也可以作为划分标准。但是无论使用何种标准,都必须抓住儿童的心理发展在各阶段所表现出来的本质特点,以此作为划分的依据。

(二)年龄特征的稳定性和可变性

一般说来,在一定的社会和教育条件下,儿童的年龄特征具有一定的普遍性和稳定性,阶段的相对顺序、持续时间等都基本稳定。这是因为儿童的心理发展本身具有一定的规律性,其掌握知识技能、发展个性品质的过程也受到客观规律的制约。不同的环境与教育,对于儿童发展进程的影响没有大的差异。

但另一方面,即使在同样的社会和教育条件下,儿童心理发展的过程和速度也不是完全相同的,具有一定的个体差异。这是因为环境与教育因素对于不同儿童的发展所起的作用具有一定的差异,使儿童的心理特征在一定范围内是可变的。

儿童年龄特征的稳定性和可变性都是相对的,并非绝对的。由于各种因素的作用,儿童的年龄特征不可能绝对一致,会发生一定的变化。而这种变化又是在一定范围内的,不是毫无限度的。

(三)年龄特征对于教育工作的启示

儿童的思维、个性发展等在不同年龄阶段有着不同的特点,这是儿童的心理发展所具有的一种客观规律。根据这个规律,我们可以有针对性地开展儿童教育工作。

首先,应根据儿童的年龄特征来安排教学内容。教学的内容应该根据儿童心理发展的年龄特征来制订。我们不可能要求年龄很小的儿童一下子学会很多知识,也不可能要求小学低年级的儿童学会抽象的方程式。儿童能够学会什么,能够学会多少,这些都受到他们思维水平的制约。处在一定年龄阶段的儿童学习什么最合适,是由其心理发展的年龄特征决定的。比如,处于幼儿期的儿童情节记忆能力比较强,我们就应该在这个阶段多教他们学一些故事、儿歌,多安排一些情节丰富的学习材料。而到了小学低年级以后,儿童的机械记忆能力发展迅速,就可以安排他们学习一些拼音、文字等抽象的符号性内容。

其次,应根据儿童的年龄特征来选择教学方法。除了教学内容以外,教学方法也要根据儿童的年龄特征来选择。适合儿童年龄特征的教学方法可以使儿童迅速、准确地理解和掌握所学的内容,达到事半功倍的效果。对处于具体运算阶段的小学儿童,我们在教学中就应该多使用具体形象的教具、幻灯片,多举一些例子来帮助他们理解。而当学生已经进入到形式运算阶段后,在课堂教学中就可以多采用演讲、讨论等方法。

最后,应注意儿童的个别差异,做到因材施教。我们在前面提到,儿童的心理发展是具有一定规律的,但在不同的儿童之间仍有着一定的差别。因此,在教学中,我们要承认学生的个别差异,不能机械地要求所有学生都达到同样的水平,不能使用完全相同的方法来教育每个学生,而应针对特定学生的发展因材施教。

理解·反思·探究

1. 请你在课下观察一名儿童积极探索环境的行为,并依据皮亚杰的理论来描述和解释它。请你注意想一想,儿童是如何适应周围环境的? 他们的哪些行为的改变属于同化？哪些又属于顺应呢？

2. 请你根据皮亚杰的认知建构理论，为小学低年级数学中的一个教学内容（如 10 以内的加法）设计一个教案，并加以说明。

3. 对于语言与思维的关系，皮亚杰和维果茨基都曾经进行过探讨。请你比较他们观点的异同。你认为哪一种更合理？为什么？

4. 在日常生活中，我们总被教导要懂得换位思考，这与本章所讲的心理理论相同吗？如果不同，差异是什么？

5. 请尝试描述自己成长过程中某一年龄阶段的"生态系统"，并尝试分析每一层环境系统间的关系及其对自己心理发展的影响。

6. 几个 3 岁的孩子在一起玩捉迷藏。其中的一个孩子将自己的头蒙在被子中，而整个身子都露在外面。但是，他相信自己藏得非常好，小伙伴是不可能看到他的，因为他自己看不到他们。请你想一想，这是为什么？用什么理论或观点可以解释孩子的这种想法？你能再举一个类似的例子吗？

阅读导航

1. 安妮塔·伍尔福克著，伍新春等译：《伍尔福克教育心理学》（第二、三章），北京：中国人民大学出版社，2012 年。

该书第二章对皮亚杰和维果茨基的发展理论及其教育应用进行了系统说明；第三章则对埃里克森的理论、心理理论、生态系统理论等进行了简要的介绍。这两章对于理论的阐述言简意赅，好懂、实用，值得深入研读。

2. R. 默里·托马斯著，郭本禹、王云强等译：《儿童发展理论：比较的视角》（第六版），上海：上海教育出版社，2009 年。

该书以普遍性、影响性为标准选择并系统地介绍了各类发展理论中有代表性的理论，并且融入了作者独特的观点，是一本有关儿童发展理论的优秀著作。

3. 皮亚杰著，王宪钿等译：《发生认识论原理》，北京：商务印书馆，1981 年。

皮亚杰的经典之作，集中系统地阐述了他对于认识论的观点；对儿童在各发展阶段的思维特点有着详细的描述。

4. 维果茨基著，李维译：《思维与语言》，杭州：浙江教育出版社，1997 年。

维果茨基最重要的代表作之一，使用社会文化观点阐述了思维与语言的关系，对皮亚杰等人的有关理论进行了重新思考和评价。

5. 陈友庆：《儿童心理理论》，合肥：安徽人民出版社，2008 年。

该书系统介绍了心理理论的主要研究内容、理论观点、研究范式、个体各阶段心理理论的发展特点、聋儿与自闭症儿童的心理理论发展特点等基本知识。

第三章　小学儿童的认知发展

　　在小学五年级的语文课上,王老师正在讲解诗词中常见的"象征"手法。根据以往的经验,她知道学生很难理解"象征"这一抽象概念,她决定采用提问和举例来帮助学习理解。老师问:"象征是什么?"一个学生说:"象征就是……比如,好像……"另一个学生说:"象征就是一个东西代表另一个东西。"

　　看到大多数学生仍然茫然无知,王老师就举例说:"象征是指,比如戒指是结婚的象征,心型是爱的象征……"突然,有同学插话说:"五星红旗象征中国,绿色象征和平……"王老师然后问:"奥林匹克旗帜上的五个圆圈象征什么?"好几位同学争着回答:"象征……象征团结。"

　　这样,王老师通过不断提问、自己举例或请同学举例说明,最终帮助学生掌握了"象征"这一抽象概念。

　　在课堂教学中,如何使小学生把思维活动聚焦于教学活动中? 怎样才能帮助小学生更好地识记、理解、掌握某一概念? 教学过程设计得合理吗? 选择的教学方法以及使用的教学用具恰当吗? 所有这些问题都是小学教师非常关心的。要很好地回答这些问题,就需要了解小学生认知发展的特点及其规律。认知发展是小学儿童心理发展中极其重要的组成部分,涉及小学儿童在注意、感知、记忆、思维、想象、言语等方面的发展。小学儿童认知发展特点是小学各科教学的依据,小学教师只有掌握小学儿童认知发展的特点,并根据其特点开展教育教学活动,才能取得良好的教学效果。

第一节　小学儿童心理发展概述

　　小学儿童的心理功能是在其身体发育和学习活动的作用下逐渐发展的,表现出迅速性、协调性、外露性和可塑性等发展特点。

一、小学儿童心理发展的条件

　　影响小学儿童心理发展主要有先天的遗传和后天的环境两个条件。先天的遗传条件主要表现在小学儿童的生理发育,后天的环境条件主要表现在小学儿童主导活动的变化方面。

（一）小学儿童的生理发展

小学儿童心理的发展,离不开生理发育基础。神经系统的发育尤其是脑的发育,是小学儿童心理发展的直接前提和重要物质基础。

1. 身体外形的变化

从整个小学时期来看,儿童的生长发育比较平稳、均匀,但存在着性别差异。小学低年级,男生的身高、体重等各项指标均高于女生;但从小学中年级起,女生的身高在 10~12 岁时超过男生,体重在 11~12 岁超过男生,肩宽在 9~10 岁时赶上男生,11~12 岁超过男生。女生 10~11 岁起进入发育的高峰时期,男生则从 12~13 岁起进入发育的高峰。

由于不同类型的骨骼快速生长的时间不同,停止生长的时间也不一致。这样,小学儿童的身体比例也不断发生变化。进入小学以后,儿童的头部生长速度逐渐减慢,而四肢的增长速度依旧,头部与全身、躯干及下肢的比例随之逐年变小。到了小学高年级,儿童进入青春期体格快速增长时期,手、脚及上下肢的生长速度加快,出现长臂、长腿的不协调体态。

2. 体内机能的发育

体内机能的发育主要表现在三个方面:(1) 心脏和血管的变化。有人曾作过一个统计,假定新生儿心脏体积为 1,那么 1 个月时为 3,至 12 岁时为 10,接近成人的水平了。小学儿童的心脏和血管都在不断地均匀增大或增长。由于小学儿童正处于长身体时期,新陈代谢快,血液循环需求量较大,所以他们的心脏必须加速运动,才能使血液循环加速进行。(2) 肺的变化。从结构上讲,肺的变化经过了两次"飞跃",第一次在出生后第三个月,第二次在 12 岁前后,12 岁的肺是出生时肺的 9 倍。12 岁前后,儿童的肺发育得又快又好。肺活量的大小是儿童肺功能的一个重要指标,小学儿童的肺活量随年龄的增长而增大。(3) 骨骼和肌肉的变化。小学儿童的骨骼比较柔软,骨骼硬化(钙化)是一个逐渐完成的过程,要到身体发育完全成熟时骨骼才完成硬化。小学儿童的肌肉也是逐步发达起来的,但男女的差距并不十分明显。

3. 神经系统的发育

心理是脑的机能,是高级神经活动的机能。因此,神经系统的发育直接影响儿童的心理发展。神经系统的发育首先表现在脑的重量变化上。研究表明,人脑平均重量的变化趋势为:新生儿为 390 克,8~9 个月的儿童为 660 克,2~3 岁的儿童为 990~1 011 克,6~7 岁的儿童为 1 280 克,9 岁儿童为 1 350 克,12 岁儿童为 1 400 克,达到了成人的平均脑重量。其次是脑电波的发展。脑电波的变化意味着神经系统在"质"的方面的变化。研究发现,在我国,4~20 岁的儿童、青少年的脑电波的总趋势是 α 波(频率 8~13 周次/秒)的频率逐渐增加。

由于 α 波是大脑皮层处于清醒安静状态时电活动的主要表现,因此可以说,随着年龄的增长,神经系统兴奋过程逐渐增加。研究还发现,我国 4～20 岁的儿童、青少年,脑发育有两个显著加速时期,或称"两个飞跃",5～6 岁是第一个显著加速时期,13～14 岁是第二个显著加速时期,这时期脑的发育已基本成熟。

(二)小学儿童的学习活动

儿童进入学校以后,学习活动成为他们的主导活动,这对他们的心理发展具有重要意义。

1. 学习活动增强了小学儿童的责任感和义务感

学习是社会对小学儿童提出的要求,是儿童必须做到的,是不允许完全按意愿或兴趣行事的。小学儿童不仅要学习自己感兴趣的东西,而且还要学习自己虽不感兴趣但必须学习的东西。从这个意义上讲,学习带有强制性。小学儿童在学习过程中产生了责任感和义务感,在完成学习任务的过程中,小学儿童的意志力也得到了培养和锻炼。

2. 学习活动增强了小学儿童心理活动的有意性和自觉性

刚入学的小学儿童,其心理活动的有意性和自觉性都是较差的,随着教材内容的加深,对儿童心理活动的有意性和自觉性的要求越来越高。学习任务要求儿童必须认真辨认复杂的图形,观察不易捕捉的现象,记忆自己不感兴趣的词汇、公式、定理,用心思考教师演算例题的全部细节等,这些都促进了小学儿童心理活动的有意性和自觉性的发展。

3. 学习活动促使小学儿童的抽象逻辑思维不断发展

在学习活动中,教师不只要求小学儿童掌握直接的经验,更重要的是要求他们掌握间接的知识经验。小学儿童在学习间接的知识经验的过程中,必须学会通过分析、综合、比较、抽象、概括来掌握各种概念。在掌握概念的基础上,还要学会自觉地、有意识地进行逻辑判断和推理、论证。这一系列的学习活动促使小学儿童的抽象逻辑思维不断地发展。

4. 学习活动促进小学儿童的社会性发展

小学儿童的学习是在集体中进行的,而集体有共同的目标,有统一领导,有严格的纪律,有群众舆论,这就促使小学儿童开始意识到自己和集体的关系,意识到自己的义务和权利。同时,在与他人的交往中,学会友好合作,分享快乐等,从而促进了自身的社会性的发展。

二、小学儿童心理发展的一般特点

在小学儿童生理发展的基础上,在学习活动的影响下,小学儿童心理发展具有以下的一般特点:

（一）小学儿童心理发展的迅速性

小学儿童进入学校以后,学习活动以及日益复杂的各种各样的实践活动向他们提出了多种多样的新的问题,从而促使他们的心理活动得到迅速发展。就思维来讲,随着抽象的教学内容的增加,小学儿童逐渐地运用概念进行思维,促使他们的思维开始从以具体形象思维为主要形式逐步向以抽象逻辑思维为主要形式过渡。这种过渡是儿童思维发展的质变。因此,小学时期是儿童心理发展的快速变化期,也是进行智力开发的大好时机。

（二）小学儿童心理发展的协调性

小学儿童的心理发展很迅速且协调。以品德的发展为例,这是人一生中道德品质发展最为协调的阶段,此时言与行、动机与行为比较一致,道德知识开始系统化,并形成相应的行为习惯。比起初中学生的"暴风骤雨"式的情感而言,小学生心理发展的协调性成为主要特征。所以,小学时期是发展儿童的和谐个性、良好品德和社会性的最佳时机。

（三）小学儿童心理发展的外露性

小学儿童经历简单,内心世界不太复杂,因此他们的心理活动显得纯真、直率,能将内心活动表露出来,具有较强的外露性。例如,他们的情绪、情感富有变化,喜、怒、哀、乐都明显地表现在面部,而且不善于掩饰和控制。所以,在小学阶段,成人与儿童容易沟通,师生之间、亲子之间关系融洽。可以说,小学时期是了解儿童真实的心理活动,从而进行有的放矢教育的最佳时期。

（四）小学儿童心理发展的可塑性

与青少年相比,小学儿童的心理发展和变化具有较大的可塑性。小学儿童刚刚处于性格开始形成的时期,而人生观、世界观等尚未萌芽,良好的行为习惯易于培养,不良的行为习惯也能通过教育加以改变。所以,小学阶段是培养良好的心理品质和行为习惯的最佳时期。

三、小学儿童心理发展的一般规律

（一）心理发展是相对有序的

人的心理发展是有一定顺序的,小学生的心理发展也遵循一定的顺序,表现为心理发展是由低级到高级、由量变到质变连续不断的发展,表现出一定的规律性。如小学生的思维由形象思维发展到以抽象思维为主,记忆从机械记忆发展到意义记忆,等等。但是,这种有序并不一意味着发展是完全线性的,人可能超前发展,也可能一段时间保持不变甚至后退。

（二）心理发展具有个别差异性

在班级里,你会发现这样的现象:有些学生身体发育快些,他们的协调性也较好,或者是在思想上和处理人际关系上更为成熟;在感知、记忆、想象和思维等方面学生之间也会有不同,这些都是小学生在心理发展程度、发展速度、优势领域等方面的差异性。除了极少数发展极快和极慢的特殊学生之外,这些差异都是正常的,而且在任何一个学生群体中都会存在这样的差异。

(三)心理发展是渐进的过程

小学生的心理发展在某一年龄阶段会保持相对的稳定性,表现出阶段性特征,但是各个阶段并不是截然分开的。事实上,小学儿童的心理发展是一个连续不断的渐进过程,不存在中途停顿的现象,也不能期望学生的改变在一夜之间发生。例如,对于不能很好地回答假设性问题的学生,我们或许通过教育能够将其这一能力发展得很好,但这需要时间。

第二节　小学儿童的注意

人的心理活动总是在睡眠状态、觉醒状态或注意状态下产生的。注意是心理活动对一定事物的指向和集中,它不仅是一切认知过程的开端,而且伴随着心理过程的始终。在幼儿期注意发展的基础上,通过小学教育的影响,小学儿童的注意得到了进一步发展。

一、小学儿童注意有意性的发展

小学儿童注意有意性的发展是指有意注意在认知活动中的作用逐步提高和注意的有意性由被动到主动。

(一)有意注意在认知活动中的作用逐渐提高

小学低年级儿童的认知活动常依赖无意注意,既没有目的,也没有意志的参与。因此,在教学中,初入学儿童的注意状态,取决于教学内容的直观性和形象性,只要刺激物是生动的、新异的,就能引起他们的注意。如果对教学内容没有兴趣,教师又不能运用一些有趣的教学方法,那么他们保持注意就很困难,课堂上就会出现思想"开小差"、摆弄玩具、做小动作等现象。

随着年龄的增长,大脑不断成熟,神经活动的兴奋过程与抑制过程逐步协调起来。同时,由于教学不断向儿童提出学习的要求,要求儿童有意地集中自己的注意到必要的对象上。这样,小学中、高年级儿童的有意注意逐步发展起来,既有自觉的学习目的,也能通过意志努力把心理过程指向或集中于特定的认知活动。具体表现为:一是认知活动更多地依赖有意注意;二是有意注意的效果明显高于无意注意。如五年级儿童对某对象估计的正确率,无意注意时只达22%,有意注意时则达56%。这表明在高年级学生的认知活动中,有意注意的作用超过了无意注意,有意注意已逐步取代无意注意,占据主导地位。

(二)注意的有意性由被动到主动

小学低年级儿童的有意注意是被动的、被迫的,表现为:一是他们需要教师或其他成人给定目的;二是在注意进程中需要他人不断提醒和关照。一旦没有外在的帮助,小学低年级儿童常常不清楚或忘掉他人给定的目的,致使注意中止或分散。如一位教师在课堂上给一年级儿童展示一幅松鼠的图画,让他们看过以后把这个动物的轮廓描述出来。当教师把图收起来之后,有些儿童紧跟着问教师:松鼠有什么样的眼睛,什么样的耳朵,它有没有胡须和眉毛,它的颜色是什么样子,等等。

随着心理活动目的性、有意性、自控力的逐渐增强,小学高年级儿童逐渐能自行确立目的,并根据一定的目的独立地组织自己的注意,从而使有意注意由被动、被迫状态提高到主动、自觉状态。

二、小学儿童注意品质的发展

注意品质包括注意广度、注意稳定性、注意分配和注意转移四种。这些品质在小学阶段都得到了进一步发展。

(一)注意广度

注意广度,指在同一时间内注意到的客体的数量,这是注意在空间上的品质。小学儿童注意广度的发展表现在以下两个方面。

(1)随着年级的升高,小学儿童的注意广度在不断发展。研究表明,用速示器在 1/10 秒时间内呈现圆点图,二年级儿童能清楚地知觉到的圆点数一般少于 4 个,五年级儿童为 5~6 个,成人能达 8~9 个。日常观察也证明,一年级儿童在阅读时,常常是一个字一个字地读,注意的广度较小,而到了后来,他们的经验丰富了,阅读的技巧形成了,一次就能看到整个句子以及句与句之间的联系,注意的广度也就扩大了。

注意广度不是绝对的,它受许多因素的影响。例如,儿童对散状排列的点子的视觉注意广度,比对横向排列的点子的视觉注意广度大;对分组点子的视觉注意广度比对散状点子的要大,其原因是分组点子中被感知的对象排列组合得有规律,可以理解为相互联系的整体,注意广度也就相应扩大了;小学儿童对点子估计的正确率要多于对汉字估计的正确率,原因可能是汉字的笔画干扰了视觉注意广度。

(2)小学儿童的注意广度存在着性别差异,女生的注意广度大于男生。有人研究发现,小学二年级和五年级的男生在辨认 4 个点子时,估计的正确率分别为 35.42% 和 46.00%;小学二年级和五年级的女生则分别是 51.60% 和

59.60%。其他研究的结果也表明,小学儿童的注意广度存在着性别差异,无论低年级或高年级,女生的注意广度都大于男生。

（二）注意稳定性

注意稳定性指对同一对象或同一活动上注意所能保持的时间,这是注意在时间上的品质。小学儿童注意稳定性的发展具有以下两个特点:

（1）小学儿童的注意稳定性随年龄增长而提高。观察材料证明,5～7岁的儿童聚精会神地注意某一事物的平均时间是15分钟左右,7～10岁是20分钟左右,10～12岁是25分钟左右,12岁以后是30分钟左右。[①] 可见,随着年龄的增长,注意的稳定性提高。

注意的稳定性也不是一成不变的,它往往受许多因素的影响。单调乏味、照本宣科的教学,很难维持学生的注意;而组织严密、形象有趣、方法得当的教学,可以提高学生注意的稳定性。有意注意和无意注意两者有节奏地交替调节,也有利于学生注意稳定性的提高。在小学课堂教学中,只要教师把教学组织好,高年级学生保持40分钟的注意是完全可以做到的。

（2）小学儿童注意稳定性的发展存在性别差异,女生的稳定性高于男生。有人研究发现,小学二年级男生注意的稳定性的平均成绩为2.672 1,女生的平均成绩为3.384 9;小学五年级男生的平均成绩为5.297 6,女生的平均成绩为5.441 9。[②] 可见,不论是小学二年级还是小学五年级,在注意的稳定性上女生的成绩高于男生;但随着年级的升高,男女的性别差异在缩小。

（三）注意分配

注意分配指同一时间内把注意指向不同的对象。小学儿童的注意分配能力的发展表现出以下两个特点。

（1）小学儿童的注意分配能力随着年龄增长而提高。在日常观察中我们发现,一年级儿童常常不能分配自己的注意,当他们聚精会神地写字的时候,往往不能觉察到自己坐的姿势不端正、铅笔拿得不对或练习本子放歪了,等等。一般说来,低年级教师为了便于儿童能够分配自己的注意,最初不要求儿童同时注意几件事,要等儿童对其中的某些活动熟练了以后,再提出分配注意的要求。

（2）小学二年级是儿童的注意分配能力发展的转折期。有人用"注意分配仪"对儿童进行测试,发现幼儿几乎都不能进行操作,表明他们不能分配自己的注意。可是大多数小学儿童都能较顺利地分配自己的注意,完成"注意分配仪"

---

①　朱智贤:《儿童心理学》(第4版),北京:人民教育出版社,1993,P353。

②　刘景全、姜涛:《关于小学生某些注意品质的实验研究》,《天津师范大学学报》,1993年第4期,P32-35。这里的成绩应为单位时间注意到的点子数。

的测试活动。而且二年级儿童和五年级儿童的注意分配能力基本处于同一水平。因此,人们认为的注意分配能力在幼儿到小学二年级这一阶段发展较迅速,以后发展就缓慢了。

（四）注意转移

注意转移指个体根据新的任务,主动地将注意从一个对象过渡到另一个对象上去。小学儿童注意转移能力的发展具有以下两个特点。

（1）小学儿童的注意转移能力随着年龄的增长而迅速发展。有人研究了小学儿童的注意转移能力发展的情况,发现小学儿童的注意转移的综合反应时间随着年龄的增长而呈下降趋势。五年级儿童的综合反应时间比二年级儿童平均少了 2.174 4 秒,差异非常显著。这种差异表明五年级儿童注意转移的速度比二年级儿童明显变快。在日常观察中我们也发现,很多一年级儿童,在开始的时候,把注意从一节课转移到下一节课还有困难。因此,小学低年级教师必须注意儿童还不善于主动转移注意的特点,在上课之初,要重视组织教学的作用,把儿童的注意引导到课程的学习上来,并使儿童养成迅速转移注意的习惯。

（2）小学儿童的注意转移能力的发展存在着性别差异,男生发展比女生快。就注意转移的时间而言,二年级男生注意转移的时间显著少于女生,但到了五年级,这种差异基本消失。这表明,就注意转移的能力而言,小学男生的发展整体优于女生。

第三节　小学儿童的感知与观察

感知觉是人类认知活动的开端,是思维活动的基础。观察是感知觉的高级形态,是一种有思维参与其中的感知活动。研究发现,在学习的过程中,小学儿童的感知功能和观察能力有了长足的发展。

一、小学儿童感觉的发展

感觉是脑对直接作用于感觉器官的客观事物个别属性的反映,是一切心理活动的基础。因此,儿童感觉的发展,尤其是视觉和听觉的发展,对于小学儿童的心理发展具有十分重要的影响。

（一）视觉的发展

视觉在人们的认知活动中占有极重要的地位。研究表明,正常成人所获信息量的 80% 来源于视觉。但视觉在认知活动中的作用并非出生就如此,而是随着儿童年龄的增长而提高的。小学儿童视觉的发展主要表现在视敏度发展和颜色视觉发展两个方面。

1. 视敏度的发展

视敏度俗称视力,指在一定距离上感知和辨别细小物体的视觉能力。小学儿童视敏度的发展趋势表现在三个方面。

(1) 10岁前儿童的视敏度不断提高。有人认为,儿童年龄越小,视力越好。事实并非如此。10岁前儿童的视敏度由低到高发展着。有人对4~7岁的儿童的视力进行了调查,视力测试图上有许多带有小缺口的圆圈,测量儿童须在什么距离可以看出圆圈的缺口,距离越远,视敏度越好。调查结果是,4~5岁儿童的平均距离是2.1米,5~6岁儿童的平均距离是2.7米,6~7岁儿童的平均距离为3米。如果把6~7岁儿童的视敏度的发展水平作为1,则5~6岁儿童为0.9,而4~5岁儿童为0.7。可见,随着年龄的增长,视敏度不断提高。

(2) 10岁时儿童的视觉调节的范围最大,远近物体都能看清。这一特点对学习具有重要意义。因为在学校上课的情况下,为了更好地感知事物,儿童经常被要求把视线从较远的对象移到较近的对象上来,又要从较近的对象移到较远的对象上去,或者要求儿童在各种不同的距离看清不同的事物等。

(3) 10岁以后,随着年龄的增长,视力逐渐下降。这种变化一方面与眼睛的生理机能变化有关,另一方面也与儿童的用眼习惯有关。有的儿童不注意用眼卫生,如经常在暗淡的光线下长时间注视,造成眼睛过度疲劳,或眼睛与书本的距离太近,使眼睛只习惯于看近物。久而久之,不少儿童视力下降。因此,教师在教学过程要指导小学儿童卫生用眼。同时,教学环境要符合教学的卫生要求,如教室光线要明亮,桌凳高低要适当,儿童座位要定期轮换等。

2. 颜色视觉的发展

小学儿童颜色视觉的发展表现在以下两个方面。

(1) 颜色的辨别能力随着年龄的增长而提高,并表现出初步的颜色偏好。6岁儿童虽能分辨红、黄、绿、橙、白、蓝、紫等颜色,但正确率较低,并受呈现时间长短的影响。小学一年级儿童能辨别三种红色、两种黄色,而对不同的绿色和蓝色尚不能辨别。随着年级的升高,小学生能辨认12种红色、10种黄色、6种绿色和4种蓝色。同时,随着辨色能力的提高,小学生也开始表现出对颜色的偏好。在红、黄、绿、橙、蓝、紫、棕、灰、黑、白10种颜色中,他们更喜欢红、黄、绿三色,不喜欢棕、灰、黑三色。当然,小学儿童的颜色偏爱也与客体有关,如画兔喜欢用白色,画自然风光则用绿色。

(2) 小学儿童的颜色视觉表现出性别差异。一是女生比男生的颜色视觉能力一般要高一些。其原因是女生在生活中接触有颜色的东西更多些,对颜色更有兴趣一些。二是男女生对颜色有不同的偏爱。6岁以前,颜色爱好的性别差异不显著;6岁以后,表现出性别差异,男生最喜欢黄、蓝两色,其次是绿、红两色;女生则最喜爱红、黄两色,其次是橙、白、蓝三色。

(二)听觉的发展

小学生的纯音听觉和语音听觉都得到了很好的发展,这与小学的语音教学密切相关。由于学校教育要求学生形成听、说、读、写的能力,掌握声乐、器乐的各种要素,尤其是在语音教学特别是汉语拼音教学的影响下,小学儿童的声音感知能力发展迅速,语音听觉接近成人的水平。

研究表明,一年级末的小学儿童的辨音能力已达到成人的水平,他们已能很好地辨别汉语的四声和相近的发音(如 sh 和 s,ch 和 c,zh 和 z,d 与 t,n 与 l 等)。另外,儿童对语音的感知能力受方言的影响,农村儿童略低于城市儿童,这主要是生活环境和教育条件所造成的。当然,声音感知能力的发展还受听觉感受器、听觉中枢、言语运动中枢和言语器官等物质基础的影响。

听觉敏感度的高低直接影响儿童音乐才能和言语能力的发展。人的听觉能力因先天条件不同而有较大的个别差异,但都可通过训练提高。教师要重视对儿童听觉器官的保护和训练。在保护方面,如要求儿童不大声喧哗、不把音响的音量开得过大、不让水和异物进入耳内等。在训练方面,可通过组织语文朗读、歌咏比赛、外语听力练习等活动进行,以提高小学儿童的听觉能力。

二、小学儿童知觉的发展

知觉是脑对直接作用于感觉器官的客观事物整体的反映。根据知觉对象的属性,可以把知觉分为空间知觉、时间知觉和运动知觉。

(一)空间知觉的发展

空间知觉是人脑对物体空间特性的反映。在整个小学期间,空间知觉的发展对于儿童认知能力的发展是非常重要的,数学、语文、科学与社会常识的学习都需要空间知觉。因此,在小学教育中,教师应有目的地发展儿童的空间知觉。

1. 形状知觉

刚入学的小学生,形状知觉的发展水平还比较低。他们对于几何图形(如正方形、三角形等)的辨认常和具体的事物形状相联系,如将正方形叫作方块,将圆叫作圈圈。而随着年龄的增长,小学儿童的形状知觉能力逐渐提高。有人研究了小学三、四年级和初中一年级的儿童形状知觉的发展,结果表明,小学三、四年级和初中一年级的儿童正确识别圆、直角、锐角、钝角和垂线等的成绩以及正确绘制垂线、直角三角形、正方形、平行四边形、梯形的成绩,一般都超过正确说明垂线、直角三角形、平行四边形、梯形等图形特征的成绩,这反映了从对具体直观图形的认识过渡到对一类图形共同特征的掌握。

不过,需要注意的是,小学儿童识别几何图形仍具有很大的局限性。表现为:(1)本质特征与非本质特征混淆。在识别和说明图形的特征时常常会把非本质特征当作本质特征,或把本质特征当作非本质特征,从而作出错误的判断。如把"直角在下方"、"摆得端正"这些非本质东西,加到直角三角形上去,把"由上到下垂直"这一非本质因素作为垂线的特征,等等。(2)立体几何图形知觉水平不高。表现为小学儿童对描绘在纸上堆积在一起的立方体数,因不懂透视原理和缺乏立体感,常常不能正确辨认。

2. 方位知觉

方位知觉是指个体对自身或物体所处方向的知觉。研究表明,刚进入小学的儿童对上下、前后的方位已能正确判断,而对左右方位,则常常要和具体事物联系起来,方能辨别。如果只有"左"、"右"的抽象口令,而无具体的东西加以支持,则一年级儿童常常发生错误。如在上体育课时,对"向左转"、"向右转"口令的反应,往往有1/3的儿童出现错误。

儿童左右概念的发展阶段

我国著名心理学家朱智贤教授通过研究发现,儿童左右概念的发展需要经历三个阶段:

第一阶段,比较固定化地辨认自己的左右方位(5~7岁)。5岁儿童大多数能正确地把自己的左右方位和词联系起来,从而产生了最初的左右概念;7岁才能辨别对面人的左右方位。

第二阶段,儿童初步掌握左右方位的相对性(7~9岁)。这个阶段的儿童不仅能以自己的身体为基准辨别左右方位,而且能以别人的身体为基准辨别左右方位,也能辨别两个物体间的左右方位关系。

第三阶段,儿童能比较概括地、灵活地掌握左右概念(9~11岁)。这个阶段的儿童能迅速地按照自己的方向,判断三个物体间的左右关系,即已能在抽象概括水平上掌握左右的相对性。

当然,儿童的方位知觉能力,经过严格训练,也是可以提高的。有人观察到,5~7岁的儿童已能在团体操中随音乐构成太阳形、菱形、五角星形、梅花形等形状,已能在成人的教育训练下掌握左、右、斜前方、斜后方、转体45°等方位。

在教学实践中发现,刚入学的儿童对字形的感知,常常注意形状而不注意方位。刚学汉字和阿拉伯数字时,常把"3"写成"ε",把"8"写"∞"、"9"、"6"不分,"b"、"d"不分,"q"、"p"不分等。为此,教师在低年级教学中,要结合实际,训练儿童的左右方位知觉。例如,在教学字形时,对字形各部分的方位,特别是形近字的方位差异,要设法突出和提醒,以增加儿童的方位意识。

（二）时间知觉的发展

时间知觉是对客观现象的延续性、顺序性和速度的反映。在儿童的心理发展过程中,时间知觉的发展较迟。就时间估计的能力而言,5~6岁儿童估计时间极不稳定,也不准确,还不会利用时间标尺,即他们基本上不会使用"一分钟"、"一小时"、"一天"等时间概念进行时间估计;7岁儿童在外界有规律性的刺激下,多数能利用"吃午饭时"、"一天"等时间标尺,长时距知觉的准确性有了一定的提高;8岁儿童则基本上能主动使用时间标尺,时间知觉的准确性接近成人的水平。

就时间单位的认识而言,小学生最容易掌握的时间单位是"1小时";其次是对"日"和"周"的理解;对"月"的实际意义的理解较差;而对于"纪元"、"世纪"、"时代"等概念则不能理解。小学儿童之所以最容易掌握"1小时"的时间单位,是因为学习和生活主要以小时为单位;"日"和"周"也与学校的学习和生活密切相关,所以他们也能理解;生活中很少用到"月"这个单位,因而对"月"的实际意义的理解较差;历史事件的时间与他们的生活距离很远,理解这些概念就更加困难了。

教师在教学过程中,要重视儿童对时间概念的学习和对计时工具的认识,并在日常生活中让儿童有运用的机会,使儿童及早形成时间概念。

（三）运动知觉的发展

运动知觉包括大肌肉运动觉和小肌肉运动觉。儿童大肌肉运动觉成熟较早,刚入学时就有相当的发展,但小肌肉运动觉发展较迟,还未发展好。如走、跑、跳、爬行、攀登、伸展、弯腰等基本动作能自如进行,但手指、手腕的运动还不够灵活、协调。所以,儿童在刚学写字时,笔对他们显得很重,一握上笔,手指、手腕就显得僵硬,肌肉的紧张度很高,常需要移动前臂或上身甚至移动纸张来写字,字迹歪歪扭扭,竖不直、横不平,间架结构不当,还经常把纸戳破。经过小学阶段各种书写、绘画、手工劳动等活动的训练,小学毕业时,儿童手指的小肌肉运动觉已有相当的发展,它的灵活性和协调性都有了较大的提高。

在整个小学阶段,儿童的运动知觉都在发展中,其发展速度和水平与训练直接有关。教师要充分利用课内外各种活动,从耐力、速度、灵活、协调等方面对小学儿童进行训练。在训练过程中,还要看到小学儿童的运动器官比较稚嫩,必须循序渐进地进行教学工作,例如写字,最初用硬笔,用带格的纸,要求不能太高,练习的时间不能太长,要帮助小学儿童一开始就掌握正确的书写动作,保持正确的书写姿势;随着小学儿童手部动作的发展,再逐步提高要求。

三、小学儿童观察力的发展

观察是有目的、有计划的知觉过程,是人们学习知识、认识世界的重要途径。观察能力是小学儿童智力的重要组成部分,也是科学研究、创造和发明的重要基础。

(一)小学儿童观察力的发展阶段

我国心理学家丁祖荫教授曾对从幼儿园到小学高年级的儿童观察图画能力的发展进行了研究,结果发现,儿童观察力的发展可分为以下四个阶段。

(1)认识"个别对象"阶段:儿童只看到图画中的各个对象,或各个对象的一个方面,看不到对象之间的相互联系。

(2)认识"空间联系"阶段:儿童看到了各个对象之间能直接感知的空间联系。

(3)认识"因果联系"阶段:儿童认识到了各对象之间不能直接感知的因果关系。

(4)认识"对象总体"阶段:儿童能从意义上完整地认识整幅图画的内容,依据图画中所有事物的全部联系,完整地把握对象的总体,理解图画主题。

有研究人员指出,幼儿处于认识"个别对象"和"空间联系"阶段,小学低年级儿童大部分处于认识"空间联系"和"因果关系"阶段;小学中年级儿童大部分处于认识"因果关系"阶段;小学高年级儿童大部分处于认识"对象总体"阶段。

通过研究还发现,小学儿童观察发展的阶段性,在很大程度上受到图画内容的影响。图画内容涉及儿童的生活经验,能为他们所理解,他们便表现出较高的观察水平;反之,儿童对于不甚熟悉的内容只能列举或描述,而且往往出现错误答案。观察的结果在一定程度上也受指导语的影响,当要求儿童说出图画中"有些什么"时,观察易偏向"列举";要求说出"在做什么"时,观察多属"描述"及"解释";要求说出"画的是什么事情"时,容易注意整个图画内容,处于"解释"阶段。

(二)小学儿童观察品质的发展特点

我国学者王唯通过对小学一、三、五年级儿童的观察品质进行研究后发现,小学儿童观察品质的发展主要表现在以下几个方面。

(1)观察的目的性。一年级儿童观察的目的性较差,他们一般还不会独立地给自己提出观察任务,即使教师提出任务,他们也不能很好地排除干扰、集中注意力;他们的知觉主要是由刺激的特点和个人兴趣爱好所决定的。因此,小学一年级儿童观察的时间短、错误较多。三年级和五年级儿童有所改善,但无显著差异。

（2）观察的顺序性。一年级儿童观察事物零乱、不系统,常常东看一下、西看一下,看到哪里就算哪里。中、高年级儿童观察的顺序有较大发展,一般能从头到尾、边看边说,而且在表述观察情况前,往往要先想一下再作表述,即把观察到的点滴材料进行加工,使观察的内容更加系统。但从总体上看,五年级和三年级儿童差异不显著。

（3）观察的精确性。一年级儿童观察事物不细心,也不全面,常常笼统、模糊,只能说出客体的个别部分或颜色等个别属性,对事物间细微的差别难以觉察,不能表述。在课堂中我们也看到,一年级儿童刚学写字时,常常不是多一点就是少一横,"己"和"已"、"析"和"折"等形近字常混淆。三年级儿童观察的精确性明显提高,五年级儿童略优于三年级儿童。

（4）观察的深刻性。一年级儿童对所观察的事物难以从整体上作出概括,他们往往较注意事物表面的、明显的、无意义的特征,看不清事物之间的关系,更不善于揭露事物有意义的、本质的特征。课堂教学的一个实例也说明这一点。有位教师将"美丽的公鸡"这课的插图涂上色彩,并且放大,让儿童观察。许多儿童只看到公鸡的大红鸡冠、美丽的羽毛和金黄色的爪子,而偏偏就没有看到公鸡站在水边"欣赏"自己的形象,表现出洋洋得意的骄傲的神态。三年级儿童观察的深刻性有较大的提高。随着抽象思维的发展,五年级儿童观察的深刻性更有显著发展。

综上所述,可以看出小学儿童在一年级时观察品质各方面的水平都较低,经过两年的教育和训练,到小学三年级时,已有明显的提高。

第四节　小学儿童的记忆

记忆是人脑对经历的事物的反映,它由识记、保持、回忆(或再认)三个环节构成。记忆是整个心理活动的基础,是积累经验、丰富知识的基本手段。小学儿童的记忆是在学前期记忆发展的基础上,在小学教育的要求下,随年龄的增长而提高的。

一、小学儿童识记的特点

（一）由无意识记为主向有意识记为主转化

无意识记是指没有预定目的,也不需要任何意志努力的识记,它是在不知不觉中进行的识记;有意识记是有预定目的和任务、有意识进行的识记,并且在识记过程中要付出意志努力。入学时,儿童的无意识记占重要地位,表现为无意识记和有意识记的效果相当。我国心理学家的研究表明,小学二年级儿童无意识记的正确回忆率为42.8%,有意识记的正确回忆率为43.0%。而随着心理活动有意性的发展,有意识记能力逐年提高。到小学四年级时,无意识记的正确回忆率为43.8%,有意识记的正确率上升到51.5%。从二年级到四年级间,儿童的有意识记发展最为迅速。小学高年级以后,儿童的有意识记趋于成熟,发展速度放慢。

在小学教育中,特别要关心小学低年级这个有意识记迅速发展的关键时期,注意培养和提高儿童有意识记的能力。同时,我们还要认识到,无意识记也是儿童学习不可缺少的。实际上,小学儿童很多知识的积累和思想的提高,就是通过无意识记实现的。如故事、谚语、教师的人格对儿童潜移默化的影响,就是不知不觉地实现的。

(二)由机械识记为主向意义识记为主转化

机械识记是对识记材料没有理解的情况下,依靠材料的外部联系、先后顺序机械重复进行的识记;意义识记是在对材料理解的情况下,根据材料的内在联系,运用自己的知识经验进行的识记。

(1)小学儿童从机械识记为主向意义识记为主发展。表3-1是苏联心理学家对一、四、六、九这四个年级儿童运用两种识记的实验比较。[①]

表3-1 儿童机械识记和意义识记比较表

年级	机械识记(%)	意义识记(%)
一	72	28
四	56	44
六	55	45
九	17	83

从表3-1可知,小学低年级儿童机械识记起主导作用。通过日常观察也可发现,小学低年级儿童在学习时,常常是从头到尾、逐字逐句地背诵,这对于他们来说,似乎是比较容易的。如果要求他们把材料的次序重新安排,找出重点,或用自己的话来复述材料,他们就会感到困难。这是因为他们的知识经验比较贫乏,对学习材料不易理解,思维水平不高,不善于对识记的材料进行思维加工。随着年龄的增长和年级的升高,知识经验日益丰富,言语、思维日益发展,在学习过程中逐步掌握学习方法和技巧,他们的意义识记就会一天天增加,而机械识记则会相对减少。

(2)小学儿童机械识记和意义识记效果均随着年龄的增长而提高。在小学阶段,不论识记材料是便于意义识记还是只能采取机械识记,其识记效果都随着年龄的增长而提高。一项研究结果表明,意义识记正确回忆项目数,小学二年级儿童为

---

① 许政援、沈家鲜等:《儿童发展心理学》,长春:吉林教育出版社,1987,P265。

2.22,小学五年级 3.22;机械识记正确回忆项目数,小学二年级儿童为 1.09,小学四年级儿童为 1.99。①

（3）小学儿童意义识记的保持量总是高于机械识记的保持量。大量的实验研究证明,在小学的各个年龄阶段中,儿童意义识记的保持量都比机械识记的保持量高。

根据以上研究结果,我们看到,现实生活中那种认为儿童"年龄越小越善于机械识记"的说法,是需要修正的。事实上,无论是机械识记之间的比较,还是机械识记与意义识记之间的比较,都表明:机械识记的效果总是年龄越小越差。

我们要求小学儿童尽可能采用意义识记,但如果学习材料本身没有内在联系,或材料本身有意义但一时不能理解,儿童就只能采用机械识记了。所以,在小学儿童的学习过程中,两种识记都需要。

二、小学儿童保持的特点

（一）保持材料由偏重于具体类型发展到抽象类型

1. 具体材料的保持优于抽象材料的保持

具体材料的保持是对过去感知的事物或活动的形象的保持;抽象材料的保持是对概念、公式、定律、定理等抽象材料的保持。小学儿童认知的材料类型偏重于具体的、形象的,因此,他们擅长具体形象记忆。在具体形象材料和语词材料之间,前者优于后者;在语词材料中,具体词的记忆又优于抽象词的记忆。年龄越小的儿童,这一特点表现得越明显,如表 3-2:②

表 3-2　三种不同性质材料重现的百分比

年级	即时重现			延缓重现		
	形象	具体词	抽象词	形象	具体词	抽象词
一（21 人）	51.9	41.7	26.4	45.4	17.0	6.4
三（17 人）	72.6	68.2	52.6	67.3	64.6	34.4
五（15 人）	82.6	70.0	64.6	81.3	71.0	65.4

2. 对具体材料和抽象材料保持的差别随年龄增长逐渐缩小

从表 3-2 的数据可以看出,在小学阶段,对具体材料和抽象材料保持的差别随年龄增长逐渐缩小。之所以逐渐缩小,是因为随着年龄的增长,形象和词都

① 林崇德:《发展心理学》,杭州:浙江教育出版社,2002,P323。
② 林崇德:《发展心理学》,杭州:浙江教育出版社,2002,P323。

不是单独在儿童的大脑中起作用的,而是越来越密切地联系在一起。一方面,儿童对熟悉的物体能够叫出其名称,那么,物体的形象和相应的词就紧密联系在一起;另一方面,儿童所熟悉的词也必然建立在具体形象的基础上。所以,词和物体的形象是不可分割的。形象记忆和语词记忆的区别只是相对的。在形象记忆中,物体或图形起主要作用,语词在其中也起着标志和组织记忆形象的作用。在语词记忆中,主要记忆内容是语言材料,但是记忆过程要求语词代表的事物形象作支柱。随着儿童语言的发展,形象和词的相互联系就越来越密切,两种记忆的差别也相应减少。

由于小学儿童对概念的掌握水平不高,所以在概念教学中仍需为他们提供适量的具体的形象的材料,促进对概念的理解。

(二)保持时以视觉加工为主

有人用通过视、听觉单独接受信息和通过视、听觉同时或先后接受信息比较的方式,来考察小学低、中、高年级儿童识记后保持项目的情况,发现整个小学阶段儿童通过视觉接受信息的保持量最高,通过视、听觉同时接受信息的保持量次之,通过听觉接受信息的保持量最低。低、中年级儿童尤以视觉记忆占绝对优势。到了高年级,儿童已掌握一定数量的字词,在语文学习上也由字词学习为主转向阅读和作文学习为主,这时对词义的理解显得更为重要,于是儿童开始以词义的形式进行加工,视觉记忆的优势相对减弱,但仍优于其他方式的记忆。因此,在整个小学阶段,凡需儿童记忆的材料,应尽可能运用视觉通道来传递。

(三)逐渐使用复述策略来保持信息

复述是指为了保持信息而对信息进行多次重复的过程。刚入学的儿童对于接受信息后还要反复识记和练习才能长久保存这个道理不清楚,他们往往以为只要接受了信息,就可以长久保持下来。到了中、高年级,儿童逐渐发现要使所接受的信息长期保存,就要反复地识记和练习。在弗拉维尔(F. H. Flavell)等人的一项研究中,让5岁、7岁和10岁儿童做被试,把7张一般都认识的物体图片展示在儿童面前,依次指出3张图片并要求儿童记住。15秒后,要求儿童也依次指出这3张照片。在间隔期间,研究者根据儿童的唇动情况来判定其是否进行复述。结果发现,5岁儿童只有10%有复述表现,而7岁儿童60%和10岁儿童85%都有复述表现。因此。研究者认为,7岁左右是儿童由不进行复述向自发地进行复述的过渡期。

从记忆效果来看,能自发进行复述的儿童,其记忆效果优于不进行复述的儿童,因此训练儿童的复述技能可以提高儿童的记忆效果。相关研究也证实了训练对儿童的分类复述有促进作用。研究发现,未经训练,5.5岁儿童有2.85%能自觉分类,7.5岁和9.5岁儿童自觉分类也不超过10%,11.5岁达到28.5%。

这表明,分类复述在小学阶段出现并得到发展,但直到小学毕业仍未达到熟练水平。对不会分类的儿童进行启发性分类的训练,结果发现,5.5 岁儿童练习无效,7.5 岁儿童训练对同类性质的课题分类有效但不显著,9.5 岁儿童的训练效果不仅表现在对相同问题的解决上,而且能迁移到抽象词汇的分类,可以认为是进入了训练的最佳时期。

情绪状态对记忆效果的影响

小学儿童的记忆结果不仅受客观材料的影响,也受儿童识记时情绪状态的影响。有研究者对小学儿童在不同情绪状态下记忆不同类型情绪词的情况作了研究,结果发现:小学儿童在自然状态下,对情绪词的记忆优于对中性词的记忆。具体表现为:记忆愉快的情绪词的成绩最好,不愉快的情绪词的成绩次之,中性词的成绩最差;情绪状态对相应情绪词的记忆作用明显。这是因为情绪词能激起情绪状态,而情绪状态能影响智力活动的积极性。另外,经历某种情绪体验,实际上就具备了感性经验,因而与情绪状态相对应的情绪词就容易记忆。这一研究成果给人们的启示是:在小学教学中,要创造一种情境,激起儿童相应的情绪,从而提高记忆效果。

三、小学儿童回忆的特点

(一)从不会搜索和追忆向开始会搜索和追忆发展

初入学儿童不会使用系统搜索和追忆去提取信息,他们所能回忆的往往是刚识记过的材料或熟记的材料,而且他们对回忆的成绩既不清楚也不在乎,回忆出多少就是多少。而高年级儿童在提取信息时,开始会系统地去寻找已经识记过的材料,对于一时想不起的材料会努力去追忆,当实在记不起时会感到遗憾或内疚。如当问到"你昨天做了什么"时,一年级儿童往往会任意地把记忆深刻的事件提出或列举其他时间发生的事件来充数,而高年级儿童开始用一种系统的方式去寻找他们前一天的独特事件,从早晨开始,在头脑中检索全天的活动。

(二)从不会评价自己的回忆向学会自我评价发展

如果考试结束后问儿童"考得怎样?"一年级儿童会高高兴兴地回答"我考出来了"。而高年级儿童就会有不同的回答,考得好的人会笑眯眯地回答"还可以",考得不好的人会不好意思地说"没考好"。从中可以看出,小学儿童对自己的回忆从不会自我评价向逐渐学会自我评价发展。低年级儿童不会自我评价,也因为他们不善于搜索与追忆。

外部动机对记忆效果的影响

有研究者对外部动机对小学儿童识记的影响作了研究,结果表明:外部动机能提高识记成绩。有外力激发识记动机比没有外力激发识记动机时,小学各年级儿童识记成绩都高。其中,四年级儿童在有外部动机的情况下提高得最多,三年级儿童最少。同时,研究发现:不同性质的外部动机对识记的促进程度不同。表扬能促进小学各年级儿童的识记效果明显提高。其中,二年级儿童在有物质奖励的情况下,记忆效果最好;而六年级儿童则在精神奖励情况下,记忆效果最好;四年级儿童在两种奖励情况下,记忆效果差别不大。由此可见,小学儿童随着年龄的增长,在外部动机类型中,精神奖励对记忆的作用日益增强。这说明,经常地、恰当地运用奖励手段,有利于提高小学儿童的记忆效果。

四、小学儿童元记忆的特点

元认知是对认知的认知,元记忆就是人们对自己记忆过程的认识和监控。

(一)小学儿童关于记忆的知识

关于记忆的知识包括有关记忆主体方面的知识、有关记忆任务方面的知识和有关记忆策略方面的知识。

有关记忆主体方面的知识,是指人认识到不同年龄以及同年龄的人在记忆能力方面是有差异的。弗拉维尔等人用印有图画的卡片作为实验材料,各卡片上的图画数量不同。实验任务是要求被试预言能够回忆出几张图画,最后测定被试的实际瞬时记忆广度。结果表明,学前儿童对自己的瞬时记忆广度的估计同真实情况有较大差距,小学儿童的估计比较接近实际,四年级儿童基本上达到成人的水平。

有关记忆任务方面的知识,是指个体对材料的性质、相互关系能影响记忆程度的认识以及个体对不同记忆反应(再认、回忆)难度差异的认识。弗拉维尔等人首先让被试学习将词表中的词两两联成对,然后向被试呈现两个词表,一个词表的词对是名字与动作(如玛丽——散步),另一个词表的词对是高度相关的反义词(如哭——笑),要求他们估计哪个词表易学易记。结果发现,6岁和7岁儿童认为两种词表在难度上没有什么差别,而9岁和11岁儿童则确信由反义词构成的词表易学、易记。在被试认为易学、易记的词表上再增加一些新的词对使词表加长,要求被试对自己的决定重新评价。结果发现,几乎所有6岁和7岁的儿童都改变了主意,认为现在较短的词表(原来被认为较难的词表)易学、易记。而9岁和11岁儿童更加确信最初的选择,仍然认为反义词构成的词表易学、易记。这表明,年幼儿童没有认识到语义联系在记忆活动中的作用,而年龄较大的儿童则已认识到了语义对记忆的促进作用。

儿童对不同记忆反应难度差异的认识也是随着年龄的增长而不断发展的。研究发现,一半以上的幼儿认为再认与回忆一样困难,小学一年级儿童中56.25%认为再认容易,6.25%认为两者同样困难,37.50%不能确定,所有被试中没有一个人认为回忆更容易。认为再认较容易的小学儿童都能证明其答案的合理性,而幼儿中则只有一半能证明。

有关记忆策略方面的知识,涉及的内容很多,如进行记忆活动有哪些策略,各自的优点和不足是什么,应用条件和情境如何,等等。小学儿童已逐渐掌握了一些改善记忆的方法,如读笔记、听录音、向他人请教等。研究发现,当询问儿童如何记住一个电话号码时,几乎所有三、五年级儿童和40%的幼儿都认为应该立即打电话,许多年龄较大的儿童和60%的幼儿都认为应该把电话号码用复述或其他的策略来帮助记忆。当询问三年级和九年级儿童如何回忆遗忘的内容时,年幼儿童只能提出一两条建议,年长儿童则能提出许多可行的建议。其他的研究也发现,二年级儿童已知道复述和分类是记忆的有效策略,但只有六年级儿童才知道分类比复述更为有效,他们也更经常使用分类策略。

(二)小学儿童的记忆监控

记忆监控是元记忆的重要成分之一,是指主体在进行记忆活动的全过程中,将自己正在进行的记忆活动作为意识对象,不断地对其进行积极的监视、控制和调节。儿童的记忆监控能力是逐渐发展的。马瑟(E. F. Masur)等人对小学一年级学生、三年级学生和大学生进行了一项实验,要求被试识记一组图画,图画的数量是被试记忆广度的1.5倍,每次学习45秒,然后进行自由回忆测验。测验完毕后,请被试从刚才学习过的图画中挑选一半再学习45秒,然后再进行自由回忆测验。按此程序进行几次。结果发现,小学三年级儿童和大学生在挑选重新识记的图画时,所挑选的图画多为上次自由回忆时未能回忆出来的,而小学一年级挑选的图画中能回忆出来的和未能回忆出来的几乎各占一半。这说明小学一年级儿童还不能对自己的记忆活动进行有效的监控。

总之,元记忆在小学阶段的发展很快,但水平有限。元记忆的发展与学校教育密切相关,因此,在教学活动中,有意识地培养儿童的元记忆,教给他们记忆的知识与技能,必将有效地促进儿童记忆能力的发展。

第五节　小学儿童的思维与想象

思维是通过分析、综合、比较、抽象、概括等过程,以间接途径获得对事物的本质和规律的认识。思维不仅是智力的核心成分,而且也影响着认知过程的其他成分。思维与想象有着密切的联系,都属于高级的认知过程,想象也被看作一种特殊的思维形式。儿童进入学校以后,教师不只要求儿童掌握直接的知识经验,更重要的是要求儿童掌握间接的知识经验,这些要求极大地促进了小学儿童思维与想象的发展。

一、小学儿童思维发展的特点

朱智贤在《儿童心理学》中指出,小学儿童思维的基本特点是:从以具体形象思维为主要形式逐步过渡到以抽象逻辑思维为主要形式。但这种抽象思维在很大程度上仍然是直接与感性经验相联系的,仍然具有很大成分的具体形象性。我们可以从以下几方面来理解小学儿童思维发展的这个基本特点或发展趋势。

(一)小学儿童思维发展的具体性

小学阶段是具体形象思维和抽象逻辑思维交错发展的时期。在整个小学阶段,儿童思维逐渐过渡到以抽象逻辑思维为主要形式,但仍带有很大的具体性。

低年级儿童的思维具有明显的具体形象性。他们掌握的概念大部分是具体的、可以直接感知的,他们难以指出概念中本质的东西,思维活动在很大程度上还是与所面临的具体事物或其生动的表象联系着。中、高年级儿童的思维以抽象逻辑思维为主要形式,他们逐步学会区分本质和非本质的东西,初步掌握科学定义,学会独立进行逻辑论证。

但是,我们不能由此认为小学低年级儿童只会具体形象思维,而到了中、高年级,儿童就会抽象逻辑思维了。在整个小学阶段,从具体形象思维向抽象逻辑思维过渡应该理解为一个发展过程。在小学儿童发展的不同阶段以及不同性质的学习活动中,始终都存在着具体形象成分和抽象逻辑成分,只不过在不同阶级和不同学习活动中,它们各自所占的比重不同罢了。因此,小学低年级儿童的思维有明显的具体形象性,并不是说他们不能进行抽象逻辑思维,不能学习理论知识,不会进行抽象概括或判断、推理,不能得出合理的结论。有的教师过分强调低年级儿童思维的形象性这个特点,因而他的教学往往满足于用一些感性知识去充塞儿童的头脑,让儿童掌握一些支离破碎的知识,这些做法是有失偏颇的。

同样,小学中、高年级儿童能够进行抽象逻辑思维,也不等于说他们不再需要具体形象思维了。恰恰相反,整个小学阶段儿童的思维都带有很强的具体性,他们的抽象和概括还多是对事物的具体、直接的属性的抽象和概括。有研究指出:即使是只要求儿童对抽象的数进行运算,他们往往也会借助于直观的图像来解答,当解题遇到困难时,这种现象更为常见。[1] 看不到小学儿童思维发展的这一特点,我们的教学就会失去针对性或成人化。在某些教学中,儿童只能从教师那里学来一些空洞的概念、名词、定义,记住一些他根本不懂的公式、定理,这种形式主义教学的根源就在于教师不重视儿童思维的具体形象性这一特点。

(二)小学儿童思维发展的转折期

小学儿童的思维在由具体形象思维向以抽象逻辑思维为主要形式的过渡中,存在一个转折期,这个转折期就是小学儿童思维发展的"关键年龄"。这个关键年龄在什么时候出现,我国心理学工作者进行了不少研究。一般认为,这个关键年龄出现在四年级(10~11岁)。如果教育条件适当,也可能提前到三年级。

我国林崇德教授通过对小学儿童数学概括与运算能力发展的研究发现,在一般教育条件下,四年级儿童在数的概括能力发展中有显著的变化。这是小学儿童在掌握数的概念中,从以具体形象概括为主要形式过渡到以抽象逻辑概括为主要形式的一个转折点。强调儿童思维发展的关键年龄,是要求小学教育工作者适应小学儿童心理发展的飞跃期,施以适当的教育。

至于小学儿童思维发展的"转折点"具体在何时出现,则主要取决于教育的效果。林崇德教授的研究表明,如果强调思维品质的训练,到三年级下学期,平均有86.70%的小学儿童可以达到了小学数学运算思维的高级水平,说明三年级就实现了数的概括能力的"飞跃"。但是,如果教学不得法,即使到了五年级,也只有75%的儿童达到这一水平。

总之,小学儿童思维发展的"关键年龄",一般认为是在四年级,但有一定的伸缩性,可以提前,也可以推迟;可以加快,也可以迟缓。若把范围划宽一点,关键年龄可确定为三年级到五年级之间。

(三)小学儿童思维发展的不平衡性

在整个小学阶段,儿童的抽象逻辑水平在不断提高,儿童思维中的具体形象成分和抽象成分的关系在不断发生变化,这是它发展的一般趋势。但在不同的学科、不同的教学内容中,也会表现出一定的不平衡性。例如,同一儿童在数学的学习中,可以离开具体事物进行抽象思维,但在历史知识的学习中,却停留在比较具体的形象水平上,对于历史发展规律的理解还感到很困难。又如,儿童已能掌握整数的概念和运算方法,不需要具体事物的支持,可是当他们开始学习分数概念和分数运算时,如果没有具体事物的支持,就会感到有很大的困难。

---

[1]　刘范等:《国内十个地区小学儿童数概念和运算能力发展的研究》,《心理学报》,1981年第2期。

二、小学儿童概念的发展

概念是人脑反映客观事物的本质特征的思维形式,是思维活动的基本单位。儿童掌握概念是一个主动的、复杂的心理过程,不是成人或教师把现成的概念简单地、原封不动地教给儿童,而是儿童联系自己的知识经验去主动理解的过程;同时,掌握概念也不是一次完成的过程,而是儿童随着知识经验的积累,对已掌握的概念不断加以充实和改造的过程,在一定时期只是相对地达到正确的认识,而不是认识的终止。所以,小学儿童掌握概念是一个主动的、非一次性完成的、不断充实和改造的过程。

通过让儿童对不同事物下定义的方法来了解儿童掌握概念的特点,可以看出,儿童在概念的掌握上表现为以下三级水平。

第一级,用"具体实例"和"直观特征"来解释概念。所谓"具体实例",是应用个别具体的实际事物对概念加以解释,如"皇帝——秦始皇"、"水——河里的水"。所谓"直观特征",就是用可以感知的事物的特征来描述概念,如"灯——玻璃做的"、"野兽——在树林里会伤人的"。小学儿童中采用"具体实例"和"直观特征"来解释概念的人数占有很大比例,低、中、高年级分别为47.69%、50.34%、34.70%[1]。其中,"具体实例"式随着年龄的增长而减少,而"直观特征"式随着年龄的增长而增加。这说明小学儿童掌握概念带有明显的具体形象性。

第二级,用"重要属性"和"实际功用"来解释概念。所谓"重要属性",是从概念所反映的事物的某些重要意义的属性来解释概念,如"皇帝——封建社会欺压人民的人"、"三角形——三个角的形状"。所谓"实际功用",是以事物的功用来阐明概念,如"水——能喝的"、"灯——能照亮"、"马——可以骑的"。小学儿童中采用"重要属性"和"实际功用"掌握概念的人数都随着年级的增高而增加,低、中、高年级分别是3.25%和3.59%、5.04%和6.50%、7.92%和7.69%。[2]这表明小学儿童的思维具有明显的具体形象性,同时也表明他们的抽象概括能力迅速发展。

第三级,用"种属关系"和"正确定义"来解释概念。所谓"种属关系",是以事物内部的逻辑关系,即以"上下"概念关系来解释概念。例如,"三角形——一种图形"、"皇帝——剥削阶级的头子"等。"种属关系"反映儿童的思维已有较高水平的发展。所谓"正确定义",是用定义的形式揭示概念的本质特征。例

①　李晓东:《小学生心理学》,北京:人民教育出版社,2003,P179。

②　李晓东:《小学生心理学》,北京:人民教育出版社,2003,P179。

如,"野兽——四只脚行走的野生动物"、"水——会流动、无色无嗅、透明的液体"、"三角形——三条线组成的面,有三个角"等。"正确定义"是掌握概念的完善形式,反映儿童思维达到较高水平。随着儿童年级的增加,低、中、高年级"种属关系"式与"正确定义"式的比例分别是 6.75% 与 5.30% 、7.35% 与14.87% 、11.88% 与 33.25% 。①

小学儿童采用"种属关系"和"正确定义"来解释概念,是抽象思维发展的标志,是正确教育的结果。在教学实践中,教师无论对具体概念还是抽象概念,都要引导儿童科学地理解概念,不能满足于以实例注释概念而不揭示概念的本质含义,应努力促使儿童对概念的掌握从日常的理解发展到科学的理解。当然,不顾儿童知识经验基础和概括水平,强迫他们学习一些深奥的、复杂的、他们所不能理解的概念,致使儿童只能形式主义地死记硬背一些"定义",也是不对的。一般说来,在整个小学阶段,儿童所掌握的概念还是不复杂的、不完整的,最多只是一些初步的科学定义。因此,过早地向儿童提出复杂的、完整的科学定义,是不恰当的。例如,在小学的科学教材中,只能提出"水是没有颜色、没有气味、没有味道、透明的液体",而作为水的本质特征的化学成分,还不是他们所能接受的。

三、小学儿童判断和推理的发展

(一)小学儿童判断的发展

小学一年级儿童的判断大多是根据事物的外部特征进行的,例如"他是老师"、"这是椅子"、"鱼是能吃的"等。这时,由于他们对事物的属性认识不多,因此,他们的判断很不全面。例如,他们只看到马能拉车,但还不知道马能骑,能在马场进行竞赛等。一年级儿童判断的另一个特点是简单认识事物的因果关系,不会从多方面寻找事情的原因,常作出绝对的判断。例如:"老师没来上课准是病了。""他脸红了,这东西一定是他拿走了。"

小学二年级儿童开始能对同一事实进行不同解释,例如,某某同学今天没有来上课,他可能是病了,可能是家里有事,也可能是起床晚了,等等。二年级儿童虽然能够对某一事实提出各种不同的假设,但是他们还不能自觉地去验证自己的假设。

从中年级起,儿童开始能够比较独立地、有根据地进行一些比较复杂的判断。他们不仅懂得自己的判断是真实的,而且能初步学会对提出的判断进行逻辑分析和证明,不仅能运用直接论证,而且能运用间接论证;不仅能提出各种可

---

① 　李晓东:《小学生心理学》,北京:人民教育出版社,2003,P179。

能的原因,而且能从中确定真正的原因或主要的原因。

（二）小学儿童推理的发展

小学儿童的推理能力是在教育的影响下,在学习实践中逐渐发展起来的。推理主要包括归纳推理、演绎推理和类比推理三种形式。

林崇德教授通过研究发现,小学儿童的归纳推理和演绎推理的发展具有如下趋势:第一,小学儿童的归纳和演绎两种推理能力的发展既存在着年龄差异,又表现出个体差异。第二,随着年龄的增长,小学儿童推理的抽象程度也在加大,推理的步骤愈加简练,推理的正确性、合理性和推理的逻辑性与自觉性也在加强。第三,在运算能力的发展中,小学儿童掌握归纳与演绎两种推理形式的趋势和水平是相近的。

就小学儿童类比推理而言,其发展也存在着年龄阶段性,即低、中、高年级有显著的水平上的差异;教育条件好坏显著地影响类比推理发展的水平,教育条件差的学校的高年级学生的正确类推率,还停留在教育条件好的学校的较低年级水平上。

四、小学儿童的思维品质

思维品质主要包括深刻性、灵活性、敏捷性和独创性等方面。林崇德教授通过对小学儿童运算中思维品质发展特点的研究,分析了小学儿童思维品质的发展趋势。

（一）思维的深刻性

思维的深刻性集中表现在善于深入地思考问题,抓住事物的本质和规律,预见事物的发展过程。小学儿童在运算过程中思维的深刻性不断发展,具体表现在以下四个方面:(1)小学儿童寻找"标准量"的水平逐步提高,推理的间接性不断增强。小学儿童在解答应用题时,寻找"标准量"的水平可分为三个等级:不会寻找或寻找不准;能够找出两步或三步应用题的"标准量";能够找出多步应用题的"标准量",且能扩大步骤,综合列式。(2)小学儿童不断掌握运算法则,认识事物数量变化的规律性。小学儿童掌握运算法则也有三级水平:在数学习题中运用法则;在简单文字习题中运用运算法则;在代数式和几何演算中运用运算法则。(3)小学儿童不断提出"假设",独立地自编应用题的抽象逻辑性在逐步发展。(4)三、四年级是小学儿童运算思维的深刻性发展的一个转折点。

（二）思维的灵活性

思维的灵活性是指思维活动的智力灵活程度。具体表现为:思维起点灵活,思维过程灵活,概括–迁移能力强,善于组合分析,并且思维的结果往往导致多种合理的结论。小学儿童在运算中思维的灵活性发展表现在以下四个方面:

（1）"一题多解"的解题数量在增加。表明小学儿童的智力水平不断提高,分析综合思路逐步开阔;逐渐能产生较多的思维起点,运算中解题数量越来越多。
（2）灵活解题的精细性增加。儿童不仅能一题多解,而且解题正确,在思维过程中,逐步能抓住问题的本质,根据思维对象、材料的特征与类型去加以灵活运算。
（3）组合分析水平不断提高。

（三）思维的敏捷性

思维的敏捷性是指思维过程的速度。在处理具体问题的过程中,能够迅速进行判断,迅速作出反应,迅速得出结论,这就是思维的敏捷性。但是,快而不准,不是思维的敏捷性。思维的敏捷性是与思维的深刻性和灵活性密切联系的。没有思维的深刻性和灵活性,就不能正确而迅速地作出反应。研究表明,小学儿童思维的敏捷性是不断发展的,表现为运算速度不断提高,得出正确结论的能力越来越强。

（四）思维的独创性

思维的独创性是指思维活动在独立性、发散性和新颖性上的表现。小学儿童思维的独创性的发展趋势具体表现在以下两方面:（1）从对具体形象材料的加工发展到对语词抽象材料的加工。通过分析小学儿童自编应用题的水平,发现小学儿童自编应用题能力落后于解答应用题的能力;根据直观实物编题与根据图画编题的数量之间无显著性差异,而根据图画的具体形象编题与根据数字材料编题的数量之间存在着显著差异。四年级是思维独创性发展的一个转折点。（2）先模仿,再经过半独立性的过渡,最后发展到独创。小学儿童自编应用题,一般从仿照书本例题开始,从模仿入手,经过补充应用题的问题和条件,有一个半独立性的过渡,逐步地发展为独立地编拟各类应用题。但即使到了小学高年级,儿童完成较复杂的编拟应用题的任务还有一定困难。在正常的教学条件下,三年级是从模仿编题向半独立编题的一个转折点,四年级是从半独立编题向独立编题的一个转折点。

总之,思维品质是个体思维活动智力特征的表现,培养思维品质是促进个体思维发展和智力开发的主要途径。在教学过程中,教师必须高度重视。

五、小学儿童想象的发展

想象是人在头脑里对已储存的表象进行加工改造,以形成新形象的心理过程。儿童进入学校以后,在教学的影响下,想象有了进一步的发展。

（一）想象的有意性迅速增长

在教学过程中,教师要求儿童按照教学的目的产生符合教材内容的想象,因此,想象的有意性、目的性得到迅速发展,从盲目、被动逐步发展到自觉、主动。

低年级的儿童还不能根据一定的目的、围绕着当前的需要展开想象,他们的想象往往由外界刺激所引起,并随心所欲,经常表现为遐想;到了高年级,他们就能够围绕需要展开想象。例如,根据作文的需要想象出人物和景物的形象。他们还能有意识地调控自己的想象,使自己的想象服从于特定的目的。有人曾以"春天"为主题与小学生谈话,结果发现,低年级儿童对春天的想象东拉西扯,把一些生动有趣的表象,甚至不管它是否是春天的,都津津有味地表述出来;而四年级以上的小学生就能围绕"春天"这个主题,有系统、有条理地展开想象。

(二)想象的创造性日益增多

小学低年级儿童的想象富于模仿性、再现性,想象的内容常常是事物的简单重现,创造加工的成分不多。这一点在低年级儿童的游戏和绘画作品中可以看出,他们想象的东西几乎都是对现实生活中客观存在的人与事的简单模拟,或者是对影视作品中人物与景象的简单再现。在教学的影响下,儿童随着言语和抽象思维的发展,想象中的创造性成分日益增多,想象也更富有逻辑性。例如,同是一个作文题目(如描写秋天的景物或记一次参观游览活动),低年级儿童写的内容比较简单、贫乏,而中、高年级儿童就能写得比较细致、丰富,并且有逻辑布局,想象对情节的创造性改编日益明显和增多;他们也能根据自身的知识经验,创造出别出心裁的故事内容。

(三)想象更富于现实性

小学低年级的儿童还保留着幼儿想象的特点,容易脱离实际,他们往往沉溺于不切实际的虚幻之中,并且把自己想象的东西与现实生活的客观存在等同起来;他们喜欢看有幻想性质的影视作品、听神话故事等。到了高年级,他们逐渐认识到这些都是虚幻的、不真实的,其中的一些情节和人物在现实中是不存在的,他们的想象开始更理性和现实。例如,小学低年级儿童能用简单的布局和突出的细节来描绘事物,不像学前儿童那样,只能以几根乱七八糟的线条来表现一个人、一只动物、一幢房子或一棵树。但是,由于他们的知识经验水平的限制,他们所画的事物还常常是不完整的,而且大小比例、前景后景一般表现得不正确,不符合现实事物。在教学的影响下,由于知识经验的积累,中年级以上的儿童,在绘画的时候,就不但能注意所画的事物的完整性,而且能初步运用透视关系来更好地、更真实地表现事物。

(四)想象概括性水平更高

小学儿童想象概括性的发展是由具体、直观逐步向概括、逻辑方向发展的,表现为想象所凭借的依托物由实物向词语演变。小学低年级儿童的想象必须依靠对实物、模型和图像的直接感知。例如,他们游戏时要用游戏材料,阅读和叙述时要依靠图画等具体形象的帮助,否则就不能再造出相应的情境。到了中、高年级,儿童能逐渐不靠图画和具体对象的帮助,而能根据语言的描述,根据表象来想象,这些想象能反映一类事物的形象,概括水平也进一步提高。

第六节 小学儿童的言语

言语指人们以语言作为工具进行交流的活动。言语作为交际形式,一般可分为口头、书面和内部言语三类。思维和言语的关系非常密切,两者相互依存,思维是言语的内涵,言语则是思维的外壳。儿童进入学校之后,在教师的教育和培养下,不仅口头言语进一步发展,也通过学习掌握了书面言语,发展了内部言语。

一、口头言语的发展

口头言语有对话和独白两种形式。对话言语指两个或几个人直接进行交际时的言语活动,具有情景性、简略性和应变性;独白言语是说话者独自进行的言语活动,需要连贯、完整,有系统和层次,才能使对方接受自己的思想,有时为了使对方理解深刻,加深印象,还应注意修辞、语调、表情等。因此,独白言语比对话言语的难度大,它对于促进儿童言语的发展意义更为重要。

入学前的儿童已掌握一定数量的口头词汇。据研究,6 岁儿童已掌握了2 500～3 500 个口头词汇,这足以保证儿童与成人的正常交际,使他们能够运用比较丰富的口头词汇正确地造句,表达自己的思想,并有一定的连贯性。入学以后,小学生的口头言语水平在质和量方面都有显著的提高。有学者曾系统地调查了小学一至五年级学生口头言语的发展趋势,发现小学生口头言语的发展可以分为三级水平:第一级是以对话言语占主要地位的水平。此时他们的独白言语还很不发达,独白时往往说半句话,前后颠倒,不合乎语法规则。第二级是对话言语向独自言语过渡并逐步过渡到以独白言语为主要形式的水平。此时,小学生有更多的事先思考,以便选择词汇、组织句子,连贯地表达思想,使教师和同学能听得明白。第三级是口头表达能力初步完善的水平。此时,学生的话语完整,合乎一定的语法规则,前后连贯,层次分明,使听者感到清晰和满意。

在正常的教育条件下,小学生口头言语的发展在一年级末就可以从第一级水平向第二级水平过渡,二、三年级达到第二级水平,四、五年级达到第三级水平。此外,小学生口头言语的发展,除了有大体相同的年龄或年级特征外,还存在着明显的个体差异。小学生的各科学习,尤其是语文课的学习,对于促进小学生口头言语的发展有重要意义,教师一般要从字、词、句等方面严格训练和提高学生的口头言语水平,使他们在讲话时做到发音准确,句子完整,层次清晰,结构完整,语言流畅,语速适当,富于表情等。

二、书面言语的发展

　　书面言语是个体借助文字表达自己的思想或借助阅读接受他人思想的言语形式。它是一种看得到的和书写的言语。书面言语比口头言语出现得晚,儿童是在掌握口头言语的基础上掌握书面言语的。书面言语用文字表达思想,可以超越时间和空间的限制,它要求有正确的书写形式,要符合语法规则,具有一定的连贯性等。

　　一般而言,学龄前儿童尚没有掌握书面言语,只能运用口头言语,书面言语的掌握是儿童入学以后才开始的。小学生书面言语的发展是在口头言语的基础上发展起来的,二者相辅相成,互相促进。在小学初期,书面言语的水平远远落后于口头言语的水平;在正确、良好的教育下,大约从二、三年级起,书面言语的水平就可以逐步赶上口头言语的水平;大约到四年级时,书面言语的水平就可以逐步超过口头言语的水平。据国外的研究材料,小学各年级学生的书面词汇量和口头词汇量的比例是:一年级学生书面词汇量只有口头词汇量的一半(20∶40);二年级和三年级学生,书面词汇和口头词汇之间的差别减少了(二年级相应的比例为42∶46,三年级则为73∶71);四年级学生,书面词汇量甚至超过了口头词汇量,两者的比例为106∶76。

　　书面言语的学习,包括识字、阅读和写作三个环节。儿童无论在认识字形,还是阅读和书写过程中,都要经过分析、综合、抽象、概括的积极思维活动。儿童辨认字形、分析句子结构、理解课文的段落大意、概括中心思想以及在写作中构思和表达等,都需要有思维、记忆和想象等心理活动的参与。因此,书面言语对认知能力的发展起着重要的作用。

　　识字是儿童掌握书面言语的第一步。汉字是由音、形、义三者构成的统一体,儿童学汉字是在口头言语的基础上进行的,他们对字的音、义比较熟悉,但字形完全是生疏的东西,儿童掌握起来比较困难。汉字字数多,字形结构复杂,笔画变化多端,有些字的结构相似性很大,初入学的小学生知觉不完善,不善于仔细观察、精细分析,因此容易写错字。据调查,小学儿童在单元复习测验中,听写成绩比读音、释义成绩差,可见字形学习是儿童识字教学的重点和难点。

　　阅读是从看到的言语向说出的言语(有声的或无声的)过渡的方式。朗读和默读是阅读的两种基本方式,它们是小学语文阅读教学的两项主要内容。朗读主要表现为口头言语;默读主要表现为内部言语。小学生掌握阅读,大体要经过三个阶段:(1)分析阶段。这时小学生由于识字不够熟练,再加上知识经验有限,常常是一个字一个字或一个词一个词地读,而不是整句地读,停顿很多。

（2）综合阶段。这时小学生常忙于读出整个的词或句子,但由于对组成词的字或组成句子的词缺少精确的分析和了解,对词或句的感知和发音不能与对词或句的理解完全结合与统一起来,因而常发生念错或理解不清楚甚至错误的现象。（3）分析综合阶段。在第二个阶段的基础上,阅读时分析和综合两个方面逐渐均衡,读出的音和对词句的理解逐渐统一,从而达到由看到的词向说出的词迅速而准确地过渡。

写作是从说出的词(有声的或无声的)向看到的词过渡的言语高级形式。小学生的写作能力是逐步发展起来的,一年级儿童还没有学会按语法规则说话,当然也就谈不上写作。入学后,通过严格的书面言语的训练,逐步学会按语法规则说话;逐渐从看图说话到看书写话,再到命题作文;从写一句话到写一段话再到写一篇文。小学生写作能力的发展,大体上需要经过如下三个阶段。（1）口述的阶段。如口头造句、看图讲述等。口头叙述是书面叙述的基础,必须加以重视。（2）过渡阶段。这包括两个方面的过渡:一个是从口述向笔述过渡,即把口述的内容写成书面的材料;另一个是从阅读向写作过渡,如模仿作文、改写或缩写。（3）独立写作阶段。小学高年级学生可以独立地考虑、计划如何写作,如确定主题、选材、布局、选词等。

三、内部言语的发展

内部言语是一种不出声的言语活动,是与逻辑思维、独立思考、自觉行动有更多联系的一种高级的言语形态。一个人在思考问题时常用内部言语进行,这种在心中说话的默语,别人听不到,可是自己似乎能听到自己的声音。它的重要特点是:先想后说或先想后做,对自己所要说、所要做的思想活动本身进行分析综合,用批判的态度来对待自己的思想内容和思维活动。

小学生入学后,学习的要求需要他们独立思考,促使他们的内部言语逐步发展起来。整个小学阶段,学生的内部言语的发展可以分为三个阶段。（1）出声思维阶段。初入学的小学生还不善于考虑问题,在读课文时往往是唱读,在演算时往往是边自言自语边演算,而且出声的言语内容与书写内容基本同步。（2）过渡阶段。最初,在回答比较容易而简单的问题时,通过教师的培养与训练,低年级学生开始学会短时间的无声言语。如教师常常提醒儿童:好好想想,再回答。以后,就可以通过向儿童提出比较困难而复杂的问题,要求儿童进行比较长时间的思考,使他们的无声言语出现更长的时间。（3）无声思维阶段。三、四年级以后,在教学的影响下,儿童随着学习内容的复杂化,随着抽象思维和独立思考能力的发展,在演算时或在阅读课文时无声言语逐步占主导地位,但是在阅读或演算中遇到困难时,他们仍会用有声言语来帮忙,即使在高年级也是如此。

内部言语的发展是一个螺旋式上升的过程。因此，我们可以用是否出声思考来了解相同年级的学生的思维发展水平的个体差异。内部言语不是小学时期就能发展成熟的，在人的一生中，它都在不断发展着、完善着。教师在教学过程中应重视发展学生的内部言语，启发学生独立思考；提出问题后，先让学生想一想，不要求学生立即回答，有意识地指导学生去思考问题。在要求学生解决一些难题时，可先用例题引导，尽量减少学生在思考中依赖有声言语。

理解·反思·探究

1. 论述学习活动对小学儿童心理发展的影响。

2. 如果你是小学低年级的教师，为了组织教学工作，你将怎样考虑儿童注意的特点？

3. 小学儿童对描绘在纸上堆积在一起的立方体数目，常常不能正确辨认，这是为什么？

4. 教学中如何根据小学儿童记忆的特点提高其记忆效果？

5. 为什么说直观教学在小学教学中具有特殊的重要意义？

6. 如何通过阅读教学促进小学生的言语发展？

阅读导航

1. 林崇德：《发展心理学》（第七章），北京：人民教育出版社，2009年。

有关小学儿童思维发展的研究，该章有着丰富的研究资料可供参阅。

2. 李晓东：《小学生心理学》（第三、四、五、六、七章），北京：人民教育出版社，2003年。

第三章介绍了小学儿童心理发展的生理基础，第四到第七章分别阐述小学儿童感知与注意、记忆、言语、智力与思维的发展特点以及培养方法。

3. 罗伯特·费尔德曼著，苏彦捷等译：《发展心理学》（第九章），北京：世界图书出版公司，2007年。

第九章对小学儿童的身体发展、智力发展及教育如何促进儿童的发展进行了系统阐述。尤其是学校教育和家庭教育如何有效地促进儿童发展的内容，值得参考。

第四章　小学儿童的个性与社会性发展

在回答"我是谁"这个问题时,一名9岁的儿童说:"我的名字是×××,我有一双黑眼睛,我喜欢运动,我家里有3口人,我有很多朋友。"另一个12岁的儿童说:"我的名字是×××,我是一个人,一个女孩,一个诚实的人,我不太漂亮,我的学习成绩一般,我唱歌唱得很好听,我希望给别人更多的帮助。"

如果说小学儿童的认知发展水平反映其"做事"的本领,那么个性与社会性发展水平则反映他们"做人"的特点。从以上两个不同年龄的儿童回答"我是谁"来看,小学低年级儿童在自我描述时,往往提到自己的姓名、年龄、家庭住址、身体特征、活动特征等比较具体的、外部的特征,而高年级儿童则开始试图根据品质、人际关系以及动机等比较抽象的、内部的特征来描述自己。可见,随着年龄的增加,儿童对他人、对自己的认识进一步加深,个性和社会性得到了进一步发展。

第一节　小学儿童的情绪与情感

情绪与情感是人对客观事物与人的需要之间关系的反映。如果某个事物能满足人的需要,人就会对这个事物产生肯定的情绪或情感,否则就会产生否定的情绪或情感。情绪与情感在实践活动中具有非常重要的意义,它有调节行动和信号交际两种功能。

一、小学儿童情绪与情感发展的特点

儿童进入学校以后,由于生活条件的变化,他们的情绪与情感在内容、深刻性、稳定性、可控性等方面都有了进一步发展。

(一)小学儿童的情感内容不断丰富

儿童入学后,实践活动的领域扩展了,学习活动、集体生活、劳动、文体活动和社会生活对儿童提出了更具体的要求,这些要求一旦被儿童接受,便会成为他们的社会生活需要。需要满足与否,就会产生相应的情感,从而使得情感内容不断丰富。

1. 多样化的活动丰富了小学儿童的情绪、情感

一是学习活动。学习内容会引起儿童情感的发生,如语文课中战斗英雄不

屈不挠的斗志、劳动模范忘我的工作态度、科学家废寝忘食和刻苦钻研的精神、医生救死扶伤的人道主义情感、运动员勇夺金牌的毅力等,都会大大地感染和丰富小学儿童的情感;社会和科学课上有关祖国悠久的历史文化、辽阔的国土、美丽的大自然,都会激发儿童热爱祖国的情感,激发儿童对大自然的热爱和探索自然界奥秘的心愿。同时,学习成功就会产生愉快的情感,失败则会产生痛苦的情感。

二是集体生活、劳动和公益活动。儿童在集体中,体验着人与人、个人与集体的关系。良好的交往会使儿童体验到团结、友爱、互助、荣誉感、责任感、进取心等积极的情感;交往不利,则会使儿童体验到孤独、嫉妒、自暴自弃、不负责任等消极情感。适当的、力所能及的劳动可以培养儿童对劳动的热爱与自豪的情感。儿童在文艺演出中,学习表达各种社会角色的情感;在艺术活动中,进一步发展美感;在体育活动中,可以克服怯懦、懊丧的不良情感,培养勇敢顽强、乐观上进的进取精神。

2. 小学儿童的情感进一步分化

由于知识经验的积累,小学儿童情感的分化逐渐精细、准确。以笑为例,小学儿童除了会微笑、大笑外,还会羞涩地笑、嘲笑、冷笑、苦笑、狂笑等;就爱的情感来说,有亲爱、敬爱、热爱、喜爱之分。

3. 小学儿童情感的表现手段更为丰富

学前儿童对不高兴的事,往往是翘起小嘴,又哭又闹;而小学儿童常常采取侧过脸去,嗤之以鼻,以表示他的厌恶。

(二)小学儿童情感的深刻性不断增强

1. 引起情感的社会性需要增多

随着社会性需要的发展,小学儿童的情感日益深刻。例如,学前儿童之间的友爱,在较大程度上是模仿成人的生活,是为了能在一起玩;小学儿童之间的友爱,更大程度是出于责任感,出于履行良好的生活准则。同是惧怕,学前儿童可能是怕黑暗、怕打针等;而小学儿童主要是怕做错了事挨批评,怕考试成绩不好等。同是愉快,学前儿童可能是由于得到玩具、糖果等;而小学儿童主要是由于得到好的分数,受到教师或家长表扬,为社会和集体做了好事等。

2. 根据一定的道德标准来评价好坏

小学儿童情感的深刻性还表现在评价人和事的时候,开始使用一定的道德标准。例如,学前儿童喜欢谁或不喜欢谁,主要是从自我出发或从具体关系出发,如:"××爱跟我一起玩,我喜欢他;××不给我小人书看,我不喜欢他。"而小学儿童则逐渐学会从一定的道德标准出发,确立自己喜欢谁或不喜欢谁的标准,如:"我喜欢××,因为他学习好,常为集体做好事;我讨厌××,因为他不守纪律。"

特别是中、高年级儿童,已经能根据一定的道德品质来评价好坏,从而产生相应的情感。

（三）小学儿童情绪的稳定性不断加强

在整个小学阶段,小学儿童的情绪带有很大的情境性,容易受具体事物、具体情境的支配。有的低年级儿童回答不出教师的提问会哭起来,生动形象的课堂教学能引起他们非常激动的情绪。小学儿童的情感还是短促的、爆发性的,像破涕为笑、转悲为喜、脸上挂着泪水又笑起来等现象,常常出现。在与同伴的交往中,低年级儿童常常因为一点小事情而使友谊破裂,但破裂的情感很快又得到修复。这些都表明,小学儿童特别是低年级儿童情感的稳定性是比较差的。

随着儿童知识经验的丰富、抽象思维能力的发展以及自我意识水平的提高,他们情绪的稳定性逐渐增强,情感的境遇性减少,选择性提高,逐渐产生了较长时间影响整个行为的情感体验。到了中、高年级,同伴之间不会因为一点点小事就使感情破裂,也不会因学习上的成败而表现出强烈而持久的情绪反应。

（四）小学儿童情绪的可控性不断增强

在小学低年级儿童身上时常可以看到学前儿童那种容易冲动、外露、可控性比较差的情绪特点。例如,低年级儿童在玩得入迷的时候,往往会忘记做家庭作业。再如,小学低年级儿童的情感很容易表现出来,他们喜、怒、哀、乐的情绪明显地表露于面部,高兴时哈哈大笑,不高兴时垂头丧气。儿童的面部表情常常是他们情绪的"晴雨表"。

在独立学习和集体生活的锻炼下,中、高年级儿童控制与调节自己情绪的能力逐渐发展起来。在中、高年级经常可以看到这样的现象,某个小干部为了完成集体或教师委托的任务,也可能是出于自己的责任感,耐心地帮助一个比较顽皮、学习落后的学生。从情感上讲,他并不喜欢与这位同学接触,但在行动上,他仍然努力去接近他。这是因为他受到了一种较高级、较稳定的道德感的调节和控制,促使自己的思想、行为符合高尚的道德要求。

观察表明,三年级是小学儿童情感从易变到初步稳定的一个转折点。三年级之后,小学儿童一般能抑制自己眼前的一些愿望去完成教师与集体委托的任务,能放弃自己一些眼前的利益去维护集体的利益。

以上所阐述的小学儿童情绪、情感的特点,只是和学前儿童比较来说的,绝不宜过高估计。一般说来,小学儿童的情感还不够丰富、不够深刻、不够稳定,情绪的调控能力还是较低的。因此,教师要采取有效措施,促使小学儿童的情感向更高水平发展。

二、小学儿童高级情感的发展

高级情感是指与社会需要相联系的情感,包括道德感、理智感和美感。学前儿童的高级情感刚刚萌芽,进入小学以后,在学校教育的影响下,儿童的各种高级情感才进一步发展起来。

(一)小学儿童道德感的发展

道德感是关于人的言行是否符合一定的社会道德标准而产生的情感。道德感推动人把自己的精力用于有益的活动,做出高尚的行为。

道德感的内容是复杂多样的,如荣誉感、义务感、责任感、友谊感、集体主义情感、爱国主义情感、人道主义情感等。研究发现,小学儿童的道德从内容上来说,已经有荣誉感、责任感、集体感、爱国主义情感。他们已能区别真与假、美与丑、善与恶。不过,这种区分还十分粗浅,相当绝对,不是好便是坏,不是正确便是错误。

道德感从形式上可以分为三种:(1)直觉的道德情感体验。它由对某种情境的直接感知而迅速发生。由于产生迅速,因而往往对这个过程中的道德准则缺乏明显意识。直觉的道德情感体验对人的行为具有迅速定向作用,在它的影响下,人既可以完成高尚的行为,又可能产生消极行为。(2)想象的道德情感体验。它是通过对某种道德形象的想象而产生的,这种形象可使人更好地认识道德要求及其深刻的社会意义。(3)伦理的道德情感体验。它是在清楚地意识到道德准则及其意义的基础上产生的情感,这种情感具有较大的自觉性和概括性,因而是比较持久且富有强大动力的情感。

从形式来说,小学儿童的道德感还属于与具体的道德形象相联系的情感体验,光辉的道德形象最能引起小学儿童的情感共鸣,激发起他们向榜样学习的热情。小学儿童常把自己的行动与榜样比较,当自己的行动与他所热爱的榜样相一致时,他们就感到十分高兴;当自己的行动与他们所喜爱的榜样不一致时,就会难过。不过,这里的一致主要是具体行动上的一致,还不是思想高度上的一致。

(二)小学儿童理智感的发展

理智感是人在认知活动过程中产生的情感体验。它与人的求知欲、认识兴趣、解决问题的需要等满足与否相联系。遇到问题不能解决时产生的疑惑,作出判断而又论据不足时的不安,一旦有所发现或有所进展时的欣喜等,都是理智感的表现。理智感是推动人认识世界的强大动力。

小学儿童的理智感表现在求知欲的扩展和加深上。学前儿童已表现出一定的求知欲,他们喜欢向成人提出许多问题,但是这些问题往往比较肤浅。在教育

的影响下,小学儿童的学习兴趣不断发展,并表现出如下发展趋势:

（1）从对学习的过程、学习的外部活动感兴趣,发展到对学习的内容、对独立思考的作业更感兴趣。

（2）从笼统的泛泛的兴趣,逐步产生对不同学科内容的初步的分化性兴趣。但这种分化尚不明显,也极不稳定。教师对儿童的态度、儿童对这门课程掌握的好坏,都直接影响儿童的兴趣。

（3）从对具体事实的兴趣发展到对初步探讨抽象和因果关系的知识感兴趣。

（4）阅读兴趣从课内阅读发展到课外阅读,从童话故事发展到文艺作品和通俗科普读物。

（5）从对日常生活的兴趣,逐步扩大和加深到对社会、政治生活的兴趣。①

（三）小学儿童美感的发展

美感是人运用一定的审美标准对事物进行评价时所产生的情感。形式和内容是美感产生的基础,个人的审美标准、审美能力影响着一个人的美感体验。美感可以丰富人们的精神生活,净化人们的心灵,可以为人们将来按照美的规律去创造美好的未来奠定基础。

心理学家通过对形体-塑像（动物造型和人体造型）欣赏和声音-音乐（民歌、传统歌曲、流行歌曲）欣赏的研究,初步发现我国儿童审美发展的特点如下:

（1）小学低年级儿童已能很好地欣赏动物塑像,与高年级儿童的感受体验成绩十分接近。但对人体造型的欣赏还处于发展过程之中,随着年级的增长,他们对人体造型美的体验逐渐深刻,美感欣赏能力逐渐发展。

（2）在音乐美感欣赏上,小学高年级儿童与中学生一样,认为流行歌曲通俗、易懂、旋律优美,更能引人入胜,会产生美的愉悦体验。这一方面是社会环境的影响,流行歌曲到处"流行",小学儿童对其十分熟悉,而对于传统歌曲和民歌却接触不多。另一方面,小学儿童受到知识有限的影响,并且缺乏深刻的人生体验,对词曲优美、气势磅礴的传统歌曲和民歌缺乏心灵的共鸣,而流行歌曲则以其简单上口的旋律和节奏易为小学儿童所接受,让他们产生情感体验。②

研究表明,小学儿童的美感体验明显地受到客观事物的形式和内容的影响,受到在一定社会生活条件下形成的对美的不同需要的影响。一般来说,经常接触的、具有明显美的外部特征的客观事物容易使小学儿童产生美的体验,而那些接触较少的、具有深刻内涵的、美体现于内在特征的事物则不易引起他们的美感

---

①　王耘、叶忠根、林崇德:《小学生心理学》,杭州:浙江教育出版社,1993,P237。

②　黄煜峰:《儿童与青少年情绪发展的实验研究》,《心理发展与教育》,1986 年第 1 期。

体验。但是,随着年龄的增长,在教育的影响下,小学儿童的美感体验也会越来越丰富。

三、小学儿童积极情感与情绪的培养

情绪、情感不仅具有调节行动的功能,而且与人的心理健康密切相关。因此,培养小学儿童积极的情绪、情感,就成了学校教育的一项重要任务。

(一)提高认识

认识是情感的基础。一般说来,正确的认识会导致产生正确的情感,认识的改变也必然会引起情感的改变。更为重要的一点是,提高认识,可以使人用理智支配情感,避免情感支配理智。小学儿童年龄小,知识贫乏,经验缺乏,辨别是非的能力差,容易感情用事。因此,教师在培养小学儿童情感的过程中,应不断地为他们提供必要的知识,提高他们的认识水平,以利于他们的情感向更高水平发展。我们可以组织学生讨论,及时提出一些"点"题性问题,帮助小学儿童把认识深化一步;可以讲发生在他们周围的真人真事,使他们感到亲切,便于学习;通过提供范例,把抽象的道德标准具体化,使小学儿童从中获得深刻的印象和正确的认识。

(二)创设情境

小学儿童的情感具有情境性,容易受具体事物的支配。教师可以有意识地创设有关教育的情境来诱发儿童的情感,可以通过环境的布置、角色的扮演、气氛的组织以及实践活动的组织来培养儿童的情感。为了使儿童养成正确的审美情感,学校应当有一个符合美的要求的环境。很难想象,一个零乱不堪、到处堆满垃圾的学校,能够使儿童养成高尚的美感。实践活动是形成、发展儿童情感的重要途径,儿童参加实践活动,会有相应的情感体验。

(三)提高情绪理解能力

情绪理解能力是指对所面临的情绪线索和情境信息进行解释,以及应用这些信息对自我和他人产生合适的情绪反应的能力。儿童的情绪理解能力随着年龄的增长而发展,不同成分在各个年龄阶段的发展不均衡。

研究表明,儿童的情绪理解与观点采择有较为密切的关系,儿童越能够摆脱自我中心的倾向,在人际沟通中站在对方的角度看问题,他们的情绪理解能力越高,在同伴群体中就越受欢迎。情绪理解能够促进儿童间的社会互动,能够产生较多表情和确认较多表情的儿童更受同伴欢迎。课堂是一个需要学生和教师之间通力合作的社会化场所,教学是小学生在学校期间参与的主要活动,因此,教师可以利用教学活动,创设更多的学生社会化交往机会,训练他们的观点采择和社会性问题解决能力,从而提高他们的情绪理解力。

儿童观点采择能力的发展

观点采择(perspective-taking)是理解他人的想法和感受的能力,经常被形象地比喻为"从他人的眼中看世界"或者是"站在他人的角度看问题"。观点采择的实质是个体在社会认知上摆脱自我中心。通过观点采择,儿童可以协调不同的观点,从而协调人际关系。观点采择在儿童社会认知发展中处于核心地位。

心理学家塞尔曼(Selman, 1980)通过使用有关人际关系的两难故事(如"霍丽爬树"①),研究发现儿童观点采择能力的发展可以划分为以下几个阶段。

阶段0:自我中心的观点采择阶段(3~6岁)。这个阶段的儿童不能认识到他人的观点会与自己不同,因而往往只按照自己的好恶进行行为反应。比如因为自己喜欢小猫,就认为霍丽一定会救小猫,并且她的父亲也会高兴。

阶段1:社会信息的观点采择阶段(6~8岁)。这个阶段的儿童能认识到别人的观点可能与自己相同,也可能不同,因而开始表现出对他人心理状态的关心。比如认为霍丽的父亲如果不知道霍丽爬树的原因就会生气,但是如果知道了,就不会生气。

阶段2:自我反省的观点采择阶段(8~10岁)。这个阶段的儿童认识到即使自己和他人得到同样的信息,观点也会有冲突,他们已能考虑到他人的观点,并预期他人的行为反应。

阶段3:相互性观点采择阶段(10~12岁)。这个阶段的儿童不但能考虑自己和他人的观点,而且还认识到他人也会这样做,于是会从第三者的视角来看问题,从而使观点的表达显得更客观。

阶段4:社会性或更深层的观点采择阶段(12岁~成人)。这个阶段的儿童开始运用社会系统和信息来分析、比较、评价自己和他人的观点,由此产生一些关于社会法则的概念,如法律、道德等,并能了解人类可以共享更深层次的情感及价值观念。如认为霍丽的父亲会生气,并惩罚她,因为父亲通常会惩罚不听话的孩子;但另一些人会说,霍丽父亲的反应取决于他对"服从"强调到什么程度。

一般说来,观点采择能力高的儿童会更好地解决与父母的冲突,他们也

---

①　讲的是8岁的小女孩霍丽很会爬树,但她的父亲因担心她受伤不让她爬,她答应了。一次,霍丽的朋友肖恩家的小猫爬到了一棵树上,可能会掉下来。现场只有霍丽能爬到树上去救下小猫,但她记起了对父亲的承诺。

能更好地采纳成人的观点。儿童随着年龄增长,采择他人观点的范围也会扩大,精确性也会提高。如果儿童的观点采择能力过低,则很容易出现过失行为或不良行为。

研究发现,开展角色扮演活动可以提高儿童观点采择能力的水平。角色扮演活动要求个体暂时置身于他人的处境,并按这一处境所要求的方式和态度行事。它能促使人们更好地知觉他人的处境,体验他人在此处境下的内心感受,从而提高观点采择能力。在角色扮演活动中,扮演者可以互换角色,其他同学在旁观时可以尝试进行分析与评论,这也有助于他们克服自我中心。

(四)培养情绪调控能力

善于调节和控制自己的情绪,不仅有助于建立良好的人际关系、形成健全的人格,而且也是社会性成熟的一个重要标志。如果成人能经常抓住机会,教会儿童调节和控制情绪的手段,有助于他们正确对待自己的情绪表现。例如,愤怒情绪的释放,可采用转移注意、向亲密的人说出自己的感受等方式;在感到烦躁时,可通过读书、写日记、交谈等方式改变心境;在非常兴奋的状态下,也要尽力保持冷静,与友人分享快乐;等等。帮助儿童学会一些具体的控制方式,可使儿童保持心理平衡,促进心理健康。

第二节　小学儿童的人际关系

人际关系是人与人之间在交往中形成的直接的心理关系。小学儿童人际交往的对象主要是父母、同学和教师,所以小学儿童的人际关系包括亲子关系、同伴关系和师生关系。良好的人际关系是使社会生活正常运行的润滑剂,是使人心情舒畅的兴奋剂。建立良好的人际关系,对保持个人之间、群体内部以及群体之间的和谐关系,对维持社会的和谐稳定,都是十分重要的。良好的人际关系也是小学儿童心理发展的基本条件,因为儿童的心理发展是通过人与人之间的密切交往来实现的。

一、亲子关系

家庭是小学儿童个性和社会性发展的重要场所。在家庭内部,父母与孩子的关系是最重要的人际关系,儿童早期的社会关系主要是与父母的关系。亲子关系将影响儿童对以后的各种社会关系的期望和反应。不过,儿童进入学校以后,亲子关系发生了一系列变化。

（一）亲子关系的变化

（1）父母与儿童交往时间的变化。随着年龄的增大，一方面儿童和父母待在一起的时间明显减少；另一方面，父母关注儿童的时间也有所减少。一项研究发现，5～12岁儿童的父母比学前儿童的父母在教导儿童、与儿童谈话、为儿童阅读、与儿童一起做游戏等方面的交往时间减少了一半。[1]

（2）父母对儿童的控制力量的变化。研究结果表明，随着年龄的增长，儿童越来越多地自己做出决策。对此，心理学家提出了三阶段的模式。第一阶段，父母控制（6岁以前），大部分重要决定由父母作出。第二阶段，共同控制（6～12岁），父母主要有三个职责：在一定距离里监督和引导儿童的行为；有效地利用与儿童直接交流的时间；加强儿童的自我监督行为和教儿童知道何时寻求父母的指导。第三阶段，儿童控制（12岁以上），儿童作出更多的重要决定。[2]

（二）父母的教养方式

父母对儿童的教养方式是亲子关系的一个主要方面。父母的教养方式由情感和控制两个维度组合而成。情感是指父母对儿童作出反应的性质和数量，控制则是父母对儿童管理和监督的程度。两者的不同组合可以形成四种教养方式，即权威型、专制型、忽视型和放纵型（见图4-1）。不同的教养方式对儿童个性和社会性的发展有着不同的影响。

权威型父母对儿童的态度是积极肯定和接纳的，对儿童有明确的要求。他们对儿童的控制是建立在理性的基础上的，在向儿童提出要求或命令时，通常会向儿童解释这样做的理由，同时亦能倾听儿童的心声，考虑儿童的需要。一旦作出决定，就要求儿童坚定不移地执行，毫不妥协。当然，他们也会给儿童相当的自由度，允许他们自由地探索。权威型父母对待儿童是民主加纪律，既关心、爱护儿童，尊

图4-1　教养方式示意图

重儿童的个性与意志，又不允许为所欲为。这类父母的子女往往更可能服从父母的要求，更加独立与自信。他们往往有较好的学业成绩，有更高的理想与抱负，与同伴相处融洽，表现出较多的利他行为，在青少年时不太可能表现出偏差行为。

专制型父母对儿童严厉、粗暴、缺少温情。他们滥用权力，要求儿童绝对服

①　林崇德：《发展心理学》，北京：人民教育出版社，1995，P321。

②　林崇德：《发展心理学》（第二版），北京：人民教育出版社，2009，P297。

从,却很少对儿童说明为什么要这么做,他们的口头禅是:"我怎么说,你就得怎么做!"为使儿童服从,他们常常运用惩罚和剥夺爱的策略。生活在这样的家庭里,儿童完全受制于父母,个人意愿得不到尊重,儿童常感到愤怒和拘束。由于亲子之间缺乏沟通,儿童无法向父母学到适当的社会技能,一般不善于交往,对学校生活适应较差,有些儿童对他人充满敌意,攻击性强,不能自控;有些儿童则是胆小、退缩、缺乏自信,游离于群体之外。

忽视型父母对儿童缺少关注与爱,很少提出要求与控制。对儿童的要求缺乏回应,让儿童感到受忽视与冷落,情感需求得不到满足。这类父母的子女不仅社会交往及学业表现上皆有缺陷,也常会变成具有敌意及反叛意识的青少年,易出现行为偏差。

放纵型父母对儿童高度接纳和肯定,允许儿童自由表达思想和感情,但很少提出控制和要求,偶尔对儿童提出纪律要求也不能坚持到底。他们对儿童能做出成熟的行为不抱太大希望,因为他们觉得"他只是个孩子"。过度的放纵会使孩子误认为自己是世界的中心,他的愿望和要求就是纪律。一旦得不到满足,就会觉得全世界都辜负了他而心生怨恨。由于父母对孩子的迁就,他们没有学会处理问题的方法,在学校与同学相处时的表现往往不够成熟,攻击性强。同时,他们的责任心和独立性也较差。

二、同伴关系

儿童随着年龄的增长,交往范围日益扩大,从与家庭成员交往,扩展到与家庭以外的其他个体进行交往,而年龄相仿、发展水平相近的同伴将成为他们重要的交往对象。与成人的交往相比,同伴的交往更加自由平等,使得儿童能够体验与探索一种全新的人际关系,即同伴关系。

(一)小学儿童的友谊

1. 小学儿童友谊发展的阶段

友谊是与亲近同伴建立起来的一种特殊的亲密的人际关系。表现为两个人常在一起,彼此心理上存在着依恋。儿童友谊的发展表现在亲密性、稳定性和选择性等方面,随着年龄的增长,儿童友谊的特性也不断发展变化着。塞尔曼通过研究,提出儿童的友谊发展可以分为以下五个阶段。

第一阶段(3~7岁),不稳定阶段。儿童还没有形成友谊的概念,所谓友谊就是一起玩,朋友只是一个玩伴。儿童间的关系还不能称之为友谊,而只是短暂的游戏同伴关系。对这个阶段的儿童来说,朋友往往与功利的物质属性及其邻近性相联系。

第二阶段(4~9岁),单向帮助阶段。这个时期的儿童要求朋友能够服从自己的愿望和要求。如果顺从自己就是朋友,否则就不是朋友。

第三阶段(6～12岁),双向帮助但不能共患难的合作阶段。儿童对友谊的交互性有了一定的了解,但仍具有明显的功利性特点。

第四阶段(9～15岁),亲密共享阶段。儿童发展了朋友的概念,认为朋友之间是可以相互分享的,友谊是随时间推移而逐渐形成和发展起来的,朋友之间相互信任和忠诚,甘苦与共。他们开始从品质方面来描述朋友,认为自己与朋友的共同兴趣是友谊的基础。儿童的友谊关系开始具有一定的稳定性。儿童出于共享和双方的利益而与他人建立友谊。在这种友谊关系中,朋友之间可以倾诉秘密、讨论、制订计划,相互帮助,解决问题。但这一时期的友谊有强烈的排他性和独立性。

第五阶段(12岁开始),是友谊发展的最高阶段。随着年龄的增长,儿童对朋友的选择性逐渐增强,选择朋友更加严格。此时建立起来的朋友关系,一般持续时间都比较长。[①]

2. 小学儿童择友的标准

儿童亲密的对象即是朋友。在群体中,小学儿童选择朋友通常采用四种标准:直接接触关系、接受关系、敬慕关系以及其他关系。[②]

所谓直接接触,用儿童的话讲就是"一起玩"。这是同伴关系发生的最初形式,也是友谊得以延续的基本条件。因为"接触"是交往,而交往是人际关系的基础。在整个儿童期,将直接接触关系始终作为择友的重要标准的,幼儿园儿童占45%,小学儿童占30%,中学生占23%。对小学儿童来讲,直接接触关系不仅带来共同的活动,而且有助于形成对友谊的感性认识。

接受关系反映同伴对自己的帮助。这种帮助是以自己为中心的、单向的和具体的。这是小学低年级儿童普遍的择友标准,尤以二年级为最高(二年级占46%,四年级占27%)。随着儿童认识能力的发展和交往活动的增加,自小学高年级起,采用这种择友标准的比例迅速下降。这反映了儿童自我中心的状况有所解除,人际交往的质量有所提高。

敬慕关系反映儿童择友的出发点是对同伴的行为特点和心理品质的赞赏。其发展趋势是,从喜爱同伴的行为特点和外部表现,发展到对同伴的性格特征、道德品质等个性特征的敬慕。

除此之外,小学儿童在择友过程中还根据空间距离、传统关系(两家关系好)、传递关系(朋友的朋友)等标准来结交朋友。

① 林崇德:《发展心理学》(第二版),北京:人民教育出版社,2009,P298-299。
② 王振宇:《心理学教程》,北京:人民教育出版社,1998,P111。

当然,这四种关系在不同年龄阶段的小学儿童中的表现是不同的,具体结果见表4-1:

表4-1　小学各年级儿童择友标准的变化(%)

择友标准	二年级	三年级	四年级	五年级	六年级
直接接触关系	41	21	36	25	28
接受关系	46	24	27	15	11
敬慕关系	13	55	30	57	59
其他关系	0	0	7	3	2

从表4-1中可以看出,以直接接触关系和接受关系为择友标准的比例,随着年级的增高而下降;而以敬慕关系为择友标准的比例随着年级的增高而上升。说明小学儿童择友时,随着年级的增高,越来越注重对同伴行为和心理品质的评价,人际交往的层次加深,质量提高。

3. 小学儿童择友的特点

研究发现,小学儿童选择朋友表现出明显的同质性和趋上性的特点。[①] 所谓择友的同质性,是指儿童倾向于选择与自己的兴趣、习惯、性格和经历相似的人作朋友。这样的朋友,他们认为"合得来"。而择友的趋上性,是指儿童倾向于选择品行得到社会赞赏的人为朋友。例如,选择学习成绩好的人作朋友,挑选能力比自己强、身材比自己高大的同伴为朋友等。

学习行为对小学儿童择友的同质性和趋上性具有关键性的影响。学习活动是小学儿童的主导活动,其实质是一项社会活动。学习的成败是小学儿童学习动机和态度、学习能力、学习技能和学习方法的综合反映。因此,小学儿童把学习的好坏当作衡量一个人能力大小和在班集体中地位高低的标准。学习好的儿童容易得到教师的嘉奖和家长的赞扬,容易得到集体的承认,因而也容易成为同学敬慕的对象。有研究表明,刚入学的小学儿童就表现出这种特点,小学中、高年级儿童达到高潮。到了中学阶段,由于儿童已经能在更广阔的活动范围中运用择友的标准,学习成绩的好坏在儿童择友中的作用才有所下降。

(二)小学儿童的同伴群体

同伴群体是指一些在年龄、身体、社会地位等方面极为接近的儿童所组成的群体。群体的类型多种多样,根据不同的标准,可以把群体分为正式群体与非正式群体、隶属群体与参照群体,还有松散群体、联合体与集体之分。这里主要讨

---

① 王振宇:《心理学教程》,北京:人民教育出版社,1998,P112。

论小学儿童的班集体和非正式群体。

1. 小学儿童的班集体

集体是群体发展的最高级形式,集体是指人们为了实现有社会价值的目标,借助共同活动把成员严密组织起来,形成有纪律、有凝聚力的群体。班集体是集体的一种形式,共同的年龄特征是班集体形成和存在的前提,共同的发展目标是班集体发展的心理基础,学习活动是保持集体成员心理与行为一致的纽带。一般而言,班集体的形成需经历以下几个阶段。

(1)松散阶段。刚入学时,虽然班级群体组建了,但同学间相互不了解,彼此缺乏感情联系,普遍处于彼此生疏的孤立状态,班级群体对其成员缺乏吸引力。

(2)凝聚阶段。到一年级下学期,班级群体成员逐渐形成集体意识,开始出现归属感,成员交往增加,了解加深,建立起了感情上的联系,开始形成有威望的核心。

(3)形成阶段。班级群体具有了班级集体的基本特征。具体表现为:集体目标实现,成员心理需要基本得到满足,正确舆论开始形成,集体荣誉感增强,班级群体进入了健康发展的轨道。

(4)优化阶段。班级成员能把学校的教育要求内化为个体的需要,并表现为无人监督下的自律行为。

培养班集体是教育的目标,班集体又是教育的手段,所以小学班主任要把班集体建设作为中心工作来抓。一般可从组建班委会、提出班级目标、开展班级活动、形成正确的舆论和良好的班风等方面来开展工作。同时,还要注意在班集体形成的不同阶段,有针对性地开展不同的工作。

2. 小学儿童的非正式群体

在班集体这个正式群体里,往往还存在着小学儿童之间自发形成的若干个非正式群体。在现实教育过程中,小学儿童不仅受到班集体的影响,而且也受到所在的非正式群体的影响,这种影响的作用甚至更大。因此,教师尤其是班主任要正确认识小学班集体中的非正式群体,并积极进行引导。

与班集体相比,非正式群体有几个明显的特点。(1)自发性:在特定的条件下,出于个人某种物质或精神的需要而自愿结合。(2)相似性:以相似的心理特征和心理需求为基础,自然组合而成。(3)相容性:彼此以感情为纽带,心理相容,具有很强的凝聚力。(4)畅通性:成员之间信息传递迅速,彼此思想交流畅通,无话不谈。(5)权威性:有自己一套不成文的规定,有自己的核心人物,两者对其成员的心理和行为影响极大。

非正式群体之所以出现和存在,在于它能满足小学儿童的某些需要。从积极方面来讲,班集体中的非正式群体,是小学儿童同伴关系的一种存在方式。它的存在,对小学儿童吸收同伴的经验、学习社会交往的技能、锻炼实践活动能力是有现实意义的。它的存在能满足儿童归属的需要,增强同伴之间的情感支持,对培养儿童的社会责任感也有一定的作用。但是,由于小学儿童认识能力和社会经验的限制,有时非正式群体的利益和规则会与班集体的利益和纪律相抵触,这样,非正式群体就会阻碍班集体活动的开展,干扰班集体目标的实现;也可能由于非正式群体的活动过于频繁而影响了他们的学习和生活,甚至也有可能受社会上的不法分子的影响而出现违纪违法的行为。

班主任对非正式群体有了正确的认识之后,就要积极进行引导、加强教育,既不能视为异端加以清除,也不能不闻不问。一般而言,教师可以从以下几个方面入手来开展工作:

(1)掌握班集体中的非正式群体发展状况,包括非正式群体的活动状况、核心人物的态度、人员的变迁,以及班集体中大部分成员对这些非正式群体的评价。

(2)要针对不同类型的非正式群体,采取不同的处理方法。根据非正式群体的性质,班集体中的非正式群体可以分为积极型、中间型、消极型和破坏型四种类型。对积极型即与班集体的目标一致的非正式群体,要予以支持;对中间型即有时一致有时不一致、既有积极作用也有消极作用的非正式群体,要加以引导;对于消极型的非正式群体,要进行改造;对于破坏型的非正式群体,则要瓦解。当然,在小学阶段,积极型和中间型的非正式群体比较多,消极型和破坏型的非正式群体比较少。

(3)做好非正式群体核心人物的工作。非正式群体里总有一两个影响力较大的人,是非正式群体的核心人物。非正式群体的活动和作用,很大程度上取决于这些核心人物的态度。因此,做好他们的工作,是把握非正式群体的关键。教师要认识到,他们有很多长处,要根据情况,委托他们负责班集体某方面工作。当然,要坚决排除有不良习气、品行欠佳的核心人物。如果教师对核心人物采取"杀鸡给猴看"、"枪打出头鸟"的办法来教育非正式群体,常会使非正式群体成员产生逆反心理,并加强非正式群体的凝聚力,与教师、班集体对抗。这样,教师反而做不好工作。

(4)注意从改变非正式群体的规范入手,改变非正式群体成员的不良行为。勒温(K. Lewin)说过,要改变个体的行为,与其从个体入手,不如从改变其团体规范着手,这样,效果将会更大。作为教师,首先要调查非正式群体中存在哪些规范,特别是要了解起消极作用的规范;其次,要分析这些规范,把它们分类,确认主次轻重,找出与期望的差距;最后,由上而下确定纠正项目,制订系统改革方案,并着手实施。这样,不但不会使儿童感到难堪,而且会使他们参加到这种改变旧规范、树立新规范行动中来,造成一种维护新规范的氛围。

(5)组织好班集体是削弱非正式群体的重要途径。如果每个学生在班集体里感到非常温暖,那么另行组织或参加非正式群体的可能性就大为下降了。为此,教师在组织班集体时,要努力地、最大限度地符合儿童的志向、爱好、能力的现实状况,从而使每个儿童在班集体中获得"心理平衡",使每个儿童在集体中获得心理上的满足。一旦班集体中出现了消极的或破坏型的非正式群体,教师应该自问:"班集体组织得怎样?"

(三)小学儿童的同伴接纳

1. 同伴接纳的类型

同伴接纳反映群体对个体的喜欢或厌恶、接纳或排斥的态度。每个儿童在学校中同伴接纳的程度都存在差别,有的儿童特别受欢迎,有的儿童却备受排斥或忽视。根据儿童被同伴接纳的程度,可以把小学儿童分为人缘型、嫌弃型、孤立型及中间型。所谓人缘型儿童,是在群体中受欢迎的儿童,是具有良好的人际关系的儿童。他们通常具有以下特点:有良好的学习成绩和能力;有良好的性格特征;字写得漂亮、仪表整洁、成熟较早等。嫌弃型儿童是在群体中受排斥的儿童,是同伴不愿意交往、在群体中缺乏良好人际关系的儿童。他们通常具有以下特点:常有攻击行为;具有不良品行;难以相处;脸上脏、身上有怪味等。其中不良品行是小学儿童遭同伴拒绝的主要原因。孤立型儿童是受忽视的儿童,他们游离于集体之外,或不善于交往,或不敢交往。他们在群体里既不受欢迎,也不受排斥,是否介入同伴活动中来,大家并不在意。中间型儿童是指在群体中有朋友、有共同活动的同伴,也有一些人对他不亲近、不喜欢的儿童。

人缘型和中间型儿童在班集体中处于较为有利的地位。这些儿童往往愿意上学,学习也较积极,并能正确地对待班集体的利益,他们在班集体中能产生一种安全感和舒适感。根据苏联学者的研究,在班集体中处于有利地位的儿童,他们的道德发展可能有两种方向:78%的儿童有高度发展的智力,也有好的道德品质,如善良、公正、喜交往等;但也有部分儿童智力虽然发达,却形成了一些消极的道德品质,如自私自利。[①]

嫌弃型和孤立型儿童是班集体中处境不利的人。他们的道德品质发展也有两个方向:一部分人力求与同伴建立良好的关系,如果没有成功,有些人会采用一切手段竭力引起同伴的注意,甚至会采用虚假的英雄行为或违纪行为来达到

---

① 王振宇:《心理学教程》,北京:人民教育出版社,1998,P114。

目的。另一部分人则表现为孤独,或是经常与其他同伴发生冲突,或到其他班级寻找朋友。如果在班集体中无法改变他们的不利地位,他们会逐渐产生不关心集体的冷漠态度。

研究表明,同伴的接纳状况对儿童的同伴关系、心理健康、学校适应及成年后的社会适应有着重要而深远的影响。儿童同伴接纳状况受个体内在因素和外在环境因素的影响。内在影响因素主要包括自我概念、学业成绩、社交策略、归因方式等,外在影响因素主要包括家庭因素、学校因素等。[①] 教师应该了解每个儿童被同伴接纳的程度,具体分析影响儿童同伴接纳的因素,并根据不同类型的儿童的特点进行指导。

2. 同伴接纳的测量

了解儿童同伴接纳度的方法很多,如观察法、谈话法等。若想在较短的时间内了解儿童的同伴接纳度,可以采用社会测量法。社会测量法是美国心理学家莫雷诺(J. M. Moreno)于1934年设计的一种用来测量群体成员之间人际关系的方法。这种方法的第一步是向群体成员提出问题,并要求他们回答。例如,"如果班级组织野营,你最愿意跟谁在一起? 最不愿意跟谁在一起?"第二步是把成员的答案收集起来进行整理。

具体的整理方法有两种:一种是矩阵法,把参加测试的总人数(n)及选择的次数整理成一张 $n \times n$ 的矩阵表。为简便起见,我们把群体成员定为 6 个人,正选择(愿意)打 1 分,负选择打 -1 分,不置可否则以 0 分表示。表 4-2 是一个模拟的 6 人群体的社会测量结果的例子。

表4-2　6人群体的社会测量矩阵表

选择者 ＼ 被选择者	A	B	C	D	E	F
A	＼	1				-1
B	1	＼				-1
C			＼		1	-1
D	1			＼		-1
E	1				＼	-1
F			1		-1	＼
合计	3	1	1	0	0	-5

---

① 孟海英、阳德华:《儿童同伴接纳状况的影响因素分析》,《沈阳师范大学学报(社会科学版)》,2008 年第 2 期,P143-146。

从表中可以看出,在这个群体中,A 是受欢迎的儿童,即人缘型儿童,D 是一位受忽视的儿童,即孤立型儿童,E 是中间型儿童,F 是受排斥的儿童,即嫌弃型儿童。

另一种整理方法称为图示法。将上表结果画成社会网络图,即为图示法。图中小圆圈内的字母是群体成员的代号,实线表示成员间存在着友好关系,虚线表示不友好,箭头的方向表示对对方的评价(见图4-2)。

图示法可以直观地表现群体中的人际关系,每位成员在群体中被同伴接纳的程度一目了然。典型的社会网络图中包含多种信息:核心人物(A)、小群体(A 与 B)、受忽略的儿童(D)、受排斥的儿童(F)以及相互关系紧张的儿童(E 与 F)。

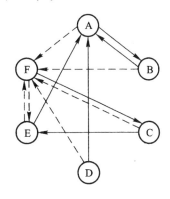

图4-2 社会网络图

社会测量法对了解群体中的人际关系具有一定的意义。首先,它可以快速地、较全面地提供群体中人际关系的信息。这些信息有时还会使跟儿童相处很久的教师感到意外。其次,当它提供哪些人是受欢迎的儿童或受排斥的儿童之后,进一步调查他们受欢迎或受排斥的原因,有助于通过教育改善他们的人际关系。最后,它揭示了班集体中的非正式群体及人际关系结构的实况,可以促使教师进一步了解各种非正式群体是否与班集体的目标一致、其中的核心人物及其作用,以便采取相应措施把他们纳入班集体发展的轨道上。

当然,社会测量法也有其局限性。首先,社会测量法所揭示的人际关系是在人们的情绪倾向性方面,还不能揭示其选择动机,而选择动机才是个人对他人产生好感的基础。其次,如果多数儿童在调查中有顾虑而不合作,则测量的结果就不可靠。最后,被确定的受欢迎的儿童或受排斥的儿童,只能说明他们在班内的情况,而不表明他们在班外、校外一定是受欢迎者或受排斥者。过于迷信这个方法也容易得出以偏概全的结论。尤其是滥用否定题的问卷,而又不对答案保密,容易扩大人际矛盾,引起纠纷,产生消极后果。

三、师生关系

师生关系是学校中教师与学生之间以情感、认知和行为交往为主要表现形式的心理关系。师生关系是学校中最主要的人际关系,良好的师生关系是促进教师教与学生学的动力。小学的师生关系区别于幼儿园的师生关系,也不同于中学的师生关系。

（一）小学儿童对教师的态度

刚入小学的儿童对教师充满了崇拜和敬畏,教师的要求比家长的话更有威力。调查表明,84%的小学儿童(低年级的小学儿童为100%)认为要听老师的话。在日常生活中,经常可以听到初入学的儿童与家长发生争执时,提出最有力的回答就是"老师这样讲的!"除了这类由衷的服从外,低年级儿童也很注重教师的外部特征,如音容笑貌等。

随着年龄的增长,儿童的独立性和评价能力也随之增长。二、三年级的小学儿童开始把教师是否公正放在首位。小学儿童最敬佩公正的教师,最不喜欢偏心的教师,并开始评价教师是否善良,开始从具体水平上评价教师业务能力的高低。三、四年级的小学儿童除了继续坚持是否公正的标准外,更能从较为概括的水平上客观地评价教师的工作。五、六年级的小学儿童开始注重教师的人品、精神面貌,并力图对教师作全面的了解。

可见,小学儿童对教师的态度是随着年龄的增长而不断变化的。这一变化与小学儿童认知能力的提高和社会经验的积累是分不开的。教师在与小学儿童交往时,要注意自己的交往技巧,使之适应不同年龄的儿童。

（二）教师的期望对小学师生关系的影响

1968年,美国心理学家罗森塔尔(R. Rosenthal)对小学1—6年级儿童进行"预测未来发展的测验",从中随机选取20%的儿童,告诉这些儿童的教师,说他们发展潜力很大。8个月后再次进行智力测验,发现名单上的儿童大都表现出了明显的进步,尤其是一、二年级的儿童进步更为明显,教师对他们的品行作出了优良的评价,儿童与教师也有着良好的关系。实验结果表明,教师的期望对学生的行为发生了显著的影响。罗森塔尔把这种现象称为皮格马利翁(Pygmalion)效应。皮格马利翁是古希腊神话中的塞浦路斯国王,他在雕塑一座少女雕像时竟钟情于这位少女,最后竟使这座少女雕像变为真人,与他结为伴侣。

罗森塔尔认为,之所以会出现这一结果,是因为教师接受了"权威诺言的暗示",对名单上的学生抱有高期望,对学生表现出更和蔼、更愉快的态度,更经常表现出一些倾向性行为,如微笑、点头、注视学生、赞扬学生、谈话更多、提问更多,并提供较多的学习材料,提供更多的学习线索,经常重复问题,给予密切关注,等待学生答问的时间也更长。通过这一系列的传递方式,儿童接受了教师的期望,表现出"自我实现的预言"。可见,教师的期望是一种巨大的教育力量。所以,教师要关心每一位学生,对他们寄予合理期望,这有助于儿童学习成绩的提高和良好人际关系的形成。

（三）学业表现对小学师生关系的影响

研究表明,学业表现好的学生有更积极的师生关系。目前,很多教师仍然以学业表现作为评价学生的唯一标准,学校也常常以学生的分数作为评价教师的标准。一方面,学生的学业表现影响教师的交往行为,由于不正确的教育观念作祟,教师对学业表现不良的学生常会表现出消极的态度,甚至采用讽刺、挖苦等不恰当的教育行为。相反,教师对学业表现好的学生经常会采用更积极的交往方式,对其更为关注,给予更多的赞许,表达出更高的期望,从而促进师生之间积极的情感交流。另一方面,学业表现也在一定程度上反映了学生的能力。学业表现好的学生自信心更强,自我意识水平更高,在师生交往中表现得更为积极、主动。实际上,师生关系的质量与儿童的发展水平之间具有相互影响、互为因果的密切联系。良好的师生交往可以使儿童更多地接近教师,在学习上得到教师更多的关注和帮助,在交往过程中得到教师更多的积极反馈。此外,在担任班干部的学生中,绝大多数是学业表现较好的学生。担任班干部的学生往往是教师管理班集体的重要助手,他们有更多接触教师的机会。同时,担任班干部可以使学生感受到教师更多的信任与重视,与教师的情感交流也更多,对教师的行为反应也更加积极,更容易与教师建立亲密的情感联系。

第三节　小学儿童的自我意识

自我意识是指一个人对自己的意识,是一个人对自己的认识和评价,包括对自己的心理倾向、个性心理特征和心理过程的认识与评价。自我意识在个体发展过程中具有十分重要的作用。一个人如果不知道自己,无法把自己与周围相区别,他就不可能认识外界的客观事物。人只有意识到自己是谁、应该做什么的时候,才会自觉地去行动。正是由于人具有自我意识,人才能对自己的思想和行为进行控制和调节,形成完整的个性。因此,自我意识是人区别于动物的一个重要标志。

个体自我意识的发展经历了自我中心期、客观化时期和主观化时期三个阶段。小学儿童的自我意识正处于客观化时期,是获得社会自我的时期。我们从以下几方面来分析这一阶段儿童自我意识的发展特点。

一、小学儿童自我意识发展的趋势

(一)小学儿童自我意识随年级增高而不断发展

与其他心理现象的发展一样,小学儿童自我意识发展水平也是由低到高的,即高年级儿童自我意识的发展水平要高于低年级儿童,自我意识的发展水平与年龄呈正相关。

（二）小学各年级儿童自我意识的发展速度不同

小学儿童自我意识发展的总趋势是随年级增高而不断发展,但发展速度在各年级是不相同的。研究表明:

（1）小学一年级到小学三年级处于上升时期。小学一年级到小学二年级之间的发展尤为迅速,是上升期中的主要发展时期;小学二年级到小学三年级的差异也达到显著水平,在上升期中处于次要地位。这是因为学校的学习活动进一步加强了儿童对自己的认识,如考试的成败、教师的评价、同伴的接纳等,都使儿童从不同角度认识自己;学习活动又对儿童的自我监督、自我调节和自我控制等能力有了更进一步的要求,从而促使儿童的自我意识有了很大发展。

（2）小学三年级到小学五年级期间,自我意识的发展相对平稳,年级间无显著差异。

（3）小学五年级到六年级之间,自我意识的发展又出现加速现象。随着儿童的抽象逻辑思维的逐渐发展和辩证思维的初步发展,小学儿童的自我意识更加深刻。他们摆脱了对外部的依赖,逐渐发展了内化的行为准则来监督、调节、控制自己的行为,并且开始从对自己的表面行为的认识、评价转向对自己的内部品质的更深入的评价,从而使小学儿童自我意识的发展达到一个新的水平。

（三）小学儿童自我意识成分发展不同步

从自我意识的各成分来看,它们之间的发展并不同步。自我认识是自我意识的主要成分,它的发展水平是自我意识发展水平的主要标志。所以,小学儿童自我认识的发展趋势与自我意识的发展总趋势是一致的。自我体验与自我认识密切相关,小学儿童自我体验的发展与自我意识发展的总趋势也比较一致。自我监控的发展比较奇特,表现为低年级儿童的自我控制分数比高年级高。造成这种现象的原因是低年级儿童比较容易接受权威人物(教师或家长)的控制,他们的自我控制分数比较高是由外部因素造成的,实际上是"外部控制"的结果;小学高年级儿童独立性增强了,外在的约束力逐渐减小,内在的自控能力逐渐增强,但这种自控能力的发展是逐渐的、较为缓慢的,因而表现为自我控制分数下降。

二、小学儿童自我评价能力的发展

自我意识的主要成分是自我认识,而自我认识的核心又是自我评价。所以,自我评价能力是小学儿童自我意识发展水平的主要标志。

（一）小学儿童自我评价的几种表现

自我评价的基本形式有过高的评价、过低的评价和适当的评价,不同形式的自我评价有不同的表现,并对儿童发展产生不同的影响。

（1）过高的评价。自我评价过高的儿童表现为自我评价高于小组对他们评价,过高地估计了自己的可能性、活动的成果以及某些个性品质。他们在选题和做作业时很自信,喜欢选择那些显然是力不能及的任务。在遇到挫折时,不是固执己见,就是把失败的责任推向客观的原因。他们有时不一定自我吹嘘,但却喜欢挑剔别人的所作所为,批评别人。如果让他们比较和自己在质量上相同的其他人的作业与其他活动成果时,他们常常给自己打上"优"等,而给别人打"良"或者更差的等级,并会在他人的作业里找出大量缺点。自我评价过高的儿童很容易形成过分自信、高傲、势利眼、不讲策略和难以相处的个性特征。

（2）过低的评价。自我评价过低的儿童对自己的评价低于小组对他们的评价,对自己的能力及今后的发展缺乏信心。他们在选题或做作业时,不相信自己的能力,一般选做容易的题目。自我评价过低的儿童容易形成自卑、退缩、不合群的个性特点。

（3）适当的评价。自我评价适当的儿童,自我评价与小组对他们的评价比较接近。他们是积极、富有朝气、机智、好与人交往的。他们通常兴趣广泛,能在教师的指导下,发现自己在学习或其他方面的错误,选择适当的或稍有困难的任务,在遇到失败后则进行自我检查,承担困难小的任务。

（二）小学儿童自我评价发展的趋势

1. 自我评价的独立性日益增长

小学低年级儿童的自我评价在很大程度上仍然依附于教师和父母的评价,重复别人对自己的评价,是用别人的眼光来看待自己的。但他们已经有了对自己行为的独立看法,当教师及父母评价不公正时,往往会引起他们的反感,甚至"抗议"。大约从小学三、四年级开始,儿童自我评价的自觉性和独立性有了明显的发展,他们逐步学会将自己的行为和别人的行为加以对照,从而对自己的行为进行独立的评价。当然,小学儿童自我评价的独立性只是初步的,总的来说,他们的自我评价仍然是受教师的态度和评价调节的。

2. 自我评价的全面性日益提高

自我评价的全面性是指个体对自己的言行评价的广度和深度,它是相对于片面性和表面性而言的。小学低年级儿童的自我评价常常是片面的和表面的,表现为:一是他们往往善于评价别人,不善于评价自己;二是在评价自己的行为时,他们容易更多地看到自己的优点,不大容易看到自己的缺点;三是这种评价往往局限于一些具体行为的评价上,如看文艺作品,注意力更多地指向故事的情节,而对人物的内心体验兴趣不大。随着抽象逻辑思维和道德认识的进一步发展,小学中、高年级儿童自我评价的全面性有了一定程度的发展,他们开始学会较全面地评价别人和自己的行为,列举自己的优点和缺点,以后进一步能抓住主要的优缺点,并且逐渐过渡到对自己的个性进行综合评价。

3. 自我评价的稳定性逐渐加强

自我评价的稳定性是指个体自我评价保持时间的长短,即前后两次自我评价的一致性程度。它是相对于易变性而言的。有研究让被试间隔一周后对相同的5个问题作前后两次选择,并计算答案的一致性,结果见表4-3:①

表4-3   小学儿童对同一问题的两次选择的一致性

年 级	小一	小三	小五
相关系数	0.37	0.51	0.61

可见,小学低年儿童前后两次评价的一致性很低,说明自我评价的易变性大;随着年级的增高,前后两次评价的一致性增强,说明自我评价的稳定性加强。

儿童自我评价的稳定性的发展是与其掌握自我评价的原则水平的高低联系在一起的。小学低年级儿童由于自我评价的原则性尚未形成,也就是尚未学会根据一定的社会行为准则对自己的行为作出评价,所以他们的评价是易变的。从中年级开始,由于认识能力的发展和社会交往范围的扩大,儿童一方面通过对自己活动结果的认识,另一方面通过周围人对自己评价的影响,能越来越全面而深刻地认识和评价自己,从而使主观评价和客观实际统一起来,提高自我评价的稳定性。不过,总的来说,儿童自我评价的稳定程度在整个小学阶段仍然是不高的,到了初中三年级以后才趋于稳定。②

第四节   小学儿童的性格

一般认为,性格是人表现在对现实的态度和行为方式中比较稳定的心理特征。一个人的性格由多种心理成分构成,我国心理学界一般认为性格由态度特征、理智特征、情绪特征和意志特征组成。儿童的性格是在儿童的生活环境影响下,在社会实践中形成的,更是儿童个体自我教育的结果。

一、小学儿童性格发展的趋势

我国的心理学者对我国儿童性格的发展进行了研究,结果发现,小学儿童的性格发展水平是随着年龄的增长而逐渐升高的。但其发展程度表现出不平衡、不等速的特点。小学二年级到四年级这一段时间,性格发展比较缓慢,为发展的

---

① 王耘、叶忠根、林崇德:《小学生心理学》,杭州:浙江教育出版社,1993,P262。
② 王振宇:《心理学教程》,北京:人民教育出版社,1998,P141。

稳定时期;小学四年级到六年级发展较快,为快速发展时期。① 这主要是因为小学高年级儿童已较好地适应了学校里以学习活动为主的特点,集体生活范围逐步扩大,同伴交往日益增加,教师、集体、同伴对儿童的性格越来越产生直接影响,使儿童的性格特点日益丰富和发展起来。到小学六年级,儿童开始步入青春期,青春期的身心变化又将对儿童的性格发展产生深刻的影响。因此,在小学儿童的性格发展中,六年级是性格发展的关键期。

二、小学儿童性格特征的发展特点

(一)性格的态度特征

在小学阶段,儿童逐渐形成性格的态度特征,但还不够稳定,易受到环境的影响而发生改变。例如,小学儿童表现出热爱劳动、关心集体等积极的态度倾向;但在某些特定的情境下,可能会放弃已有的态度。尤其是小学低年级儿童,会表现出明显的不稳定性。到了高年级,随着自我意识的发展,部分儿童对自我言行的统一性要求增强,这种稳定性可以大大提高,并逐步形成稳定的性格特征。但仍有不少儿童的态度尚不够稳定统一,还不能成为明确的性格特征。

(二)理智、情绪、意志等特征的发展

我国的心理学者对儿童的理智特征、情绪特征和意志特征进行了研究,结果发现,这些性格特征的发展随着年龄的增加呈上升的趋势,但也表现出各自独特的规律。研究者把性格的理智特征分解为思维水平、权衡性、求知欲和灵活性,把性格的情绪特征分解为情绪强度、持久性、主导心境和情绪稳定性,把性格的意志特征分解为独立性、自制力、坚持性和果断性,并探索了每一种性格特征的各因素的发展趋势。

1. 理智特征的发展

小学儿童性格的理智特征的发展趋势是二年级到四年级稳定发展,四年级到六年级迅速发展。各因素的发展有所不同:思维水平和权衡性从小学二年级到四年级处于稳定发展状态,从四年级到六年级则出现迅速发展的趋势,这与小学儿童思维能力的发展趋势相同;求知欲在整个小学时期都在不断发展,小学六年级达到高峰,这表明小学儿童的探究欲望、好奇心十分强烈;灵活性在整个小学阶段的水平都比较低,发展比较缓慢,各年级之间没有显著差异。

2. 情绪特征的发展

小学儿童性格的情绪特征是不断发展的,并在六年级出现高峰。具体地讲,情绪的强度和持久性发展较快,原因是小学六年级儿童开始进入少年期,其行为

① 朱智贤:《中国儿童青少年心理发展与教育》,北京:中国卓越出版公司,1990,P390。

特别容易受情绪的影响;小学二年级儿童的主导心境低于其他各年级,原因是小学低年级儿童正处在适应学校生活的过渡期,繁重的课程和作业的压力使他们焦虑、紧张,由此造成主导心境低落;整个小学阶段,儿童的情绪特征是稳定的,在各年级之间,小学儿童的情绪稳定性无显著差异。

3. 意志特征的发展

小学儿童独立性的发展在低年级并不显著,直到小学四年级至六年级才有一个较快的发展,并在六年级出现高峰,这是因为这个时期的儿童刚进入少年期,有强烈要求独立和摆脱成人控制的欲望,因而其性格特征中表现出明显的独立性。小学儿童的自制力和坚持性都呈现下降趋势,其原因是低年级儿童主要受外部因素(如教师、家长等)的控制,随着年龄的增长,小学儿童对外在控制因素的依赖性逐渐减少,但其内部控制的能力又未发展起来,还不足以调节和控制自己的行为,因而表现出在自制力和坚持性两方面的下降趋势;但到了中学以后,随着内部控制能力的迅速发展,儿童的自制力和坚持性将重新出现上升趋势。小学儿童的果断性的发展比较缓慢,没有显著的年级之间的差异,他们基本上还缺乏适时、果断地作出决定的能力。[①]

理解·反思·探究

1. 小学教师中普遍有这样的议论:"小学儿童越小越可爱,好管;越大越讨厌,难管。"这是为什么?

2. 如何培养小学生乐观向上的积极情绪?

3. 你认为是自我评价过高的儿童,还是自我评价过低的儿童,其今后的发展更为不利? 为什么?

4. 选择小学高年级的一个班级,运用社会测量法了解该班人际关系的状况。

5. 教师如何与学业不良的学生建立良好的师生关系?

阅读导航

1. 林崇德:《发展心理学》(第七章),北京:人民教育出版社,2009 年。

第七章扼要介绍了小学儿童自我意识发展、人际关系发展和道德品质发展

---

① 李维:《小学儿童教育心理学》,北京:高等教育出版社,1996,P187。

的研究成果,尤其是对于小学儿童的同伴交往有比较全面的阐述。

2. 李晓东:《小学生心理学》(第九、十、十一章),北京:人民教育出版社,2003年。

这三章阐述了小学儿童情感的发展与培养、小学儿童自我意识的发展、小学儿童不同类型的人际关系与小学儿童友谊的发展等。

3. 罗伯特·费尔德曼著,苏彦捷等译:《发展心理学》(第十章),北京:世界图书出版公司,2007年。

第十章对小学儿童的自我意识发展、社会关系发展及教育如何促进儿童的发展进行了系统阐述。尤其是学校教育和家庭教育如何有效地促进儿童个性与社会性发展的内容,值得参考。

4. 沈德立:《小学儿童发展与教育心理学》(第三章),上海:华东师范大学出版社,2003年。

第三章对小学儿童的自我意识和社会性发展的特点进行了阐述,尤其是从自我概念、自我评价、自我尊重、自我理解等角度全面讨论了自我意识的发展。

第五章　心理发展的差异与教育

子路问:"闻斯行诸?"子曰:"有父兄在,如之何其闻斯行之?"冉求问:"闻斯行诸?"子曰:"闻斯行之。"公西华曰:"由也问'闻斯行诸?'子曰'有父兄在';求也问'闻斯行诸?'子曰'闻斯行之'。赤也惑,敢问?"子曰:"求也退,故进之;由也兼人,故退之。"(《论语·先进》)

这段话的意思是,子路问:"一个人听到一件应该做的事是不是立刻去做?"孔子说:"有父兄在,怎么可以听到就做呢?"冉求问:"有人听到应该做的事是不是立刻去做?"孔子说:"听到就做!"公西华对此迷惑不解,就问孔子这是为什么。孔子说:"冉求生性畏缩,所以我要鼓励他;仲由(子路)勇气过人,所以我要压抑他。"可见,孔子是根据教育对象的心理差异采用不同的教育态度和方法的。

小学儿童的心理发展有着共同的年龄特征,然而每个儿童又各具特点。小学教育工作者既要依据小学儿童的年龄特征进行集体教育,又要考虑小学儿童心理发展的差异进行个别教育,才能最大限度地发挥教育的效能。

第一节　智能差异与教育

智能泛指智力和能力,是顺利完成某种活动的心理条件。小学儿童的智能发展上存在着多方面的差异,教师要承认这些差异,并针对这些差异进行教育,使每个学生的智能都能得到充分发展。

一、儿童智能类型的差异与教育

智能类型的差异表现为一般智能的类型差异和特殊智能的类型差异两大类。

一般智能是指完成各种活动都需要的那些智能,如观察力、思维力和记忆力等,也称智力。在观察力方面,儿童有分析与综合、描写与解释、主观与客观、主动与被动等观察类型的差异;同时在观察的目的性、条理性、敏锐性、深刻性和精确性等观察品质上也有不同。在思维力方面,儿童有艺术思维与科学思维、分析思维与综合思维、经验思维与理论思维、求同思维与求异思维等思维类型的差异;同时在思维的深刻性、灵活性、敏捷性和独创性等思维品质上也有不同。在记忆力方面,儿童有形象记忆、语词记忆、情绪记忆、运动记忆等记忆类型的差异;同时在记忆的敏捷性、持久性、准确性、备用性等记忆品质上也有不同。

特殊智能是指完成某种专业活动必须具备的智能,例如,音乐工作者必须具备曲调感、节奏感、音色辨别、听觉记忆等智能。在特殊智能方面,儿童之间的差异表现得更为明显,如有的儿童绘画能力突出,而另一些儿童则长于动手操作各种机械及器具,还有的能歌善舞,对音乐、韵律特别敏感。同样具有音乐才能的儿童,他们之间也是有差异的。有人对三个音乐成绩优异的儿童进行观察,发现一个儿童具有高度发展的曲调感和听觉表象能力,而节奏感较差;另一个儿童有较好的听觉表象能力和强烈的节奏感,而曲调感差;第三个儿童有强烈的曲调感和音乐节奏感,而听觉表象能力较弱。

从 20 世纪 80 年代起,心理学家普遍认为智能不是单一的。其中,加德纳(H. Gardner)提出了著名的"多元智能理论"。加德纳认为,人类经过千万年的进化,形成了若干彼此不同、相对独立的智能形式,受不同种族和不同文化的影响,综合成九种不同的智能类型,即言语/语言智能、逻辑/数理智能、视觉/空间智能、音乐/节奏智能、身体/运动智能、人际交往智能、自我反省智能、自然观察者智能、存在智能。加德纳认为,每个学生都在不同程度上拥有上述基本能力,智能之间的不同组合就表现出个体的智能差异。

儿童智能类型的差异是客观存在的,几乎每个儿童都有他自己特定的智能类型,只不过大多数儿童并不显著。我们在教育活动中要仔细观察每个儿童的能力倾向,并给予适当的激发和关怀。

加德纳的多元智能理论

加德纳在 1992 年、1998 年和 1999 年先后提出了人有 7 种智能、8 种智能和 9 种智能的观点。

言语/语言智能:指人对语言的掌握和灵活运用的能力,表现为能顺利而有序地利用语言描述事件,表达思维并与他人交流。

逻辑/数理智能:指人对逻辑结构关系的理解、推理和思维表达能力,主要表现为个人对事物间各种关系的敏感以及通过数理进行运算和逻辑推理的能力等。

视觉/空间智能:指人对色彩、形状、空间位置等要素的准确感受和表达的能力,表现为个人对线条、形状、结构、色彩和空间关系的敏感以及通过图形将它们表达出来的能力。

音乐/节奏智能:指个人感受、辨别、记忆、表达音乐的能力,表现为个人对节奏、音调、音色和旋律的敏感以及通过作曲、演奏、歌唱等形式来表达自己的思想或情感的能力。

　　　　身体/运动智能：指人的身体的协调、平衡能力和运动的力量、速度、灵活性等，表现为用身体表达思想、情感的能力和动手的能力。

　　　　人际交往智能：指对他人的表情、说话、手势动作的敏感程度以及对此作出有效反应的能力，表现为个人觉察、体验他人的情绪与情感，并作出适当的反应的能力。

　　　　自我反省智能：指个体认识、洞察和反省自身的能力，表现为个人能较好地意识和评价自己的动机、情绪、个性等，并且有意识地运用这些信息来调适自己的生活的能力。

　　　　自然观察者智能：指个人辨别生物以及对自然世界的特征的感受能力。

　　　　存在智能：指陈述、思考有关生与死、身体与心理等问题的倾向性，如人为何到地球上来，在人类出现之前地球是怎样的，别的星球有无生命，动物之间能否相互理解，等等。

二、儿童智能水平的差异与教育

　　同一年龄阶段的儿童，智能发展的水平是有差异的。心理学家把儿童的智力发展分为三种水平，即智力超常、正常和低常。一般是通过智力测验并按其得到的智商高低来表示的，智商在 100 上下者为正常，超过 130 者表示超常，70 以下者表示低常。

　　一个儿童的智力水平超过正常儿童水平之上的（智商 130 以上），称为超常儿童。我国古代所谓的"神童"，国外所谓的"天才儿童"，都是指智力水平较高的超常儿童。根据有关的资料，超常儿童大致都表现出如下一些特点：（1）求知欲强，兴趣广泛；（2）观察特别敏锐；（3）想象异常活跃；（4）思维敏捷，理解力强；（5）富有独立性和创造性；（6）注意具有很大的主动性和集中性；（7）记忆力强；（8）学习方法好。

　　例如，媒体报道了一位刚满 11 岁的英国女孩维多利亚·考维，她在一项智力测试中取得 162 的高分，比爱因斯坦、霍金、比尔·盖茨还要高。尽管还在上小学，但她已经获得 5 所中学的奖学金，并被英国曼萨协会所接纳。她喜欢做实验、玩智力游戏、解决问题，也喜欢表演、跳舞、演奏乐器、做戏剧工作坊，还喜欢游泳之类的负荷运动。她很喜欢科学，最喜欢的科目是生物学。再如，我国曾有一个超常儿童，在他 5 岁时，对由 12 个数字组成的一串数（如 513842780358）以每秒 1 个数字的速度轻声念 3 遍后，就能正确复述出来，甚至在几个月后他仍然能背诵出来，说明他具有极强的记忆能力。在超常儿童中还有一些具有特殊能力的儿童，他们在音乐、绘画、写作、运算等方面有突出表现。有一个超常儿童思维敏捷,尤其在心算能力上十分突出,五岁半时,在 14 秒内能准确地心算六位数乘六位数。随着年龄的增长,他心算的速度和准确性也随之提高。在参加心算与电子计算器的比赛中,他心算 10 道题,只用一分半钟,而且完全正确,比计算器还快。这表明他具有运算的特殊能力。

当然,在现实生活中,超常和低常儿童都是少数,绝大多数儿童的智力发展正常(即智商 100 左右),即"两头小,中间大",如表 5-1:①

表 5-1　智商在人口中的分布

智商	名称	百分比
140 以上	极优等	1.33
120~139	优异	11.30
110~119	中上	18.10
90~109	中等	46.50
80~89	中下	14.50
70~79	临界	5.60
70 以下	智力落后	2.90

小学儿童的智能水平的差异对教育的启示是:一是把教育的着眼点放在大多数的正常儿童身上,根据他们的水平进行教育;二是分辨出智能超常、正常、低常的学生个体,因材施教。如在课程设置上增加选修课和课外活动时间,给学生更大的自由度,或在教学组织形式上,通过分校、分班、班内分组以及分层教学等形式,针对不同学生的智力发展水平实施教育。

三、儿童智能表现早晚的差异与教育

人的智能充分发挥有早有晚。有的人属于智力早熟者,例如,我国唐代的白居易 6 岁开始学诗,9 岁能识诗韵,16 岁时便写出了"野火烧不尽,春风吹又生"的著名诗句。在我国史书中记载的智能早熟的案例不胜枚举,目前我国也不断涌现出许多小音乐家、小画家、小书法家、小数学家等。国外的例子也不少,如莫扎特 5 岁时能表演钢琴,8 岁时举行独奏音乐会;维纳 4 岁时大量阅读书籍,9 岁破格升入高中,14 岁考上大学,18 岁时获得博士学位。这种智能早熟实际上就是超常的表现。智能的早期表现,在音乐、绘画等文艺领域最为常见。据调查,在成名的音乐家中,5 岁以前有表现的约占一半,其中在 3 岁以前就有表现的约占 1/4。有的儿童属于智能晚出者,即智能发展得较迟。例如,爱迪生读书时常

①　彭聃龄:《普通心理学》,北京:北京师范大学出版社,2001,P415。

常补考,牛顿小时候也被老师和同学称为笨蛋。

　　智能早熟和智能晚出的人都是极少的,大多数人的智能属于正常发展,也合乎"两头小,中间大"的分布规律。小学儿童智能表现早晚的差异对教育的启示是:一是要关注并着力培养那些智力早熟者,在这些儿童中可能会涌现一些对社会卓有贡献的人物;二是不能轻视那些平凡的儿童,在这些儿童中,有的可能是智能晚出者。

第二节　人格差异与教育

　　人格是气质和性格的总称。所谓气质,是指人的心理活动的比较稳定的动力特征,它表现在一个人心理活动的强度、速度、稳定性、灵活性以及显露程度等方面。而性格是表现在人对现实的态度和行为方式中比较稳定的心理特征。性格特征是社会化的结果,在个性中占有核心地位。

一、气质差异与教育

(一)气质差异的表现

典型的气质类型为胆汁质、多血质、黏液质、抑郁质,它们的主要表现如表5-2:

表5-2　气质类型及其表现

气质类型	主要心理特征
胆汁质	容易兴奋、难以抑制、不易约束
多血质	反应敏捷、活泼好动、情绪外露
黏液质	安静沉稳、反应迟缓、情感含蓄
抑郁质	对事敏感、体验深刻、孤僻畏缩

气质与看戏

　　四位先生听说某一歌星来演出,下班后他们赶到戏院,但已开演了。第一位急匆匆走到门口,就要入内,看门人拦住他说:"已经开演了,根据剧场规定,为了不妨碍其他观众,开场后不得入内。"这位先生一听,立刻火冒三丈,与看门人争吵起来。正当他们吵得不可开交的时候,第二位先生看见看门人吵得连门也顾不上看了,灵机一动,立刻侧身溜了进去。第三位则认为再等一下,耐心地跟看门人好好说说,也许能让进。第四位见看戏无望,一边叹息一边说:"唉!真倒霉,我老是不走运,不看了。"说完就朝回走。

　　请你猜猜,这四位先生分别是哪种气质类型的人?

（二）气质差异的教育意义

气质与教育工作的关系非常密切，因而研究气质问题对搞好教育工作具有重要的意义。教师掌握气质方面的知识，就可以更深入地了解学生的气质类型及其特点，能有效地提高教育效果。

1. 了解学生的气质类型，帮助学生发展积极品质

气质类型本身没有好坏之分，我们不能笼统地认为某种气质类型好，某种气质类型不好，任何一种气质类型，既有积极方面，也有消极方面，如表5-3所示：

表5-3 四种气质类型的积极面与消极面

气质类型	积极品质	消极品质
胆汁质	勇敢、坦率、有进取心	粗心、粗暴、冒失
多血质	活泼、机敏、有同情心、善交际	轻浮、不踏实、不诚挚、无恒心
黏液质	稳重、冷静、坚毅、实干	冷静、固执、迟缓
抑郁质	敏感、细心、想象丰富、情感深刻	多疑、孤僻、怯懦、自卑

从表5-3可知，每一种气质类型都存在着向积极的品质或消极的品质发展的可能性。教师掌握了学生的气质类型及其特点，就可以有预见地、有针对地去帮助各种气质类型的学生，发展积极品质，防止消极品质的产生。

2. 根据学生的气质特点进行个别教育

由于气质类型是由神经活动类型决定的，所以一个人的气质特征具有很大的稳定性。在教育过程中，若照顾到了学生的气质特点，采取了适合这些特点的方法，就可以把教育学生的工作做得更加顺利而有成效。例如，黏液质的学生比较固执，如果他表现出拒绝接受某个观点，教师不必强迫他接受，而可以采取启发或事实感化等迂回的方式去说服他；抑郁质的学生比较敏感，不宜在公开场合点名指责；对胆汁质学生，则不宜针锋相对地去激怒他们。当多血质的学生犯了错误后，当众予以批评可以收到积极效果；但抑郁质的学生难以忍受强烈刺激，当众指出他的缺点，很容易使他们灰心丧气，情绪低落，对自己丧失信心。如果教师用同一方法对待不同学生，其效果往往是不好的。

3. 注意与防止胆汁质和抑郁质学生的病态倾向发展

胆汁质和抑郁质儿童，如果不能很好地控制自己，便会表现出一些病态倾向。胆汁质儿童极端化发展，可能出现一些攻击和破坏性行为；抑郁质儿童容易产生紧张、胆怯、强迫等具有神经症焦虑倾向的障碍。根据临床研究，有精神疾病的患者主要的气质类型是胆汁质和抑郁质。因此，教师要更多地关心这两种气质类型学生的情况和问题，采取一些特殊措施，防止病态倾向发展。

二、性格差异与教育

（一）性格差异的表现

1. 性格特征的差异

每个人的性格都是由不同的性格特征所构成的独特模式,一般认为,性格特征体现在四个方面。

（1）对现实态度的性格特征。对己表现有谦逊与骄傲、自信与自卑、律己与任性、大方与羞怯的差异;对人表现有诚实与虚伪、善交际与孤僻、富有同情心与冷酷无情、有礼貌与粗暴的差异;对事表现有勤奋与懒惰、负责细心与粗枝大叶、革新创造与墨守成规的差异。

（2）性格的理智特征。表现在认知态度和活动方式上的差异,在感知方面有分析与综合、描写与解释、主观与客观、主动与被动的差异;在思维方面有独立思考与人云亦云的差异;在记忆方面有敏捷与迟钝、持久与短暂、准确与错误的差异。

（3）性格的情绪特征。指在情绪的强度、稳定性、持久性以及主导心境等方面表现出来的稳定特点。儿童之间表现出温和与暴躁、乐观与悲观、热情与冷漠、舒畅与抑郁、安静与激动等方面的差异。

（4）性格的意志特征。在意志的目的性、果断性、自制力与坚持性等方面,儿童之间存在着明显差异。

2. 性格的类型

性格特征的独特结合,构成了性格类型。由于性格的复杂性以及人们对性格的不同理解,至今还没有公认的性格分类。下面介绍几种常见的性格类型。

（1）理智型与情绪型。理智型的人用理智的尺度衡量一切,用理智支配自己的行动。属于理智型的儿童做任何事,总要冷静地思考一番,很少感情用事;总要权衡一下利害得失,绝不贸然行动。"三思而后行"可以说是这一类型儿童的最大特色。

情绪型的人情绪体验深刻,行为举止受情绪左右。属于情绪型的儿童干任何事,总喜欢凭情感行动,很少冷静考虑。正因为如此,这种类型的儿童容易出现莽撞行为,事后常常追悔莫及。

当然,大多数儿童属于中间型。他们遇到问题,有时冷静思考,凭理智行事;有时情感奔放,凭一时冲动。简言之,对此事可能是"三思而行",对彼事则可能是"不思而行"。

（2）外倾型与内倾型。外倾型的人心理活动倾向于外部世界,他们开朗、活泼、善于交际。这种类型的儿童情感外露,对人、对物均感兴趣,愉快好动,勇往直前,还带有一点鲁莽,以环境作为行为的出发点。内倾型的人心理活动倾向于内部世界,他们深沉、文静、反应缓慢、顺应困难,甚至性情孤僻。这种类型的儿童情感内隐、体验深刻、不爱交际并易害羞,以自我作为行为的出发点。

(3)顺从型与独立型。顺从型的人易受暗示,缺乏独立。这种类型的儿童容易接受别人的意见,往往屈服于教师的权威,倾向于不加批判地执行教师的一切指示,不能适应紧急情况。独立型的人具有个人信念的坚定性、决定的独立性。这种类型的儿童有自己的独立见解,在困难面前也不惊慌失措,喜欢把自己的意见强加于人,也容易在紧迫情况下发挥自己的力量。

(4)理智型、政治型、经济型、审美型、社会型与宗教型。德国斯普兰格(E. Spranger)认为,理论、政治、经济、审美、社会和宗教是人类的六种基本生活方式,人们对这六种生活方式中的某一种方式产生特殊兴趣,就会形成相应的价值观。根据价值取向的不同,斯普兰格把人的性格分为六种类型,即理智型、政治型、经济型、审美型、社会型与宗教型。

理智型的人表现出探究世界的兴趣,总是冷静而客观地观察事物,力图把握事物的本质,尊重事物的合理性,以追求真理为人生的目的。政治型的人倾向于权力意识与权力享受,支配性强,其全部的生活价值和最高的人生目标就在于满足自己的权力欲望,得到某种权力和地位。经济型的人注重实效,其生活目的是为了追求利润和获得财富。审美型的人富于想象,追求美感,以感受事物的美作为人生的价值。社会型的人关心他人,献身于社会,助人为乐,以奉献为人生追求的最高目标。宗教型的人信奉宗教,相信神的存在,把信仰视为人生的最高价值。

(5)社会型、理智型、现实型、文艺型、贸易型与传统型。美国职业指导专家霍兰德(J. L. Holland)认为,儿童的性格、学习兴趣和将来的职业准备密切相关。人们在不断寻求能够获得技能、发展兴趣的职业。经过几十年的研究和上百次的实验,他提出了性格–职业匹配理论,对儿童职业指导具有重大意义。他把人的性格分为六种类型,即:社会型、理智型、现实型、文艺型、贸易型与传统型。

社会型的人对人友好、善于交往、乐于助人、易于合作,适合从事社会工作以及教师、护士等职业。理智型的人生性好奇、勤奋刻苦、善于分析、富于理解,适合从事自然科学研究工作。现实型的人任劳任怨、脚踏实地、注重现实、不爱交往,适合从事农业、制图、采矿、机械操作等。文艺型的人情感丰富、想象力强、富于创造、自由放任、不拘小节,适合从事文学、艺术等活动。贸易型的人雄心勃勃、好冒险、精明强干、乐于领导、充满自信,适合从事管理、采购、推销等工作。

传统型的人稳重顺从、认真细致、尽职尽责、拘谨保守,适合从事秘书、会计、打字员和接线员等工作。

(二)性格差异的教育意义

儿童的性格既是教育的结果,也是进一步做好教育工作的依据。针对儿童性格的差异,我们在教育中应注意以下几点:

(1)针对儿童的性格特征,采取适当的教育方法,培养优良的性格特征,克服不良的性格特征。一个儿童学习刻苦、兴趣广泛、遵守纪律,但不太关心集体;另一个儿童热情大方、乐于助人,但办事常常虎头蛇尾、不够踏实。面对这种情况,教师必须采取必要的教育措施,有针对性地帮助他们,使他们扬长避短。例如,我们可以有意识地委托第一种学生帮助集体办事,逐步培养他们的集体观念;让第二种学生多读一些科学家的传记故事,使他逐步养成一丝不苟的认真态度。

(2)适当照顾儿童的性格特点,采取灵活多样的教育方法。一般来说,对于自卑或自暴自弃的儿童,教师不宜苛责,应通过启发、暗示、表扬等办法,让他看到自己还有优点和能力,以增强信心;对自尊心强或自高自大的儿童,教师就不能一再夸奖,但批评又要顾及情面,留有余地,既要保持他的上进心,又要设法使他在学习和工作的成败中看到自己的缺点和不足,以求虚心。对"吃软不吃硬"的倔强学生,教师要力求心平气和,避免顶牛;对"吃硬不吃软"的淘气儿童,就不能过于迁就或温存。儿童的性格多种多样,千差万别,所以教育的方式和方法也不能一板一眼,千篇一律。教育是塑造灵魂的艺术,必须因材施教,因势利导;既坚持原则,又讲求机智。

第三节　认知方式与教育

认知方式又称认知风格,是指个体习惯性的加工信息的方式。所谓"加工信息"是指感知、思维、记忆等认识活动;所谓"习惯性的",是指没有意识到的偏好。由于习惯性的行为是一种稳定的行为,因此个体的认知方式一般也是稳定的,儿童时期所表现出来的某种认知方式可能会保持到成年。一般说来,个体的认知方式没有好坏之分,也就是说,认知方式不同的人可以取得同样好的学习结果。因此,教师没有必要去改变儿童的认知方式,但要根据儿童不同的认知方式,施以不同的教育。

认知方式有许多种,最常见的有三种分类:场依存型—场独立型、冲动型—沉思型、同时型—继时型。

一、场独立型—场依存型

这是美国心理学家威特金（H. Witkin）提出的一对认知方式。"场"意指问题的空间。场独立型是指当个体面对一个作为认知目标的问题时，很少或甚至不依赖该问题空间的其他线索，而是根据认知目标本身的结构来搜索信息；场依存型是指当个体面对一个作为认知目标的问题时，较多甚至完全依赖该问题中的其他线索，并从这些线索中搜索信息。也就是说，场依存型的人获取信息时容易受外部环境的影响，而场独立型的人则不受外部环境的影响。

用隐藏图形或镶嵌图形测验，可以有效地测量场独立型和场依存型的差异。测验图形由一种比较复杂的图形构成，其中隐藏着一个简单的图形，要求被试迅速地从复杂的图形中找出简单的图形，如图5-1：

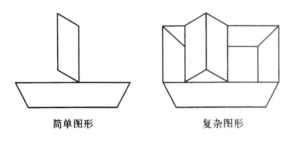

简单图形　　　　　　　复杂图形

图 5-1　隐蔽图形测验示例

在这个测验中，复杂图形就是一个"场"。在这个"场"的里面，有我们要辨认的"目标"，即简单图形；还有围绕简单图形的多余的线条，甚至阴影。如果没有这些多余的线条和阴影，看出指定的简单图形是很容易的；有了这些多余的线条和阴影，辨认简单图形就有了困难。这些困难可以描述为"场"内多余的线条和阴影，它们影响我们对目标图形的辨认。有的儿童可以迅速、准确地辨认出目标，表明他们的认知活动较少受"场"内多余的线条和阴影的影响，这样的儿童叫作"场独立者"；有的儿童要花较多的时间才能辨认出目标，甚至最后还是辨认不出或认错，表明他的认知活动较多地受"场"的影响，这样的儿童就叫作"场依存者"。

场独立型与场依存型的差异，表现在心理活动的许多方面。场独立型的儿童认知重构的能力强，在认知中具有优势；而场依存型的儿童社会技能高，在人际交往中具有优势。学习内容上，场独立型的儿童多偏爱数学和自然科学，场依存型的儿童多倾向艺术和人文学科；在学习方式上，场独立型的儿童喜欢正规的、结构严谨的教学，场依存型的儿童则更喜欢松散的讨论式学习；从学习中的支援源来看,场独立型的儿童更多依赖资料本身,场依存型的儿童在学习中遇到困难时更喜欢请教别人。从未来职业选择来看,场独立型的儿童喜欢从事理论研究、工程建筑、航空等工作,场依存型的儿童则喜欢社会定向的职业。

根据学生的认知方式进行教育可以取得良好的教育效果。格劳伯森(Globerson)采取两种不同的训练方式,分别对场独立型和场依存型的8岁儿童进行有针对性的训练,结果他们在解决问题的能力上都得到了不同程度的提高。心理学家的研究表明,当教学方式与场依存型的儿童的认知方式相匹配时,能减轻这种儿童在数学学习中的相对"劣势"。[①]

二、冲动型—沉思型

这是心理学家卡根(J. Gagan)提出的一对认知方式。冲动型的特点是:反应快,但精确性差。冲动型的人面对问题时总是急于求成,不能全面细致地分析问题的各种可能性,不管正确与否,都急于表达出来,有时甚至没有弄清问题的要求,就开始解答问题。他们使用的信息加工策略多为整体性策略,当学习任务要求作整体解释时,成绩较好。沉思型的特点是:反应慢,但精确性高。沉思型的人,总是把问题考虑周全以后再作反应,他们看重解决问题的质量,而不是速度。这种人在加工信息时多采用细节性策略,在需要对细节进行分析时,他们的学习成绩较好。

在元认知知识和认知策略方面,两种认识方式也存在差异,斯托伯(Stober)通过研究发现,8岁儿童中"沉思"与元认知水平有显著相关。沉思型的儿童能认清认知的目标和使用策略的有效性。也有研究者发现,一至三年级具有沉思型认知方式的儿童,具有更多的元认知知识,能使用较多的策略,记忆成绩也较好。[②]

在学习能力上,两种认知方式也有差异。沉思型的儿童阅读能力、记忆能力、推理能力、创造力都比较好;而冲动型的儿童则往往有阅读困难,学习成绩也不太好。

冲动型—沉思型认知方式差异的形成与教养方式有联系,这对学校教育特别有意义,因为这意味着冲动型—沉思型认知方式是可以训练的。如果教师认为沉思型对于完成某些学习任务来说是更合适的认知方式,那就可以训练儿童沉思,特别是训练认知上比较冲动的儿童怎样更"沉思"一些。一些实验研究表明,训练还是比较容易奏效的。有的训练只是要求冲动型儿童在一开始要反应

---

① 　彭聃龄:《普通心理学》,北京:北京师范大学出版社,2001,P440。
② 　彭聃龄:《普通心理学》,北京:北京师范大学出版社,2001,P441。

的时候就抑制这一反应,过一会儿再说。结果受过训练的冲动型儿童要比未受过训练的冲动型儿童在解决问题时显得相对"沉思"了,作业表现也明显好转。有的训练是指导冲动型儿童观察沉思儿童的行为,然后模仿其行为,也能取得一定的效果。[①]

三、同时型—继时型

达斯(Das)等人根据脑功能的研究,提出了同时型与继时型两种认知方式。他们认为,左脑占优势的个体表现出继时型的加工风格,而右脑占优势的个体表现出同时型的加工风格。同时型的人,在解决问题时,同时考虑多种假设,并兼顾到解决问题的多种可能性。继时型的人,在解决问题时,一步一步地分析问题,每一个步骤只考虑一种假设,提出的假设在时间上有明显的前后顺序,第一种假设成立后再检验第二种假设,解决问题的过程像链条一样,一环扣一环,直到找到问题的答案。

教师的教学方式与儿童的认知方式相匹配,能提高儿童的学习效果。帕斯克(G. Pask)研究了教师的教学方式与儿童的认知方式的关系。结果显示,当学习材料与儿童的认知方式匹配时,学习效果好;反之,当学习材料与儿童的认知方式不匹配时,学习成绩一般都较差。研究者还通过同时型与继时型加工策略的训练,来帮助学习有困难的学生,结果表明,训练对学习有困难的学生是有帮助的,特别有利于阅读水平的提高。[②]

第四节 性别差异与教育

人类分为男女两性,男女之间在解剖生理方面的差异,是比较明显的,也是人们熟悉的。但男女两性在心理和行为上存在哪些差异? 又是如何形成的? 教师应如何对待呢? 这些是本节所要讨论的问题。了解这些问题,有助于教师有针对性地采取教育措施,更充分地发掘男女两性的潜力,也能为男女两性的职业选择提供科学依据,还能消除对女性的歧视。

一、男女两性的心理和行为的差异

(一)智力的性别差异

1. 男女两性智力发展的年龄倾向性

---

① 李维:《小学儿童教育心理学》,北京:高等教育出版社,1996,P144。
② 彭聘龄:《普通心理学》,北京:北京师范大学出版社,2001,P442。

心理学研究者认为,男女两性智力方面的差异受到年龄阶段的影响。研究发现,男女两性在学龄前智力差异不很明显,特别是婴儿期的男女儿童,智力上几乎没有什么差异。幼儿时期虽然已经显示出差异,其表现是女童的智力略优于男童的智力,但不显著。男女两性智力差异的明显表现是从童年期开始的,也就是从小学阶段开始的。表现为女童的智力优于男童的智力。到了青春发育期,女性智力发展的优势开始下降。到男性发育高峰期,男性的智力逐渐优于女性,并且随着年龄的增长,这种优势愈益明显,青春发育期结束才逐渐减弱继续扩大的趋势。

男女两性智力差异的年龄倾向,反映了男女两性在智力总体上的平衡性。这种平衡性还反映在另一方面,即男性在智力发展的分布上智愚两端都比女性多,而女性的智力发展较为均匀。英国和日本的不少研究者也发现男女两性的平均智商没有什么差别,但男性的标准差很大。从学习成绩来看也有类似的情况,一般看来,男生学习成绩优异的和差的为多,女生成绩中等的为多,男女生的平均成绩无明显差异。

2. 男女两性智力发展上的不同优势

在感知能力方面,男性的视觉能力特别是视空间能力明显地优于女性,与空间能力有密切关系的领域,如工程师,男性占绝对统治地位;女性的听觉能力较强,特别是对声音的辨别和定位,明显地优于男性。

在记忆能力方面,男性的理解记忆和抽象记忆较强,女性的机械记忆和形象记忆较强。例如在复述课文时,男生一般不满足于逐字逐句地背诵或模仿教师的讲述,而总是喜欢加入一些自己的语言或根据课文大意进行自由的复述,他们所关心并记忆的是课文的思想内容而不局限于原文的字句。女生在复述课文时,常喜欢从头到尾、逐字逐句地进行,不太注意对识记材料进行思维加工。女生对具体事物的记忆较为精确,模仿性强,能凭形象记忆精确地模仿别人的动作和语言。

男女两性在思维能力方面的差异更为明显,男性多偏向于逻辑思维,女性多偏向于形象思维。

女性的言语能力胜于男性是一个显而易见的事实。男性中的口吃现象较为普遍,但女性一般都口齿伶俐。女童说话较早,开始说话比男童平均早 2~4 个月,而且言语表达能力较强。这种差异在童年期并不明显,直到青春期开始,言语能力上的性别差异开始突增,女性在言语上的优势一直可以保持到高中阶段,她们不仅擅长拼拼写写等相对简单的言语任务,而且对于遣词造句、撰写创作等较为复杂的语言运用也能驾轻就熟。中小学里,朗读、背诵、作文比赛,女生占绝对优势。

从以上所介绍的实验和观察结果,我们可以得出这样的结论:男女两性的智力在不同年龄阶段各占优势,在智力的构成因素上也各有优劣;再从智力差异的分布状况来看,男性智力优异的和很差的两端比女性多。因此,从总体上看,男女两性智力相当,各有千秋。

(二) 兴趣的性别差异

从兴趣上看,男性的注意多指向于物,喜欢摆弄物体,拆散玩具,并探索其中的奥妙,主动进行科学实验,积极参加小发明、小创造活动,即所谓"物体定向"。女性则表现出"人物定向",她们的注意多指向人,喜欢探索人生,一般对人与人之间的关系很注意、很敏感,对同学之间谁跟谁好、哪位教师最爱谁等,了如指掌。女童爱玩"过家家"游戏,你当爸爸,我当妈妈,玩得十分起劲;女童爱抱洋娃娃,喜欢听悲欢离合之类感情色彩浓重的人生故事。从抱负水平上看,升学抱负水平男生显著高于女性,男生具有更强的取得高学历的意愿。

(三) 行为的性别差异

男女两性行为上的差异表现在侵犯性、支配性、合作性上。侵犯性的强弱是男女两性在行为方面最为显著的差异之一。男性的侵犯性强于女性,这一性别差异在一般研究中都得到了证实。在学龄儿童中,男孩子的相互斗殴是十分常见的现象;而在成年人中,大多数暴力犯罪都是男子干的。再看支配行为,一个人的支配行为可以表现在两个方面,其一是支配他人,以获得别人的顺从并以此为满足;其二表现在个人对他人所施予的影响予以抗拒,这种对他人的抗拒实际上从相反的方向体现了个人的自我支配感。大多数的研究都证实了人们的传统看法,即女性更易受他人影响,容易被说服,易受暗示,也易产生从众行为。从合作性上看,女童在一起从事合作性的活动多于男童。女童倾向于找比自己年龄小的同伴玩,对比他年幼的儿童会表示关心和帮助;男童倾向于跟年龄比他大的伙伴合作,如试着参加大孩子们的比赛。另外,男孩对同伴的苦恼或不舒服往往有点漠然,而女孩则比较敏感。

(四) 自信心的性别差异

一般认为,女性的自信心低于男性。在自我评价上,男性对自己的成绩倾向于高估,而女性对自己的成绩倾向于低估。有一项研究要求儿童对自己的期末考试成绩在班中名次作估计,男生估计自己排在前面比女生更为显著;对下一学期提高学习成绩的信心,男生也显著比女生强。这表明,男生的学习自信心比女生更强。在成败的归因上,女生更多地把自己的成功归因于运气,把失败归因于自己的能力;男性更多地把成功归因于自己的能力,把失败归因于任务难。这种归因的差异也反映出男性的自信心强于女性。

当然,我们以上介绍的男女心理和行为的差异是指平均发展水平而言的,并非指某一具体的个体。在真实的生活中,我们一定要针对具体的对象进行具体分析,防止产生社会刻板印象。

二、性别差异产生的原因

男女两性的心理和行为差异是客观存在的。那么,这种差异是什么原因造成的呢? 我们知道,人的心理受到生物因素、环境和教育的影响,男女两性的心理和行为差异当然也是生物因素、环境因素和教育等交互作用的结果。

(一)生物因素

生物因素是造成男女两性心理和行为差异的前提。研究表明,男女两性大脑两半球的偏侧性和功能专门化,在发展速度和水平上是有差异的。女性控制言语过程的左脑半球的专门化速度要比男性快,正因为这样,女童说话一般比较早,有较丰富的词汇,阅读书刊也比较早,学习外语也容易些。另外,性激素通过影响大脑的发育,也能引起智力的变化。如当女性胎儿被暴露于过量的雄性激素或孕激素中时,其出生后的智力有所提高。男性的侵犯性强主要来自雄性激素的作用,男性雄性激素的水平是女性的 6 倍。那些为防止流产而注射雄性激素的孕妇所生产的“雄性激素化”的女孩,也比一般女孩具有更高的活动量,表现得更“野”。

(二)环境因素

导致男女两性出现心理和行为差异的原因主要是环境因素。首先是家庭的影响。观察结果表明,婴儿出生 3 个月后,母亲对女儿说的话比对儿子说的多,这就会强化女童的言语表达能力,为女童日后在言语上的优势奠定基础。母亲与女儿的接触机会也较多,母亲的活动方式不断地影响女儿的活动方式,久而久之,女童势必就容易模仿和参与女性的各种活动,逐渐出现女性化的活动倾向。同样,女性的依赖性强,也与从小形成的对母亲的依赖有关。男女儿童的活动倾向性出现后,父母还会继续通过各种方法予以强化,他们会对孩子作出自认为合乎性别的行为投之以微笑、赞许和鼓励,而对他们认为不合乎性别的行为则会加以阻拦和制止,如小女孩玩布娃娃、顺从、喜欢与人交往,男孩好动、好斗、拆散玩具等。这样,男女两性的活动倾向越加明显,他们各自的合乎性别的活动也就逐渐被固定下来。于是女性的活动就逐渐定向于人,善于交际,富于感情;男性的活动逐渐定向于物,喜欢探索,勤于思考。

当然,社会现实也是造成男女性别差异的环境因素。在从人类社会由母系制演变为父系制以来的漫长年月中,男性一直占据着主宰地位,女性则依附于男性。这种男女不平等的现象在我国社会和家庭生活中仍然有所反映,如,招工重男轻女、男女同工不同酬、女毕业生就业难等。这些现象会给女性在心理上产生一种无形的压力,使他们容易自卑,丧失信心,升学抱负水平低。"男子养家"、"男儿有泪不轻弹"等传统观念,使得男性具有更强的取得高学历的愿望,也更不爱表露自己的情感。

（三）教育因素

教育是一种有目的、有计划地对下一代的发展施加影响的活动,因而其作用就显得更为深刻、突出和显著。教育对男女两性有差异的影响主要表现在教育内容和教育方式上。

有研究者对人民教育出版社 1979 年至 1982 年出版的全日制学校小学课本《语文》教材进行分析,从《语文》的插图、故事性课文主角和人物个性塑造这三个方面来看语文教材是怎样对待男女两性的,是怎样描述男女两性的人格特征和社会作用的。教材里有许多带有人物的插图,其中可辨男女性别的人物共有1 323 个,所有各册的人物数量都是男多于女。从人物职业看,像保育员、营业员、纺织工人都由女性充当;像小学教师、医生护士、拖拉机手这些职业虽然也有男性,但多数是女性;而科学家、文学家则都是男人。男女担任主角的数量也不同,以男性为主角的有 132 篇,以女性为主角的只有 21 篇,所有各册都是男性主角多于女性主角;男女担任主角的质量存在着差异,担任主角的 21 个女性中,有 8 个是小孩子和小学生,7 个是一般群众。教材中有许多中外革命领袖、科学家、文学家、艺术家,没有一个是女的;以历史上的著名人物为主角的课文有 9 篇,也没有一个是女的。从人物个性塑造来看,课文的描述也是女性比男性更低一些、更差一些,在《数星星的孩子》、《看月食》、《萤火虫》、《落花生》等课文里,充当无知、低能的都是女人,而男人则是知识渊博、能力高超的,课文里展现人类不良性格特点如小气、贪得无厌等的角色是由女性担任的,如林圆圆、田寡妇、老太婆、巫婆;而男性常常被描述为具有吃苦耐劳、正直善良、勇敢坚强、团结友爱等优良的性格特征。[1]教学内容上的这种性别角色差异,对男女儿童心理和行为具有很大的影响。

从教育方式上看,许多教师忽视了儿童的性别差异,而没有因"性"施教。很多教师满足于知识传授或根据儿童学习成绩的优良与否,产生对儿童的偏向性。小学女生在心理发展上占着优势,她们往往利用这种优势以机械识记、背诵的办法去获取知识,得到高分,以博得教师的满意,从而使教师表现出对女生的偏爱,忽视对知识理解能力的训练。中学教师则容易偏爱男生,认为只有男生才能学好数、理、化等学科,就是女生能与男生并驾齐驱,他们也认为这是女生"苦干"得来的,这样就容易使女生妄自菲薄,对自己的前途没有信心。

---

① 张德:《论性别差异》,《社会心理研究》,1993 年第 2 期,P20—40。

总之,儿童的性别差异是在遗传的基础上,在环境和教育的影响下形成的。在外界的影响下,男女儿童逐渐形成性别角色观念,进而模仿性别角色行为,加之成年人的不断强化,结果就形成了不同的心理和行为倾向。

三、针对儿童的性别差异进行教育

儿童的性别差异是客观存在的,是不可能彻底消失的。但是,这并不意味着我们只能消极被动地去适应这种差异,要求我们承认这种差异,正视这种差异,既要看到男女两性心理发展上的优势,也要看到各自的劣势,通过各种有效措施,使男女两性都得到健康发展。

(一)发扬优势,克服劣势

男女两性的心理特点各有所长,各有所短,要教育他(她)们以人之长,补己之短,发扬长处,克服短处。例如,小学女生遵守纪律,学习成绩优良,但也可能隐藏着过于偏重机械记忆、喜欢模仿、缺乏独立思考、易受暗示甚至不求甚解等弊端。因此,在教育中要有意识地培养他们独立思考的习惯,发展逻辑思维能力。对于女生智力因素中的优势成分,教师也应予以充分利用,加以积极引导和培养,使其得到充分发展。如文科的描述性和形象性,一般更适合女生的智力特点,教师就要让她们结合自己形象思维较强的特点,充分发挥自己在文科领域内的才能,使她们既能全面发展智力,又能发展自己的优势。对于男生也是如此,他们的言语能力在小学阶段相对较差,如果采取有效措施加强言语的培养和训练,就能使他们的言语得到更快更好的发展。当然,也不能忽视男生智力因素中的优势成分,教师也要让他们结合自己逻辑思维较强的特点,通过各种活动,充分发展他们的逻辑思维能力。

(二)创造条件,加强男女交往

为了弥补男女两性心理品质中的薄弱成分,创造条件,加强男女两性的交往,也是十分重要的。如鼓励儿童与异性小朋友在一起做游戏,教师在排座位时注意男女生混合,课外活动尽可能避免人为地将男女生分开。通过交往,男女两性互相学习,互相影响,如让女生学习男生的勇敢,男生学习女生的谦让,从而达到心理互补。

未来性别角色的展望

性别差异的产生有其生物学前提,但传统两性角色的内涵是由特定的历史时代和社会生活所赋予的。在传统社会中,正是由于男女两性有着不同的社会生活实践,才形成了他们各自的心理和行为特征。随着社会的发展和变革,随着男女两性的社会生活条件的变化,传统两性角色的内涵也必然会有

所变化和发展。这种变化和发展,有人称之为"男女互化"。

1. 男女性别角色的互化是因为时代的发展和科学的进步,是因为男女两性在社会职业上的接近。产业革命以后,女性走出了家庭,结束了由于生育后代的天职而被长期束缚在家庭之内从而与社会生活发生隔离的历史,开始能够从事和男性一样的工作。时代的进步使女性走出家庭成为可能,而科学的进步则使这种可能成为现实。因为科学帮助女性克服了体力等生理因素的局限,这是男女两性在职业上接近的前提。相同的社会经历必然会造成男女两性在心理和行为上的趋同现象。

2. 伴随着整个社会的变迁,家庭结构发生了很大的变化。传统的大家庭日益减少,而新型的小家庭日益增多。家庭结构的变化也势必导致男女两性家庭角色的变化。在传统的大家庭中,家庭内的分工非常严格,但在小家庭里却有了变化,因为当一个核心家庭必须单独维持生活的时候,男性就必须学会协助妻子一起照顾孩子、料理家务,担任某些女性的角色,反之亦然。因此,家庭内部的性别角色分工不再十分严格。而时代和科学的发展也为这种家庭内部的角色互换提供了可能;既然在电子计算机和网络面前,男性的臂力丧失了优势,那么在代乳品和奶瓶面前,女性也会丧失对哺乳后代的垄断。

3. 思想和观念上的变革也在一定程度上促进了男女性别角色的变化。文化修养和教育水平所剔除的不仅是人类茹毛饮血时代所留下的粗鲁和野蛮,它还荡弃掉了传统社会所留下的性别偏见和性别歧视。在生活中我们可以发现,知识阶层中男女性别角色的变化现象比其他阶层更明显。

针对男女性别角色的这种变化现象,心理学界提出了"男女兼性"或"双性化"的概念。持这一观点的以美国心理学家桑德拉·贝姆(S. Bem)为代表。"男女兼性"指同时具有男性气质和女性气质的心理特征。人们发现,在丰富多彩的现代社会生活中,具有"兼性"心理的人往往能够更好地适应自己的生活环境。人们从角色互变中,获得了功能上的互补。

(三)消除偏见,对男女一视同仁

家长对儿女不能偏爱,平常不能让儿子"衣来伸手,饭来张口",不能把做家务看作女儿的"本分",不要动不动当着女儿的面夸奖她长得漂亮,也不要议论其他女孩子的长相等。教师对儿童要一视同仁。小学教师要向男孩子多提问题,要求其回答,锻炼其口头表达能力;也要为女生提供机会,让其展露才华,对其优点要加以表扬,尊重她们的自尊心。

同时,应该在教材和各种学生读本中,增加女政治家、女科学家、女企业家、女文学家的传记及作品等,改变传统的"男耕女织"、"男主外女主内"的插图,使教材、儿童读物彻底消除"性别歧视",真正做到男女平等,为培养未来社会需要的人才服务。

（四）教育学生正视和接纳性别差异

教师要教育男女儿童正确认识性别差异及其形成原因,正确对待自己的优势和劣势。特别要帮助女生了解和正确对待历史和现实中女性的弱点及其成因,可以用女英雄、女科学家的先进事迹来教育学生,激发女生的自信心和进取心。要消除对女性的歧视,首先要使女性本身从旧的传统观念中解脱出来而不妄自菲薄。

第五节　社会经济地位差异与教育

在现实生活中,我们会发现,儿童的学业成绩与其家庭环境、父母的职业和受教育程度、家庭的收入水平等有一定的关系。国外常以父母亲的职业、受教育程度和家庭收入来等指标来衡量一个人的家庭社会经济地位。研究者发现(Macionis,2000;Mcloyd,1998),儿童家庭社会经济地位对其智力测验成绩、成就动机水平、旷课率、辍学率和留级率等有着持久的预测力。

一、社会经济地位与儿童的发展

（一）社会经济地位与健康

社会经济地位与儿童的健康存在着密切的联系。家庭经济地位较低的儿童,更有可能经历孕期的生长发育迟滞和神经系统发育不充分,他们更可能早产;出生后,家庭社会地位较低的儿童,更有可能受到伤害,甚至不幸夭折。在童年时代,家庭社会经济地位低的儿童,患龋齿的可能性较大,血液中含铅量偏高,铁缺乏症、发育迟缓和感觉损伤等的发生率也较高。出现这一结果的可能原因是:社会经济地位低,导致营养不足,健康知识缺乏,以及疾病不能得到有效救治。

尽管有证据表明,社会经济地位低和不断增加的健康问题有关。但也有研究者发现,社会经济地位和儿童期的健康问题有时存在相反的联系。例如,与贫穷的孩子相比,出身富裕的孩子更容易出现过敏和近视现象(Newacheck,1994)。因此,社会经济地位并不是导致所有健康问题的原因。

（二）社会经济地位与认知发展

一些研究者发现,贫穷、父母受教育程度低和儿童期的学业成绩低与智商低密切相关。在一项对 6～11 岁儿童的健康调查中发现,家庭收入和父母的受教育程度等社会经济地位指标可以有效地用来预测儿童的智力测验成绩。其中，母亲的教育程度是一个比父亲的教育程度更有力的预测因素。其他的研究者也发现，社会经济地位的指标和比较好的教养有关，反过来又影响学业成绩和学校中的行为表现(DeGramo,1999)。那些能完成各种任务和具有解决问题机会的母亲，为孩子提供了更多的热情支持和更多数量的刺激材料，她们的孩子也被证明有更高的语言表达能力(Parcel,1990)。

（三）社会经济地位与社会性发展

尽管社会经济地位与儿童的社会性发展及情感健康的关系，不如它与认知成绩的关系密切，但有些证据表明，来自家庭经济地位较低的儿童可能比来自富裕家庭环境的儿童表现出更多精神失调的症状和不适应社会的功能。对幼儿来说，并没有太多的研究证据表明社会经济地位和社会情感健康存在关系。然而，在青少年群体中，社会经济地位低和适应功能差、容易抑郁、违法行为具有高相关。总体而言，儿童的所有情感和行为方面的问题几乎都与社会经济地位低有关。

二、社会经济地位对学习的影响机制

社会经济地位是如何影响儿童的学习与发展的？这是一个难以精确回答的问题。研究发现，儿童基本需要和经验的满足、家长的投入与参与程度、家长的态度和价值观等发挥着重要的中介作用。

（一）儿童的基本需要和经验

社会经济地位的不同，导致儿童可获得的资源不同。例如，低收入家庭没有能力购买与健康有关的必需的商品，享受不到各种确保身体健康的医疗服务。有调查结果显示，农民工子女普遍生长迟缓，营养不良，贫血和沙眼的检出率明显偏高。长期的营养不良使儿童变得没有生气，父母对儿童的反应也不够敏感，缺少对儿童的支持，这不仅威胁到儿童的成长，而且容易形成不安全型依恋，产生消极情感和控制动机不强等问题。社会经济地位低还限制了儿童的社会交往范围，容易使人产生无助感，缺少控制感。

坍塌破旧的房屋也是社会经济地位低、影响儿童发展的一个因素。贫穷的儿童经常生活在地板破裂、供热不足、天花板漏水的房子里，并且经常很拥挤，这些条件导致了疾病和伤害的上升。有人把房子的环境质量和儿童的智力及社会健康相联系，同样把家庭的拥挤和认知、情感发展不良联系起来。国内的研究者也发现，多数农民工集中居住在城乡结合部，租用狭小廉价的民房，卫生和生活条件较差，使得他们孩子的心理健康状况普遍堪忧，在交往不良、强迫性、攻击性、违纪和多动等方面明显高于本地学生。

　　研究者认为，来自低社会经济地位的儿童缺少认知刺激和相关的经历，这不仅限制了他们的认知发展，也减少了他们从学校受益的机会。据美国的一项调查结果显示，来自贫穷家庭的儿童很少有机会接触各种不同的娱乐和学习材料，他们很少旅游，很少去图书馆、博物馆和影剧院，很少有机会参与提高性课程的学习，这也可能影响其智力和学业成绩的发展。

　　（二）家长的投入与参与

　　家庭的社会经济地位会影响家长在儿童教育中的参与程度以及亲子互动模式，进而影响学生的学习。一般而言，社会经济地位高的父母对儿童有较高的期望，也更多地参与到儿童的学习之中，与儿童有更多的对话和交流，谈话内容更丰富，读更多的材料给儿童听，更多地应答孩子的提问，更多地教孩子发言。这样的教育风格意味着对孩子的更多支持，使得孩子有机会学习复杂的口语策略。社会经济地位较低的父母，很少为孩子买读物和学习材料，也很少带孩子参加教育和文化活动，也很少限制孩子看电视的时间。结果，家庭经济地位较低的儿童在学业的早期阶段就开始经历更多的失败，更易出现问题行为或退缩行为。

　　（三）家长的态度和价值观

　　社会经济地位对学习的影响也会通过家长的态度和价值观而传递给下一代。例如，很多高社会经济地位的家长重视和强调自治、自我负责和自控，而很多低社会经济地位的家长强调从众和服从（Macionis，2000）。同时，价值观也可以通过榜样示范来感染孩子。比如，家长在家里读书看报，这种行为传递的信息就是阅读和学习是重要的，他们的孩子可能也会更喜欢阅读。

　　教师的态度和期望也可能是社会经济地位低和学业失败及行为问题的复杂中介之一。教师倾向于认为来自较低经济地位的学生学习能力差，也很少积极注意和促使他们有好的表现，所有这些都增加了他们和教师消极交往的可能性。学业上的失败以及与教师的消极交往所导致的挫折，可能会进一步增加问题行为，并提高儿童加入不良群体的可能性。

　　改革开放以来，我国的社会阶层结构发生了巨大变化，受教育程度对个人职业与社会地位的影响日益显著。社会经济地位对儿童的影响，也正成为教育者越来越关注的话题。

三、留守儿童和流动儿童的教育问题

　　在市场经济迅猛发展的推动下，大量农村剩余劳动力为改变生存状况外出务工，其中大部分为夫妻一同外出，因经济等原因无法将子女带在身边，由此引发了"留守儿童"问题。由于留守儿童多由祖辈照顾，父母监护教育角色的缺失，对留守儿童的全面健康成长造成不良影响，"隔代教育"问题在留守儿童群体中最为突出。留守的少年儿童正处于成长发育的关键时期,他们无法享受到父母在思想认识及价值观念上的引导和帮助,成长中缺少了父母情感上的关注和呵护,极易产生认识、价值上的偏离和个性、心理发展的异常。

随着我国农民工数量的增加,农民工子女的教育问题成为迫切需要解决的社会问题。与留守儿童相对应的,还有进城务工农民随迁子女的教育问题。由于义务教育主要由地方政府负担,流动人口的子女因为没有流入地的户口,无法享受由流入地政府负担的教育经费,其结果是:在现行的城乡政策框架下,流动人口子女无法享受与城市同龄儿童同等的教育机会,也被排斥于乡村正式的教育体系之外,成了被"边缘化"的一个庞大群体。这一群体称为"流动儿童"。

有关留守儿童和流动儿童的调查

随着中国社会经济的快速发展,越来越多的青壮年农民走入城市,在广大农村也随之产生了一个特殊的未成年人群体——农村留守儿童。有调查显示,目前中国农村留守儿童的数量超过了 5 800 万。全国 14 周岁以下的流动儿童规模达到 1 834 万人,全国进城务工农民随迁子女数量达到 1 403 万人。有调查显示,流动儿童的成绩与城市儿童相比普遍偏低,具体表现在:流动儿童学习基础差,知识积累少,童年没有受过正规的学前教育。他们随父母进城,就读的学校、班级不稳定,学习内容前后衔接不上,学习成绩下降,升学困难,甚至会半途停学。此外,流动儿童的心理发展也存在着一些隐患。调查结果显示,62.5%的外来农民工子女将课余时间花在看电视上,生活极其单调;48%的孩子最渴望得到与当地孩子同等的待遇,他们在学校里常常感觉自己是一个异类,这使他们缺乏自信;73%的孩子成绩中等偏下,他们的心灵承受着家庭经济压力和来自社会的压力,地域差别与成绩不理想的现状,使他们在学校里更多地选择沉默和独处。[①]

留守儿童和流动儿童的教育问题,归根结底是由各种历史、地理、政策以及经济发展原因导致的社会经济地位较低导致的。这些问题的解决需要全社会的共同参与和努力。首先,政府需通过政策的大力调整,改变教育的歧视性政策,提高农民工的社会经济地位,使得农民工子女能公平地接受义务教育,并享受学习的快乐。其次,教师也要对留守儿童或流动儿童多关心、多引导,引领他们融入班集体,帮助他们掌握科学的学习方法,树立学习自信,逐步提高学习成绩。

---

① 蒋太岩、刘芳、谷颖等:《从歧视走向公平——中国农民工及其子女教育问题调查与分析》,长春:东北大学出版社,2008,P130,169,176。

理解·反思·探究

1. 智能的个别差异有哪些表现？如何针对儿童的智能差异进行教育？
2. 如何根据儿童不同的气质类型进行教育？
3. 请结合自己的经历和认识，分析性别差异形成的原因。
4. 在实际教育过程中，应如何因"性"施教？
5. 学校应该如何关注留守儿童或流动儿童的教育问题？

阅读导航

1. 安妮塔·伍尔福克著，伍新春等译：《伍尔福克教育心理学》（第四、五章），北京：中国人民大学出版社，2012年。

第四章和第五章不仅详细阐述了智力差异、学习风格、性别差异等经典议题，而且系统探讨了特殊需要儿童、家庭社会经济地位、民族和种族差异、母语背景差异等多元文化时代的教育现实问题，具有极大的参考价值。

2. 斯腾伯格、威廉姆斯著，张厚粲译：《教育心理学》（第四、五、六章），北京：中国轻工业出版社，2003年。

斯腾伯格是国际著名心理学家，该教材反映了发展与教育心理学领域的最新进展。其中，第四、五、六章，从智力差异、认知方式差异、创造能力差异、智力超常、智力落后、社会经济差异、种族差异、性别差异、语言差异等方面全面阐述了心理发展的差异性及其教育价值。

3. 张春兴：《教育心理学》（第九、十章），杭州：浙江教育出版社，1998年。

第九章和第十章重点阐述了智力差异、性别差异、性格差异和认知方式差异及其对教育的启示。

4. 时蓉华：《两性世界》，上海：华东师范大学出版社，1992年。

该书分上下两篇。上篇主要是从社会发展横断面来论述男女两性在传统观念、理论研究、心理差异、成就倾向、角色互补等方面的现实问题；下篇主要是从个体发展的纵向轨迹讨论男女两性在童年期性别角色社会化、少年期性心理发展、青年期婚恋抉择、中年期家庭与职业稳定、老年期心理适应等方面的进程。

5. 范兴华：《家庭处境不利对农村留守儿童心理适应的影响》，长沙：湖南师范大学出版社，2012年。

该书基于实证研究对我国当前农村留守儿童家庭处境不利的现状、成因及其对儿童心理适应的影响进行了系统探讨，具有鲜明的时代特点。

第二编　学习心理与教学

第六章　学习的理论观点

　　张老师工作非常认真,但最近非常沮丧。他为了学生在词汇测验能取得好成绩,花了整整一节课来帮助大家复习,结果全班的平均分才 59 分,这让他很不满意。在那次复习课上,张老师念一个词,并解释词义,学生重复一遍,然后张老师带领学生读三遍。一旦学生重复出正确的解释,张老师就表扬他们。随着学生解释词义越来越熟练,张老师相信他们能够考出一个好成绩,结果却很不理想。

　　后来,张老师经过反思自己的教学方法,请教有经验的教师,并查阅相关专业刊物,决定尝试改变自己的方法,他想方设法使词汇对于学生变得有趣而有意义。一开始,他结合书中故事的上下文引入词汇;在全班阅读指定的章节之前,他先给每位学生一张词汇表,上面列出了涉及的新词。但是,这一次,张老师让学生用自己的语言来解释词语。在复习课上,张老师读生词,让学生自己解释,并对学生解释不太确切的地方进行修正;然后,他再让学生结合自己的情况来用词造句。结果,在后来的词汇测验中,全班平均得了 94 分。

　　在现实的教育活动中,任何教学方法背后都有一定的学习理论作为基础。张老师开始采用的反复练习、机械训练的方法就是以行为主义的学习理论为基础的,行为主义的方法虽然能有效地培养行为习惯,但不一定适合用来教授科学知识;而张老师后来采用的让学生自己解释词义,将新学习的内容与自己已有的经验建立联系的方法,则是以认知主义和建构主义的学习理论为基础的,这一理论能够更有效地解释人类对知识的理解。

　　那么,到底什么是学习? 不同历史时期的学者是怎样看待学习问题的? 有关学习的理论观点经历了一个怎样的演变历程? 这些理论对实际教学工作有何启示? 这些就是本章所要探讨的问题。

第一节　学习的实质与类型

　　学习是人类生活中的永恒主题,理想的人生就是不断学习的一生。从咿呀学语到掌握各门深奥的科学知识,从蹒跚学步到掌握各种复杂的运动技能,学习贯穿人类生活的始终。不过,日常的学习概念往往限于知识、技能的学习,如学生上课听讲、做作业,新手参加技术培训等。而心理学中的学习是一个含义极广的概念,尽管不同的心理学派从不同的角度对其进行了不同的定义,但是其内涵远远超过了知识、技能的范畴。

一、学习的实质

长期以来,许多心理学家、教育家和哲学家从不同的角度,运用不同的方法对学习问题进行了大量的研究,积累了丰富的资料,提出了各种定义,但最为大家广泛接受的定义是:学习是个体在特定情境下由于练习或反复经验而产生的行为或行为潜能相对持久的变化。在把握这个概念时,应注意以下几个要点。

首先,学习是以外显的行为改变或内隐的行为潜能的改变为标志的。如从不会操作电脑到会操作电脑的变化是一种学习,这种行为变化是明显的,是可以观察到的。而有些行为的改变是不明显的,是隐性的、潜在的。例如,给儿童学习 50 个新词,30 分钟后进行测试,结果发现,儿童正确掌握了其中 28 个新词的含义,这是明显的行为改变。但这并不意味着儿童对其余 22 个新词完全没有学习,儿童对这些单词的学习程度可能还没有达到能立即正确回答测试问题的地步,但在以后的学习中,当儿童再次学习这 22 个单词时,也许会学得更快、更好些。这说明儿童的行为潜能已经发生了变化。

其次,学习的发生是由经验所引起的。经验有两种含义,其一指个体在生活中所经历的一切事物,此时经验是活动的结果。例如,小学生看到考试得第一名的同学能得到老师的夸奖时,他就明白只要好好学习就能得到老师的关注。此时,经验的获得是他观察体验的结果。其二指个体在生活中为适应环境要求所从事的一切活动,此时经验是活动的过程。例如,在写作课上,当老师讲授的内容从记叙文过渡到议论文时,学生不能再局限于记叙文的写作规范,而是要按照议论文的要求和规则进行作文。在这个过程中,学生亲身体验到议论文是什么,以及怎样写议论文。此时,写议论文经验的获得贯穿整个学习活动中,是学习活动的过程。学习只能在经验中产生,没有经验就无所谓学习。不过,经验并不限于别人的刻意教导,也不限于自己的直接参与,个体在生活中随时随地所见、所闻、所想的一切都是经验。

再次,学习引起的行为变化是相对持久的。虽然学习的发生是由经验引起的,但是,个体行为的变化并非都是由经验引起的,也可能由成熟、疲劳、药物等引起,由这些引起的行为变化不能称之为学习。就生理成熟、衰老等因素导致的行为变化而言,其过程是非常缓慢的,而学习导致的行为变化的速度相对较快;疲劳、创伤等因素致使行为水平降低,而学习可以提高个体的行为水平,使之更熟练、更合理等;药物(如兴奋剂、镇静剂等)引起的行为变化持续时间较短,学习引起的行为变化相对可以保持较长的时间,具有稳定性。比如,即使多年不骑自行车,只要稍加练习,即可恢复如初。

最后,学习是一个广义的概念,不仅人类学习,动物也学习。儿童从不会使用筷子到会用筷子是学习,老鼠从不会走迷津到会走迷津,也是一种学习。学习不仅指有组织的知识、技能的学习,也包括态度、行为准则等的学习;既有学校中的学习,也包括从出生以来就一直持续终生的日常生活中所有心理和行为上的变化。

二、学习的分类

由于学习现象非常复杂,涉及不同的学习对象、内容、形式、水平等,因而存在着各种不同类型的学习,并且各种学习的过程及其所需要的条件各有差异。若用单一的模式来解释不同的学习类型,显然是不恰当的,应区分不同类型的学习,探讨各种类型的学习规律,从而促进有效的学习。正因如此,研究者们从不同的学习理论观点和不同的角度出发,划分了各种类型的学习。下面就列举几种较有代表性的学习分类。

(一)学习水平的分类

根据学习的复杂程度,加涅(R. M. Gagne)提出了累积学习的模式,将学习从简单到复杂划分为八类。

(1)信号学习:在经典条件作用的基础上形成的、对信号刺激作出的某种特定反应。如小孩子看见闪电就捂起耳朵,表现出恐惧,这种恐惧是由信号学习引起的。信号学习是形成行为的最小单位,也是最基本的学习。

(2)刺激-反应学习:这是基于操作条件作用的学习,学习时具有一定的情景,有机体作出某种行为后得到强化,因而该行为将再次出现并得到巩固。例如儿童由于帮助他人而得到表扬,多次以后变得爱助人为乐。

(3)系列学习:又称"连锁"学习,是一系列刺激-反应动作按照一定的系列联合起来的。各种技能的获得都离不开系列学习。例如,学生学习广播体操时,要按照不同的音乐节拍做出相应的动作。在这里,每段音乐节拍对学生都是一种刺激,学生要按照一系列的音乐刺激把正确的动作联合起来,这就是系列学习。

(4)言语联想学习:也是一系列刺激-反应的联合,但它学习的单位是语词刺激,是一系列连续性的语词联结。如将单词组合为合乎语法规则的句子。

(5)辨别学习:学习识别多种刺激之间的异同,并对之作出不同的反应。它既包括一些简单的辨别,如对不同形状、颜色的物体分别作出不同的反应;也包括复杂的多重辨别,如对相似的、易混淆的单词分别作出正确的反应。

(6)概念学习:对刺激进行分类时,学会对同一类刺激作出同样的反应,也就是对事物的抽象特征作出反应。在这种学习中,人不仅要比较事物的异同,而且要将事物的本质特征抽取出来,并将具有同样本质特征的事物归为一类,由此形成概念。

(7)规则(或原理)学习:规则(或原理)是指两个或两个以上概念之间的关系。规则(或原理)学习就是对概念关系的学习。例如,学生在学习加法运算时,首先要掌握数字、加号(+)和等号(=)的基本概念,只有在了解三者的基础上,才能进一步掌握加法运算的基本规则。

(8)解决问题的学习:在各种条件下运用所学的规则或原理去解决问题。如运用规则、原理解决应用题等。

加涅的这一分类是按照由简单到复杂、由低级到高级的顺序进行的。前三类学习都是简单反应,是人和动物都可以完成的学习,后五类则是人类的学习。后来,加涅对这种分类进行了修订,把前四类学习合并为一类,称为系列学习,把概念学习扩展为具体概念的学习和定义概念的学习两类,这样就把学习总共分为六类:系列学习、辨别学习、具体概念的学习、定义概念的学习、规则(或原理)的学习、解决问题的学习。

(二)学习性质的分类

美国教育心理学家奥苏伯尔(D. P. Ausubel)根据学习进行的方式和学习材料与学习者原有知识的关系两个维度,对认知领域的学习进行了分类。根据第一个维度,他把学习分为接受学习和发现学习;根据第二个维度,他把学习分为机械学习和意义学习。不过,奥苏伯尔特别重视有意义的接受学习,这是他的学习理论的核心。

1. 接受学习与发现学习

奥苏伯尔认为,接受学习与发现学习有明显的区别。接受学习的特点是,讲授者将学习的内容以定论的形式传授给学生,学生则将教师所传递的经验进行主动加工,并能在以后恰当的时候把知识提取出来或加以运用。发现学习的基本特征是,讲授者不直接把学习内容教给学生,而是让学生自己独立地去发现这些内容并将它们内化。换言之,学生的主要任务是发现,然后再将发现的内容加以内化,转化为自身的知识。例如,本章最开始的例子,张老师在反思自己的教学方法后,一改过去直接讲授知识的形式,而是让学生自己去解释词语,并对学生解释不太确切的地方进行修正,学生在自己解释词语、举例造句的过程中去发现词语的真正意义。

2. 意义学习与机械学习

意义学习是指学习者利用原有经验来进行新的学习,建立新旧经验的联系。这样,学生不仅能记住词语或符号,而且能理解其内容实质。而机械学习即在学习中所得经验间无实质性联系的学习。这时,学生只记住词语或符号,并不理解内容,只是死记硬背。例如,本章最开始的例子,张老师反思自己的教学方法后,让学生自己解释词义,改变了过去一味的机械学习,让学生将新学习的内容与自己已有的经验建立联系,让学生对知识形成自己的解释。这样,就将机械学习转变成了有意义学习。

无论是接受学习还是发现学习,都有可能是机械的,也可能是有意义的。认字、记外语单词等最初必须通过机械的接受学习,对概念、原理和规则的理解则是有意义的接受学习;走迷宫式的问题解决是机械的发现学习,独立地发现事物间的关系和联系,则是有意义的发现学习。在课堂教学中,有意义的接受学习是最常见的和最有效的学习方法。

（三）学习结果的分类

根据学习所得到的结果或形成的能力的不同,也可以对学习进行分类。加涅于 20 世纪 70 年代提出了五类学习结果。

（1）智力技能:利用符号与环境相互作用的能力,即学习"怎么做"的一些知识,有人称之为过程知识。如应用一些原理、法则去解答习题。

（2）认知策略:内部组织起来的用于调节学习者自己内部注意、学习、记忆与思维过程的技能。如何选择性地注意、如何编码以便于提取、如何采取有效的步骤解决问题、如何在适当的时候进行迁移,诸如此类的调节、控制过程都是通过认知策略来完成的。

（3）言语信息:学习大量的名称、事实、事件的特性以及许多有组织的观念等。它包含简单的命名,即了解、知道学习对象的名称或称呼,也包含用简单的命题来表达某一事实。例如,学习"被除数和除数同时乘以或者除以相同的数(零除外)商不变"。

（4）运动技能:将各个相关动作组织成一个连贯的、精确的完整动作的能力。该技能是在不断练习的基础上形成的。例如,体育课上学习"三级跳"就是一种典型的运动技能的学习。

（5）态度:影响个人选择行动的内部状态。个体可以通过各种方法来学习态度,比如通过某种特殊事件、通过模仿或其他亲身经历来形成态度。例如,学生在学习写作文的时候,如果发现议论文的写作对他个人来说比较难,那么学生在自由作文时,就会比较少地使用议论文体。这种选择就是学生对议论文体形成的态度。

加涅认为,每一种学习结果都有其各自的特点,其产生也依赖不同的内外条件。教师只有了解各种不同的条件,才能有效地促进学生产生各种学习结果。

第二节　学习的联结理论

学习的联结理论认为,一切学习都是通过条件作用,在刺激和反应之间建立直接联结的过程。强化在刺激-反应联结的建立中起着重作用。在刺激-反应联结之中,个体学到的是习惯,而习惯是反复练习与强化的结果。习惯一旦形成,只要原来的或类似的刺激情境出现,习得的习惯性反应就会自动出现。联结学习理论的代表人物主要有巴甫洛夫、桑代克、斯金纳和班杜拉等。

一、巴甫洛夫的经典条件作用理论

(一)巴甫洛夫的经典实验

巴甫洛夫(I. Pavlov)是俄国著名的生理学家和心理学家。在他的经典实验中(见图6-1),他将狗置于经过严格控制的隔音实验室内。食物通过遥控装置可以送到狗面前的食物盘中。狗的唾液分泌量通过仪器可以随时测量并记录。实验开始后,首先向狗呈现铃声刺激,铃响半分钟后给予食物,于是可观察并记录到狗的唾液分泌反应。当铃声与食物反复配对呈现多次以后,仅呈现铃声而不出现食物时,狗也会作出唾液分泌反应。在这个实验开始时,食物可以诱发狗的唾液分泌反应,而铃声不能诱发狗的唾液分泌,这时食物叫无条件刺激(UCS),铃声叫中性刺激,诱发的唾液分泌反应称为无条件反应(UCR)。在铃声与食物经过多次匹配之后,单独呈现铃声而没有食物时,狗会分泌唾液。此时,中性刺激铃声具有了诱发原来仅受食物制约的唾液分泌反应的某些力量而变成了条件刺激(CS),单独呈现条件刺激即能引起的反应则叫作条件反应(CR)。这就是经典性条件反射的形成过程(见图6-2),其中存在某些基本规律。

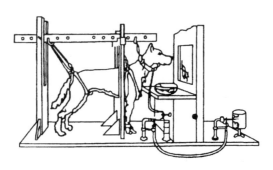

图6-1　巴甫洛夫关于条件作用研究的实验装置

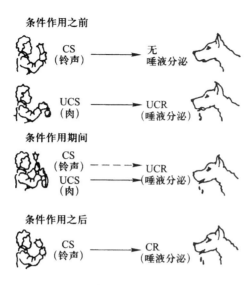

图 6-2　条件作用形成的过程

（二）经典条件作用的主要规律

1. 获得律与消退律

条件作用是通过条件刺激反复与无条件刺激相匹配,从而使个体学会对条件刺激作出条件反应的过程。在条件作用的获得过程中,条件刺激与无条件刺激之间的时间间隔十分重要。一方面,条件刺激和无条件刺激必须同时或近于同时呈现,间隔太久则难于建立联系;另一方面,条件刺激作为无条件刺激出现的信号,必须先于无条件刺激呈现,否则也将难以建立联系。

如果条件刺激重复出现多次而没有无条件刺激相伴随,则条件反应会变得越来越弱,并最终消失。但这种消退现象只是暂时的,休息一段时间以后,当条件刺激再次单独出现时,条件反应仍会以很微弱的形式重新出现。当然,随着进一步的消退训练,这种自发恢复了的条件反应又会迅速变弱。然而,要完全消除一个已经形成的条件反应,比获得这个反应要困难得多。

2. 刺激泛化与分化律

人和动物一旦学会对某一特定的条件刺激作出条件反应以后,其他与该条件刺激相类似的刺激也能诱发其条件反应。例如,曾经被一条大狗咬过的人,看见非常小的狗也可能产生恐惧。泛化条件反应的强度取决于新刺激和原条件刺激的相似程度。新刺激与原条件刺激越相似,其诱发的条件反应就越强。事实上,在自然生活情境中,刺激很少每次都以完全相同的形式出现,这就需要借助于刺激泛化将学习范围扩展到原初的特定刺激以外。我们的学习也正是如此,学会了英语后再学习德语就比不懂英语的人学得容易,这是因为英语的某些成分对学德语起了泛化的作用。但是,刺激泛化虽然对扩大学习范围来说非常重要,但有时它也会带来许多麻烦,因为引起泛化的刺激对引起的泛化反应来说,有时是不准确或不精确的。如 arm 在英语中的意思是"手臂,武器",而在德语中则是"贫穷的,贫困的"之意。因此,在许多时候,我们需要把一些类似的刺激区分开,这就需要刺激分化。

所谓刺激分化,指的是通过选择性强化和消退,使有机体学会对条件刺激和与条件刺激相类似的其他刺激作出不同反应的一种条件作用过程。在巴甫洛夫的实验研究中,为了使狗能够区分开圆形和椭圆形光圈,实验者只在圆形光圈出现时给予无条件刺激进行强化,而在呈现椭圆形光圈时则不给予强化。经过一段时间的训练以后,狗便可以学会只对圆形光圈作出唾液分泌反应而不理会椭圆形光圈。在实际的教育和教学过程中,也经常需要对刺激进行分化,如引导学生分辨勇敢和鲁莽、谦让和退缩,要求学生区别重力和压力、质量和重量等。

刺激泛化和刺激分化是互补的过程,泛化是对事物的相似性的反应,分化则是对事物的差异的反应。泛化能使我们的学习从一种情境迁移到另一种情境,而分化则能使我们对不同的情境作出不同的恰当反应,从而避免盲目行动。

3. 高级条件作用律

在条件作用形成以后,条件刺激可以像无条件刺激一样诱发出有机体的反应。从这种意义上说,条件刺激似乎成了一种"替代性"的无条件刺激。在巴甫洛夫的研究中,他首先将灯光(CS_1)与食物(US)反复匹配,形成对灯光的唾液分泌反应(CR)。然后,将铃声(CS_2)与灯光(CS_1)反复匹配而无食物(US)呈现。最后,单独呈现铃声(CS_2),结果发现实验动物也产生了唾液分泌反应(CR)。这种由一个已经条件化了的刺激来使另外一个中性刺激条件化的过程,叫作高级条件作用。

在高级条件作用中,条件作用的发生不再需要具有生物力量的无条件刺激的帮助,因而它极大地拓宽了经典条件作用的领域。高级条件作用可以帮助我们理解许多复杂的人类行为。在日常生活中,人们的很多行为往往不是由无条件刺激直接引起的,而是通过初级条件作用和高级条件作用,由与无条件刺激有着直接或间接联系的条件刺激所引起的。如以广告设计为例,一些广告上的产品本来并不能引起人们的注意,但是,由于广告设计者将这些产品与一些诱人的刺激形象以及一些赞赏性的语言匹配在一起,因而引起了人们对它们的好感与青睐。

总之,经典条件作用能有效解释有机体是如何学会在两个刺激之间进行联系,从而使一个刺激取代另一个刺激并与条件反应建立联结的。但经典条件作用无法解释有机体为了得到某种结果而主动作出某种随意反应的学习现象,如小学生为了报答父母的养育之恩、为了取得同伴的认同而努力学习,工人为了得到加班费或希望将来能被提升而主动加班等。下面介绍的操作条件作用说则能较有效地解释这类学习。

二、斯金纳的操作条件作用理论

(一)从桑代克到斯金纳

斯金纳的操作条件作用理论是在批判性继承巴甫洛夫和桑代克等人的研究成果的基础上建立起来的,尤其是桑代克的联结–试误学习理论更是斯金纳的操作条件作用理论的基础。因此,我们首先介绍一下桑代克的理论。联结–试误学习理论是桑代克根据其对各种动物的实验结果提出的,其中最著名的是饿猫开迷笼的实验。他将饿猫关入迷笼中(见图6-3),由于饥饿,猫在笼内乱抓乱撞,碰巧抓到开门设施,门开启,猫逃出并能吃到笼子附近放置的鱼。经多次尝试错误,猫学会了辨别开门的设施,打开笼门。后来,桑代克又进行了大量的人类学习实验,依据对动物和人类学习的实验材料,创立了学习的联结–试误说。

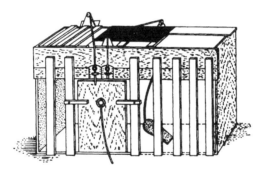

图6-3　桑代克迷笼

桑代克认为,学习的实质就是在情境与反应之间形成一定的联结,而联结形成的过程是一个不断地盲目尝试,不断地淘汰错误反应、保留正确反应的渐进过程。在试误学习过程中,遵循三条重要的学习原则。

(1)准备律:指学习者在学习开始时的准备状态。学生有准备,进行学习活动就感到满意;如果有准备而不进行学习,就会感到失望;若无准备而强制进行学习,就会感到烦恼。

(2)练习律:指学会了的反应,经过多次重复练习后,会增加刺激和反应之间的联结,否则这种联结就会减弱。后来,桑代克发现没有奖励的练习是无效的,于是修改为只有通过有奖励的练习才能增强联结。例如本章最开始的例子,张老师最开始的教学方法是念一个词,并解释词义,学生重复一遍,然后带领学生读三遍,结果学生解释词义越来越熟练。这种教学方法就是对练习律的使用。

(3)效果律:指一种行为后面如果跟随着一种满意的变化,在类似的情境中,这个行为重复的可能性将增加;如果跟随的是一种不满意的变化,这个行为重复的可能性将减少。例如在张老师的案例中,学生正确重复出词语的解释时,张老师就会给予表扬。对学生来说,被表扬是一种满意的行为结果,因此,学生正确重复出词语解释的可能性将增加。这说明,当前行为的后果对未来行为起着关键的作用。

桑代克的学习理论对美国的教育心理学产生了重要影响,并直接影响到斯金纳的操作条件作用理论。

站在行为主义学派边上——桑代克

桑代克生于美国麻省一位牧师家庭,他生性害羞、孤独,只有在学习中才能找到乐趣,也特别有学习的天赋。他一生致力于心理学研究,著述颇多。

桑代克的研究兴趣十分广泛,他是美国哥伦比亚学派的主要代表,又是动物心理实验的首创者,教育心理学体系和联结主义心理学的创始人,并设计了心理测验,为美国教育测验运动的领袖之一。正因为如此,一些史学家将他划归为美国机能主义心理学派,但也有不少人认为他更像行为主义学派的人物,可他本人却认为他不属于任何一个学派。

桑代克对行为主义学派的影响主要来源于他对小鸡、小猫研究的结果。1895年,他到哈佛大学受教于詹姆斯,做小鸡走迷津实验(即走迷宫),后转到哥伦比亚大学学习,继续利用猫和狗等做实验。通过实验,桑代克认为,小鸡、小猫、小狗都不是通过推理和观察而学会逃出迷宫的;它们之所以能够顺利逃脱,原因只有一点,那就是不断地尝试,在不断尝试的过程中,慢慢消除那些无用的行为,记住那些有助于逃脱的行为。用桑代克的话说,就是它们已经在这些有用的行为和行为的目标之间建立了联系,并由此提出了他的"联结-试误"学习理论。

虽然桑代克的"联结-试误"学习理论后来被行为主义者吸收并成为他们的主要理论原则,但桑代克本人对行为主义学派的热情却并不高。也许是因为他的研究兴趣太过广泛,而其中有很多是关于精神和意识方面的,这是行为主义者所不能容忍的,而桑代克本人也并不欣赏行为主义者那种将精神和意识一棍子打死的做法,因而对行为主义的观点异议颇多,所以就只能算是一位站在行为主义学派边上的心理学家了。

（二）斯金纳的经典实验

自从心理学家们用刺激-反应联结对学习作出解释之后,许多人对这些观点作出了贡献,但很少有人像斯金纳那样对教育实践产生了如此巨大的影响。

斯金纳的整个学习理论是根据他在特制的实验装置——斯金纳箱(见图6-4)中的一系列动物实验结果提出的。斯金纳箱是斯金纳在桑代克的迷笼基础上经过改进而设计的一种实验仪器。箱内有一个伸出的杠杆,下面有一个食物盘,只要箱内的动物按压杠杆,就会有一粒食丸滚到食物盘内,动物即可得到食物。斯金纳将饥饿的白鼠关在箱内,白鼠便在箱内不安地乱跑,活动中偶然压到了杠杆,则一粒食丸滚到食物盘内,白鼠便吃到了食丸。以后白鼠再次按压杠杆,又可得到食物。由于食物强化了白鼠按压杠杆的行为,因此白鼠后来按压杠杆的速率迅速上升。由此斯金纳发现,有机体作出的反应与其随后出现的刺激条件之间的关系对行为起着控制作用,它能影响以后反应发生的概率。通过更为复杂的设计,动物还可以学会分化行为。例如,当灯亮时按压杠杆可以得到食物,而灯灭时按压杠杆得不到食物,因此动物学会了只在灯亮时才按压杠杆。

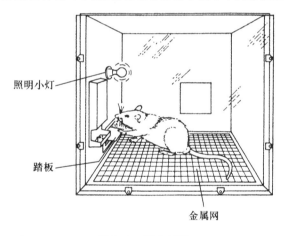

照明小灯

踏板

金属网

图6-4　斯金纳箱

通过大量的实验研究,斯金纳将条件作用的学习分为两种类型:一种是由刺激情境引发的反应,斯金纳称之为应答性反应,与经典条件作用类似;另一种是操作条件作用,是由有机体的自发行为引发的,即实验者针对有机体在刺激情境中自发性的多个反应中,选择其一(要有机体学习的反应)施予强化,从而建立刺激-反应联结。斯金纳认为,在日常生活中,人的绝大多数行为属于操作性行为,它主要受强化规律的支配。

（三）操作条件作用的基本规律

1. 正强化

在斯金纳的操作性条件反射学说中,强化是最重要和最基础的部分。他认为任何学习(行为)的发生和变化都是强化的结果,因而可以通过控制强化物来控制行为。其强化理论可高度概括为:有机体行为的结果(刺激)提高了该行为以后发生概率的过程。斯金纳所指的强化是一个客观中性的概念,指的是在条件作用中,凡能使个体操作性反应的概率增加的一切刺激和事件。斯金纳区分了两种类型的强化——正强化和负强化。当环境中某种刺激增加而行为反应出现的概率也增加时,这种刺激的增加就是正强化,如给予食物或奖励;当环境中某种刺激减少而行为反应出现的概率增加时,此种刺激的减少就是负强化,如回避电击或处罚。

正强化的技术在现实的教育教学过程中,已经得到了广泛的应用。在日常生活中,人们常在自觉或不自觉地运用奖励对他人的行为进行正强化。例如,教师对上课守纪律的学生进行表扬,家长对考试成绩好的孩子给予物质奖励,公司老板为努力工作的雇员增加薪水等。不过,应该注意的是,奖励虽然是塑造行为的有效手段,但是奖励的使用必须得当,否则便会强化不良行为。

2. 负强化

当厌恶刺激或不愉快情境出现时,有机体作出某种反应,从而逃避了厌恶刺激或不愉快情境,则该反应在以后的类似情境中发生的概率便增加。这类条件作用称为逃避条件作用,它揭示了有机体是如何学会摆脱痛苦的。在日常生活中,逃避条件作用也不乏其例。如看见路上的垃圾后绕道走开,感觉屋内人声嘈杂时暂时离开屋子等。

然而,当预示厌恶刺激或不愉快情境即将出现的刺激信号呈现时,有机体也可以自发地作出某种反应,从而避免厌恶刺激或不愉快情境的出现,则该反应在以后的类似情境中发生的概率也会增加。这类条件作用称为回避条件作用。它是在逃避条件作用的基础上建立的,是个体在经历过厌恶刺激或不愉快情境的痛苦之后,学会了对预示厌恶刺激或不愉快情境的信号作出反应,从而免受痛苦。如过马路时听到汽车喇叭声后迅速躲避,违章骑车时遇到警察时赶快下车等。回避条件作用与逃避条件作用是负强化的不同形式。

3. 消退

有机体作出以前曾被强化过的反应,如果在这一反应之后不再有强化物相伴,那么,此类反应在将来发生的概率便降低,称为消退。在操作条件作用中,无论是正强化的奖赏,还是负强化的逃避与回避条件作用,其作用都在于增加某种反应在将来发生的概率,以达到塑造行为的目的。而消退则不然,消退是一种无强化的过程,其作用在于降低某种反应在将来发生的概率,以达到消除某种行为的目的。因此,消退是减少不良行为、消除坏习惯的有效方法。

4. 惩罚

当有机体作出某种反应以后,呈现一个厌恶刺激或不愉快刺激,以消除或抑制此类反应的过程,称作惩罚。惩罚与负强化有所不同,负强化是通过厌恶刺激的排除来增加反应在将来发生的概率,而惩罚则欲通过厌恶刺激的呈现来降低反应在将来发生的概率。但是,以不愉快刺激作用于动物的实验表明,惩罚对于消除行为来说并不一定十分有效,厌恶刺激停止作用以后,原先建立的反应会逐渐恢复。也就是说,惩罚不能使行为发生永久性的改变,它只能暂时抑制行为,而不能根除行为。因此,惩罚的运用必须慎重,惩罚一种不良行为应与强化一种良好行为结合起来,方能取得预期的效果。

（四）操作条件作用的主要应用

学习的操作条件作用理论在实际的教学和教育工作中有着非常广泛的应用。影响最大的是程序教学及行为塑造。程序教学是 20 世纪第一个具有全球影响的教学改革运动,深刻地影响到当时美国及世界其他国家的教学实践。简单地说,程序教学是通过教学机器呈现程序化教材而进行自学的一种方法。它把一门课程学习的总目标分为几个单元,再把每个单元分成许多小步子。学生在学完每一步骤的课程后,就会马上知道自己的学习结果,即能得到及时强化,然后按顺序进入下一步的学习,直到学完一个个单元。在学习过程中,学生可按自己的学习能力和学习习惯,自定学习步调,自主进行反应,逐步达到总目标。

在操作条件作用的范例中,不但能通过强化来控制行为,还可通过逐步强化来塑造复杂行为。例如,家长为了训练孩子的社交技能,开始可以对孩子给客人开门的行为予以强化;然后,当孩子与客人打招呼后,予以强化;再后,当孩子与客人主动交流时,予以强化。最后,家长可以教会孩子与他人有效地交流。

通过逐步强化可以塑造儿童的良好行为,通过消退则可以消除儿童的不良行为,即通过不予强化来减少某类行为出现的可能性。例如,小孩的许多无理取闹的行为实际上是学习的结果,因为他们通过哭闹能得到诸如玩具、冷饮等强化物。为矫正这种行为,对于他们的哭闹等行为,父母就不应再无端让步,因为父母的让步实际上正起着强化不正确行为的作用。不去强化而去淡化,既可消除不正确行为,又不会带来诸如惩罚等引起的感情受挫的副作用。

因此,根据操作条件作用理论,在教育过程中,教师应多用正强化的手段来塑造学生的良性行为,用不予强化的方法来消除不良行为,并慎重地对待惩罚,因为惩罚只能让学生明白什么不能做,但并不能让学生知道什么能做和应该怎么做。

三、班杜拉的社会学习理论

按照条件作用理论,学习是在个体行为表现的基础上,经由奖励或惩罚等外在控制而产生的,即学习是通过直接经验而获得的。而班杜拉(A. Bandura)则认为,这种观点对动物学习来说也许成立,但对人类学习而言则未必成立。因为人的许多知识、技能、社会规范等的学习都来自于间接经验。人们可以通过观察他人的行为及行为的后果而间接地产生学习,班杜拉称这种学习为观察学习。

(一)班杜拉的经典实验

班杜拉的观察学习理论是建立在他及其合作者所进行的大量实验研究的基础之上的。在早期的一项研究中,他们首先让儿童观察成人榜样对一个充气娃娃拳打脚踢,然后把儿童带到一个放有充气娃娃的实验室,让其自由活动,并观察他们的行为表现。结果发现,儿童在实验室里对充气娃娃也会拳打脚踢。这说明,成人榜样对儿童行为有明显影响,儿童可以通过观察成人榜样的行为而习得新行为。

在稍后的另一项实验中,他们对上述研究作了进一步的延伸。他想了解两个问题:(1)榜样的攻击性行为的奖惩后果是否影响儿童的攻击性行为表现;(2)儿童是否能不管榜样的攻击性行为的奖惩后果而习得攻击性行为。在实验中,把儿童分为三组,首先让儿童看到电影中的成年男子的攻击性行为。在影片结束后,第一组儿童看到成人榜样被表扬,第二组儿童看到成人榜样受批评,第三组儿童看到成人榜样的行为既不受奖也不受罚。然后,把三组儿童都带到一间游戏室,里面有成人榜样攻击过的对象。结果发现,榜样受奖组儿童的攻击性行为最多,榜样受罚组儿童的攻击性行为最少,控制组居中。这说明,榜样的攻击性行为所导致的后果是儿童是否自发模仿这种行为的决定因素。

但这是否意味着榜样受奖组的儿童比榜样受罚组的儿童习得了更多的攻击性行为呢?为了回答这个问题,他们在上述三组儿童看完电影回到游戏室时,以提供糖果作为奖励,要求儿童尽可能地回忆榜样行为并付诸行动。结果发现,三组儿童的攻击性行为水平几乎一致。这说明,榜样行为所导致的后果,只是影响到儿童攻击性行为的表现,而对攻击性行为的学习几乎没有影响。

在大量实验研究事实的基础上,班杜拉认为,人类的大多数行为是通过观察而习得的。人们通过观察他人的行为,可获得榜样行为的符号性表征,并可以此引导观察者在今后作出与之相似的行为。班杜拉认为,这一过程受到注意、保持、动作再现和动机四个子过程的影响。注意过程调节着观察者对示范活动的探索和知觉;保持过程使得学习者把瞬间的经验转变为符号概念,形成示范活动的内部表征;动作再现过程是以内部表征为指导,把原有的行为成分组合成信念的反应模式;动机过程则决定哪一种经由观察习得的行为得以表现。

（二）观察学习的主要影响因素

1. 榜样与示范

社会学习理论认为,榜样的行为对学生的影响很大。一般而言,教师向学生传递社会道德规范主要有两条途径,一条是言语教诲,一条是身体力行。米契尔（W. Mischel）等在要求儿童按规则进行游戏的实验中,把儿童分成两组:第一组的成人要求儿童遵守规则,自己也遵守规则;第二组的成人要求儿童遵守规则,但自己不遵守规则。研究发现,当成人在场时,第二组儿童基本上能严格按规则进行;但当成人不在场时,他们就不按规则游戏了。而第一组儿童自始至终是比较严格遵守规则的。这一结果表明,教育者仅仅对学生进行口头教育是难以奏效的,只有言行一致才能取得良好的教育效果,而且"身教重于言教"。这样,学生才能通过观察学习获得良好的道德行为。

观察学习是通过观察榜样的示范行为而进行的,榜样的特点、示范的形式及榜样所示范行为的性质和后果都会影响到观察学习的效果。研究表明,榜样在年龄、性别、兴趣爱好、社会背景等方面与观察者愈相似,愈易引起个体的观察学习。这些主客观条件的相似,可以给观察者提供一种可接近感,不致产生"可望而不可即"之感。同时,人们倾向于注意那些受人尊敬、地位较高、能力较强、拥有权力且具有吸引力的榜样,而社会地位较低、能力较弱、权力很小且缺乏吸引力的榜样,则难以成为模仿的对象。这就是俗话说的"人往高处走",个体希望通过学习榜样来发展自我、完善自我。

示范行为的独特性、复杂性、流行性和功能性价值等也影响着观察学习的速度和水平。一般而言,独特而简单的活动容易成为观察的对象。榜样行为愈流行,愈容易被模仿,如各种大众传播媒介中的榜样行为极易成为"时尚",尤其是电视明星的行为更容易成为学习的对象。同时,人们对于敌对的、攻击性的行为远较亲社会行为易于模仿,榜样行为被奖励比被惩罚更能引起模仿的倾向。这一点已在前面的实验中得到了证明。

榜样行为的示范方式

榜样行为的示范方式主要有五种,它们对于观察学习的效果具有不同的影响。

（1）行为示范:直接通过榜样的表现传递行为方式,如教师的一举一动对学生都会起到示范作用。这种示范方式真实可信,主要通过潜移默化的方式进行,实际效果较好。

（2）言语示范：通过言语描述传递行为方式，如教师的讲解、小说中人物行为的描述。相对而言，这种方式的效果较差。

（3）象征性示范：通过广播、电视、电影等媒介物呈现榜样的行为方式。这种示范在现代社会应用很广，可反复呈现，可多人观察，也可突出某一部分，但可信度较低。

（4）抽象示范：通过榜样的各种行为事例，传递隐含于其中的原理或规则。例如，通过一些实例使学生了解到只有尊重他人，才会受到他人的尊重。

（5）参与性示范：学习者在观察榜样的行为后马上采取行动，然后再观察、再行动。这种方式把直接学习和观察学习相结合，有利于良好的道德行为方式的养成。

2. 替代强化和自我强化

班杜拉认为，在观察学习过程中没有强化，学习者也能从各种示范行为中获得有关信息，学会新的行为模式；而强化则决定着学习者是否把所学的行为表现出来。也就是说，强化对人的行为具有调节和控制作用。这一点已经被前述的实验证明。

班杜拉认为强化包括外部强化、替化强化和自我强化三种形式。

首先，如果按照榜样的行为去行动会导致有价值的结果，而不会导致无奖励或惩罚的后果，人们倾向于展现这一行为。这是一种外部强化，也就是操作条件作用理论所说的"强化"。

其次，观察到榜样的行为的后果与自己直接体验到的后果，是以同样的方式影响观察者的行为表现的，即学习者的行为表现是受替代强化影响的。例如，当小学生发现在公交车上给老人让座会得到他人的赞赏时，他在以后的生活中，会为了得到他人的表扬而表现出相同的让座行为。虽然小学生自己一开始并没有直接参与到让座行为中，但是他人获得的行为后果（被表扬）影响了他，这就是一种替代强化。替代强化的效果主要表现在：（1）通过观察他人行为的结果，可以了解哪些行为会受到社会的认可或反对；（2）使学习者容易模仿受到奖赏的行为，抑制受到惩罚的行为；（3）看到榜样的行为结果，会产生"如果我这样做也会得到同样强化"的心理期待；（4）榜样受到奖赏或惩罚而出现的情绪反应，会唤起学习者的情绪反应，并影响相应行为的表现。事实上，在通过观察而习得的无数反应中，看到他人获得积极效果的行为，比看到他人得到消极结果的行为，更容易表现出来。

最后，人们对自己的行为所产生的评价反应，也会调节他们将表现出哪些可观察到的习得行为。人们倾向于做出自我满意的行为，拒绝那些个人厌恶的东西,这实际上是一种自我强化。自我强化实质上是指人们能够自发地预测自己行为的结果,并依靠信息反馈进行自我评价和调节。班杜拉特别强调替代强化及自我强化的作用,这无疑是强调学习中的认知性和学习者的主观能动性。

班杜拉认为,由于大量因素影响观察学习,因此即使提出最引人注目的榜样,也不会使观察者产生相同的行为。如果要使观察者最终表现出与榜样相匹配的反应,就要反复示范榜样的行为,指导他们如何去再现这种行为,并在他们失败时从客观上给予指点,在他们成功时给予奖励。

总之,观察学习在人类学习中具有重要作用。它不但可以使我们超越经由赏罚控制来学习直接经验的限制,而且可以使我们超越事先设计的学习情境的限制,随时随地进行学习。人的许多社会性行为都是通过观察学习而获得的,所以,观察学习是我们对小学生进行品德教育的重要基础。在实际的德育工作中,教师应注意为学生提供良好的可资学习和借鉴的榜样,引导学生学习和保持榜样的行为,并为学生创造再现榜样行为的机会,对好的行为给予及时的表扬和鼓励,对错误的行为则给予批评和教育。

第三节　学习的认知理论

学习的认知理论认为,学习并不是在外部环境的支配下被动地形成刺激-反应的联结,而是主动地在头脑内部构造认知结构;学习并不是通过练习与强化形成反应习惯,而是通过顿悟与理解获得期待;有机体当前的学习依赖他从记忆中抽取的认知结构和当前的刺激情境,学习受主体的预期所引导,而不是受习惯所支配。学习的认知理论的代表人物主要有布鲁纳、奥苏伯尔、加涅等。

一、布鲁纳的认知发现理论

布鲁纳是美国著名的认知教育心理学家,他主张学习的目的在于以发现学习的方式,使学科的基本结构转变为学生头脑中的认知结构。因此,他的理论常被称为认知发现理论。

（一）认知学习观

1. 学习的实质是主动地形成认知结构

布鲁纳认为,学习的本质不是被动地形成刺激-反应的联结,而是主动地形成认知结构。学习者不是被动地接受知识,而是主动地获取知识,并通过把新获得的知识和已有的认知结构联系起来,积极地建构其知识体系。布鲁纳十分强调认知结构在学习过程中的作用,认为认知结构可以给经验中的规律性以意义和组织。所谓认知结构,就是指个体过去对外界事物进行感知、概括的一般方式或经验所组成的观念结构,包括个体已获得的事实、概念、原理和原则等。认知结构是在学习活动过程中逐步形成的,同时它又是帮助理解新知识的重要基础,使个体能够超越给定的信息,举一反三,触类旁通。

2. 学习包括获得、转化和评价三个过程

布鲁纳认为,学习包含新知识的获得、知识的转化和评价三个基本过程。学习活动首先是新知识的获得。布鲁纳认为新知识可能是以前知识的精练,也可能与原有知识相违背。例如,在讲循环系统的详情时,学生可能已经模糊地知道了血液循环;在教牛顿的运动定律时,会与学生已有的感性知识相违背。但不管新旧知识关系如何,都会使已有的知识进一步提高。获得了新知识以后,还要对它进行转化,我们可以超越给定的信息,运用各种方法将它们变成另外的形式,以适合新任务,并获得更多的知识。评价是对知识转化的一种检查,通过评价可以核对我们处理知识的方法是否适合新的任务,或者运用得是否正确。因此,评价通常包含对知识的合理性的判断。

由于学习任何一门学科的最终目的是构建良好的认知结构,而构建良好的认知结构常常需经过获得、转化和评价三个过程。因此,作为小学教师,首先应明确所要构建的学生的认知结构包含哪些组成要素,并最好能画出各组成要素的编码系统的图解。在此基础上,教师应采取有效措施来帮助学生获得、转化和评价知识,使学科的知识结构转化为学生的认知结构,使书本的死知识变为学生自己的活知识。

（二）结构教学观

布鲁纳不仅研究学习问题,而且研究教学问题。他在 20 世纪五六十年代进行的结构主义教学改革,曾在国际上产生了广泛的影响。

1. 教学的目的在于促进理解学科的基本结构

由于布鲁纳强调学习的主动性和认知结构的重要性,所以他主张教学的最终目标是促进学生“对学科结构的一般理解”。他要求“不论我们选教什么学科,务必使学生理解该学科的基本结构”。[①] 他所谓的学科的基本结构,是指学科的基本概念、基本原理及其基本态度和方法。而所谓“掌握事物的结构,就是允许许多别的东西以与它有意义地联系起来的方式去理解它”。[②] 当学生掌握和理解了一门学科的结构,他们就会把该学科看作一个相互联系的整体。因此,布鲁纳把学科的基本结构放在设计课程和编写教材的中心地位,成为教学的中心。他认为,学生理解了学科的基本结构,就容易掌握整个学科的具体内容,就

---

① 布鲁纳著,邵瑞珍译:《教育过程》,北京:文化教育出版社,1982,P31。
② 布鲁纳著,邵瑞珍译:《教育过程》,北京:文化教育出版社,1982,P28。

容易记忆学科知识,就能促进学习迁移,促进智力和创造力的发展,并可提高学习兴趣。

2. 掌握学科基本结构的教学原则

为了让学生学习和掌握学科的基本结构,布鲁纳提出了四条基本的教学原则。

(1) 动机原则。布鲁纳认为几乎所有的学生都具有内在的学习愿望,内部动机是维持学习的基本动力。他认为学生具有三种最基本的内部动机,即好奇内驱力(求知欲)、胜任内驱力(成功的欲望)和互惠内驱力(人与人之间和睦共处的需要)。这三种基本的内部动机都具有自我奖励的作用,因而其效应不是短暂的而是持久的,教师如能善于促进并调节学生的探究活动,便可激发他们的这些内部动机,有效地达到预定的学习目标。

(2) 结构原则。为了使学习者容易理解教材的一般结构,教师必须采取最佳的知识结构进行传授。他认为任何知识结构都可以用动作、图像和符号三种表象形式来呈现。动作表象是借助动作进行学习的,无需语言的帮助;图像表象是借助表象进行学习的,以感知材料为基础;符号表象是借助语言进行学习的,经验一旦转化为语言,逻辑推导便能进行。为了促进学习,教师究竟选用哪一种呈现方式为好,则视学生的知识背景和学科课题的性质而定。

(3) 程序原则。布鲁纳认为,教学就是引导学习者通过有条不紊地陈述一个问题或大量知识的结构,以提高他们对所学知识的掌握、转化和迁移的能力。通常每门学科都存在着各种不同的程序,它们对学习者来说,有难有易,不存在对所有的学习者都适用的唯一的程序;而且在特定的条件下,任何具体的程序总是取决于许多不同的因素,包括过去所学习的知识、智力发展的水平、材料的性质及个别的差异等。

(4) 强化原则。为了提高学习效率,学习者还必须获得反馈,知道结果如何。因此,教学规定适合的强化时间和步调是学习成功重要的一环。知道结果应恰好在学生评估自己作业的那个时刻。知道结果过早,易使学生慌乱,从而阻扰其探究活动的进行;知道结果太晚,易使学生失去接受帮助的机会,甚至有可能接受不了正确的信息。

运用强化原则的基本要求

布鲁纳提出了提供强化信息的三个基本要求。

第一是时间。他认为反馈要及时,应当在学习者将其学习活动结果与其谋求获得的结果进行比较的时候,及时提供反馈信息。过早,学习者则不能理解,变成记忆的额外负担;过晚,对学习者下一步的假设或尝试选择不能起指导作用。

第二是条件。他认为反馈信息并不是万能的,当学习者处于"功能固着"状态,即学习者的思维定势非常顽固,或者当学习者处于一种被强烈内驱力的焦虑所迫的状态,在这两种状态下,强化信息是不可能有什么效用的。这时的教学策略,应该首先采取特定的手段使学习者从这两个状态中退出,类似治疗学上的"劝告"。只有当学习者退出思维定势或高度焦虑状态,反馈信息才能帮助学习者继续顺利学习下去。

第三是方式。反馈信息对于学习者应该是可以理解的,是在他们信息处理范围的,否则反馈信息等于是无效信息。例如,教师往往喜欢用很抽象的符号作为反馈信息,试图帮助学习者改进学习过程,但此时学习者不理解信息的意义,则学习仍然无法进行下去,因此提供的反馈信息不能超出学习者处理的能力范围。

总之,反馈应及时,应把握好强化时间,反馈信息要有利于师生及时对教与学的进程进行调整,安排好强化的时间有利于学生更好地掌握和巩固知识。

(三)发现学习法

布鲁纳认为发现是教育儿童的主要手段,学生掌握学科基本结构的最好方法是发现法。所谓发现学习,就是学生利用教材或教师创设的学习情境,经由自己的探索寻找,以获得问题的答案的一种学习方式。发现并不限于寻找人类未知的事物,它也包括通过自己的思考以获得知识的一切方法。学生所获得的知识,尽管都是人类已知晓的事物,但如果这些知识是依靠学生自己的力量引发出来的,那么对学生来说仍然是一种"发现"。为此,教学不应当使学生处于被动地接受知识的状态,而应当让学生自己把事物整理就绪,使自己成为发现者。在教学中运用发现法,其灵活性和自发性都较大。一般来说,它没有固定的模式,要根据不同学科和不同学生的特点来进行,其一般步骤包括:(1)提出和明确使学生感兴趣的问题;(2)使学生对问题体验到某种程度的不确定性,以激发探究的欲望;(3)提供解决问题的各种假设;(4)协助学生搜集和组织可用于作结论的资料;(5)组织学生审查有关资料,得出应有的结论;(6)引导学生运用分析思维去验证结论,最终使问题得到解决。总之,在整个问题的解决过程中,教师要向学生提供材料,让学生亲自发现应得的结论或规律,使学生成为发现者。

当然,由于发现法的有效性取决于学生已有知识经验的丰富性和一定的思维能力,因此,一般来说,学生的年级越高,越适宜使用发现法。

发现学习中的教师

由于布鲁纳认为学生是教学过程中的一个积极的探究者,因此教师的作用就在于帮助学生形成一种能够独立探究的情境,而不是提供现成的知识;是促进学生自己去思考并参与知识获得的过程,而不是建造一个活着的小型藏书室。在布鲁纳看来,教师的主要作用在于:(1) 鼓励学生,让他们有发现的自信心;(2) 激发学生的好奇心和求知欲;(3) 帮助学生寻找新问题与已知知识的联系;(4) 训练学生运用知识解决问题的能力;(5) 协助学生进行自我评价;(6) 启发学生进行对比。

大量研究结果表明,发现学习有利于激发学生的好奇心及探索未知事物的兴趣,有利于调动学生的内部动机和学习的积极性,最大限度地为学生提供自由回旋的余地,有利于学生掌握知识的体系和学习的方法,有利于学生批判性和创造性思维的发展,并有利于知识、技能的巩固和迁移。

二、奥苏伯尔的意义接受理论

奥苏伯尔是和布鲁纳同时代的美国著名教育心理学家,如前所述,他曾根据学习进行的方式把学习分为接受学习与发现学习,又根据学习材料与学习者原有知识结构的关系把学习分为机械学习与意义学习,并认为学生的学习主要是有意义的接受学习。

（一）意义学习的实质和条件

1. 意义学习的实质

所谓意义学习,奥苏伯尔认为就是将符号所代表的新知识与学习者认知结构中已有的适当观念建立起非人为的和实质性联系的过程。相反,如果学习者并未理解符号所代表的知识,只是依据字面上的联系,记住某些符号的词句或组合,则是一种死记硬背式的机械学习。

所谓实质性的联系,是指表达的语词虽然不同,但却是等值的,也就是说这种联系是非字面的联系。例如,学习"等边三角形"这个新命题,应该把握"三条边相等的三角形"。学习者的认知结构中已有关于三角形的表象及等边的概念,也观察过等边三角形构成的实物或图形,当他们学习这一新命题时,很自然地与他们原有认知结构中相应的表象、观念建立起联系。联系一旦建立,就能用自己的话把这个新命题表述出来,如"任何三角形只要它们的三条边相等,它们就是等边三角形"或"等边三角形有三条等边"等。表达的语词虽然不同,但概念的关键特征没变,它们引起的心理内容没变。这样就可以说,新知识与原有认知结构中的相应观念之间建立了实质性的联系。

所谓非人为的联系,是指有内在联系而不是任意的联想或联系,指新知识与原有认知结构中有关的观念建立在某种合理的或逻辑基础上的联系。例如,等边三角形的概念与学习者原有认知结构中已有的三角形的概念的联系是特殊与一般的关系。再如,学习者原有认知结构中已有"三角形内角之和等于180°",现在学习新命题"四边形内角之和等于360°",他们可以推导出任何四边形都可以分成两个三角形,三角形内角之和等于180°,那么四边形内角之和当然为360°。这种联系是整体与部分的联系。凡类似这种联系,都是非人为的联系。

2. 意义学习的条件

意义学习的产生既受学习材料本身性质的影响,也受学习者自身因素的影响,前者为影响意义学习的外部条件(客观条件),后者为影响意义学习的内部条件(主观条件)。从客观条件来看,意义学习的材料本身必须满足能与认知结构中有关知识建立实质性和非人为联系的要求,也就是说,材料本身必须具有逻辑意义,在学习者的心理上是可以理解的,是在其学习能力范围之内的。一般来说,学生所学的教科书或教材,是人类认识世界的概括,都是有逻辑意义的。

从主观条件来看,首先学习者必须具有积极主动地将符号所代表的新知识与认知结构中的适当知识加以联系的倾向性(心向);其次学习者的认知结构中必须具有适当的知识,以便在需要时能与新知识建立联系。如果学习材料本身有逻辑意义,而学习者的认知结构中又具备了适当的知识基础,那么,这种学习材料对学习者来说就构成了潜在的意义,即学习材料有了和学习者的认知结构中的适当观念建立联系的可能性。最后,学习者必须积极主动地使这种具有潜在意义的新知识与认知结构中的有关旧知识发生相互作用,使认知结构或旧知识得到改善,使新知识获得实际意义即心理意义。意义学习的目的,就是使符号所代表的新知识获得心理意义。上述条件缺一不可,否则就不能构成有意义的学习。

相反,如果学习材料本身缺乏逻辑意义,或者虽然学习材料本身具有逻辑意义,但学习者的认知结构中缺乏与新知识进行联系和沟通的原有经验,或者学生缺乏主动地将符号所代表的新知识与认知结构中原有的适当知识加以联系的倾向性,那么即便学习材料对学习者具有潜在的意义,也无法使它变为心理意义,这必然导致机械学习。

(二)接受学习的实质与技术

1. 接受学习的实质

接受学习是在教师的指导下,学习者接受事物意义的学习。接受学习也是概念同化过程,是课堂学习的主要形式。奥苏伯尔认为,接受学习适合年龄较大、有较丰富的知识和经验的人。在接受学习中,所要学习的内容大多是现成的、已有定论的、科学的基础知识,包括一些抽象的概念、命题、规则等,通过教科书或教师的讲述,用定义的方式,直接向学习者呈现。这时不可能发现什么新知识,学习者只能接受这些已有的知识,掌握它的意义。学习者接受知识的心理过程表现为:首先在认知结构中找到能同化新知识的有关观念;其次找到新知识与起固着点作用的观念的相同点;最后找到新旧知识的不同点,使新概念与原有概念之间有清晰的区别,并在积极的思维活动中融会贯通,使知识不断系统化。

2. 先行组织者

奥苏伯尔认为,影响接受学习的关键因素是认知结构中适当的起固定作用的观念的可利用性。为此,他提出了"先行组织者"的教学策略。所谓"先行组织者",是先于学习任务本身呈现的一种引导性材料,它的抽象、概括和综合水平高于学习任务,并且与认知结构中原有的观念和新的学习任务相关联。其目的是为新的学习任务提供观念上的固着点,增加新旧知识之间的可辨别性,以促进学习的迁移。例如,奥苏伯尔曾研究过"先行组织者"对学习有关钢的性质的材料的影响。实验组学生在学习该材料之前,先学习了一个"先行组织者",它强调了金属和合金的异同、各自的利弊和冶炼合金的理由。控制组学生在学习该材料之前,先学习一个有关炼铁和炼钢方法的历史说明材料,以提高学习兴趣,但没有被提供可作为理解钢的性质的观念框架的概念。结果发现在学习钢的性质的材料之后,实验组的平均成绩明显高于控制组。在后来的研究中,奥苏伯尔发现,"组织者"不仅可以是先行的,也可以放在学习材料之后呈现;不仅可以是陈述性的,也可以是比较性的,即比较新材料和认知结构中相类似的材料,从而增强似是而非的新旧知识之间的可辨别性。

事实上,接受学习是学习者掌握人类文化遗产及先进的科学技术知识的主要途径。在教师的讲授和指导下,学习者可以在较短时间内掌握大量的间接知识,所获得的知识系统、完整、精确,便于储存和巩固。在实际的教学过程中,有意义接受学习理论的"组织者"技术也很有价值,教师应灵活地运用这一技术,以促进知识的学习和保持。

三、加涅的信息加工理论

在本章第一节,我们已经介绍了加涅的学习层次和学习结果分类。在这里,我们将进一步介绍加涅对学习过程的看法。加涅认为,学习是一个有始有终的过程,这一过程可分成若干阶段,每一阶段需进行不同的信息加工。在各个信息加工阶段发生的事件,他称之为"学习事件"。"学习事件"是学生内部加工的过程,它形成了学习的信息加工理论的基本结构。与此相应,教学过程既要根据学生的内部加工过程,又要影响这一过程。因而,教学阶段与学习阶段是完全对应的。在每一个教学阶段发生的事情,即"教学事件",这是学习的外部条件。教学就是由教师安排和控制这些外部条件构成的;而教学艺术的高低,取决于学习阶段与教学阶段的吻合程度。

（一）学习的信息加工模式

加涅认为,学习的模式是用来说明学习的结构与过程的,它对于理解教学和教学过程,以及如何安排教学事件具有极大的应用意义,并提出了影响深远的信息加工的学习模式,如图6-5所示:

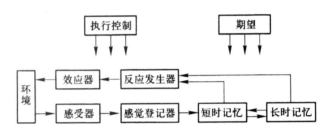

图6-5 学习的信息加工模式

从图6-5中,我们可以看到信息从一个假设结构流到另一个假设结构的过程。来自环境的刺激从感受器输入到感觉登记器(极短暂的记忆贮存),然后进入短时记忆,最长大约可持续30秒。若学习者进行复述的话,信息能在这里保持稍长的时间;随后,将信息编码、贮存,并能进入长时记忆里,信息可在此得到永久保持。经过短时记忆到达长时记忆的信息,可以恢复而回到短时记忆中。贮存在短时记忆或长时记忆中的信息恢复后,就到达反应发生器,在这里信息被转换成行动,也就是激起效应器的活动,作用于环境。

值得注意的是,实际上短时记忆和长时记忆并非不同的结构,它们只不过是同一结构起作用的不同方式而已。同样也应该注意,从短时记忆进入长时记忆的信息可能被检索而回到短时记忆,这时的短时记忆又称为"工作记忆"。当新的学习部分依赖对学生原先学过的东西的回忆时,这些原先学习的东西就从长时记忆中检索出来并重新进入短时记忆。

在图6-5所示的信息加工模式中,"执行控制"与"期望"是两个重要的结构,它们可激活或改变信息流的加工,"执行控制"即已有的经验对现在的学习过程的影响,"期望"即动机系统对学习过程的影响,整个学习过程都是在这两个结构的作用下进行的。

（二）学习阶段及教学事件

从学习的信息加工模式中可以看到,学习是学生与环境之间相互作用的结果。学习过程是由一系列事件构成的。加涅认为,每一个学习动作可以分解成八个阶段,如图 6-6 所示。示意图的左边是学习的阶段,其中方框上面是该阶段的名称,里面是该阶段内部的主要学习过程;而右边则是教学事件。这样,学生内部的学习过程一环接一环,形成一个链索;与此相应的学习阶段,则把这些内部过程与构成教学的外部事件联系起来了。

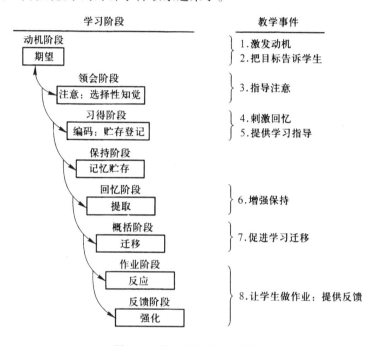

图 6-6 学习阶段与教学事件

1. 动机阶段

有效的学习必须要有学习的动机,这是整个学习的开始阶段。在教学情境中,首先要考虑的是激发学生学习的动机,即学生力图达到某种目标的动机。它是借助于学生内部产生的心理期望过程而建立起来的。因此,在教学过程中,教师应帮助学生确立学习动机,形成学习期望。理想的期望只有通过学生自己的体会才能形成,而不能仅仅通过教师告诉学生学习的结果来形成。

2. 领会阶段

有了学习动机的学生,必然注意与学习有关的刺激,而无视其他刺激。当学生把所注意的刺激特征从其他刺激中分化出来时,这些刺激特征就被进行知觉编码,贮存在短时记忆中。为此,教师应采用各种手段来引起学生的注意,如改变讲话的声调、手势动作等;同时,外部刺激的各种特征本身必须是可以被分化和辨别的。学生只有对外部刺激的特征作出选择性知觉后,才能进入其他学习阶段。

3. 习得阶段

当学生注意或知觉外部情境之后,就可获得知识。而习得阶段涉及对新获得的刺激进行知觉编码后贮存在短时记忆中,然后再把它们进一步编码加工后转入长时记忆中。此时,教师应给学生提供各种编码程序,鼓励学生选择最佳的编码方式。

4. 保持阶段

学生习得的信息经过复述、强化后,以语义编码的形式进入长时记忆贮存。但是,贮存在长时记忆系统的信息可能会受干扰的影响,导致新旧信息的混淆,往往会使信息难以提取。因此,如果教师能对学习条件作适当安排,避免同时呈现十分相似的刺激,可以减少干扰的可能性,从而提高信息保持的程度。

5. 回忆阶段

学生习得的信息要通过作业表现出来,信息的提取是其中必需的一环。相对其他阶段而言,回忆或信息提取阶段最容易受外部刺激的影响。教师可以利用各种方式使学生得到提取线索,这些线索可以增强学生的信息回忆量。但作为教师,最重要的是指导学生,使他们为自己提供线索,从而成为独立的学习者。

6. 概括阶段

学生提取信息的过程并不始终是在与最初学习信息时相同的情境中进行的。同时,教师也总是希望学生能把学到的知识运用于各种类似的情境中去,以达到举一反三的目的。因此,为了促进学习的迁移,教师必须让学生在不同的情境中学习,并提供在不同的情境中运用提取过程的机会;同时,更为重要的是,要引导学生概括和掌握其中的原理和原则。

7. 作业阶段

一个完整的学习过程必须包含作业阶段,因为只有通过作业才能反映学生是否已习得了所学的内容。作业的一个重要功能是反馈;同时,通过作业看到自己学习的结果,学生可以获得一种满足感。当然,仅凭一次作业是很难对学生的学习情况作出判断的,因此教师需要根据多次作业的情况才能进行有效的推断。

8. 反馈阶段

当学生完成作业后,他马上意识到自己已经达到了预期的目标。这时,教师要给以反馈,让学生及时知道自己的作业是否正确,从而强化其学习动机。当然,强化在学习过程中之所以起作用,是因为学生在动机阶段形成的期望在反馈阶段得到了肯定。

总之,加涅认为教师是教学活动的设计者和管理者,也是学生学习效果的评定者。一个完整的学习过程是由上述八个阶段所组成的。其中,在每一个学习阶段,学习者的头脑内部都进行着信息加工活动,使信息由一种形态转变为另一种形态,直到学习者用作业的方式作出反应为止。教学程序必须根据学习的基本原理来进行,有效的教学要求教师根据学生的内部学习条件,创设或安排适当的外部条件,促进学生有效学习,以实现预期的教学目标。

第四节　人本主义学习理论

人本主义心理学是 20 世纪五六十年代在美国兴起的一种心理学思潮,其主要代表人物是马斯洛(A. H. Maslow)和罗杰斯(C. R. Rogers)。人本主义的学习与教学观深刻地影响了世界范围内的教育改革,是与程序教学运动、学科结构运动齐名的 20 世纪三大教学运动之一。其中,罗杰斯的自由学习论影响尤其深远。

一、人本主义的自我实现论

人本主义心理学既是一种时代精神,也是一种社会及教育改革运动。它主张心理学应研究正常的人,而且更强调研究人的高级心理活动,如热情、信念、生命尊严等内容。它主张把人作为一个整体来研究,而不是将人的心理肢解为不能整合的几个部分。

人本主义心理学家认为,人的成长源于个体自我实现的需要,自我实现的需要是人格形成发展、扩充成熟的驱力。所谓自我实现的需要,马斯洛认为就是人对于自我发挥和完成的欲望,也就是一种使他的潜力得以实现的倾向。通俗地说,自我实现的需要就是一个人能够成为什么,他就必须成为什么,他必须忠于自己的本性。正是人有自我实现的需要,才使得有机体的潜能得以实现、保持和增强。人和人格的形成就是源于人性的这种自我的压力,马斯洛认为,人按照他自己的本性有指向越来越完善的存在、有指向越来越努力实现这种完善的趋向。事实上,人最终不是被浇注和塑造、教育而成的,环境的作用最终只是允许或帮助,使他的潜能现实化,而不是实现环境的潜能。

由于人本主义心理学家认为人的潜能是自我实现的,而不是教育或外力的作用使然,因此,在环境与教育的作用问题上,他们认为,虽然弱的本能需要一个慈善的文化来孕育它们,使它们出现,以便表现或满足自己,但是归根到底,文化、环境、教育只是阳光、食物和水,但不是种子,自我潜能才是人性的种子。他们认为,教育的作用只在于提供一个安全、自由、充满人情味的心理环境,使人类固有的优异潜能自动地得以实现。在这一思想指导下,罗杰斯将他的"当事人中心"的治疗方法应用到教育领域,提出了"自由学习"和"学生中心"的学习与教学观。

促进自由学习的方法

罗杰斯对学习原则论述的一个核心,就是要让学生自由学习。罗杰斯列举了10种在他看来有助于促进学生学习的方法,它们是:

(1) 构建真实的问题情境。在我们的学校教育中,正在力图把学生与生活中所有的现实问题隔绝开来,这种隔绝对意义学习构成了一种障碍。然而,如果我们希望让学生成为一个自由的和负责的个体的话,就得让他们直接面对各种现实问题。

(2) 提供学习的资源。罗杰斯认为,如果我们不是把时间花在计划规定的课程、讲解和考试上,而是放在富有想象地提供大量的学习资源上,那就能提供各种新的学习方式,使学生处于一种他们可以选择的、最能满足他们需求的学习环境。

(3) 使用合约。罗杰斯认为,一种有助于学生在自由学习气氛内保证学有所得,并对学习承担责任的方式,是使用学生合约。合约允许学生在课程规定的范围内制订目标、计划他们自己想做的事情,并确定最终评价的准则。

(4) 利用社区。利用社区的学习资源,是自由学习这种方法的另一条途径。

(5) 同伴教学。罗杰斯认为,在削减教育经费和采用大班形式的时候,同伴之间的个别指导的方式,不失为一种可以推广的、对所有人都有益的学习方法。

(6) 分组学习。当我们让学生自由学习,并对此承担起责任来时,也应该为那些不想要这种自由、宁可要得到指教或指导的学生作出安排。一个简单而又有效的办法是,把学生分成两组:自我指导组和传统学习组;学生可以自由地选择、自由地进出。

(7) 探究训练。罗杰斯重视具有参与性和体验性的探究学习,认为学生可能学不到许多科学的"事实",但他们会形成一种"科学是永无止境"的探究精神,并认识到任何真正的科学都没有封闭性的结论。

(8) 程序教学。罗杰斯认为,我们可以用各种各样的方式来使用程序教学,以便充分发挥它的潜在效用。一种编制合理、使用恰当的程序,有助于学生直接体验到满足感、掌握知识内容、理解学习过程,以及增强自信心,感到任何内容都是可以学会的。

（9）交朋友小组。交朋友小组是形成一种有利于意义学习气氛的重要方式。这种小组活动的目的，是要使每个参与者面临一种与人坦诚交流的情境，从而有助于解除各种戒备心理，以便在人与人之间形成一种自由的、直接的和自发的沟通。

（10）自我评价。罗杰斯认为，只有当学习者自己决定评价的准则、学习的目的，并对达到目的的程度等负起责任时，他才是在真正地学习，才会对自己学习的方向真正地负责。所以，自我评价在促进学习的过程中极为重要。

二、人本主义的学习与教学观

（一）人本主义的学习观

罗杰斯认为，学生学习主要有两种类型：认知学习和经验学习，其学习方式也主要有两种：无意义学习和有意义学习；并且认为认知学习和无意义学习、经验学习和有意义学习是完全一致的。因为认知学习的很大一部分内容对学生自己是没有个人意义的，它只涉及心智，而不涉及感情或个人意义，是一种"在颈部以上发生的学习"，因而与完整的人无关，是一种无意义学习。而经验学习以学生的经验生长为中心，以学生的自发性和主动性为学习动力，把学习与学生的愿望、兴趣和需要有机地结合起来，不仅仅是一种增长知识的学习，而且是一种与每个人各部分经验都融合在一起的学习，因而经验学习必然是有意义的学习，必能有效地促进个体的发展。

罗杰斯批评传统的学校教育把儿童的身心劈开来了：儿童的心到了学校，躯体和四肢也跟着进来了，但他们的感情和情绪只有在校外才能得到自由表达。在他看来，我们不仅完全可以使整个儿童（情感和理智）都进入学校，还可以借此增进学习。

对于有意义学习，罗杰斯认为主要具有四个特征：（1）全神贯注——整个人的认知和情感均投入到学习活动之中；（2）自动自发——学生由于内在的愿望主动去探索、发现和了解事件的意义；（3）全面发展——学生的行为、态度、人格等获得全面发展；（4）自我评估——学生自己评估自己的学习需求是否满足、学习目标是否完成等。因此，学习能对学生产生意义，并能被纳入学生的经验系统之中。总之，有意义的学习结合了逻辑和直觉、理智和情感、概念和经验、观念和意义。若我们以这种方式来学习，便会变成统整的人。

（二）人本主义的教学观

罗杰斯从人本主义的学习观出发，认为凡是可以教给别人的知识，相对来说都是无用的；能够影响个体行为的知识，只能是他自己发现并加以同化的知识。

因此,教学的结果,如果不是毫无意义的,那就可能是有害的。教师的任务不是教学生学习知识(这是行为主义者所强调的),也不是教学生如何学习(这是认知主义者所重视的),而是为学生提供各种学习的资源,提供一种促进学习的气氛,让学生自己决定如何学习。为此,罗杰斯对传统教育进行了猛烈的批判。他认为,在传统教育中,教师是知识的拥有者,而学生只是被动的接受者;教师可以通过讲演、考试甚至嘲弄等方式来支配学生的学习,而学生无所适从;教师是权力的拥有者,而学生只是服从者。因此,罗杰斯主张废除"教师"这一角色,代之以"学习的促进者"。

罗杰斯认为,促进学生学习的关键不在于教师的教学技巧、专业知识、课程计划、视听辅导材料、演示和讲解、丰富的书籍等(虽然这中间的每一个因素有时候均可作为重要的教学资料),而在于特定的心理气氛因素,这些因素存在于"促进者"与"学习者"的人际关系之中。那么,促进学习的心理气氛因素有哪些呢?罗杰斯认为主要包括:(1)真实或真诚——学习的促进者表现真我,没有任何矫饰、虚伪和防御;(2)尊重、关注和接纳——学习的促进者尊重学习者的情感和意见,关心学习者的方方面面,接纳作为一个个体的学习者的价值观念和情感表现;(3)移情性理解——学习的促进者能学习者学生的内在反应,了解学习者的学习过程。在这样一种心理气氛下进行的学习,是以学习者为中心的,"教师"只是学习的促进者、协作者或者说伙伴、朋友,"学习者"才是学习的关键,学习的过程就是学习的目的之所在。

三、人本主义学习理论的应用

人本主义学习理论在教育过程中的实践与应用,具体表现在教学目标、教学过程、教学原则和教学方法等几个方面。

(一)教学的目标在于促进人的全面发展

罗杰斯认为,情感和认知是人类精神世界中两个不可分割的有机组成部分,彼此是融为一体的。因此,罗杰斯的教育理想就是要培养"躯体、心智、情感、精神、心力融会一体"的人,也就是既用情感的方式也用认知的方式行事的知情合一的人。这种知情融为一体的人,他称之为"完人"(whole person)或"功能完善者"(fully functioning person)。当然,"完人"或"功能完善者"只是一种理想化的人的模式,而要想最终实现这一教育理想,应该有一个现实的教学目标,这就是"促进变化和学习,培养能够适应变化和知道如何学习的人"。他认为,只有学会如何学习和学会如何适应变化的人,只有意识到没有任何可靠的知识、寻求知识的过程的人,才是可靠的人,才是真正有教养的人。在现代世界中,变化是唯一可以作为确立教育目标的依据,这种变化取决于过程而不是静止的知识。可见,人本主义重视的是教学的过程而不是教学的内容,重视的是教学的方法而不是教学的结果。

(二)教学的过程强调学生的自由发展

由于人本主义强调教学的目标在于促进学习,因此学习并非教师以填鸭式的方式强迫学生无助地、顺从地学习枯燥乏味、琐碎呆板、现学现忘的教材,而是学生在好奇心的驱使下去吸收任何他自觉有趣和需要的知识。学习并不只受环境的支配,学生可自主发动学习,自由选择学习内容,自主控制学习过程,并进行自我评价;学习成为学生自己的学习,即为自由学习。

自由学习包括教师提供既是现实的,同时又是与所教课程相关的问题与环境,并激发学生的内部动机,促进其进行探究学习。由于要激发儿童的内部动机,学习内容必须是他们感兴趣的,并能够引起其自主发动与选择;在学习过程中,要创造一种坦诚与互相信任的气氛,保证学生学有所得,并对学习承担责任;在学习结束时,让学生自己对学习的目的以及完成的程度进行评价。教师应尊重学生的学习兴趣和爱好,尊重学生自我实现的需要,学习是学生对有用的、有价值的经验的学习,即学习的内容应该是学生以为对其有价值、有意义的知识或经验。课程的设置必须给予学生充分的自由,允许学生根据自己的兴趣和爱好以及自我理想来选择有关的学习内容,而不应该把学生不喜欢的一些东西强行灌输给学生。

这样,人本主义学习理论中的学习过程就是学生与教师两个完整的精神世界的互相沟通的过程,而不是教师向学生提供知识材料的刺激,并控制这种刺激呈现的次序,期望学生掌握所呈现的知识,并形成一定的自学能力和迁移效果的过程;学习过程是学生的一种自我发展、自我珍视,是一种生命的活动,而不是为了生存的一种方式。学生完全占据了学习和教学的中心,所有的学习和教学活动必须正视学生及其自我的发展,把它作为核心。

(三)教学的基本原则是真诚、信任和理解

为了使学生在自由发展中自我实现,罗杰斯从自己心理咨询与治疗的经验出发,对教师提出了三条基本要求:(1)以真诚的态度对待学生,要坦诚相待,表露自己的真情实感,去掉一切伪装的"假面具";(2)给学生以充分的信任,对学生作为具有自身价值独立体的任何思想与感情,都应予以认可,相信他们能够充分发展自己的潜能;(3)尊重和理解学生的内心世界。教师要设身处地去理解学生,尊重学生,不对他们的思想情感与道德品性进行评价和批评。只有这样,才能使学生具有安全感和自信心,获得真实的自我意识,去充分地实现"自我"。

罗杰斯认为,教学是一种人与人之间的情意活动,教师的作用是通过情意因素促进学生自觉自愿地积极学习,为学生提供学习的机会和条件。

（四）教学方法强调非指导性的原则

在传统教育中,教师处于主动状态,充当着"拿鞭子"的角色。随着教育的发展,教师必然要从教学过程中逐渐解放出来。学生对教师的依赖性越小,教育的效果就越好。一个称职的教师应该能使他的学生不依赖他的指导独立学习。罗杰斯主张教学要以学生为中心,教师的全部责任就是帮助学生理解经常变化着的环境和自己,最大限度地发展自己的潜能。他认为,有意义学习的发起,不依赖教师的教学艺术、广博的知识和授课计划,而依赖教师和学生彼此关系中的某些态度。这就是人本主义教育家所倡导的"非指导性教学"。在这种教学活动中,教师只是学生自我发展的催化剂,不是教学过程的组织者和领导者,只是鼓励学生自我表现,而不是自我防御。

总之,罗杰斯等人本主义心理学家倡导以学生经验为中心的"有意义的自由学习",这对传统的教育理论造成了冲击,推动了教育改革运动的发展。这种冲击和推动主要表现在:突出情感在教学活动中的地位和作用,形成了一种以知情协调活动为主线、以情感作为教学活动的基本动力的新的教学模式;以学生的"自我"完善为核心,强调人际关系在教学过程中的重要性,认为课程内容、教学方法、教学手段等都维系于课堂人际关系的形成和发展;把教学活动的重心从教师引向学生,把学生的思想、情感、体验和行为看作教学的主体,从而促进了个别化教学运动的发展。但是这一理论过分强调人的学习本能,忽视环境和教育的作用,强调学习的绝对自由,否定教师的作用等,则是消极和片面的。

第五节　建构主义学习理论

建构主义是认知主义的进一步发展,有人称之为当代教育心理学的一场革命。在皮亚杰和布鲁纳的思想中已经有"建构"的观念,尤其是随着维果茨基的思想被介绍到美国,建构主义的思想得到进一步的发展。建构主义不是一个学习理论,而是众多理论观点的统称。一般来说,心理学的建构主义可区分为个人建构主义与社会建构主义。个人建构主义主要关注学习者个体是如何建构知识理解和认知策略等认知经验或学习信念和自我概念等情感经验的;社会建构主义则主要关注学习和知识建构背后的社会文化机制,认为学习者只有借助一定的文化支持来参与某一学习共同体的实践活动,才能内化有关的知识。

虽然目前的建构主义学习理论存在着许多不同的派别,但都把学习看成建构过程,都以新旧知识经验的相互作用来解释知识建构的机制。当今建构主义者主张,虽然世界是客观存在的,但是对于世界的理解、对世界所赋予的意义,却是由每个人自己决定的。人们以自己的经验来理解世界,由于人们的经验以及经验的信念不同,于是对世界的解释也就大不相同,所以建构主义者所关心的是如何以原有的经验、心理结构和信念为基础来构建知识。他们强调学习的主动性、社会性和情境性,对学习和教学提出了许多新的见解。

一、建构主义学习理论的基本观点

建构主义学习理论认为,学习是学习者通过新旧经验间双向的相互作用建构自己的经验体系的过程。

(一)建构主义的知识观

建构主义者在一定程度上质疑知识的客观性和确定性,他们一般强调知识的动态性。建构主义者认为:(1)知识并不是对现实的准确表征,它只是一种解释、一种假设,它并不是问题的最终答案。相反,它会随着人类的进步而不断地被"革命"掉,并随之出现新的假设。(2)知识并不能精确地概括世界的法则,在具体问题中,我们并不是拿来便用,一用就灵,而是需要针对具体情境进行再加工和再创造。(3)知识不可能以实体的形式存在于具体个体之外,尽管我们通过语言符号赋予了知识一定的外在形式,甚至这些命题还得到了较普遍的认可,但这并不意味着学习者会对这些命题有同样的理解。因为这些理解只能由个体基于自己的经验背景而建构起来,它取决于特定情境下的学习历程。

建构主义的这种知识观尽管不免过于激进,但它向传统的教育观念提出了巨大挑战。按照这种观点,知识不是通过教师传授得到的,而是学习者在一定的情境即社会文化背景下,借助其他人(包括教师和学习伙伴)的帮助,利用必要的学习资料,通过意义建构的方式而获得的。

(二)建构主义的学习观

由于学习是在一定情境即社会文化背景下,借助其他人的帮助即通过人际间的协作活动而实现的意义建构过程,因此学习的实质是学习者主动地对外来信息进行选择加工,从不同背景、角度出发,在教师和他人的协助下,通过独特的信息加工活动,建构自己对现实世界的意义的过程。因此建构主义学习理论认为"情境"、"协作"、"会话"和"意义建构"是学习环境中的四大要素。其中情境是意义建构的基本条件,教师与学生之间、学生与学生之间的协作和会话是意义建构的具体过程,而意义建构则是建构主义学习的最终目的。所要建构的意义是指事物的性质、规律以及事物之间的内在联系。在学习过程中帮助学生建构意义,就是要帮助学生对当前的学习内容所反映事物的性质、规律以及该事物与其他事物之间的内在联系达到较深刻的理解。

建构主义者认为,只有建构性学习才是最符合学习的本质,最有利于开发人脑的潜力,最能促进人的整体、可持续性发展的学习观。当然,建构主义学习观并不排除再现与应用学习,而是将它们作为一种具体的学习方法纳入以建构主义观点为导向的学习方式之中。

(三)建构主义的学生观

传统的学习理论认为,在教学之前,学生对所要学习的主题本身基本是无知的,他们所具有的只是些零碎的、片面的日常经验,这些经验常常会妨碍正常的知识传授,所以教学就是要学生完全抛弃原有的错误观念,全盘接收正规的知识。建构主义者却强调,学生并不是空着脑袋走进教室的,在日常生活中、在以往的学习中,他们已经形成了丰富的经验,这些经验是学生解释新获得的经验的基础、进行逻辑推理的前提。所以,教学不能无视学生的这些经验,另起炉灶,从外部装进新知识,而是要把儿童现有的知识经验作为新知识的生长点,引导儿童从原有的知识经验中"生长"出新的知识经验。同时,由于经验背景的差异不可避免,学习者对问题的看法和理解经常是千差万别的。在学生的共同体中,这些差异本身就是一种宝贵的学习资源。

学生要成为意义的主动建构者,在学习过程中就要努力做到:(1)用探究和发现法去建构知识的意义;(2)主动去搜集并分析有关的数据和资料,对所学习的问题提出各种假设并努力加以验证;(3)把当前学习内容所反映的事物尽量和自己已经知道的事物相联系,并对这种联系加以认真的思考。如果能把联系与思考的过程与协商过程(即交流、讨论的过程)结合起来,则建构意义的效率就会更高,质量也会更好。

(四)建构主义的教师观

建构主义者提倡在教师指导下的以学习者为中心的学习,也就是说,既强调学习者的认知主体作用,又不忽视教师的主导作用。教师是意义建构的帮助者、促进者,而不是知识的提供者与灌输者,他们非常重视学生自己对各种现象的理解,乐意倾听他们的看法,思考他们这些想法的由来,并以此为据,引导学生丰富或调整自己的解释。在这个过程中,教师不再是知识的权威,学生才是整个学习活动的主体。教师与学生、学生与学生之间需要共同针对某些问题进行探索,并在探索过程中相互交流和质疑,了解彼此的想法。

教师要成为学生建构意义的帮助者,就要努力在教学中做到:(1)激发学生的学习兴趣,帮助学生形成学习动机;(2)通过创设符合教学内容要求的情境和提示新旧知识之间联系的线索,帮助学生建构当前所学知识的意义;(3)在可能的条件下,尽力组织合作学习,并对合作学习过程进行引导,使之朝有利于意义建构的方向发展。

二、建构主义的教学设计

建构主义者认为,未来的教学主要是给学习者提供建构的知识框架、思维方式、学习情境以及有关线索,而不是知识内容的多少。学习者正是依据这些知识框架、思维方式、有关线索,在适合的学习情境中不断建构新的知识,以此形成与发展他们的自主学习和创新能力。为此,建构主义者对于学习内容的选取和组织、教学进程的整体设计等问题提出了自己独特的观点。

(一)教学是对学生主动建构过程的介入

传统的学习理论认为教学是对学习者进行知识传授的过程,教学设计就是要解决如何控制学习过程,以实现知识传授的目的,即主要研究如何"教"的问题。现代建构主义学习理论强调学习是学习者对知识意义的主动建构,而教学主要是帮助和促进学习者知识的意义建构,因而教学应建立在学习者如何"学"的基础上。怎样才能实现学与教的统一呢?关键是教师教学观念的转变。在教学中教师要充分发挥学生的主动性,给学生以有更多的机会,让他们在不同情境下理解与应用所学的知识,让学生主动形成对客观事物的认识。要解决这些问题,关键在于如何精心设计"学习环境",因此教学设计要着重研究三个问题:(1)研究学生的知识结构、主观经验、信念以及社会文化背景等因素之间的关系,由此保证教学内容是适合学生的,并能吸收到他们的知识结构中去。建构主义者认为,认知活动不能完全归结为内在的信息加工过程,而应看成思维与环境中的具体事物相互作用的结果。这是对认知信息加工理论的超越。(2)研究怎样激发学生的学习意向和学生之间的合作学习。学习活动不是个人行为,是在一定的社会情境中形成的。教师一方面要了解学生的学习动机性质、智力水平以及人格因素等,另一方面要研究如何创设学习情境,以引起学生认知观念上的不平衡,并通过教学与合作学习来努力实现更高水平的平衡。(3)研究如何指导学生建构知识,这里主要指设计培养学生认知策略和自我监控能力的方案。理想的教学设计就是要把这三个问题整合起来,科学制订教学步骤,以实现促进学生知识建构的目的。

(二)教学重视培养学生的探究和创新能力

传统教学以知识传授为目标,教学目标就是学习终点,这是一种单向的目标教学模式。现代建构主义教学观念认为,教学应以培养学生的探究和创新能力为目标,并视教学与学习为相互促进的循环过程。因此教学目标应是有关知识的"主题、图式、框架",而不应是具体的学习内容,前者是动态的,而后者是静态的。这样,设定的教学目标才能适应不同的人、不同的内容以及不同的学习环境。教学就是围绕上述教学目标展开的一系列有关知识建构的过程,学生从中不断获得意义且进一步完善其知识结构,以培养与形成创新能力。也就是说,教学的重心应是培养学生的探究和创新能力,而这一过程又应结合有关知识的"主题、图式、框架",通过支架式模式、抛锚式模式和随机通达模式等加以训练,逐步实现。通过这几种模式训练,学生获得的知识结构具有开放性,能为未来的探究和创新学习提供知识基础。

(三)教学强调多维度、多层次的过程性评价

传统教学评价是单一结果性评价,对学生的学习过程即知识建构过程评价并不重视,而建构主义者认为教学评价应重视评价学生知识建构的过程。如何寻找知识、认知策略与自我监控如何卷入,以及知识建构中探究与创新能力的发展如何,都应包括在教学评价的内容之中。建构主义者主张从多维度与多层次的角度评价学习结果,评价要立足于反映学生知识建构过程中在知识框架、策略水平、反思与批判性思维水平以及创新能力等方面的水平差异;另外应根据知识的网络结构特点,从单一的逻辑思维评价观向多维度的创造性与批判性思维评价观发展。在当今信息时代,学生获得知识的途径很多,答案的唯一性不符合知识建构的思想,也不符合人的知识结构开放性的特点。我们只有改变教学评价观念,才能使建构主义教学观的具体措施落到实处。

三、建构主义的教学模式

与建构主义学习理论相对应的教学模式强调以学生为中心,在整个教学过程中由教师起组织者、指导者、帮助者和促进者的作用,利用情境、协作、会话等学习环境要素充分发挥学生的主动性、积极性和首创精神,最终达到使学生有效地实现对当前所学知识的意义建构的目的。在这种模式中,学生是知识意义的主动建构者;教师是教学过程的组织者、指导者和意义建构的帮助者、促进者;教材所提供的知识不再是教师传授的内容,而是学生主动建构意义的对象;媒体也不再是帮助教师传授知识的手段、方法,而是用来创设情境、进行协作学习和会话交流的认知工具。显然,在这种场合,教师、学生、教材和媒体四要素与传统教学相比,各自有完全不同的作用,彼此之间有完全不同的关系,从而形成了特色鲜明的建构主义教学模式。

(一)支架式教学

支架式教学(scaffolding instruction)主张在教学中要为学习者建构知识意义或理解提供一种概念框架,这种概念框架为发展学习者对问题的进一步理解所需,同时也是为了保证能把学习者的理解引向深入。概念框架的建立要符合"最近发展区"的要求,以作为学习过程的"脚手架"。正是通过这种"脚手架"的作用,教师引导着教学的进行,并通过支架把管理与调控学习的任务逐渐由教

师转移给学生自己,进而不断地把学生的智力从一个水平提高至另一更高水平,真正做到教学走在发展的前面。一般而言,支架式教学模式的组成包括以下环节。

（1）搭脚手架:围绕当前的学习主题,按"最近发展区"的要求建立概念框架。

（2）进入情境:将学生引入一定的问题情境,即进入概念框架中的某个节点。

（3）独立探索:学生独立探索的开始阶段,要先由教师启发引导,然后让学生自己去分析;在探索过程中教师要适时提示,帮助学生沿概念框架逐步攀升。

（4）协作学习:充分利用小组的协商、讨论,在共享集体思维成果的基础上,达到对当前所学概念比较全面、正确的理解,最终完成对所学知识的意义建构。

（5）效果评价:评价包括学生个人的自我评价和学习小组对个人的评价,如自主学习能力、在小组协作学习中所作出的贡献、是否完成对所学知识的意义建构等。

教学支架的类型

根据教学中支架是否具有互动功能,可以将支架分为两种大的类型:互动式支架与非互动式支架。其中互动式支架包括:

（1）教师示范。教师通过演示如何解题,为学生提供一个专家工作的具体实例。例如,教师在讲乘法的交换律时,可以通过一个具体的例子对交换律进行演示。

（2）出声思维。有能力的教师在模拟解题的过程中,可以大声说出自己的思维过程。这一技术有助于学生在自己绞尽脑汁思考问题的同时,直接读取教师的思维方法。例如,数学教师在解答应用题时,可以一边书写解题过程一边说出自己的解题思路。

（3）提出问题。当学生解决问题时,教师可以通过提出问题向学生提出援助,帮助学生集中注意力并提出新的思路。

非互动式支架包括:

（1）改变教材。例如,改变任务要求,一个体育教师在教授射击技术时,可以先降低靶子,然后随着学生技术熟练程度的提高,再逐步升高靶子。

（2）书面或口头提示与暗示。例如,一个幼儿园的教师在教孩子扎鞋带时,可以用喜欢的形象进行提示:小兔子绕着小洞跑,一下子从小洞里钻了过去。

（二）抛锚式教学

抛锚式教学（anchored instruction）是基于现代建构主义所主张的情境学习观所提出的。情境学习观认为，学习者要想完成对所学知识的意义建构，即达到对该知识所反映的事物的性质、规律以及该事物与其他事物之间联系的深刻理解，最好的办法到现实情境中去感受、体验，而不仅仅是聆听别人介绍和讲解这种经验。目前普遍采用的方法是：以有感染力的真实事例或问题作为学习者建构知识的基础，因此抛锚式教学有时也称为"实例式教学"或"基于问题的教学"或"情境性教学"。一般而言，抛锚式教学模式包括以下几个环节。

（1）创设情境：使学习能在和现实情况基本一致或类似的情境中发生。

（2）确定问题：在上述情境下，选出与当前的学习主题密切相关的真实性事件或问题作为学习的中心。这里选出的事件或问题称为"锚"，这一环节的作用就是"抛锚"。

（3）自主学习：教师不是告诉学生如何解决问题，而主要向学生提供解决该问题的有关线索，特别要注意发展学生确定学习内容的能力、获取有关信息的能力和利用与评价有关信息的能力，即"自主学习"的能力。

（4）协作学习：鼓励学生之间的讨论、交流，通过不同观点的交锋、补充、修正，加深每个学生对当前问题的理解。

（5）效果评价：由于学习过程就是解决问题的过程，所以效果评价就是对解决问题过程的评价。学生的表现就能反映这一点，因而不必单独进行测验。

（三）随机通达教学

由于事物的复杂性和问题的多面性，要做到对事物内在性质和事物之间相互联系的全面了解和掌握，即真正达到对所学知识的全面而深刻的意义建构，是很困难的。对于同一个问题，从不同的角度考虑往往可以得出不同的理解。为克服这方面的弊病，在教学中就要注意对同一教学内容，在不同的时间、不同的情境下，为不同的教学目的，用不同的方式加以呈现。换句话说，学习者可以随意通过不同途径、不同方式进入同样教学内容的学习，从而获得对同一事物或同一问题的多方面的认识与理解，这就是所谓的"随机通达教学"（random access instruction）。显然，学习者多次"进入"同一教学内容，将能达到对该教学内容比较全面而深入的掌握。这种多次进入，绝不是像传统教学那样，只是为巩固一般的知识、技能而实施的简单重复，而是每次进入都有不同的学习目的，都有不同的问题侧重点。因此，"随机通达"的结果绝不仅仅是对同一教学内容的巩固，而是使学习者获得对事物全貌的理解与认识上的飞跃。一般而言"随机通达教学"主要包括以下几个环节。

（1）呈现基本情境：向学生呈现与当前学习主题的基本内容相关的情境。

（2）随机进入学习：根据学生"随机进入"学习所选择的内容，呈现与当前学习主题的不同侧面或特性相关联的情境。在此过程中教师应注意培养学生的自主学习能力，使学生逐步学会自己学习。

（3）思维发展训练：主要指在元认知水平上进行的师生之间的交互作用。教师要在了解学生思维模式的基础上培养学生的各种思维能力。

（4）小组协作学习：围绕呈现不同侧面的情境所获得的认识展开小组讨论。在讨论中，每个学生的观点在和其他学生及教师一起建立的社会协商环境中受到考察、评论，同时每个学生也对别人的观点、看法进行思考并作出反应。

（5）效果评价：包括自我评价和小组评价，评价内容与支架式教学模式相同。

"随机通达教学"的特点

"随机通达教学"具有两个显著的特点：

第一，非线性、多维性。对同一内容的学习要在不同时间多次进行，每次情境都是经过改组的，而且目的着眼于问题的不同侧面。这有助于使学习者认识到知识应用的多样性，对概念知识获得新的理解，有助于揭示知识相互之间存在的多种关联的特性。例如，学生多次到故宫进行参观，可能在第一次参观中，学生更关注故宫的文化遗产。但是学生再次参观故宫时，会把关注的焦点放在故宫的建筑风格或建筑布局上。学生每次的参观都加深了对故宫某一侧面的了解，多次参加之后就有可能获得对故宫较为全面和深刻的认识。

第二，案例性、情境性。该模式不是用抽象的理论知识来讲解概念应该如何应用，而是把概念具体到不同的实例中，并与具体情境联系起来，从不同方面说明其含义以及与其他知识的联系。比如学生在学习"花"字的意义时，要把其放在不同的情境中进行学习。"花"字在"花朵"、"花钱"和"花心"等词组中的意义是完全不同的。

（四）合作学习

对于复杂问题的解决和复杂事物的理解，除了"随机通达教学"模式外，另一种有效的模式就是合作学习（cooperative learning）。如果说"随机通达教学"是同一个个体，为了不同的目的，在不同的时间点反复多次进入同一个主题进行学习的话，那么合作学习就是许多不同的个体，带着各自独特的认识，在同一个时间点同时进入某一个主题的学习。我们认为，合作学习应该包括如下五个要素。

（1）积极互赖：指学生知觉到自己与小组其他成员是同舟共济、休戚与共的相互依赖的关系。在合作学习过程中,学生们"心往一处想,劲往一处使"。积极互赖关注"人"的因素,主要从奠定适宜的人际氛围方面来保障合作的实现。

(2)个人责任:指每个人要在小组中完成自己应当完成的工作,履行自己对小组的职责。如果只有互赖,而没有个人责任,就会出现责任扩散和"搭便车"现象,最终将导致合作学习的失败。因此,个人责任主要从工作机制上保障合作任务的有效进行,更关注"任务"。

(3)异质分组:不同性别、不同能力、不同文化背景的成员一般对同一个事物持有不同的态度和观点,不同观点的汇聚有利于成员看到问题的不同方面,对事物形成更全面的认识,更好地理解他人、理解多元化的生活。

(4)社会技能:合作学习的成效往往取决于学生社会技能水平的高低,社会技能是合作学习有效进行的前提。小组的功能是需要通过互动实现的,互动需要个体掌握和恰当使用大量的社会技能。学生拥有的社会技能决定了互动质量,继而决定着合作学习的效果。

(5)小组反思:指在合作学习过程中或结束后,学生或师生一起对各自小组的合作学习情况进行总结、评价。它教给学生一种从经验中学习的方法,是一种有利于小组和个体长远发展的措施,是合作学习的促进性要素。

总之,建构主义学习理论强调充分发挥学习者在学习过程中的主动性和建构性,重视"情境"、"协作"等在教学中的重要作用,并提出了一系列以"学"为中心的教学模式。这些思想和策略,强调学生是认知过程的主体,是意义的主动建构者,因而有利于学生的主动探索和主动发现,有利于创造性人才的培养,这是其突出的优点。不过,建构主义强调事物的意义源于个人的建构,没有对事物的唯一正确的理解,这就过于强调了真理的相对性。另外,该理论过于强调知识建构过程的价值,而忽视知识内容的教学,也有可能使其创造性发展的目标落空。

理解·反思·探究

1. 比较联结学习理论与认知学习理论,并阐述各自独特的价值。

2. 比较认知发现理论与意义接受理论的异同,并谈谈它们对知识教学的启示。

3. 如何运用建构主义学习理论来促进创造性人才的培养?

4. 试评述人本主义学习理论的主要观点,并谈谈你对教师应当成为"学习的促进者"的理解。

5. 尝试将不同的建构主义教学模式运用到你的课堂教学实习或教学设计中。

阅读导航

1. 冯忠良、伍新春等：《教育心理学》（第四、五、六、七、八、九章），北京：人民教育出版社，2010 年。

第四至第九章在阐述学习理论的哲学观点的基础上，全面而系统地介绍了联结主义、认知主义、折中主义、人本主义和建构主义等学习理论的观点，值得认真阅读。

2. 安妮塔·伍尔福克著，伍新春等译：《伍尔福克教育心理学》（第六、九章），北京：中国人民大学出版社，2012 年。

第六章对操作条件作用理论及其教学应用、第九章对建构主义学习理论及其教学模式等进行了详细的阐述。虽然涵盖的理论不多，但是讨论有深度，实用价值高。

3. 伍新春、胡佩诚：《行为矫正》，北京：高等教育出版社，2005 年。

该书从理论基础、研究方法、基本技术、扩展技术、内隐技术五个方面全面系统而深入细致地论述了行为矫正的主要内容。其中，理论基础部分重点介绍了经典条件作用理论、操作条件作用理论、认知行为学习理论和社会学习理论；基本技术部分系统而深入地探讨了强化、惩罚和消退等基本行为矫正技术的科学含义、主要类型、基本特点、影响因素、误用表现及其有效运用原则，具有较强的实用价值。

4. 张建伟、孙燕青：《建构性学习：学习科学的整合性探索》（第一、二、四、八章），上海：上海教育出版社，2005 年。

第一章对建构主义的学生观、第二章对建构主义的学习观、第四章对建构主义的教学模式、第八章对建构主义的教学特征进行了系统深入的论述，是国内有关建构主义学习理论研究与实践的重要著作。

5. 罗杰斯等著，伍新春等译：《自由学习》，北京：北京师范大学出版社，2006 年。

该书用生动、浅显但含义隽永的语言和实例，对教育领域的许多方面进行了探讨，如学习理论、教学设计、教师角色与职能、教育政策和教育管理、师生关系、教育目标与价值观、教育资源、教育改革等各个方面的问题。它一方面充满了激情澎湃的语言，另一方面也用翔实的案例和研究论述了实施自由学习的可行性和有效性。它可以帮助那些对教育现状感到迷茫的人拨开云雾，可以帮助那些对学习和教育失去兴趣、丧失信心的人重新找回希望。

6. 伍新春、管琳：《合作学习与课堂教学》，北京：人民教育出版社，2010 年。

　　该书不仅全面评介了合作学习的主要方法与技术、深入探讨了合作学习的课堂实践与应用,而且系统梳理了合作学习的理论与研究基础,尤其是第二章从行为主义、人本主义、社会心理、信息加工和建构主义的视角对合作学习的解读,值得研读。

第七章　学习动机的激发

新学期，张老师接手一个四年级班级的语文课，并担任该班的班主任。该班原来在学校的名声很不好，因为班上学生很调皮，课堂纪律差，整体成绩也不好，各科老师都反映说孩子们不爱读书。班上有些孩子是打工子弟，家里经济条件不好，父母工作很忙，顾不上管孩子。但张老师相信每个孩子都有潜力，所以她想尽办法使学生对读书感兴趣：她鼓励他们，现在的努力是为了将来取得辉煌的成就；她把班里最爱读书的孩子（她的爸爸是大学教授）作为榜样让大家学习；她也曾威胁经常不完成作业的孩子"再不完成作业就请家长来学校"——但这些似乎对改善孩子的学习积极性都没有什么效果。

张老师发现每个孩子的情况都不一样。有一个叫小明的孩子对什么都提不起兴趣，似乎成绩、功课都不关自己的事，他甚至把老师给他的金星扔到地上。还有一个成绩一直很差的小东，为了保护他的自尊心，张老师从不批评他的缺点或谈论他的错误，不论大事小事都给予鼓励，但他还是对学习没有动力。而全班平时成绩最好的女同学小兰，因为自己比别人少考了1分而伤心地哭了半节课，无论张老师怎么安慰都没有用。还有一个学生小秋，张老师认为他非常有潜力，而且他看起来也非常渴望取得好成绩，但他却常常忘记做作业，或在考试之前找不到课本复习，结果成绩越来越差。

如何让学生爱学，怎样让学生体会学习的乐趣，这是心理学中关于学习动机的培养和激发问题。吊车力拔千斤，如果没有动力资源，它就"手无缚鸡之力"；汽车日行千里，如果没有动力资源，它将寸步难行。同样，人类的行为也有内在的原动力，一些学生尽管聪颖过人，如果缺乏学习的动机，学习终将失败；反之，只要具有强大的内在动力，每个人都有成功的可能性。因此，教师最重要的角色就是动机的激发者。教师如何使儿童有意愿地学习，这是每一个教师每天都要思考的问题。

心理学关于动机的研究，为我们思考学生的学习积极性问题提供了新的途径和实际的建议，有助于教师帮助学生更有效地投入到学习活动中。在越来越重视如何教学生学会学习的今天，诸如学习动机、学习兴趣等非智力因素对学生学习的影响，日益引起教育界的普遍关注。因此，教师尤其是小学教师有必要从理论上对学习动机问题有一个比较深入的了解和认识，以便在实际教学中采取有针对性和实效性的措施，使学生在充满乐趣的心理状态下积极参与学习活动和完成学习任务。

第一节 学习动机的实质与类型

心理学的研究表明,一个人之所以会表现出某一行为,其直接的推动力来自于动机。动机是直接推动一个人产生某种行为的内部动力。例如,交往动机会使一个人产生交往行为,娱乐动机会导致一个人的娱乐行为。当学生出现学习行为的时候,在他内部起作用的就是学习动机。学习动机不仅直接影响着学生学习的意向、期望、自信心、责任感,影响着学生对学习目标和行为的选择,而且还间接影响着学生身心的全面发展与素质的全面提高。

一、学习动机的实质

(一)学习动机的内涵

学习动机是激起学生的学习行为,维持已产生的学习行为,并使学习行为指向一定的学习目标的一种内在过程或内部心理状态。也就是说,无论是学生产生某种学习行为,还是调整、维持或停止某种学习行为,都是学习动机作用的结果。

学习动机经常可以通过外在的学习行为表现出来。学习积极性是学习动机的一种直接的外在表现,它是学生在学习行为中表现出来的认真、紧张、主动、顽强、投入的心理状态。学习动机的有无和强弱都可以通过学生表现于学习活动中学习积极性反映出来,因此我们可以根据学习积极性水平的高低来推断学习动机。学习积极性具体表现为学生对待学习的注意状态、情绪倾向和意志(毅力),这三者的状况与学习动机的性质和水平是相一致的。"注意"是心理活动对当前学习任务的意识状态和集中、指向状态;"情绪"是对待学习的态度,包括对学习任务的评价、兴趣、爱好等;"意志(毅力)"是面对学习困难时,能否顽强坚持下去的心理品质与特征。教师可以根据学生在上述三个方面的表现,在一定程度上对学生的学习动机水平作出判断。

(二)学习动机的结构

在实际的学习过程中,学习的动力因素多种多样。促使个体产生有意识学习行为的动力可能是发自个体内心的学习愿望和需求,例如对学习的必要性的认识、对学习的求知欲、对未来的理想等;也可能来自于外界因素的引导或逼迫,例如对学位和社会地位等的追求、应付考试、依从家长与学校的指令等。这些因素都可以促使个体进行学习,前者属于主体的内在学习需要,而后者看似源于客观环境,但更根本地说,是取决于主体对客观诱因的认知和对目标的期待。因此,学习动机的两个基本成分就是学习需要和学习期待,两者相互作用,形成学习的动机系统。

学习需要是指个体在学习活动中感到有某种欠缺而力求获得满足的心理状态。它的主观体验形式是学习者的学习愿望或学习意向。这种愿望或意向是驱使个体进行学习的根本动力,它包括学习的兴趣、爱好和学习的信念等。从需要的作用上来看,学习需要即为学习的内驱力。所以,学习需要对学习的作用,就称为学习驱力。

需要层次理论

需要层次理论是人本主义心理学理论在动机领域中的体现,美国心理学家马斯洛是这一理论的提出者和代表人物。马斯洛认为人的基本需要有五种,它们由低到高依次排列成一定的层次,即生理的需要、安全的需要、归属和爱的需要、尊重的需要和自我实现的需要。在人的需要层次中,最基本的是生理的需要,例如对食物、水、空气、睡眠、性等的需要;在生理的需要得到基本满足之后,便是安全的需要,即表现为个体要求稳定、安全、受到保护、免除恐惧和焦虑等;这之后是归属和爱的需要,即个体要求与他人建立感情联系,如结交朋友、追求爱情等;随后出现的是尊重的需要,它包括自尊和受到他人的尊重。在上述这些低一级的需要得到基本满足之后,便进入自我实现的需要层次。自我实现作为一种最高级的需要,包括认知、审美和创造的需要,它具有两方面的含义,即完整而丰满的人性的实现以及个人潜能或特性的实现。从学习心理的角度看,人们进行学习就是为了追求自我实现,即通过学习使自己的价值、潜能、个性得到充分而完备的发挥、发展和实现。因此,可以说自我实现是一种重要的学习动机。

马斯洛认为,在上述基本需要的满足过程中,各种需要不仅有层次高低之分,而且有前后顺序之别,只有低层次的需要得到基本满足后,才能产生高层次的需要。同时,马斯洛又把这五种需要分为基本需要和成长性需要两类。其中,生理的需要、安全的需要、归属和爱的需要、尊重的需要属于基本需要,它们因身心的缺失而产生,因此也称缺失性需要。例如,因饥渴而求饮食,因恐惧而求安全,因孤独而求归属,因免于自卑而求自尊。它们为人类维持生活所必需,一旦它们得以满足,其强度就会降低,因此个体所追求的缺失性目的物是有限的。而自我实现的需要属于成长性需要,它区别于缺失性需要的根本特点在于它的永不满足性。也就是说,自我实现需要的强度不仅不随其满足而降低,相反地会因获得满足而增强,因此个体所追求的成长性目的物是无限的,是永无止境的。

> 需要层次理论说明,在某种程度上学生缺乏学习动机可能是由于某种缺失性需要没有得到充分满足而引起的。如家境清贫使得温饱得不到满足;父母离异使得归属和爱的需要得不到满足;教师过于严厉和苛刻,动辄训斥和批评学生,使得安全的需要和尊重的需要得不到满足等。而正是这些因素,会成为学生学习和自我实现的主要障碍。所以,教师不仅要关心学生的学习,而且应该关心学生的生活和情感,以排除影响学习的一切干扰因素。

但是,仅有学习需要还不足以使学生产生学习动机,学习动机还取决于学生对满足其学习需要的一些条件的估计,对所要达到的目标的认识。这种估计和认识决定了学习动机的方向,这就是学习期待。学习期待是个体对学习活动所要达到目标的主观估计,它是另一个构成学习动机结构的基本要素。学习期待与学习目标密切相关,但两者不能等同。学习目标是个体通过学习活动想要达到的预期结果,而在个体完成学习活动之前,这个预想结果是以观念的形式存在于头脑之中的。正是因为学习期待,外界的事物才成为个体追求的目标,才对学习活动具有诱因作用。

诱因是指能够激起有机体的定向行为,并能满足某种需要的外部条件或刺激物。诱因可以是简单的物体,如食物、水等;也可以是复杂的事情,如名誉、地位等。凡是使个体产生积极的行为,即趋向或接近某一目标的刺激物称为积极的诱因,例如,在激发学生学习积极性的教育措施中,教师所提供的奖品、成绩等都是积极的诱因。相反,消极的诱因可以产生负性行为,即离开或回避某一目标。可以说,学习期待是静态的,而诱因是动态的,它将静态的期待转换成为目标。所以,学习期待就其作用来说就是学习的诱因。

学习需要和学习期待是学习动机的两个基本成分,两者密切相关。学习需要是个体从事学习活动的最根本动力,如果没有这种自身产生的动力,个体的学习活动就不可能发生。所以说,学习需要在学习动机结构中占主导地位。另外,学习需要是产生学习期待的前提之一,因为正是那些能够满足个体的学习需要与那些使个体感到可以达到的目标的相互作用而形成了学习期待。学习期待则指向学习需要的满足,促使主体去达到学习目标。因此,学习期待也是学习动机结构的必不可少的成分。

不同的学习动机理论,有的偏重于学习需要,有点偏重于学习期待。其中聚焦于个体期望与目标的动机理论包括成就动机理论、成就目标理论等,而更多关注个体需要与自我的动机理论包括自我效能理论、自我决定理论、自我价值理论等,这些在本章第二节中将一一介绍。

二、学习动机的类型

学习活动中动机的作用是复杂的,对教师来说,了解和掌握学生的学习动机的类型和特点,有助于进行有效的教学。

（一）近景的直接性学习动机与远景的间接性学习动机

根据学习动机起作用时间的长短,可以把学习动机分为近景的直接性学习动机和远景的间接性学习动机。近景的直接性学习动机与学习活动密切相关,它来源于对学习内容或学习结果的兴趣。例如学生的求知欲望、成功的愿望、对某门学科的浓厚兴趣以及教师生动形象的讲解、教学内容的新颖等都直接影响到学生的学习动机。这类学习动机作用的效果比较明显,但稳定性比较差,容易受到环境或一些偶然因素的影响。

远景的间接性学习动机与学习的社会意义和个人的前途相关联。如学习是为了实现个人对社会作贡献的远大理想,为了不辜负父母的期望,为了争取自己在班集体中的地位和荣誉等,都属于间接性的学习动机。那些高尚的、正确的间接性学习动机的作用较为稳定和持久,能激励学生努力学习并取得好成绩。而那些为父母、教师的期望或是为了自己的名声、地位的学习动机的作用,稳定性和持久性相对比较差,容易受到情境因素的冲击。

（二）内部学习动机与外部学习动机

根据学习动机的动力来源,可以把学习动机分为内部学习动机和外部学习动机。内部学习动机由学生内在的需要而引起。例如,学生的求知欲、学习兴趣等内部学习动机因素,会促使学生积极主动地学习。外部学习动机由外部诱因所引起。例如,某些学生为了得到教师、父母的奖励或避免受到教师、父母的惩罚而努力学习,他们从事学习活动的动机不在学习任务本身,而是在学习活动之外。

内部学习动机和外部学习动机的划分不是绝对的。由于学习动机是推动学生从事学习活动的内部心理动力,因此任何外界的要求、外在的力量都必须转化为个体内在的需要,才能成为学习的推动力。在外部学习动机发生作用时,学生的学习活动较多地依赖责任感、义务感或希望得到奖赏和避免受到惩罚的意念。从这个意义上说,外部学习动机的实质仍然是一种学习的内部动力。因此,在教育过程中强调内部学习动机的同时,也不能忽视外部学习动机的作用。教师一方面要逐渐使外部动机的作用转化成为内部动机的作用,另一方面要善于利用外部动机的作用使学生已经形成的内部动机的作用处于持续的激起状态。

内部动机与外部动机的关系

在动机研究领域中,内部动机与外部动机的关系是广受争议的话题,主要存在以下三种不同的观点。

观点一:外部动机削弱内部动机

莱泊尔(Lepper)等人于1973年进行了一项经典研究——老师们让学前儿童使用特制的画笔绘画,发现许多儿童热情很高。随后他们将这些儿童随机分成三组:第一组儿童被告知,如果他们愿意继续绘画,将得到奖励;第二组儿童虽未事先告知,但在绘画后也得到了意外的奖励;第三组儿童不接受任何奖励。数天以后老师们发现,儿童在自由活动时间绘画的主动性发生了变化:受到奖励的第一组儿童的绘画行为反而最少,只有第二组、第三组儿童的一半。据此可以看出,外部的奖励很可能削弱原本的内部动机。

观点二:外部动机促进内部动机

有研究者考察了"口头奖励"对完成字谜任务的内部动机的影响。结果发现,如果老师给予反馈"你比同伴要好",那么学生在随后的任务中内部动机就会增加。这一结果意义深远。如果外部动机对内部动机可以产生促进作用,意味着我们可以在教学实践中多多采取外部激励性举措,因为它们确实有可能产生积极的行为效果。

观点三:外部动机与内部动机并存

有研究者将内部动机与外部动机设计成独立的部分,检验两者之间的关系,结果发现内部动机与外部动机的某些内容存在强的负相关(如"挑战性任务的偏好"与"容易任务的偏好"),有些则存在强的正相关(如"好奇/兴趣"与"讨好老师/得到好分数"),还有一些存在很小的负相关(如"独立掌握"与"依赖老师")。这样的结果似乎表明内外动机是一种共存的关系,外部动机既可能削弱,也可能促进内部动机。

尽管研究者们存在这样一些分歧,关于内部动机与外部动机的实验研究还是获得了一些一致性的结论,如:非必然的外在奖励(活动结果达到一定的水平才能得到的奖励)更倾向于促进内部动机,而必然伴随的奖励(只要活动就能获得的奖励)更容易损害内部动机;意料之外的奖励能对内部动机产生更大的积极效果;无形的奖励(如口头的、社会的)比有形的物质奖励更不容易造成负面效果。

(三)一般学习动机与具体学习动机

根据学习动机起作用的范围,可以把学习动机分为一般学习动机和具体学习动机或性格学习动机和情境学习动机。一般学习动机是在许多学习活动中都表现出来的、较稳定、持久地努力掌握知识与经验的动机。这种学习动机贯穿学校生活的始终，甚至在个体以后的工作中都在起作用。另外，这种学习动机广泛存在于许多活动中，表现在对不同科目、不同课题、不同内容的学习都具有强烈的动机。一般学习动机主要产生于学习者自身，与其价值观念和性格特征密切相连，因而也称为性格学习动机，具有高度的稳定性。具有这种学习动机的学生，即使遇到教学能力低、教学责任感差的教师，他仍能认真努力学习，是典型的"为读书而读书"者。

具体学习动机是在某一具体学习活动中表现出来的动机。由这种学习动机支配的学生，常常只对某一门或某几门学科的内容感兴趣，而对其他学习内容则不予注意。这种学习动机多半是在学习过程中因学业成败或师生关系的影响而逐渐形成的。例如，在学生的学习经历中，若多科失败而只有一科成功，就可能形成对该门学科的学习动机。在师生互动过程中，只获得某一位教师的关爱和接纳，很可能只对该教师任教的科目有兴趣。由于这种学习动机主要受到外界情境性因素的影响，因而也称为情境学习动机，其作用是暂时的、不稳定的。

（四）认知内驱力、自我提高内驱力和附属内驱力

著名教育心理学家奥苏伯尔认为，在学校情境中，促使学生追求成就、希望获得成功的内在推动力量主要由三种内驱力组成，即认知内驱力、自我提高内驱力和附属内驱力。

认知内驱力是一种要求理解事物、掌握知识、系统地阐述并解决问题的需要。它以求知为目标，以获得知识为满足。这种内驱力，一般说来，多半是从好奇的倾向中派生出来的。在有意义的学习中，认知内驱力是最重要和稳定的动机。这种动机指向学习任务本身（为了获得知识），满足这种动机的奖励（知识的实际获得）是由于学习本身提供的，属于学习的内部动机。

自我提高内驱力指学生通过自己的能力或学业成就而获得相应地位和威望的需要。它使学生把学习行为指向当前学校学习中可能取得的成就，以及在此基础上将自己的行为指向未来的成就和地位。这种内驱力不直接指向学习任务本身，而是把学业成就看作赢得地位和自尊的根源。成就的大小决定自己所赢得地位的高低，同时又决定着自尊需要的满足与否。这是一种间接的学习需要，属于外部动机。在学习过程中，认知内驱力固然重要，但自我提高内驱力也必不可少。

附属内驱力又称交往的内驱力，指学生为了获得长者（如教师、家长等）的赞许和同伴的接纳而表现出来的把工作、学习搞好的一种需要。附属内驱力也是一种外部动机，它既不直接指向学习任务本身，也不把学业成就看作赢得地位和自尊的手段，而是为了从长者或同伴那里获得赞许和接纳。由此反映出学生

对长者和同伴在感情上的依赖性。

不过,这三种内驱力在个体的动机成分中所占的比重并非一成不变。在儿童早期,附属内驱力最为突出,他们努力学习获得学业成就,主要是为了满足教师和家长的期望,并得到教师和家长的赞许。到儿童后期和少年期,附属内驱力的对象有所改变,同伴、集体的赞许和认可逐渐替代了对长者的依附。在这期间,为赢得同伴的赞许就成了一个强有力的动机因素。到了青年期,认知内驱力和自我提高内驱力成为学习的主要动机,学生学习的主要目的在于满足自己的求知需要,并从中获得相应的地位和威望。

动机越强越好吗? ——学习中的焦虑现象

虽然有很多研究证明了学习动机有助于个体学习结果的改善,但在现实生活中,学习动机与学习结果之间的关系并非如此简单。

心理学研究表明,动机强度与学习效率之间是倒 U 形曲线关系。每种活动对个体而言都存在一个"最佳唤醒水平",动机唤醒水平太低,不利于集中能量完成学习任务;但如果唤醒水平过高,也会对学习行为产生一定的阻碍作用。

让我们来看看两个极端的例子。第一个例子,假设一天深夜,你需要阅读一篇晦涩且冗长、枯燥的文章,但你已经昏昏欲睡,实在无法集中精力,于是只好决定放弃,上床睡觉。另一个例子,想象一下你明天就要参加高考,考试成绩将决定你是否能上理想的大学,于是你整个晚上躺在床上,翻来覆去却总是无法入睡。你心里很清楚良好的睡眠对考试发挥很重要,因此更是焦急烦躁,却没想到这样反而让自己的头脑更兴奋和清醒……显然,第一个例子中的动机唤醒水平过低,不利于学习任务的完成;而第二个例子中动机唤醒水平过高,导致了焦虑情绪,这种焦虑还可能在考试过程中干扰记忆和思维活动的顺利进行,造成所谓的"怯场"现象。因此,过高或过低的动机水平都不利于高效率的学习。

第二节 学习动机的理论

学习动机作为一种心理现象,是各派学习理论关注的问题。对学习动机的理解是基于对学习实质的理解。不同学派都认为学生的学习行为源于一定的学习动机,但对学习动机的产生或起源则有不同的看法,并用不同的概念体系来描述学习动机。

一、行为强化理论

学习动机的强化理论是由著名心理学家斯金纳提出的,他不仅用强化解释学习的发生,而且用它来解释动机的产生。人的某种学习行为倾向完全取决于先前的这种学习行为与刺激因强化而建立起来的稳固联系,强化可以使人在学习过程中增强某种反应重复的可能性。任何学习行为都是为了获得某种报偿。在学习活动中,采取各种外部手段如奖赏、赞扬、评分、等级、竞赛等,可以激发学生的学习动机,引起相应的学习行为。

强化理论把行为的原因归结为外部刺激和外部强化的作用,在一定程度上有其积极意义。但把所有人类行为的原因都归于外部强化,等于否定了人的主动性和自觉性,是一种机械论的观点。运用于教学中,自然是根据学生的考试分数实施奖励与惩罚。这就很容易诱导学生为追求奖励而读书,为追求分数而求知,其结果只能使学生被动学习,应付考试,难以培养学生主动求知的学习兴趣。

二、成就动机理论

成就动机,是在人的成就需要的基础上产生的,是激励个体乐于从事自己认为重要或有价值的工作,并力求获得成功的一种内在驱动力。所谓成就需要,是一种克服障碍、施展才能、力求尽好尽快地解决某种问题的需要。成就动机是一种较高级的社会性动机,如希望在人们的心目中赢得较高的地位,博得别人对自己的尊敬、好评、赞扬和敬佩,力求认识事物与创造有价值的新观点和新事物等,都属于成就动机。

根据阿特金森(J. W. Atkinson)的研究,成就动机可以分为两类,一是力求成功的动机,二是避免失败的动机。力求成功的动机是人们追求成功和由成功带来的积极情感的倾向性;避免失败的动机是人们避免失败和由失败带来的消极情感的倾向性。根据这两类动机在个体的动机系统中所占的强度,可以将个体分为力求成功者和避免失败者。力求成功者的目的是获取成就,他们会选择有所成就的任务,且成功的概率为50%的任务是他们最有可能选择的,因为这种任务能给他们提供最大的现实挑战。当他们面对完全不可能成功或稳操胜券的任务时,动机水平反而会下降。相反,避免失败者倾向于选择非常容易或非常困难的任务,如果成功的概率大约是50%时,他们会回避这种任务。因为选择容易的任务可以保证成功,使自己免遭失败;而选择极其困难的任务,即使失败,也可以找到适当的借口,得到自己和他人的原谅,从而减少失败感。

因此,对于力求成功者,教师应采取给予新颖且有一定难度的任务,安排具有竞争性的情境,严格评定分数等方式激起他们的学习动机。对于避免失败者,要安排少竞争或竞争性不强的情境。如果取得成功,要及时表扬,给予强化。确定分数时,要求要稍稍放宽,尽量避免在公众场合指责其错误。

三、成败归因理论

归因是指对某人成功或失败的原因的看法、解释。在完成一项工作后,人们往往倾向于寻找自己或他人之所以取得成功或遭受失败的原因。归因理论就是关于人们如何解释自己或他人的行为以及这种解释如何影响他们的情绪、动机和行为的理论。

维纳(B. Weiner)是归因理论的集大成者,对行为结果的归因进行了系统探讨。他发现,人们倾向于将活动成败的原因即行为责任归结为以下六个因素,即能力高低、努力程度、任务难易、运气好坏、身心状态、外界环境。同时,维纳认为这六个因素可归为三个维度:内部归因和外部归因,即行为结果的产生是由内部因素还是外部因素决定的;稳定性归因和非稳定性归因,即行为结果是由稳定因素还是不稳定因素决定的;可控性归因和不可控性归因,即行为结果的产生是由可控制因素还是不可控制的因素决定的。最后,他将三个维度和六个因素结合起来,就组成了如表7-1所示的归因模式:

表 7-1　成败行为的归因模式

	稳定性		内在性		可控性	
	稳定	不稳定	内在	外在	可控	不可控
能力高低	√		√			√
努力程度		√	√		√	
任务难易	√			√		√
运气好坏		√		√		√
身心状态		√	√			√
外界环境		√		√		√

研究发现,学生通常将成功或失败的原因归因于能力、努力、任务难度与运气四个因素,而较少归因于身心状态或外界环境。还有研究表明,在学校教育情境中,学生的努力与能力之间存在着一种补偿平衡,能力低意味着必须更加努力,而更多的努力又表示较低的能力。一般来说,幼儿和小学生低年级看重努力的作用,进入小学高年级后,"努力"的价值逐渐贬值,他们会越来越感觉到努力有时候会表明自己能力低下,这种感觉与年俱增,到中学阶段,学生把能力看作最能体现一个人价值的关键。当然,学生最终将自己的成败归因为什么因素,受

到下列多种变量的影响。

（1）他人成绩的有关信息，即个体根据别人行为结果的有关信息来解释自己行为结果的原因。比如，班级中大部分人都得高分，则易产生外部归因（如测验容易、教师给高分）；班级中只有少数人得高分，则易产生内部归因（如有能力、学习刻苦等）。

（2）先前的观念或因果图式，即个体以往的经验或行为结果的历史。如果目前的行为结果与过去的行为结果具有一致性，则易归因于稳定因素，否则归因于不稳定因素。过去因努力而成功者，更易将成功归因于努力或能力等内部因素；如果经努力但最终失败者，则易归因于某些不可控的因素，如缺乏能力、运气不佳等。

（3）能力的自我知觉，即个体对自己能力的看法和评价。自认为有能力者，易将自己的成功归因于能力，将失败归因于教师的偏见、测验不公正等。

（4）教师或权威人物对学生行为的期待和归因等也可能影响学生的归因。研究发现，学生的归因会受到情境线索中各种信息的影响，因此，教师可以通过改变、操纵情境信息，如操纵课堂情境中的某些变量，以改变学生的不适当归因。

习 得 无 助

"习得无助"（learned helplessness）这一概念来源于美国心理学家塞利格曼（Seligman，1967）一项经典的动物实验。研究者在每次蜂鸣器发出信号后，对关在笼子里的狗施以电击。无论笼里的狗作出什么反应，都不停止电击。若干次以后，研究者发现每次蜂鸣器发出信号，狗都会产生恐惧情绪，它只是倒在原地呻吟、颤抖，而不进行任何逃避的尝试。甚至即使主试打开笼门，它也不会尝试逃跑。这就是"习得无助"现象。

随后的大量实验证明，这种"习得无助"的现象在人类身上也同样存在。在学校，有些学生由于不断经历来自老师、同伴、学校中的活动以及自身的否定反馈，逐步形成条件反射，不经思索地否定自己的能力、认为自己做不到，即使面对自己胜任的任务，也会表现出不自信、焦虑和烦躁，甚至放弃，最终导致学业失败。这部分"习得无助"的学生在情感、认知和行为上都表现出消极和逃避的状态。他们习惯拖延作业、懒散、怠慢，只愿意接受那些完成起来不费力气的任务，或者是那些注定会不失败的任务，学习中常常伴随沮丧、焦虑，甚至愤怒情绪。

学习者产生"习得无助"的情绪源于他们对于失败进行了稳定性和不可控性的归因，因此帮助他们改变归因模式是很重要的途径之一。教师可以通过多种方法进行有效干预。

首先是"扬长避短"，即对"习得无助"的学生，首先应该找到能让他重新树立起信心的支点，这个支点就是他原先的长处。每个学生都有长处，但要注意，这个长处必须是真实的，而不是编造出来的。比如一个学生长于口头表达，拙于写作，老师就可以让他多做口头发言的活动，而不是让他去完成写作活动。

其次是"取长补短"，即克服缺点。比如上面的那个例子，待学生从口头表达上重拾信心以后，教师就要逐渐培养他的写作能力。记住，在这个阶段，给学生创造一个安全的氛围是很重要的，不要讥笑或批评学生的弱点或缺点。应该让学生感到，只要通过努力和适当的方法，就可以克服缺点，取得进步。

四、成就目标理论

成就目标理论是在德韦克(Dweck)能力理论的基础上发展起来的一种学习动机理论。德韦克认为，人们对能力持有两种不同的内隐观念，即能力增长观和能力实体观。持能力增长观的个体认为，能力是可改变的，随着学习的进行是可以提高的；持能力实体观的个体则认为，能力是固定的，是不会随学习而改变的。

由于人们持有的能力内隐观念不同，因而他们的成就目标也就存在差异。持能力增长观的个体倾向于确立掌握目标，他们希望通过学习来提高自己的能力；而持能力实体观的个体倾向于确立表现目标，他们希望在学习过程中证明或表现自己的能力。研究表明，虽然这两类成就目标都可促进个体主动而有效地从事挑战性任务，但它们在更多的方面是不同的，具有不同的学习效果。

(1) 在任务选择方面，掌握目标者倾向于选择能提供最多的学习机会的任务，尤其是具有挑战性的任务，且具有坚持性；表现目标者倾向于采取防御(保护)性策略，选择能证明其有能力、避免显得无能的任务，即经常选择能保证成功的非常容易的或很难成功的非常难的任务，坚持性较差。

(2) 在评价标准方面，掌握目标者根据是否取得进步来评价学习结果，是个人化的、自主的标准；表现目标者根据与他人的比较来评价自己的学习结果，因此容易产生一种注重输赢的心境。在这种心境中，过去的成功经验、进步以及出色的成绩等都会因一个比较性的评判而消失。

(3) 在情感反应方面，从事简单的学习任务或付出较少的努力即可获取经验，这将使掌握目标者感到无聊或失望；相反，经过艰苦努力，即使仍然失败，他也对结果感到满意。对于表现目标者而言，从事简单的学习任务或付出较少的努力即可获取经验，会使他们感到满意、自豪或解脱，他们只对成功的结果感到满意。

（4）在对学习结果的归因方面，掌握目标者认为努力是改善能力所不可缺少的，关注努力而不是能力，往往将结果的成败归因于努力的多少，认为错误是学习过程中的一个正常而有用的部分，有效地应用错误还可以帮助改善其成绩；表现目标者将成败的结果归因于能力或运气，认为努力是低能的标志，有能力者无需努力，并将错误视为失败或无能的反映，这有可能继续导致以后的失败。

（5）在学习策略的使用方面，掌握目标者倾向于应用那些能促进真正理解学习材料的策略，如有意义学习、精细加工、理解监控等；表现目标者则倾向于应用那些较为机械的、应付目前的学习任务的学习策略，如机械重复、抄写、机械记忆等。

（6）在控制感方面，掌握目标者认为努力与学习结果之间的关系是直接的，可以控制与目标获得有关的因素，如个人努力；表现目标者认为在学习与学习结果之间有许多因素是由外界控制的，如他人的操作、评价者的评价标准等，个体自己无法控制。

（7）在对教师角色的看法方面，掌握目标者将教师看作帮助学习的资源和向导；表现目标者则认为教师是给予奖惩的法官。

不过，学生的学习实际上是在同伴、家长和教师之间种种复杂的社会关系中进行的。因此，心理学家后来又开始了对社会目标的研究，并认为成就目标应该包括掌握目标、表现目标和社会目标三种。其中，社会目标又包括社会赞许目标和社会责任目标。研究发现，社会赞许目标和社会责任目标能引起个体持续的努力，也与学生是否能取得优良的学习成绩直接相关（Urdan & Maher, 1995）。

五、自我效能感理论

自我效能感指人们对自己是否能够成功地从事某一成就行为的主观判断。这一概念最早由班杜拉提出。班杜拉认为，人的行为受行为的结果因素与先行因素的影响。行为结果因素就是强化，强化分为三种：一是直接强化，即通过外部因素对学习行为予以强化，如奖励与惩罚就是学习中常用的两种强化形式；二是替代性强化，即通过一定的榜样来强化相应的学习行为或学习行为倾向；三是自我强化，即学习者根据一定的评价标准进行自我评价和自我监督，使相应的学习行为得到强化。强化的作用在于激发和维持学生的学习行为。行为的出现是由于个体认识到行为与强化之间的依赖关系后，形成了对下一次强化的期待。期待就是先行因素，它包括结果期待和效能期待。结果期待指个体对自己的某种行为会导致某一结果的推测。如果个体预测到某一特定行为会导致某一特定的结果，那么这一行为就可能被激活和被选择。例如，当学生认识到只要上课认真听讲,就会获得他所希望的好成绩,他就很可能认真听课。效能期待指个体对自己能否实施某种成就行为的能力的判断,即个体对自己行为能力的推测。当个体确信自己有能力进行某一活动时,他就会产生高度的"自我效能感",并实际地实施那一活动。例如,如果学生认识到注意听课可以带来好成绩,并且感到自己能跟得上老师讲的内容时,才会认真听课。在这里,自我效能感是指个体在进行某一活动之前,对自己能否有效地做出某一行为的判断,即人对自己行为能力的主观推测。

自我效能感是具体的,个体从事不同的任务时,可能会产生不同的自我效能感。学生只有真正地认为自己在获得知识和技能方面有能力且取得了进步,他们才会产生自我效能感。否则,即使他的行为得到奖励或行为结果优于他人,也不会感到有效能。研究表明,能取得好成绩固然是每个学生的理想所在,但力不从心之感却会使人对学习望而生畏。因此,在人们获得了相应的知识和技能、确立了合理的学习目标之后,自我效能感就成为了学习行为的决定因素。

班杜拉认为,影响自我效能感形成的因素主要有:(1)学习成功与失败的经验。学生的直接经验对其自我效能信念的建立影响很大。一般说来,成功的学习经验会提高学生的自我效能感。相反,失败的学习经验则会降低学生的自我效能感。不过,成败经验对自我效能感的影响还要取决于个体对成败的归因方式。如果个体把成功归因为外部的不可控的因素,就不会增强效能感;反之,如把失败归因为外部的不可控的因素,也不会降低效能感。(2)替代性经验。一个人的自我效能感是个人在与环境互动过程中形成的。当学生看见与自己相似的榜样成功时,就会增强自我效能感;相反,则会降低自我效能感。榜样对自我效能感的影响主要受自我与榜样之间相似程度的影响,相似性越大,榜样成败的经验越具有说服力。(3)言语劝说。教师、家长等重要他人用语言说服学生,使他们相信自己具有完成给定任务的能力,会使学生在遇到困难时付出更大的努力。(4)情绪唤醒。通过调整学生的情绪状态,减轻紧张和负面的情绪倾向,可以起到改变自我效能感的作用。

六、自我价值理论

自我价值理论是美国心理学家卡文顿(Covington)提出的。该理论从学习动机的负面着眼,企图探讨"有些学生为什么不肯努力学习"的问题(张春兴,1998)。这一思路对动机理论的研究颇具启发意义,对学校的教学实际应用也很有参考价值。

卡文顿研究发现,自我接受的需要是人类最高的需求,只有个体感觉到自己有价值,他才能接受自我。而产生自我价值感更多地与能力而不是努力密切相关,学生常常把自我能力与自我价值等同看待。

在竞争激烈的班级教学环境中,学生从考试结果中所体验到的成败经验永远是成功者少,失败者多。在长期追求成功而得不到成功机会的情形下,既要维持自我价值,又想逃避失败后的痛苦,于是在心理上形成一种应付学校考试后成败压力的对策,借此就可逃避承认自己的能力薄弱,从而维持自我价值。有关逃避失败的对策有很多,如不参加考试、力图给别人留下自己没有努力的印象、在考试前扬言自己只要及格就很满足;有的学生在学业中故意拖延或选择任务特别繁重的课程,以逃避反映能力差异的失败。有关研究表明,考试焦虑也是一种逃避失败的策略,因为看起来焦虑总比看起来笨使人更好受一些(Alderman,1999)。

因此卡文顿提出,根据学生追求成功和避免失败的倾向,可以将学生分为四类,如图7-1所示:(1)高趋低避者,这类学生的学习超越了对能力状况和失败状况的考虑,又被称作"成功定向者"。他们往往拥有无穷的好奇心,对学习有极高的自我卷入。(2)低趋高避者,又称"避免失败者"。这类学生有很多保护自己的胜任感的策略,使用各种自我防御术,从外部寻找个人无法控制的原因来解释失败等。(3)高趋高避者,又称"过度努力者"。他们兼具成功定向者和避免失败者的特点。一方面对自我能力的评

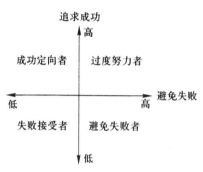

图7-1 自我价值动机的分类

价较高,另一方面这一评价又不稳定,极易受到失败经历的动摇。所以他们往往有完美主义的倾向,给了自己太大的压力,处在持续恐惧之中。(4)低趋低避者,又称"失败接受者"。他们放弃了通过能力的获得来保持其身份和地位的努力。这些学生在面临学业挑战时表现得被动和退缩。他们用于学习的时间很少,焦虑水平也很低,对极少获得的成功并不自豪,对失败也并不感到羞耻。这一分类模型较为完整地揭示了学生的动机情况,对成就动机理论进行了有益的发展和补充。

自我价值理论可以较好地解释"有的学生为什么不肯努力学习",而"有的学生为什么要掩饰其努力或拒绝承认其努力"等问题。这些实质上都源于将成败归因于能力的一种自我价值保护的效应。表面看起来是学习动机的降低,实质上却是自我价值保护这一学习的内部动机的加强。或许可以说对学业的漠视、逃脱和倦怠不是因为缺乏动机,而是因为动机过强。这种过强的动机不是正常的积极的动机,而是与胜任感联系过于密切,从而采用一些自欺欺人的策略保

护自我价值。

七、自我决定理论

自我决定理论由美国心理学家德西(Deci)和瑞恩(Ryan)提出。该理论指出,理解学生的学习动机的关键是个体基本的心理需要:胜任需要、归属需要和自主需要。学习动机的能量和性质,取决于基本的心理需要的满足程度。

所谓胜任,指个人在与社会环境的交互作用中感到自己是有效能的,有机会去锻炼和表现自己的才能;归属指感觉到关心他人并被他人关心,有一种从属于其他个体和团体的安全感,与别人建立起安全和愉快的人际关系;自主指个体能感知到做出的行为是出于自己的意愿的,即个体的行为是自愿的且能够自我调控的。在这三种心理需要中,自我决定理论尤其重视自主的需要,认为学生的自主需要越能得到满足,则他的学习动机就越趋于内化。

所谓内化,是将对外部偶联事件的调控主动地转换为内部调控的过程。人们对有些活动并不感兴趣,但由于这些活动对社会或个体的生存具有重要意义,因此人们会对它们主动、内在地加以整合和内化。与其他内化理论不同的是,自我决定理论把内化过程看作一个连续体,而不是二分变量。根据调控内化程度的不同,可以将外部动机分为四个类型,如图 7-2 所示:外部调控、内摄调控、认同调控和整合调控。

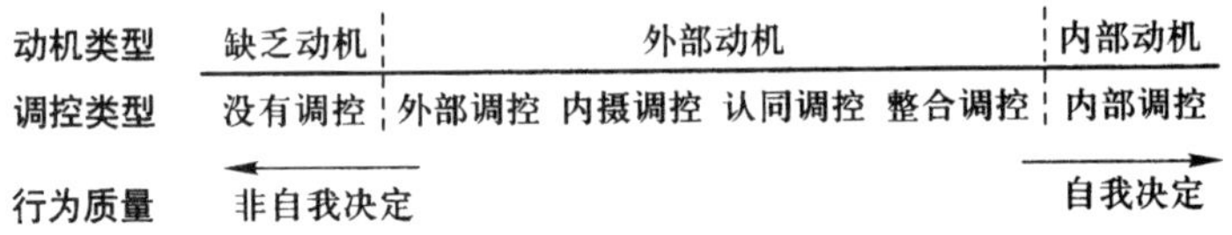

动机类型	缺乏动机	外部动机				内部动机
调控类型	没有调控	外部调控	内摄调控	认同调控	整合调控	内部调控
行为质量	非自我决定					自我决定

图 7-2   动机类型、调控类型与行为质量之间的关系

外部调控指由外部原因如奖励或惩罚而引发学习行为,它是外部动机中自主性最少的形式。

而在内摄调控形式中,外部调控中的一些威胁性的约束或许诺的奖赏内化为硬性的规则或要求,个体在这种规则或要求的约束下不自觉地行动。如一个学生为避免成为一个坏学生而按时上课。此时,他并没有认同规则,因而准时不是他主动的选择。

当个体开始意识到行为的价值,开始认同和接受规则或要求时,认同调控就会发生。与外部调控和内摄调控相比,受认同动机支配的学习行为更具有自主性,更为积极主动。如一个学生愿意做一些额外的数学习题,是因为该生相信这有助于提高数学能力。

整合调控是外部动机内化的最高形式。在这种情况下,调控的过程和个体内在的自我感完全整合在一起。也就是说,学生所认同的规则与学生其他的价值、需要和身份同化在一起。

总之,四种调控的风格处于以外在控制和自我决定为两极的连续体的不同点上,反映了行为的自我决定程度与受控制程度之间比率大小的变化。

第三节　激发学习动机的方法

学习动机的激发是指在一定的教学情境下,利用一定的方法和手段,使已形成的学习需要由潜在状态变为活动状态,形成学习的积极性。在学校教育的实践中,激发学生的学习动机,一方面要帮助学生树立正确的学习目的,明确学习的意义与知识的价值,另一方面要因时、因地、因人采取适宜的方法和技术。

一、充分利用反馈信息,恰当进行奖惩

反馈就是让学生及时了解自己的学习结果。反馈可以加强进一步学习的动机,并对学习效果有明显的影响。通过反馈,一方面学生可以及时了解自己学习的结果,包括运用所学知识解决问题的成效、作业的正误、考试成绩的优劣等,进而根据反馈信息调整自己的学习活动,改进学习策略;另一方面知道自己的学习结果,会对进一步的学习产生激励作用,学生会为了获得更大的进步或避免再犯错误而增强学习动机,从而有利于保持学习的主动性和积极性。

在实际教学中,教师给学生提供反馈要清晰和具体。教师如果给学生提供一个抽象的、不具体的反馈,如"你做得很好",而不作任何解释,学生就难以从反馈中知道他下一步应该做什么,也就不能作出最具有动机效应的努力归因。同时,反馈还应做到及时和经常,及时的反馈可以使学生知道什么是正确的做法,以激发其上进心;经常性的反馈会激起学生进一步学好的愿望,使学生不断地付出最大的努力。

在提供学习结果反馈信息的基础上,再加上定性的评价,效果会更明显,这就是奖励与惩罚的作用。心理学研究表明,表扬与奖励比批评与指责更能有效地激发学生的学习动机,因为前者能使学生获得成就感,增强自信心。不过,许多研究也表明,虽然表扬与奖励对学习具有推进作用,但使用过多或者使用不当,也会产生消极作用。如果滥用外部奖励,不仅不能促进学习,反而可能破坏学生的内部学习动机。但是班杜拉认为,如果任务能提高个体的自我效能或自我价值感,则外部奖励不会影响内部动机。外部强化物究竟是提高还是降低内部动机,这取决于个体的感受与看法。当个体把奖励视为目标,而任务仅是达到

目标的手段时,内部动机就会受损;而当奖励被看作提供有关成功或自我效能的信息时,内部动机则会提高。

总之,教师应根据学生的具体情况进行奖励,把奖励看成某种隐含着成功的信息。奖励本身并无价值,只是用它来吸引学生的注意力,促使学生由外部动机向内部动机转换,使他们对学习任务本身产生兴趣。

二、积极创设问题情境,激发和维持学习兴趣

问题情境是指具有一定难度、需要学生努力克服而又力所能及的学习情境。创设问题情境就是在提供的学习材料、条件、实践与学生的求知心理之间创造一种人为的"不协调",从而把学生引入一种产生疑问、探究问题答案的有关情境的过程。有效的教学在于形成一种使学生似懂非懂、一知半解、不确定的问题情境,由此产生的矛盾、疑惑、惊讶等最能引发学生的好奇心,产生学习的愿望和意向。只有在学习那些"半生不熟"、"似懂非懂"、"似会非会"的东西时,学生才会感兴趣且迫切希望掌握它。能否成为问题情境,主要看学习任务与学生已有知识经验的适合度。完全适合(太易)或完全不适合(太难)都不能构成问题情境。只有在既适合又不适合(中等难度)的情况下,才能构成问题情境。

创设问题情境是激发学生学习动机的有效方法和手段,成功的教学应不断创设问题情境,激起学生的好奇心、求知欲,激发学习的内部动机。教师在教学过程中,如果能经常创设一些问题情境,就能使学生的学习动机始终处于激发状态,从而努力学习,不断进步。那么,教师应该怎样去创设问题情境呢?

要想创设问题情境,首先要求教师熟悉教材,掌握教材的结构,了解新旧知识之间的内在联系;此外要求教师充分了解学生已有的认知结构状态,使新的学习内容与学生已有的水平构成一个适当的跨度。这样,才能创设问题情境。

创设问题情境的方式可以多种多样,它既可以用教师设问的方式提出,也可用作业的方式提出;它既可以从新旧教材的联系方面引进,也可以从学生的日常经验引进。例如,在讲解"蒸汽变水"时,教师问:"在寒冷的冬天,我们在室外说话,空气里会出现什么东西?"学生答:"一团团的哈气。"教师又问:"那么,我们冬天在室内说话,为什么没有哈气呢?"如果学生答不上来,就构成了问题。这是从学生的日常经验引进,以教师设问方式创设的一种问题情境。又如,在讲授"乘法运算"时,可以先让学生做一些加法题,如"两个5是几?""三个5是几?""10个5是几?"等,然后提出"100个5是几?""1 000个5是几?"等。这时,学生可能试图写出100或1 000个"5"的连加算式。这时,教师可引导学生:这样列式会很长,并且算起来相当麻烦,有没有简便的算法呢? 如果学生找不到,这时教师就告诉学生:"简便的算法是有的,它叫乘法运算。从现在开始,就来学

习这种简便的运算。"这是从新旧教材的联系引进,以作业方式来创设的一种问题情境。

以上所举的实例,都是讲在教学开始时问题情境的创设。其实,在教学过程和教学结束时,也可以创设问题情境。例如,在实验课上,教师先演示实验或学生先按教师要求进行实验操作,然后针对实验中学生看到的现象,要学生说明现象变化的原因。这是在教学过程中创设的问题情境。又如,在数学课上,教师在讲解完同分母分数加法的运算法则后,提出一个异分母加法的题目,以激起学生学习新材料的愿望。这是在教学结束时创设的问题情境。

三、指导学生进行积极归因,增强对成功的期望

学生对自己学业成败的不同归因方式,会引起不同的认知、情绪和行为反应,不同的归因方式会产生不同的效果。如学生把失败结果归因于能力、任务难度等稳定性因素,会对未来的成功失去信心,期望降低;如果把失败归因于努力等不稳定因素,会使其相信改变未来的失败是可能的,对成功的期望也会增强。在各种因素中,能力和努力是两个最为主要的因素,把成功归因于能力,会引起自豪感和自尊感,有助于增强学生的自我效能感,进而有利于以后的学习和归因;把失败归因于能力,会损害自尊与自信,导致学生放弃努力,进而产生习得无助感,对学习"破罐子破摔"。可见,合理的归因可以提高自信与坚持性,而错误的归因会增加自卑与自弃。

指导学生对学习结果进行合理归因,就是要让学生树立这样一种信念:只有努力才有可能成功,不努力注定要失败。要引导学生把成功归因于自身的内部因素,以使他们体验到成功感和自我效能感,进一步增强今后承担和完成任务的自信心。同时,应预防学生将失败归因于能力等稳定且不可控的因素,因为这种归因方式会严重挫伤学生的学习积极性和自信心。当然,也不能让学生产生"成功只取决于努力"这种不现实的认识,应该让他们正确估计自己的能力,同时又认识到努力对于取得成功的重要作用。教师可以采取如下的帮助措施:(1)帮助学生了解自己的优点和缺点,并为他们制订切实可行的目标。(2)制订出具体的行动计划以帮助他们达到目标,使他们成为自己控制自己而不是受别人控制的人。同时,要改变他们的归因倾向,让他们将失败归因于缺乏努力,而不是缺乏能力,使他们明白,只要付出努力便有可能成功的道理。(3)教学生学会何时完成他们的计划,并对学生的每一个学习行为给予及时的反馈。

在教学中对学生进行归因训练,是指导学生对学习结果进行合理归因的重要措施。归因训练就是通过中介干预,帮助学生消除消极的归因模式,建立有利于提高动机水平的积极归因模式,经常保持积极的情感体验和较高的成功期望。

表 7-2 简要列出了不同的归因模式对学习的不同影响。

表 7-2 归因模式对学习的影响

积极的归因模式	成功→能力高→积极情绪(自豪、自尊)→增强对成功的期望→动机水平提高→自我效能感提高 失败→缺乏努力→动机性情绪(内疚)→保持较高的成功期望→动机水平提高→维持较高的自我效能感
消极的归因模式	成功→运气→一般情绪(不在乎)→很少增强对成功的期望→动机水平不高→自我效能感低 失败→缺乏能力→消极情绪(羞愧、无能感、沮丧)→降低对成功的期望→动机水平降低→自我效能感降低

消极的归因模式显然不利于学生后继的学习行为,然而在实际教学中却普遍存在。对此,教师可以在教学活动中,通过有目的、有计划、有针对性的训练,运用说服、讨论、示范、强化等措施,使学生通过归因产生积极的情绪和较高的学业期望与自我效能感,使学生改变消极的归因模式,转化为积极的归因模式。

四、合理设置课堂环境,妥善处理竞争和合作

学生的学习主要是在课堂中进行的,课堂中的合作与竞争环境无疑是影响学习动机的一个重要的外部因素。我们在成就目标理论中谈到,个体在学习过程中,主要受到掌握目标、表现目标和社会目标的支配。至于个体具体选择哪一种成就目标,一方面取决于他所持有的内隐的能力观念,另一方面取决于外在的课堂环境。

在现实的课堂环境中,个体相互作用的方式主要有相互对抗、相互促进和互相独立三种形式,与此相对应存在三种课堂目标结构:竞争型、合作型和个体型。在竞争型目标结构中,团体成员之间的目标具有对抗性,只有其他人达不到目标时,某一个体才有可能达到目标,取得成功,个体重视取胜更甚于公平,因此同伴之间的关系是对抗的。在合作型目标结构中,团体成员之间分享共同的目标,只有所有成员都达到目标时,每个个体才有可能取得成功,个体会以一种既有利于自己也有利于同伴的方式活动,因此同伴之间的关系是促进的。在个体型目标结构中,个体是否成功与团体中的其他成员是否达到目标无关,个体注重的是自己对学习的完成情况和自身的进步幅度,因此同伴之间的关系是独立、互不干涉的。大量研究表明,三种课堂结构会激发出学生不同的动机系统。

(1)竞争型课堂结构激发以表现目标为中心的动机系统。竞争使学生的注

意力指向他们自己能够完成学习的能力,而不是指向"怎样"完成目前的学习。在竞争过程中,个体所获得的成绩本身并无意义,只有在与他人进行相互比较后才变得可以解释,从中鉴别出自己能力的高低。竞争情境的最大特点是能力归因,学生认为获胜的机会与个人的能力直接相关。当一个人认识到自己有竞争能力时,就会积极活动,争取成功;当认为自己无竞争能力时,自尊就会受到威胁,因而会逃避竞争情境。

(2)合作型课堂结构激发以社会目标为中心的动机系统。合作情境涉及为共同目标而工作,因此在合作情境中常常出现帮助行为。帮助既是援助他人,也是承担合作学习中的工作,帮助和合作是不可分的,成功的合作小组中的成员都认为同伴的帮助是取得成功的关键因素。合作情境的另一明显特点是共同努力。学生之间存在着积极的相互依赖关系,他们共同努力,共享成功的奖励。在合作情境中,每个成员都尽全力为集体的成功而工作,积极承担集体义务。

(3)个体型课堂结构激发以掌握目标为中心的动机系统。个体结构很少注重外部标准,强调自我发展和自身进步,强调只要自己努力就能完成学习,获得自我的进步和水平的提高。在这种情况下,往往将成功归因于努力,产生很强的自豪感;失败则会导致产生内疚感,但也不会认为自己无能,而是通过增加努力或寻找更好的学习方法来争取下次的成功。他们相信自己的能力会不断提高,即使在遇到失败时,也不会否定自己的能力和水平,不会降低自我评价,而是认为自己努力不够或方法不对,坚持认为自己有能力获得成功。

综上可知,三种课堂结构都能在不同的方面激发学生的学习动机。但是大量的研究表明,合作型目标结构能最大限度地调动学习的积极性,更有利于激发学生的学习动机和帮助改善同伴关系。不过,要使得合作学习有效,必须将小组奖励与个人责任相结合。也就是说,当合作小组达到规定的目标时,必须给予小组奖励。这样,才能使小组成员感到有共同的奋斗目标,从而激发学习动机,提高学习成绩。同时,小组的所有成员必须都对小组的成功作出贡献。当每一名小组成员对小组的成绩都负有责任时,所有成员才会积极地参与到小组的活动中去,使所有成员都有取得进步的机会。有关合作学习更详细的讨论,我们已经在第六章阐述过,这里不再赘述。

虽然大量研究表明,竞争对学生的学习动机存在一定的消极影响,但完全取消竞争也是不现实的,关键是如何正确使用竞争手段。学习竞赛往往是对不合作的一种无形的鼓励,不利于团结协作的集体主义精神的建立。要想发挥其积极作用,在竞赛标准上应体现出鼓励进步和团结互助,尽量多用集体或小组竞赛,而少用个人竞赛,并鼓励学生开展"自我竞赛"。这样,有利于使先进更先进,后进变先进,团结友爱向前进;有利于防止自卑心理、骄傲情绪和个人主义等不良倾向。

五、培养自我效能感，增强学生成功的自信心

自我效能感是一种主观的心理感受，这种主观感受影响任务选择、努力程度、坚持性以及学习态度等。具有高自我效能感的学生，倾向于选择具有挑战性的任务，且遇到困难时仍能坚持，较少害怕和焦虑；自我效能感低的学生，则害怕选择具有挑战性的任务，遇到困难时容易放弃，或采取拖延、试图回避的方式来处理困难的任务。在对待学习活动的态度方面，自我效能感高的学生具有自信心，敢于面对困难，面对即将学习的较难的学业内容，根据自己以往的学习经验，会认为自己通过努力能够完成学习活动；自我效能感低的学生，则对完成任务没有自信，认为努力、练习无济于事，因而容易退缩。

自我效能感影响学生的自我评价和自信心，进而影响学习成绩。尤其是那些学业不良的学生，由于对自己的学习能力持怀疑态度，表现出很低的自我效能感，在学习中容易放弃尝试和应有的努力，学习成绩也就难以提高。因此，教师在教学中要通过一定的方法改变和提高学生的自我效能感。

（1）选择难易适中的任务，让学生不断地获得成功体验，进而提高自我效能感。学业成绩不良的学生常常过分夸大学习中的困难，过低估计自己的能力，这就需要教师为这些学生创设更多成功的机会，让他们在学习活动中，通过成功完成学习任务、克服学习中困难来体验和认识自己的能力。每个学生都有自己的特长与潜能，教师要善于发现，并让学生有展示的机会，获得多次成功的体验来提高他们的学习动机和自信心。

（2）让学生观察那些学习能力与自己差不多的同学取得成功的学习行为，通过获得替代性经验和强化来提高他们的自我效能感，使他们确信自己也有能力完成相应的学习任务，由此产生积极学习的动力。当一个人看到与自己水平接近的学生学习成功时，就会增强他的自我效能感，激发其学习动机。

（3）引导学生坦然面对失败，从失败中找出可以改进的因素，进而提高自己的学习技能，增强获得成功的自信。学业不良的学生常常表现出厌学倾向，这是在失败的情境下产生的心理反应。如前所述，对失败的不适当归因，会使学生产生无助感，诱发消极的心理防御。有的学生为了避免再次失败对自己自尊心的打击，干脆采取退避行为。因此，让学生正确对待失败与鼓励取得成功同样重要。在学生学习受到挫折时，要引导他们改变对自己学习能力的错误判断，形成正确的自我效能评价，提高取得学习成功的信心。

六、维护学生的自我价值，警惕自我妨碍策略

自我价值理论指出，学习者有保护和表现自我价值的需要，这是个人追求成

功的内在动力之一。随着年龄的增长,学习者越来越倾向于将成功视为能力的展现而并非努力的结果。而一旦成功难追求,学习者就可能改以逃避失败来维持自我价值。正因为此,我们在生活中常常发现有些学生为了"面子"问题,而选择各种消极的自我妨碍策略。如有些学生喜欢把作业拖到最后一分钟才开始完成,考试前的复习尽可能拖延到最后一刻才开始,还有些学生通过制订一个不现实的目标来掩饰能力的不足,让自己确信失败是因为任务很难而不是自己能力不够;另一些学生会拒绝学习,标榜学习不重要、努力的人都是傻瓜、学业失败是个性的表现等。以上种种自我妨碍策略,正是源于学生对失败后导致的能力被否定的恐惧。

随着学生对努力、能力、成功等概念理解的变化,许多课堂上的教学就变成了一种能力竞赛。动机的增强不一定是为了学习,而是为了胜过他人以提升自己的声誉。在这样的课堂里,学生由于对他人可能做得更好而心存恐惧,因而成就动机会不断提高。对于学习而言,这是一种破坏性的动机,它让学生远离真正的成就,降低他们尝试的意愿,引发学生之间的嫉妒性比较。过多地将评价和能力差异联系起来,会使得个体为保护以能力为基础的自我价值感免受损害而采用一些歪曲的策略欺骗自己,制造一些借口来推卸失败的个人责任。更糟糕的是,这种防御策略的作用并不长久,最终借口会失去作用,这时学生对自己的能力将产生更加肯定的怀疑。防御措施的崩溃,使得学生感到绝望和被暴露,为自己的愚蠢而愤怒,焦虑等不良情绪会不断袭来,其结果只会更糟糕。

因此,教师应该给教给学生一种积极、乐观的看待能力的态度。首先,让学生意识到能力是一种用来解决问题的资源,可以随着知识经验的增加而增加;其次,让学生知道能力是拥有多个纬度、多种形式的,这样,所有的学生都或多或少地拥有不同方面的专长。同时,教师可以对学生的多种能力形式进行奖励,鼓励学生尽可能多地运用已有的、发展最好的能力,这也是加强其学习愿望的一个途径。

总之,教师要理解和尊重学生有保护自我价值的需要,引导他们把自我价值的实现方式与正向、积极的学习行为相联系,避免学生不断从环境中体验到对自我价值的威胁感,从而采取各种自我妨碍的逃避策略。研究表明,依照以下三个动机原则而设置的课堂任务有助于达到以上的教育效果。其一,提供足够的自我发展的机会,即在教学中教师尽可能不使用惩罚,尤其是不使用针对个人能力、成败的负向评价,帮助学生在学习过程中逐步提高成就感,不断克服先前的错误和缺点而做得更好。在淡化惩罚和评价色彩的教学氛围中,学生往往也容易摆脱对"自我价值"的过度关注,体验到更多安全感,同时表现出更多的探索和挑战欲望。其二,任务设置保证合理的挑战性,即针对学生目前的能力合理设计教学中的任务。任务过于简单或过于困难,都不利于学生自我价值需要的满足;具有合理挑战性的任务会鼓励学生调动各种相关信息,探索矛盾和不确定性因素。其三,更多合作,更多团体意识,即让学生明白学习是一项以集体为单位的共同活动,学习效果的提高是集体共同努力的结果,借以帮助学生日后能更好地适应社会,处理好各种人际关系和活动协作任务。

七、维护内在需要,促进外部动机内化

兴趣、好奇心、探索欲是人类学习的最早动力。源于内部需要的学习动机具有更多坚持性和抗干扰性,能引起学习者更高水平的知识学习,能预期学习者更好的学业表现和心理健康水平。然而,设想每个孩子都对教育中涉及的所有内容充满好奇和兴趣是不现实的。虽然基于内部动机的学习行为表现出种种优势,但外部动机仍然是必要的。因此,帮助学生将外部调控的学习动机不断内化,形成相对自主调控的学习动机,就成为学习动机激发的重要措施。

研究发现,外部学习动机的激发手段具有很大的局限性。外在奖惩设置可能抑制和削弱学生的内部学习动机;习惯了依靠外界奖惩引导自身学习行为的孩子,往往在缺乏教师指导的情境中很难表现出持续的学习行为,他们可能觉得迷惘、不知所措,或者为了享受“脱离约束”的感觉而走向另一个极端。

要解决这一问题,关键在于如何促进学生外部学习动机的不断内化和整合。例如,同样是基于外部学习动机的学习行为,学生或者是因为强制命令而被迫学习,或者是因为责任感或内疚感的体验而学习,又或者是出于对所学内容价值感和重要性的考虑,这些可能会造成不同的学习效果。那么,教师如何才能帮助学生内化外部学习动机呢?自我决定理论指出,教师应该创设能够充分满足学生胜任需要、归属需要和自主需要的学习环境,帮助学生培养自我决定的学习动机。例如,教师可以通过增加课堂中的弹性空间、强调任务的意义和价值、承认并接纳学生在学习中的消极情绪等方式,帮助学生更好地接纳那些暂时无法引起他们兴趣的学习任务。研究者建议教师减少在笔记和课本等教学材料上停留的时间,给学生提供更多自主学习的机会,鼓励学生自发提问,鼓励学生主动表达学习中的情绪,尤其是那些可能妨碍学习兴趣的负面情绪,尽量避免命令、批评,避免强行打断学生的自发探索。

研究发现,在面对枯燥的学习任务时,如果教师能提供更多的关于“为什么学习它”的信息以帮助学生理解学习的价值,同时对学生体验到的厌烦、受挫等消极情绪表示理解和接纳,学生能表现出更持久而有效的学习动机。

总之,教师在教学过程中无论采用哪种教学方法与手段,一切都是为了激发学生的学习动机,调动学生学习的积极性,提高教学质量。学生的学习是一个积

极主动的、有目标的活动,要激发学生的学习动机,促进学习动机的发展与提高,教师必须理解并利用有关策略来鼓励学生积极的学习行为。

1. 什么是学习动机? 如何了解学生真实的学习动机情况?

2. 根据强化动机理论,应该如何激发学生的学习动机?

3. 成就动机理论的基本内容是什么? 它对于激发学习动机有什么独特的启示?

4. 面对一个学业不良的学生,在提到学习动机时,你会想到本章中有关学习动机的哪些观念? 作为教师,在学生学习动机的激发中应发挥哪些方面的作用?

5. 你在见习或实习时,花一定时间与那些对部分或全部科目缺乏学习兴趣的学生谈话,把学生形容自己失败和成功的词语以及描述对他人和自己看法的词汇都记录下来,并把这些词语按归因的维度分类,看看:他们是怎样对自己的成功与失败进行归因的? 如何训练他们进行积极归因?

6. 设计一个培养学生自我效能感的合作学习的组织方法。

7. 如何在你的班级里维护学生的自我价值,防止学生采用自我妨碍策略?

8. 自我决定理论对你自己的学习和你未来的教学有哪些启发?

阅读导航

1. 冯忠良、伍新春等:《教育心理学》(第十二章),北京:人民教育出版社,2010 年。

该章在简要介绍学习动机的实质与作用后,详细阐述行为强化理论、需要层次理论、成就动机理论、成败归因理论、成就目标理论、自我效能感理论、自我价值理论、自我决定理论等经典和新近的学习动机理论及其相应的动机激发措施。

2. 张春兴:《教育心理学》(第八章),杭州:浙江教育出版社,1998 年。

该章在明确学习动机基本概念的基础上,介绍了学习动机的行为论、人本论和认知论,并探讨了在学习过程中培养学习动机的措施。

3. 安妮塔·伍尔福克著,伍新春等译:《伍尔福克教育心理学》(第十一章),北京:中国人民大学出版社,2012 年。

该章在明确动机的含义、外部动机与内部动机的关系的基础上,从需要、目标、信念、自我、兴趣、好奇、情绪、焦虑等视角介绍了各种动机理论,尤其重视各种动机理论对于教学实践的启发,材料新颖,应用性强,具有极大的参考价值。

4. 斯腾伯格、威廉姆斯著,张厚粲译:《教育心理学》(第十章),北京:中国轻工业出版社,2003年。

该章介绍了学习动机的行为主义理论、认知理论、社会学习理论和人本主义理论,并详细讨论了激活水平、成就目标、学生需要、归因与信念等对于激发学习动机的作用,具有较高的实用价值。

第八章　知识的建构

　　这个程序实际上很简单。首先,你把总件数分成几组。当然,如果件数不多的话,一次就行了,……很重要的是,一次件数不能太多。就是说,每次太多不如少些好。这在短时间内似乎无所谓,但经常不注意这一点,就很容易造成麻烦。而且,一旦带来麻烦,其代价可能是很昂贵的。一开始,整个程序看上去比较复杂,但过不了多久,它就会成为你生活中的一个组成部分。

　　当你读完这段话后,你可能根本无法理解它的意思。但是,如果给你一个标题"洗衣机使用说明书",这段话就变得可理解了。为什么呢?

　　在未加标题之前,虽然每个字都认识,每句话都懂,但是整段文字让人不知所云。而一旦加了标题,我们却又恍然大悟。一个简单的标题,唤醒了我们头脑中的已有经验,使我们可以理解这段文字;而离开了经验背景,这段话就成了一些杂乱无章的符号。可见,理解并不是一个简单"印入"信息的过程,学习者已有的知识经验起着重要的作用,意义的理解正是通过外界信息与已有经验的相互作用而实现的。

　　建构主义者认为,知识的学习过程是一种建构过程,是学生把新学习的信息与长时记忆中的有关信息建立联系,从而建构事物的意义并把它整合进已有知识系统的过程。建构主义非常重视已有的相关知识经验,认为它的正确与否对新知识的学习和理解有非常重要的影响。本章将对这些问题进行重点探讨。

第一节　知识及知识建构

　　心理学研究表明,个体要想有效地完成某一学习任务,只有能力是不够的,个体还必须具有相应的知识,知识的掌握程度制约着问题的解决水平。知识也是思维的工具,思维活动的进行离不开对知识的提取和重组。可见,知识的学习对个体的发展非常重要。那么,到底什么是知识? 知识有哪些类型呢?

一、知识及其类型

(一)什么是知识

　　我们日常生活中经常用到和听到"知识"这个词,但要给它下一个确切的定义,或者说明它的含义却不容易。从不同的学科背景或不同的理论观点出发,对知识的界定也不同。

根据哲学认识论中反映论的观点,认为知识就它反映的内容而言,是客观事物的属性和联系的反映,是客观世界在人脑中的主观反映。就它反映活动的形式而言,有时表现为关于事物的概念或规律,属于理性知识。

根据现代认知心理学的观点,知识是个体头脑中的一种内部状态。当代认知心理学把知识看作储存在个体长时记忆中的信息,这种信息有一定的组织结构。但这些信息并不是外界客观事物的准确拷贝和完整录入,也不是人生来就有的,它是通过主体与客观事物相互作用而进行建构的结果。当代著名的心理学家皮亚杰认为:知识是主体与环境或思维与客体相互交换而导致的知觉建构,知识不是客体的副本,也不是由主体决定的先验知识。

在教育心理学领域,不同学者对知识的定义也差别较大。比如,布卢姆(B. S. Bloom)将知识定义为对具体事物和普遍原理的回忆,对方法和过程的回忆,或者对一种模式、结构或框架的回忆。加涅倾向于把知识看作言语信息,即用言语符号来标志某种事物或表述某些事实。这些解释各有侧重,有一定的合理性,但都没有全面说明知识的本质。

综上所述,我们倾向于认为,知识是在主客体相互作用的基础上产生的,是客观事物的特征和联系在人脑中的能动反应,是客观事物的主观表征,既具有客观性,又具有主观性。

(二)知识的分类

"知识"一词在使用的过程中,有广义和狭义之分。广义的知识泛指人们所获得的一切知识经验,将心智技能和认知策略也包含在其中。狭义的知识仅指个体获得的各种主观表征,不包括技能和策略等调控经验。知识根据不同的标准可以分成很多类型。对知识进行科学分类,是为了具体阐明不同类型的知识是如何被学习者习得、保持和提取的,能够使我们针对知识的不同类型更好地进行教学,设计相应的教学策略,促进学生对知识的理解和掌握。

1. 陈述性知识与程序性知识

根据知识的不同表述形式,著名的认知心理学家安德森(J. R. Anderson)将知识划分为两类:陈述性知识和程序性知识。

陈述性知识主要说明事物是什么、为什么、怎么样,一般可以用口头和书面言语进行清楚明白的陈述。这里的"陈述",既可以是对别人的陈述,也可以是在头脑中对自己的陈述。比如,"两对边平行且相等的四边形是平行四边形"、"2008 年奥运会在北京举行"等规则和事实,"活到老,学到老"、"生命在于运动"、"知识就是力量"等观点和信念等,都是陈述性知识。这就是传统上所说的知识,也就是我们所说的狭义的知识。本章所讲的知识主要是陈述性知识,即狭义的知识。

程序性知识主要说明做什么和怎么做,反映活动的具体过程和操作步骤,主要用于实际操作。由于它主要涉及做事的策略和方法,因此也称为策略性知识或方法性知识。比如,怎样骑自行车、如何操作电脑、怎么计算"(7+9)/2＝?"、如何管理课堂纪律等。程序性知识与我们平常所说的技能密切相关,这部分知识我们将在第九章进行详细介绍。

2. 具体知识、方式方法知识与普遍原理知识

布卢姆在其认知领域的教育目标分类系统中,把知识分为三个大的类别:具体知识、方式方法知识和普遍原理知识。

具体知识是指具体的、独立的信息,主要指具体指称物的符号。它们是比较复杂、抽象的知识形态的构成要素。具体知识又包括两个亚类:一是术语的知识,指具体符号的指称物的知识;二是具体事实的知识,是有关日期、事件、人物、地点等方面的知识。

方式方法知识是指有关组织、研究、判断和批评的方式方法的知识。这种知识处于具体知识与普遍原理知识之间的中等抽象水平上。该类知识包括五个亚类:一是惯例的知识,是有关对待、表达各种现象和观念的独特方式的知识;二是趋势和顺序的知识,是有关时间方面各种现象所发生的过程、方向和运动的知识;三是分类和类别的知识,是有关类别、组别、部类及排列的知识;四是准则的知识,是有关检验或判断各种事实、原理、观点和行为所依据的知识;五是方法论的知识,是有关在某一特定学科领域里使用的以及在调查特定的问题和现象时所使用的探究方法、技巧和步骤的知识。

普遍原理知识是指把各种现象和观念组织起来的主要体系和模式的知识。该类知识处于高度抽象和非常复杂的水平上。它包括两个亚类:一是原理和概括的知识,是有关对各种现象的观察结果进行概括的特定抽象要领方面的知识;二是理论和结构的知识,是有关为某种复杂的现象、问题和领域提供一种清晰、完整、系统观点的重要原理及其相互关系方面的知识。

3. 显性知识与隐性知识

根据知识能否清晰地表述和有效的转移,可以把知识分为显性知识和隐性知识。哲学家迈克尔·波兰尼(Micheal Polanyi)最早提出这种知识分类,他认为:人类的知识有两种。通常被描述为知识的,即以书面文字、图表和数学公式加以表述的,只是一种类型的知识。而未被表述的知识,像我们在做某事的行动中所拥有的知识,是另一种知识。他把前者称为显性知识,而将后者称为隐性知识。按照波兰尼的理解,显性知识是能够被人类以一定符码系统(最典型的是语言,也包括数学公式、各类图表、盲文、手势语、旗语等诸种符号形式)加以完

整表述的知识。隐性知识和显性知识相对,是指那种我们知道但难以言述的知识。比如,幼儿在未受正规教育之前,能用合乎语法的句子表达自己的思想,但是他们却未能清晰意识到自己话语中暗含的语法规则,这就是隐性知识。

二、知识建构的机制

个体获得知识的过程不仅仅是知识从外到内的简单传递过程,它并不是学生原封不动地接受和占有知识,而是学生积极主动建构自己知识的过程,这种建构活动是通过新信息与原有知识经验之间反复相互作用而实现的。

(一)同化

在知识建构过程中,学生首先需要以原有的知识经验为基础来同化新知识。对新信息的理解总是依赖学生原有的知识经验,学生必须在新信息与原有知识经验之间建立适当的联系,才能获得新信息的意义。比如,在学习“三角形”这一概念时,学生必须将这一名词与他们看到过的各种形状的三角形物体联系起来;在学习“直角三角形”时,学生必须联系自己有关“直角”和“三角形”的知识以及生活中的一些实际经验。如果个体没有这些相关的知识经验,这些名词就成了没有意义的符号。像这样,学生通过将新知识与原有的知识经验联系起来,从而获得新知识的意义,并把它纳入已有认知结构的过程,称为新知识的同化。一旦学生在新信息与原有的知识经验之间建立了逻辑的联系,他就可以利用相关的背景知识对信息作出进一步的推理和预期,从而“超越给定信息”,进一步生成更丰富的理解。

(二)顺应

随着新知识的同化,原有的知识经验会因为新知识的纳入而发生一定的调整或改组,这就是知识的顺应。当新观念与原有的知识经验可以融洽相处时,新观念的进入可以丰富和充实原有的知识经验。比如在学习了“力”的概念后,再学习“重力”和“摩擦力”等,就可以丰富学生对“力”的理解。有时,新观念与原有的观念之间存在一定的偏差,此时新观念的进入会使原有的观念发生一定的调整。比如,在把“定滑轮”作为“杠杆”的特例同化到认知结构中时,学生对杠杆的理解会发生一些改变:杠杆不一定是细长的,也可以是一个轮子。更有甚者,有时新观念与原有观念之间完全对立。比如,小学生学习“地球是圆的”时,常常会与他们的日常经验“地球是平的”相冲突,这时学生就需要转变原有的错误概念,使之发生更明显的顺应。

总之,同化意味着学生联系和利用原有的知识来获得新观念,它体现了知识发展的连续性和累计性;顺应则意味着新旧知识之间的整合与协调,它体现了知识发展的对立性和改造性。通过同化理解新知识的意义是原有的知识发生顺应的基础,而真正的同化也常常离不开顺应的发生,因为只有转变了原有的错误概念,解决了新旧知识之间的冲突,新观念才能与原有的知识体系协调一致,从而真正实现知识的整合。知识建构一方面表现为新知识的获得和理解,另一方面又表现为原有的知识的调整和改变。同化和顺应作为知识建构的基本机制,是相互依存、不可分割的两个方面。

第二节　知识的理解

　　知识的建构是通过新旧知识之间的同化和顺应过程来实现的,本节将主要从同化的角度来分析知识的获得与理解过程。学生学习知识的最终目的是为了更好地理解世界,灵活地适应世界。这就意味着,知识的学习不只在于能背诵多少概念、原理,更重要的是所获得知识的质量及迁移的灵活性。为了达到这一目的,学生就需要对知识进行深层的、灵活的理解,而不只是字面的、表层的、僵化的记忆。“为理解而教”已经成为当今教学领域的重要信念。为此,本节将重点考察知识的理解的过程以及影响因素。

一、知识理解的类型与过程

（一）符号学习、概念学习和命题学习

　　根据知识本身的存在形式和复杂程度,奥苏伯尔将知识的理解(学习的核心过程)分为符号学习、概念学习和命题学习。

　　1. 符号学习

　　符号学习也称代表性学习,是指学习单个符号或者一组符号的意义,或者说学习符号本身代表什么。符号学习的主要内容是词汇学习,即学习单词代表什么。比如汉语的词汇教学和英语的单词教学,都属于符号学习。儿童经过反复学习,当看到“苹果”(apple)时知道它的读音或听到“苹果”(apple)一词时拿起“苹果”这种实物,这就是符号学习的结果。在任何语言中,单词可以代表物理世界、社会世界、观念世界的对象、情境、概念或其他符号,这种代表关系是约定俗成的。

　　当然,符号学习不仅仅局限于语言学习,也包括非语言学习(图像、图表、图形、表情、姿势等)。比如,会观看气象图,知道数学图表代表的意义,知道点头表示同意,摆手表示打招呼或不同意,北京在中国地图上的位置,等等,这些都属于符号学习。

　　2. 概念学习

　　概念是指用某种符号所代表的一类具有某些共同关键特征的事物。概念学

习是指掌握概念的一般意义,实质上是掌握某一类事物的共同本质属性的过程。比如,"鱼"这类动物的共同关键特征是"有鳍"、"会游泳"、"有鳃",其他的如形状、大小、颜色、生活习性等都是无关特征,不影响它们的分类。学习"鱼"的定义,就是要掌握这三个关键特征,这种学习就属于概念学习。

概念学习比符号学习复杂,但需要以符号学习为基础,在概念学习中也有符号学习的任务。两者的区别是,概念学习的关键不在于记住符号,而在于掌握符号所代表的同类事物的本质属性。比如,记住"鱼"的读音或者写法是符号学习,而知道哪些动物属于"鱼",为什么属于"鱼",这就属于概念学习。

由于概念的肯定例证除了共同本质属性以外,还有许多非本质属性(又称无关特征),例如,"鸟"的本质属性是"前肢为翼、无齿有喙",而"能飞"是非本质属性,所以概念学习也意味着学生能辨别同类事物的本质属性与非本质属性。对于那些很难下定义的概念来说,学生应能列出有关概念的多个例证,同时辨别它们与邻近概念的相同点和不同点,这也属于概念学习。

3. 命题学习

命题学习是指获得由几个概念构成的命题意义的过程,实际上就是学习多个概念之间的关系。命题主要是由句子来代表的,组成句子的词实际上都是代表这些联系的概念。所以,学习命题的意义,首先必须了解组成命题的概念。比如,学习"圆的直径是它半径的两倍"这个命题时,必须已经掌握了"圆"、"半径"、"直径"等概念。如果学生没有掌握"圆"、"半径"、"直径"等概念,也就无法掌握"圆的直径是它半径的两倍"这一命题的意义。从中可以看出,命题学习必须以符号学习和概念学习为基础,是一种更复杂的学习形式。

(二)概念形成与概念同化

概念学习是学生知识学习的重要内容。根据心理学的研究和学校教学的经验,奥苏伯尔认为学生学习概念主要通过两种形式来进行。这两种形式就是概念形成和概念同化。

1. 概念形成

概念形成是指学习者对同类事物的大量例子进行分析,对比它们与其他事物的区别,从而发现这类事物的共同关键特征的学习方式。概念形成的过程可以用人工概念来演示,有关人工概念的经典实验是布鲁纳利用卡片进行的研究(见图8-1)。例如有很多张卡片,每张卡片有一个几何图形,图形分圆、十字和方形。每一种形状又有数量(一个、两个、三个)、颜色(红、绿、黑)和边框数(一个、两个、三个)之分。实验时主试预先想好一个概念,如"红色的圆"。然后主试可以按照任何顺序从这些卡片中挑选出包含有主试心中概念的一张,让被试猜测主试头脑中的概念是什么。被试通过挑选他认为同样包含有这个概念的卡片来猜测这个概念,主试对被试所挑选的卡片只给予"对"与"不对"的反馈,直到被试找到主试头脑中的概念为止。

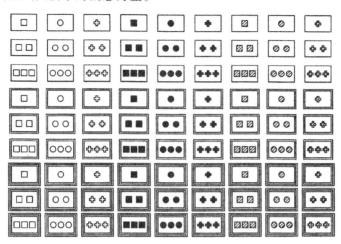

图 8-1　人工概念的形成

与概念形成相对应的教学方法是例规法。例规法是指先呈现要学习的概念的大量例子,让学生从例子中概括出概念的共同关键属性的教学方法。比如,要学习"鸟"这个概念,先给学生提供很多鸟的例子,诸如金丝雀、鸵鸟、燕子、喜鹊等,最好还要提供不是鸟的例子,如蝙蝠,让学生在总结关键特征的同时,能够区分出非关键特征,这样更有利于学生的发现和概括。

很明显,在这种教学方法的指导下,学生进行的是发现学习。当然,教师在学生遇到困难的时候,给予适当提示,常常是必要的。提示越多、越明显,发现关键属性的难度就越低。这样的发现学习被称为有指导的发现学习。在课堂教学情境中,完全由学生去独立发现的情况是很少见的,一般都是在教师指导下进行的发现学习。比如,前面我们提到"鱼"的共同特征有三个,其中"有鳍"、"会游泳"这两个特征学生很容易在例子中发现,但是"有鳃"的特征就不是非常明显,此时就需要教师引导学生,可以通过提供大量鱼的图片或者录像资料等手段来达到这个目的。

概念形成是一种在正式情境(如正规的学校学习)和非正式情境(如日常的生活)下都适用的学习方式,比如在日常生活中,学前儿童主要通过概念形成来习得概念;而在正式的教学情境中,教师经常采用例规法这一教学方法来讲授一些概念。

奥苏伯尔认为,概念形成主要发生在幼小的儿童身上,主要适用于学前儿童和小学低年级儿童的概念获得。由于已有知识不多,年幼儿童只能从大量的具体例子出发,从他们实际经历的概念的肯定例证中,以归纳的方式抽取出一类事物的共同关键特征,从而获得某些初级概念。他们从具体的经验中以归纳的形式习得一般观念,至少以比较原始的形式涉及了诸如辨别性分析、抽象、分化、提出并检验假设、概括等基本的心理过程。

无论在真实的生活情境还是在实验室里,概念形成的方式也可以发生在成人身上,只不过他们涉及的心理过程处在较高的复杂水平上。同时,我们也可以看到例规法适合于教比较具体的概念与规则,适合于学习探索问题的方法。

2. 概念同化

概念形成并不适合所有概念的学习,很多概念很难给出大量的例子,或者本身比较容易理解,采用例规法教学也不经济,此时就可以采用概念同化的方式来学习概念。概念同化是由奥苏伯尔提出的一种学习方式,它是指先把概念以定义的方式直接呈现给学习者,学习者利用自己认知结构中现有的概念和知识经验进行理解,从而明确一类事物的共同关键特征的学习方式。例如,要学习"平行四边形"的概念,直接以定义的形式给出它的关键属性,"平行四边形是对边平行且相等的四边形",学生利用已经学习过的"四边形"、"平行"、"对边"、"相等"等概念来理解和掌握"平行四边形"的这个定义的过程,就是概念同化。

概念同化所要求的心理过程与概念形成不同。在概念形成中,要求学生辨别例子,提出和检验假设,并最终发现概念的本质属性。在概念同化中,要求学生将新学习的概念与头脑中已有的概念建立联系,找出它们的相同点和不同点,同时要将概念组成按层次排列的统一的网络系统。同样,在学习条件方面,概念同化与概念形成也不相同。在概念形成中,学生需要辨别正反例子的相同点和不同点,同时还必须从外界获得反馈信息,即自己的假设是正确还是错误的。在概念同化中,学生在头脑中必须具有理解新材料的有关概念,这样才能真正掌握新知识,教师给学生呈现的是新概念的定义或概念特征的描述。

对于年龄较大的儿童和成人,概念同化是获得概念的主要方式。学龄儿童和学前儿童相比,一方面,随着年龄的增长,通过学前教育和非正式的教育,他们的头脑中已经积累了许多基本的概念;另一方面,他们在学习条件下要接受系统的教学影响。因此,儿童在入学以后,概念同化逐渐成为他们获得概念的主要形式。比如,在学习"平行四边形"的概念时,只给出定义学生就能很好地理解,而不用提供大量的平行四边形的实物或图形让学生自己总结,这样既能保证学生掌握,又能节省时间和精力。

在概念同化中,与其相对应的教学方法是规例法,它是指把要学习的概念直接以定义的形式呈现给学习者,学生利用头脑中已有的先前知识来理解概念的关键特征,然后,用例子对其加以说明的教学方法。规例法教学最重要的条件是学生对概念定义中涉及或包含的概念或规则已经掌握,头脑中具有与新概念相关的先前知识。

在规例法这一教学方法的引导下,学生进行的是接受学习。在这样的课堂中,教师直接把要学习的新概念的定义告诉学生,而不是让学生自己探索,学生需要把头脑中相关的知识经验与新概念的共同关键特征进行积极的相互作用。奥苏伯尔认为有意义的接受学习是课堂学习的主要形式。因此,规例法和概念同化是儿童学习知识和习得概念的主要形式。

(三)下位学习、上位学习和并列结合学习

根据新知识与原有知识结构的关系,奥苏伯尔将知识的理解分为下位学习、上位学习和并列结合学习。

1. 下位学习

下位学习又称类属学习,就是把新的知识归属到头脑中原有观念的某一部位,并让它们相互建立联系的过程。在下位学习中,已经掌握的相关知识的概括水平高于要学习的新知识。比如已经知道“鸟”的知识之后,学习金丝雀的相关知识,就是下位学习。在这种学习中,新知识与原有知识的有关部分相关联,学习是把新知识归入认知结构中有关部分的过程。

下位学习又可以区分为两类:派生类属学习和相关类属学习。前者是指新学习的内容是原先已经习得的概念的例子。比如,原有的概念“鱼”由“带鱼”、“草鱼”、“黄鱼”等下级概念组成,现在要学习“鳗鱼”,可以把它纳入“鱼”的概念之下,这样既扩充了鱼的知识,又更好地把握了新概念的意义。一般来说,这种学习比较简单。图8-2所示的模式很好地表示了派生类属学习的情形。

新学习的知识从属于头脑中已经习得的某个观念,但并不完全包含在内,二者之间仅是相互关联的关系,这种学习就是相关类属学习。在这种学习中,要在新旧知识之间建立联系,需要对原来的认知结构进行部分调整或者重新组合,从而扩充、深化或限定原有的知识系统(见图8-2)。比如,过去已经对“爱国行动”有所了解,现在要学习“保护能源”、“清洁环境”等新观念。由于这类知识的部分方面可以与“爱国行动”相联系,因此,可以将它们类属于原有的“爱国行动”中。结果不仅获得了新知识,而且原有的“爱国行动”也被深化了。一般来说,相关类属学习比较复杂,只有认真比较已有概念和新学习的概念,才能很好地掌握新知识。

派生类属学习和相关类属学习在性质上是有区别的。在派生类属学习中,新知识被纳入原有知识中,原有的概念或命题只是得到证实或说明,本质未变。如“鳗鱼”作为例子证明了“鱼”的某些特征,而“鱼”在新知识学习前后并没有变化。而在相关类属学习中,每次学习新知识后,相关的原有概念或命题便得到

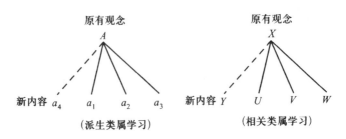

其中 a_1、a_2、a_3 是已经学过的例子，a_4 是新学习的例子。

其中 U、V、W 是已经学过的例子，Y 是新学习的例子。

图 8-2　下位学习图示

了扩展。如把"保护能源"、"清洁环境"与"爱国行动"建立联系后，就拓展了"爱国行动"的含义，把更多的方面包含在内了。

2．上位学习

上位学习也叫总括学习，就是在已经形成的某些观念的基础上，学习一个概括和包容程度更高的概念或命题。比如，学过"萝卜"、"芹菜"、"油菜"等概念后，再学习"蔬菜"这个总括性的概念时，新学习的内容概括和总结了以往的例子，就是属于上位学习。又如，在学习过正方形、长方形等体积计算公式后，学习一般柱体的体积计算公式，也属于上位学习。上位学习遵循从具体到一般的归纳概括过程，这种学习方式在低年级学生的学习中很常见，很多具有一定抽象性的概念都是通过上位学习习得的，比如儿童在认识了"兔子"、"乌龟"、"鸽子"等之后，再来学习"动物"的概念；儿童在掌握了"菊花"、"玫瑰花"、"百合花"之后，再来学习"花卉"的概念，这些都属于上位学习。

要进行上位学习，其条件就是新知识和学生原来的知识相比，更概括、更一般。学生通过这种学习能使自己的知识更为系统、完整和概括，从而有助于学生把握事物的本质属性和共同规律。图 8-3 所示的模式可以帮助我们更好地理解上位学习的概念。

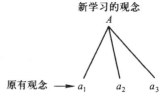

图 8-3　上位学习图示

3．并列结合学习

当新知识与认知结构中原有的观念既不是类属关系，也不是总括关系时，产生的学习就是并列结合学习（见图 8-4）。在实际学习中，有很多新命题和概念的学习都属于这种学习。例如，在学生学习了"物质与意识"、"运动与静止"、"量变与质变"等概念之间的辩证关系后再来学习"生产力与生产关系"或"经济基础与上层建筑"之间的关系时，只要说明它们之间是辩证的，学生就能按照辩证唯物主义的观点来理解它们,这种类型的学习就是并列结合学习。这种学习的条件是新旧知识处于同一个层次,学生可以通过自己已经掌握的规律理解新知识,使自己的知识得到广泛的迁移。

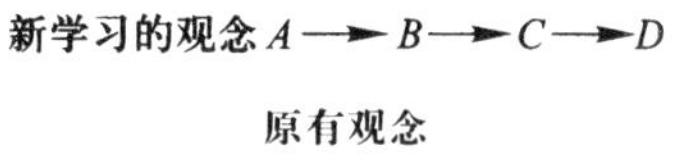

新学习的观念 $A \longrightarrow B \longrightarrow C \longrightarrow D$

原有观念

图 8-4 并列结合学习图示

在并列结合学习中,新知识往往由一些已经学习过的观念经过合理的结合而构成,它们与整体的有关认知内容一般是吻合的,因此它们能与认知结构中有关内容的一般背景联系起来,从而具有潜在的意义。在这类学习中,由于只能利用一般的和非特殊的有关内容起固定作用,因此对于它们的学习和记忆都比较困难。

二、影响知识理解的因素

知识理解是新信息与原有的知识经验相互作用的过程,因此学习材料的内容和形式、学习者原有的知识经验背景和结构、学习者主动理解的意识与方法等都会影响到知识理解的过程与结果。

(一)学习材料的内容和形式

首先,学习材料的意义性会影响学生的理解。有意义的学习材料应该逻辑地、清晰地表达某种观念的意义,具有激活学习者相关知识经验的可能性;无意义的音节或乱码是难以导致理解活动的。

其次,学习材料内容的具体程度也会影响到学生的理解。相对来说,具体材料中包含了更多具体的、形象的、与生活经验更为贴近的信息,比如自然课中的"水"、"植物的花"、"植物的根"等,这些内容更容易在学生的知识经验背景中引起共鸣,从而形成丰富的联系。抽象的内容往往是对具体内容的提炼、概括,只保留了其中的关键信息,概括了事物的一般特征或规律,因而远离了学生的具体经验,比如"化学键"、"分子式"等。对这样的学习材料,学生需要用更多的意识努力,去分析、思考这些内容,更主动地去生成与原有知识经验的联系,缩短这些抽象内容与原有知识经验背景之间的差距。

最后,学习材料在表达形式上的直观性也会影响学生对知识的理解。同样的内容,往往既可以用较抽象的方式来呈现,也可以用直观的方式来表现。直观的方式包括:第一,实物,即对实物的直接观察;第二,模型,即用模拟的形象来描述、表现一种事物,让学生看到无法直接观察或难以直接观察的东西,比如地球仪、分子结构模型、流程图等;第三,言语,形象的言语也可以使事物的信息丰富起来,生动起来,从而让学生有活灵活现、身临其境之感,比如鲁迅笔下的孔乙己。这些直观方式可以为抽象的内容提供具体感性信息的支持,但直观并不局限于感知水平,它也可以为更高级的认知活动提供支持,比如对实物特征的比较、分析、归纳,对模型结构中各种关系的辨别,对自然现象的实验操纵、分析等,其中都包含了高水平的思维活动。

(二)学生原有的知识经验背景和结构

1. 知识经验背景的含义

学习者对新信息的理解会受到原有知识经验背景的制约,这种知识经验背景有着广泛的含义。

首先,它既包括学习新知识所需要的直接的基础性知识(准备性知识),也包括相关领域的知识以及更一般的经验背景。比如,学习者解决数学问题的经验很可能会影响到他们对物理问题的解决,学习者的生活经验以及语文知识也会影响到他们对数学应用题的学习。

其次,知识经验背景不仅包括学习者在学校学习的正规知识,也包括他们的日常直觉经验。比如,儿童在生活中形成的关于"多少"、"相等"的观念是他们学习数学的重要基础,学生对水、动植物以及各种机械的观察经验,会直接影响到他们对自然科学的学习。

再次,知识经验背景不仅包括与新知识相一致的、相容的知识经验,而且也包括与新知识相冲突的知识经验。与新知识相一致、相容的知识经验可以帮助学习者理解新知识,这就是奥苏伯尔所说的可以作为"先行组织者"的先前知识;而那些与当前科学知识相违背的错误概念,则会阻碍学习者对新知识的真正理解。对此,我们将在第三节中具体分析。

最后,知识经验背景既包括直接以现实的表征方式存在于长时记忆中的知识经验,也包括一些潜在的观念。对于有些问题,学习者从未接触过,但一旦面对这种问题时,他们便可以以自己的知识经验为背景,依靠自己的推理和判断能力,形成自己的假设和解释。这并不都是胡乱的猜测,它们常常是从其知识经验背景中得出的具有一定合理性的推论。这种潜在的背景知识同样也会对理解新知识产生影响。例如,小学生从来没有学习过"雨"是怎么形成的,但日常生活中他们经常看到"雨"这种现象,对于"雨"的形成有着自己潜在的假设,这些潜在的假设也会影响他们对"雨"的形成的理解。

学习者的基本信念

影响学习的知识经验背景,不仅包括具体领域的知识,而且还包括学习者的基本信念,这主要包括:(1)本体论信念,即他们关于世界及其运行方式的假定,比如万事万物都是有规律可循的吗? 事物的性质是确定的还是偶然的? 时间和空间是绝对的吗? 这些形而上学的信念会影响到学习者对科学知识的理解。(2)认识论信念,主要指学习者对知识、对学习的看法。比如,知识是静态的还是动态的？知识是一堆零散的事实材料还是一个相互联系的体系？学习是对这些知识的接受和记忆吗？这种知识观和学习观会影响到他们对知识的加工、理解方式以及学习的效果。

综上所述，学习者的原有的知识经验背景会影响到对新知识的理解，而这种知识经验背景有着丰富而广泛的含义，它包括来源不同的、以不同的表征方式存在的知识经验，是一个动态的、整合的认知结构。

2. 认知结构特征对知识理解的影响

不仅学习者的知识经验背景会影响到对新知识的理解，学习者原有的认知结构特征也是影响新知识学习的关键因素。对此，奥苏伯尔特别强调了个体认知结构中原有适当观念的可利用性、稳定性和可辨别性。

第一，认知结构中有没有适当的、可以与新知识建立联系的观念（可利用性）。奥苏伯尔认为，认知结构中最好有一些具有更高概括水平的相关观念，可以作为固着点将新知识同化到认知结构中去。比如在学习者具有了"力"的基本概念之后，他们就可以更好地理解"浮力"的特征和规律。如果认知结构中没有可以同化新知识的观念，学习者就往往难以对新知识形成清晰而稳定的理解。这时，教师可运用"先行组织者"来架设新知识与原有认知结构之间的桥梁。

第二，原有的、起固定作用的观念的稳定性和清晰性。如果学习者头脑中起固定作用的观念不够稳定，模糊不清，也无法帮助学习者理解当前的新知识。因此，在学习一种新观念之前，教师有时需要先通过复习的方法来使原有知识清晰和稳定起来。

第三，新学习材料与原有观念之间的可辨别性。当新学习内容与原有观念有些相似而又不完全相同时，如果它们之间的可辨别性、可分离性比较差，新知识便常常会被理解（还原）为原有观念；即使学习者意识到新旧知识之间有些差别，但如果无法说明它们的具体差别在哪，学习者仍难以对新知识形成清晰的理解，难以形成稳定、持久的记忆，很容易被遗忘。为了提高新旧知识之间的可辨别性，教师可以通过对比的方法，明确它们之间的相异点。

（三）学生主动理解的意识和方法

1. 主动理解的意识倾向

在现实的教学过程中，我们经常发现有些学生常常一遍一遍地看书，一遍一遍地练习，但却根本不理解所学的内容，或者只获得了字面的理解。其实，理解并不是随着这些新信息的进入而自动实现的，它需要学习者主动去生成知识之间的联系。如果学生能主动地生成知识之间的联系，他们就会形成对知识更深、更好的理解。

　　著名心理学家维特罗克(M. C. Wittrock)强调,为了促进理解的生成,必须改变学生对学习活动的认识,改变他们对自己在学习活动中的作用的认识,学生的任务不是记录和背诵教师所给的知识,而是需要把所学知识与原有知识及真实的生活经验联系起来,从而进行生成性学习。要让学生知道理解性的学习不是自动发生的,理解的程度取决于学生在学习中的思考活动以及他们对自己的学习过程的意识和控制。为了生成自己的理解,学习者需要努力建立当前的学习内容的各个部分之间的联系以及当前的学习内容与原有的知识经验之间的联系,学习者必须带着"主动联系"的准备去学习,有意识地把自己的注意力集中在知识之间的联系上,去思考和推断知识的真正含义。

　　2. 促进主动理解的方法

　　维特罗克提出,为了促使学生把当前的内容的不同部分联系起来,教学中可采用如下策略:(1)加题目。为了给一篇文章加题目,学生需要把不同的内容综合起来,加以提炼。加什么题目,这并没有标准答案,但要抓住中心,醒目而富有想象和创意。(2)列小标题。为了给一个或几个段落写小标题,学生需要综合这一部分的意思,这不仅可以用于语文教学,也可以用于其他社会学科和自然学科的教学。(3)提问题。针对当前的内容,提出自己想弄明白的问题,这需要学生对内容进行综合和分析。(4)说明目的,即说明作者写这些内容的目的。这需要学生综合这段内容,结合前后文内容作出分析和推测。(5)总结或摘要。为全部内容写一份总结,或者更精要地概括它的中心意思,尽量用自己的话来表达,而不是摘抄、罗列书上的原话,东拼西凑。(6)画关系图或列表。用画图或列表的方法概括、整理这段内容的要点,表现它们之间的关系,分析、比较相关概念的异同。

　　为了帮助学生把当前的学习内容与原有的知识经验联系起来,教师可以采用以下策略:(1)举例,从原有经验中找到适当的例子,来解释说明当前的内容。(2)类比与比喻,用自己熟悉的事物来比喻、类比新学习的知识,比如用"水流"来类比"电流"。(3)证明,以原有的知识经验为基础来论证当前的概念和原理,为它们提供理由和证据。(4)阐述,不是重复课本中的原话,而是用自己的话来表达所学知识的意思。(5)解释,用有关的知识经验来解释新学的知识,说明自己的具体理解。(6)推论,从这一知识出发,可以进一步推知什么。(7)应用,应用所学的知识来解决相关的问题,特别是与实际生活密切相关的实际问题以及需要综合运用多种知识的综合性问题。

第三节　错误概念的转变

　　在进行某些知识的学习前,儿童已经在日常生活和以往的学习中积累了大量的知识经验,这就是建构主义非常强调的先前经验。这些知识经验可以分为两类:一类是与要学习的知识相一致,可以作为新知识的生长点;另外一类与要学习的知识相违背,这就是错误概念。因此,我们利用先前经验进行教学的时候,不仅要看到它们与新知识一致的方面,更要考虑与新知识不一致的方面。我们以往的教学很重视与新知识一致的先前经验,但往往忽略了学生的错误概念,因而导致学生即使学习过相关概念之后,仍保留着自己的错误概念。所以,我们要通过教学转变学生的错误概念。自从 20 世纪 70 年代以来,研究者们对儿童的错误概念及其转变做了大量的研究,集中揭示了知识建构中顺应的一面,对教学具有重要的启发意义。本节就从错误概念转变的侧面来透视知识建构的过程和规律。

一、错误概念的性质

在一项跨文化的研究中,研究者考察了美国、英国、澳大利亚和新西兰等地的儿童关于电流的概念。他们向儿童出示由电池、灯泡和连接电池与灯泡的两根导线构成的简单电路(如图 8-5 所示),并向他们询问:电在其中是怎么流动的? 这些儿童对此问题有三种看法:大约 1/3 的儿童认为,电流只是从电池流到灯泡,而另一根导线是为了排泄残余物,或为了安全。另有 1/3 儿童认为电路中有两股电流,分别从电池的两端出发,直接流到灯泡,而这两股电流的接触会使灯泡发光。最后,有 1/3 的儿童的观点与物理学家是一致的,他们认为电始终沿着一个方向流动,从电池的一极到灯泡,再回到电池的另一极,在整个电路中电流强度都是一样的。

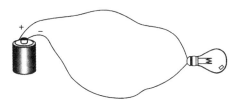

图 8-5　直流电流动的方向

对于持前两种观点的儿童,研究者在电路中接上一个安培表,让他们看到电流并不是像他们所说的那样流动的。这时,这些儿童用下面的方式对这一结果做了特别的解释:"哦,可能在学校中不是,但如果你跟我回家(到学校之外的真实世界中),你会看到电流表是按照我说的那种方式流动的。"当研究者把电路和安培表带到他的家中,重复演示这一现象时,这个儿童常常会说:"这是你的安培表,你的电池、灯泡和导线。"儿童再次从演示中作出了这样的推理:教师操纵的环境和学科知识是不真实的,它只是纯学术的,不能代表真实世界中发生的事情。当这些事实资料不支持他们的观点时,他们常常怀疑这些事实资料,以避免认知冲突,保留他们自己的观点。

从上面的例子中可以看出,错误概念在儿童身上是普遍存在的。在全部参与研究的儿童中,只有 1/3 是与物理学家的观点一致的,也就是说有 2/3 的儿童对电流存在错误概念。研究者发现,错误概念不仅在儿童中出现,甚至在大学生身上也会出现,它们出现的频率在各年龄阶段变化不大。而且,错误概念的出现与学生的学业水平之间也没有明显的相关,优等生也常常有错误概念。此外,儿童关于自然现象的概念有着共同的发展特点。例如,诺瓦克(J. D. Novak)等人进行的儿童关于地球的错误概念的研究表明,未受正规教育的儿童关于地球的概念,刚开始是一个上下绝对参照系的平面,然后发展到地球是一个上下绝对参照系的拱形球面,再到地球是一个上下绝对参照系的圆形平面。这表明一些错误概念是儿童概念发展的必经阶段。

应该说明的是,我们这里所说的错误概念,不是由于理解偏差或遗忘造成的错误,它们常常与学习者的日常直觉经验联系在一起,植根于一个与科学理论不相容的概念体系。在考试中,他们可能按照课本中的说法答题,而在与实际生活相关的情境中,他们仍坚持原有的观点。从这里,我们可以看出错误概念是很难改变的,人们不会轻易放弃自己信奉且在生活中有用的观点。由于他们的先前概念来于日常经验,尽管未成理论,却可以很好地用来解释他们的周围世界,同时很好地帮助解决他们遇到的日常问题。摒弃这种错误概念,就是要孩子们把他们实用、简单、个人建构的信念,用更复杂且与个人经验不符的科学概念来代替,确实比较难以实现。因而,在教学中简单地告诉学生什么是正确的,并不能"替换"他们的错误观念。

二、概念转变及其过程

(一)什么是概念转变

简单来说,概念转变就是个体原有的某种知识经验由于受到与此不一致的新的知识经验的影响而发生的重大改变。这里的"概念"是指某种观念,指个体关于某一对象的观点和看法,比如,"地球在绕着太阳转"就是一个概念(观念)。概念的变化有两种可能:一种可称为"丰富",即新知识的纳入充实了现有知识,通过积累的方式使这些知识发生变化。在这种情况下,新知识与原有知识之间基本是一致的、相容的。另一种情况可以称为"修订",这是指新获得的信息与原有信念、假定或理解之间存在冲突,因而要对彼此对立的理解作出调整。概念转变针对的是后一种情况,即个体在面临与原有的知识经验不一致的信息时,对原有理解和解释作出的调整与改造,而不是针对细枝末节的变化,所以有人又称之为"原理转变"或"信念转变"。

错误概念的转变是新旧知识经验相互作用的集中体现,是新经验对已有经验的影响和改造。在与外界的相互作用过程中,个体常常会遇到已有经验无法解释的新现象、新观点,面对新旧经验的不一致,个体就会体验到一种冲突感。为了解决冲突,个体就可能对原来的概念进行调整、改造,使其顺应新情境。因此,许多研究者认为,概念转变的过程就是认知冲突的引发及其解决的过程。

(二)认知冲突的引发

所谓认知冲突,就指人在原有经验和新经验之间出现对立性矛盾时,感受到的疑惑、紧张和不适的状态。人们往往基于原有的知识经验,对行为的结果作出预期,而行为的实际结果与人的预期却并不会完全一致,面对出乎意料的情境,人就会产生认知冲突感。例如,在一项以色列学者进行的研究中,被试基于自己的经验普遍认为在沙漠比在海滨出汗多,原因在于人们在海滨经常感觉身上很潮湿,而在沙漠没有这种感觉。这时,研究者就问被试人们是在沙漠还是在海滨容易脱水。被试又基于经验,认为在沙漠容易脱水。这样,研究者就成功地制造了一个认知冲突——被试认为在海滨出汗多的同时,认为在沙漠比较容易脱水。这里的矛盾就是:在出汗少的沙漠,人们反而失水更多,更容易脱水。从这个例子中我们可以更清楚地看到,认知冲突就是在原有经验和新经验之间出现的对立性矛盾。

研究发现,认知冲突主要包括以下几种基本情况:(1)直接经验中的认知冲突与间接经验中的认知冲突。前者指行为预期与实际结果之间的冲突,后者指个体在社会文化互动(如阅读、听报告、讨论等)中遇到与自己原有观念不同的观点,从而感到的冲突。(2)现实概念的冲突与潜在概念的冲突。前者指学习者头脑中现实存在着的概念与新经验的冲突;但有时头脑中的概念并不是以现实表征的方式存在的,而是以非言语表征的方式微弱地、含糊地存在着的,甚至在教学之前根本就不存在,只是以学习者的整个经验结构为背景而推出这样的理解,这种概念与新经验之间的冲突就是潜在概念的冲突。(3)针锋相对的认知冲突与可兼容的认知冲突。有时冲突的两个概念之间是针锋相对、此立彼破的,但有时它们却可以同时成立,只有视角的不同,而没有根本性对立。

认知冲突的引发会受很多条件的影响。皮亚杰认为,只有当个体有能力解决认知冲突的时候,他才可能意识到这种冲突。但是其他研究者认为,皮亚杰提出的条件过于苛刻,他们认为引发认知冲突主要应满足两个条件:第一,能够建构起某命题及其相应的否定命题,即能理解或推论出逻辑上对立的两个观念;第二,基于某论断形成对行为结果的期望或预测,这意味着相信该论断,并把它转化为活动的计划,从而在活动中看它是否能达到预期的目的,一旦预期与结果不同,就会引发认知冲突。而这些条件的满足主要取决于儿童的形式推理能力,特别是对逻辑矛盾的判断能力。

认知冲突的产生还有赖于学习者对理解过程的自我监控。学习者要在学习过程中监测各种信息之间的一致性,而这种自我监控常常会出现一定的困难。比如,在阅读过程中,读者常常意识不到文章中不一致、不协调的信息,幼小的儿童、阅读能力低的学习者对这些不一致的信息更不敏感。认知冲突是在积极的认知活动中产生的,学习者在新情境面前激活、联想起了原有的知识经验,而且试图对新旧经验进行对照、整合。只有在这种积极的认知活动中,学习者才能意识到新旧经验之间的冲突。

此外,认知冲突的产生与学生的学习动机和态度也有密切联系。研究发现,积极的态度、较高的热情和责任感有利于认知冲突的产生,对问题漠不关心的学习者很难产生认知冲突,那些不成功的学习者还会把认知冲突当成是对自己能力的否定。人们往往不愿忍受认知冲突给自己带来的压力,所以会试图调整新旧经验,解决冲突,以建立新的平衡。

(三)认知冲突的处理

一般说来,间接经验过程中认知冲突的处理方式主要有三种形式:(1)径直地或经过认真分析之后拒绝新概念。(2)通过机械记忆、概念更换或概念获取的方式纳入新概念。所谓概念更换,指以新概念代替旧概念,并与其他概念相协调;概念获取则指与包括原有概念在内的有关概念一起被重新编辑,这意味着学习者可以在原有知识经验背景下理解新概念,新旧概念并不完全对立。(3)面对新旧概念的对立性冲突时,概念有时会发生整体性转变。但是,这种转变可能是渐进式的,学习者在建构新概念的同时,往往还在继续使用原来的旧概念。可以说,概念转变的过程非常复杂。

所谓直接经验过程中认知冲突的解决,就是学习者如何面对与原有观念相违背的实例。心理学家研究发现,学生处理与自己原有经验不一致的"反例"的可能方式有以下几个。第一,在反例出现时放弃原有假设,可能径直放弃,也可能在对反例作深入分析之后放弃。第二,对原假设作出调整。(1)简单机械地调整:根据所观察到的假设与实例的表面特征,仅基于一例而作调整;(2)基于原理分析地调整:联系原假设的基础(基本原理),分析当前现象违背该假设的原因,而后再调整原有假设;(3)缩小原假设的适用范围:将反例置于该范围之外,作为另外一类情况的代表。第三,把反例作为特例,不予考虑。这种做法出现得较少。第四,为原假设加上适用的条件。第五,修改有关定义,以改变对问题的理解。第六,拒绝反例:(1)在分析之后,确信反例并没有推翻原假设,从而拒绝反例;(2)考虑到概念的精确定义之后拒绝反例;(3)不假思索地盲目拒绝。

为了促进错误概念的转变,教师需要创设一定的情境,以引发学生的认知冲突。可以通过实验、演示等让学生看到与原有理解相反的事实(反例),或者直接提出与学生原有理解相对立的新观念,从而引发认知冲突。但从以上分析可见,认知冲突的解决具有很多可能的途径,在出现认知冲突时,学生并不一定会转变原有概念,是否会发生概念转变受一系列因素的影响。

三、影响概念转变的因素

(一)学生的知识经验背景

影响概念转变的第一个重要因素是学生的先前知识经验。新概念的学习总是以原有概念为背景的,这些知识经验背景组成了影响概念转变的观念系统,具体包括:(1)反例,即某概念所无法解释的事例;(2)类比与比喻,这可以帮助学生在新旧经验间建立联系,使新概念更易理解;(3)对科学和日常经验的关系的理解等。这些观念并不总是外显的,有时候可能是学生自己都没有意识到的一些内隐观念。

影响概念转变的先前知识经验的三个特征分别是:强度、一致性和坚信度。(1)强度指学生先前经验的丰富程度,即学生的先前知识是组织良好的还是零散的。如果是组织良好的,则比较不容易发生转变。如果是零散的知识,转变起来相对较容易。(2)一致性指先前经验是否能组合所有的证据,对自己的观点提供解释。如果先前知识缺少一致性,则比较容易改变。如果先前经验的一致性较强,发生转变就很困难。(3)坚信度指个体对于自身先前观念的坚信程度,这与学生的直觉经验、文化背景都有关系,同时也与他们的观念在生活中的适用程度有关。如果他们认为自己的概念在生活中有用的话,已有的经验就很难改变。

(二)学生的动机与态度

动机与态度影响着学生的概念转变情况。例如,如果学生对自己所具有的错误概念领域没有丝毫兴趣,他们就不可能去探究这一认知领域。对先前概念的不满,往往是由于受到情感因素的影响。一些研究者深入分析了动机因素与概念转变的关系,发现影响概念转变的动机性因素主要有四种。(1)目标取向。内在的、掌握型的学习目标比外在的、表现型的学业目标,更有利于学习者对信息的深层加工,更有利于概念转变的发生。(2)学科兴趣和态度。积极的兴趣和态度会使学习者在学习中采用更有效的认知策略,如精细加工、元认知监控等,它可能会对概念转变过程有重要影响。(3)自我效能感。它对概念转变的影响可能是双重的:其一,对自己原有概念的自信可能会妨碍概念转变的发生;其二,自我效能感使学习者相信自己能够改变原有的观点,运用不同策略对自己的观点进行整合,从而有利于概念转变。(4)控制点。内控的学习者相信自己能够支配自己的学习,面对新旧经验的不一致,他们可能会更积极地去解决。

(三)学生的形式推理能力

为克服错误概念,学习者需要理解新的科学概念,能意识到证明新概念有效性的证据,并看到事实材料是如何支持科学概念而违背原有的错误概念的。所有这些都依赖学生的形式推理能力。对于小学生来说,尤其如此。只有感到自己的某个概念失去了效用,学生才可能改变原有的概念。

(四)课堂教学情境

在教学中,概念转变是在一定的社会情境中发生的。研究者提出,课堂教学中的任务结构、权威结构、评价结构、课堂管理、教师的示范、教师的支架作用都可能会影响概念的转变。另外,同伴、教师对新信息的处理方式也会给个体造成一定的压力,从而影响到个体的概念的转变。

(五)新概念的特征

研究者提出,为了促进概念的转变,新概念的特征也是需要考虑的。首先,新概念应该是可理解的。也就是说,学生需懂得新概念的真正含义,而不仅仅是字面的理解,他需要把各个片段、各个侧面联系起来,建立整体一致的理解。学生应能够用自己的话说出概念是什么意思。

其次,新概念应该是合理的。也就是说,新概念应能与个体所接受的其他观念相一致,而不是相互冲突,可以与它们一起被重新整合。这包括与自己的认识论一致,与自己所拥有的其他理论或知识一致,与自己的生活经验一致,与自己的直觉一致等。个体看到新概念的合理性,意味着他相信新概念的真实性。

最后,新概念应该是有效的。有效的概念转变必须让个体看到新概念对自己的价值,即它能解决其他概念难以解决的问题,并能向学生展示出新方向和新思想,具有启发意义。这意味着个体把新概念看作解释、解决某问题的更好的途径。

四、概念转变的教学策略

概念转变的研究对实际教学有着重要的启发意义。通过上述对概念转变研究的介绍,我们知道教学不仅是通过熟悉的词语,清楚地把学科的内容呈现出来,也不仅是呈现科学家对某现象的完美解释,更不仅是用仪器来简单演示某内容,教学还意味着探明学生对某现象的错误概念或前科学概念,并采用一定的策略来促进概念的转变,而不只是告诉学生"你的想法错了"。

概念转变研究的结果说明,教学不只是要把现成的、外在的知识装进学生的记忆库中,还要进入学生真实的经验世界,促进知识的"生长",促进深层理解的生成。知识的学习不仅要解决"知"与"不知"的问题,而且要解决"信"与"不信"的问题,在学习过程中,学生要对观念的合理性、有效性进行主动的鉴别分析。教学首先需要探明学生原有的日常概念和相关的知识信念,并用一定的策略使学生自己认识到原有概念的错误,从而促进错误概念的转变。

为了促进概念转变,需要采用一定的教学策略。根据以往的研究,促进学生概念转变的教学策略主要有三大类:(1)类比推理策略——基于学生已有的知识概念,教师借助类比或比喻,逐步扩展到新的概念,使学生达到概念转变的目的。(2)认知冲突策略——教师通过引导学生接触与他们先前的知识经验不相符的材料,引发学生的认知冲突,让学生主动解决冲突,建构自己的理解。(3)合作讨论策略——教师组织学生交流对于同一概念的不同理解,鼓励学生相互讨论彼此的异同,促进学生转变错误概念,并加深对问题的理解。

(一)类比推理策略

在具体实施类比推理策略的过程中,教师要尽量保证所作的类比是学生先前的经验结构中已有的适当观念。其步骤一般包括:介绍目标概念,回忆类比概念,找出目标概念与类比概念之间的相似特质,标出相似的特质。例如,学生在理解"静止在桌上的书将会受到桌子施加的力"这个概念上存在困难,教师可以让学生想象书在弹簧上的情形,这样就能让学生注意到弹簧真的施力给了书本。此时,教师指出桌子和弹簧所处的位置——都在书本下面——是它们之间的共同特征,这样就能使学生理解桌子同样施力给了书本。

不过,我们也应该看到,尽管在学习某些概念时通过与学生熟悉的概念进行类比,可以促进学生的理解,但由于类比物与目标物之间还是有差异的,运用类比有可能造成新的错误概念。研究者建议,在运用类比推理策略教学的最后阶段,应该指出类比概念与目标概念之间的不同特征,从而把目标概念与类比概念区分开来,以免形成新的错误概念。

(二)认知冲突策略

认知冲突策略是在实际教学中运用较多的促进概念转变的教学措施,一般包括如下步骤:

1. 揭露学生的先前概念

为概念转变而教的一个基本假设是:新概念知识的建构只有在已有概念的基础上才能产生。尽管我们在用现有概念解释世界,但并不一定意识到了它们的存在。因此,为概念转变而教的第一步,就要设法让学生意识到他们自己对某一主题或现象的观点。为揭露学生的概念,教师可以通过创设情境让学生用现有概念来解释某一事件。此时,教师创设的情境可能有两种情况:一种是结果未知的,教师让学生来预测结果并给出其预测的根据;一种是结果已知的,学生无需预测,但要提供原因和解释。学生可以采取多种形式呈现他们的观点,可以口头描述,也可以画幅例图、制作模型或者绘制概念图。此外,为了了解学生的想法,教师还可以采用一些开放的探测性问题,让学生在推论预测中表现自己的想法,而不是让学生去复述课本中的说法。无论采取何种方式,这一步骤的目的在于帮助学生认识并澄清自己的先前概念。一旦清楚了学生的概念,便可进行下一步的教学。

探测学生关于地球形状的错误概念

在关于地球形状的教学中,如果教师在教学之后直接问学生"地球是什么形状的",那学生可能会说是圆的,因为这个问题只能诱导学生去复述所学的内容。为了反映学生真正的想法,教师可以问学生:"假如你从你站的地方出发,一直向东走,没有山水挡你的路,你可以一直走下去,最后你会发现什么?"真正相信地球是圆的学生会说:"我会发现自己又回到了出发的地方。"而如果一些学生内心深处仍然相信地球是平的话,他可能会说"我发现我走到了大地的边缘……"这种探测学生真正想法的问题通常采用"如果……将……"的形式,即给学生描述一个事件或场景,让学生运用相关知识推测结果会怎样,这比文字复述更能反映学生真正的想法。

---

2. 讨论并评价先前概念

这一步教师通过讨论的方式使学生修正他们的原始概念。在开始讨论之前,教师要先请学生描述一下他们的概念。所有概念呈现完毕后,教师引导全班评论每个概念在解释当前事件中的可理解性、合理性和有效性。此时,教师应对所有的概念一视同仁,不对任何一个进行价值判断。在全班讨论之后,再把学生分为小组。每组选择一个观点,给出支持这一观点的理由,然后全班呈现。

3. 创造概念冲突

通过呈现先前概念以及评价同伴的概念,学生开始对自己的概念产生不满,初步建立了概念冲突。只有看到了自己概念的不足,学生才会有改变它们的倾向。

为创造更大的冲突,教师最好能给出一个学生使用现有的概念无法进行解释、只有所学主题的科学概念才能加以解释的情境。这时如果没有学生提出正确的答案,教师可以自己给出这个答案。同时,教师还可以呈现反常资料来挑战学生的现有概念。最后,教师要给学生充分的时间来反思并调和他们的先前概念与科学概念之间的矛盾。同时,教师可设计一些反思活动来促进认知的顺应,或者使学生重新建构自己的先前概念。

（三）合作讨论策略

在认知冲突策略的"讨论并评价先前概念"环节,实际上已经涉及了合作讨论策略的使用。一般而言,类比推理策略和认知冲突策略是概念转变的个体策略,而合作讨论策略则是概念转变的群体策略。在合作小组中,教师围绕某一概念组织学生进行讨论,交流各自的看法,不同观点的交锋能更好地引发学生积极的思维活动,促进学生对问题的深层理解。此时,教师不要在头脑中存有固定的讨论路线,不要牵强地把学生"诱导"到正确结论上,而是要按照学生讨论中实际表现出来的真正思路去自然而然地组织讨论,逐渐地澄清问题。研究表明,学习者通过对共同探究的问题进行开放的、深入的研讨,能够把各自的直觉理解公开化和透明化,在此基础上可以讨论和辨别这些理解的适当性,从而可以逐步改变原来的先前概念,并对问题进行更高水平的理解。

除了上述具体的策略外,教师还应该创设一个开放的相互接纳的课堂环境。只有在这样的氛围中,学生才能真正表达自己的想法,而无需去计较对错。在这样的环境中,所有的见解都会得到尊重,而不会对不同的见解嗤之以鼻。只有这样,学生才能大胆地面对不同观点和事实之间的冲突,才能真正理智地去思考和分析问题。

第四节　知识整合与学习迁移

无论从概念的形成与同化,还是概念转变的角度来看,我们前面阐述的都是知识的获得问题。下面我们要考虑的就是,如何将所获得的这些知识形成一个有机的系统,从而在实际中加以应用,并迁移到其他相似的情境中去。

一、知识的整合

（一）什么是知识整合

知识整合也叫作知识的系统化。知识系统化的实质是,将互相关联的知识组成网络状的知识体系。换句话说,就是把有联系的知识组合起来形成一个网状的结构。

知识系统化教学是在儿童先前知识的基础上,引导儿童发现各知识之间的联系并概括出本质规律,且以该本质规律为中心环节,把其他零散的知识按层次联结为体系的过程。在知识体系里,儿童不仅要认识事物的外部特征,而且要理解其隐含的本质规律;不仅要知晓个别零散的知识,而且要把握知识之间的联系,由此构成由表及里、由此及彼的立体状知识网络结构。在这里,知识之间是彼此关联的,其间发生的联系主要有两种:一是千差万别的个别事物与内隐于其中的一般规律之间的联系,另一个是一事物与另一事物之间的依存关系。例如,动物与其生活的环境相联系,即动物要适应生活环境(这即是一般规律)与这个一般规律的个别事件(如猫能爬树、捉耗子,非常机灵敏捷;马跑得特别得快;狮子和老虎既有力又灵活,善于小心翼翼地悄悄走近猎物,突然袭击等)的知识之间相互联系,这样就把原本看似毫不相干的零散知识(动物、环境、动物要适应生活环境的各种具体表现的知识)联结成了一个彼此关联的知识网络。因此,知识系统化的核心就是要反映事物和现象的本质的联系和内在规律。

在系统化的知识架构中,整个知识架构由作为该体系核心的一般原理(即反映现实相应方面的主要联系的那些观念和概念)贯穿起来。这个一般原理就是整个知识系统的核心,其他的知识则是原理的具体表现,是围绕着这个原理组织联系起来的。例如以动物的身体构造依赖生存环境,作为了解野生动物的知识体系的核心;反映物体在空间运动的基本属性的知识,是了解无机界的知识体系的核心;把构造的物体的形状和它的用途之间的联系,当作儿童创造活动学习的核心;等等。研究者指出,给儿童传授关于现实的某些实物和现象的知识时,非常重要的是要引导他们理解事物之间本质的联系和规律性。在提供给儿童的关于现实的某方面的知识体系时,引导儿童抓住这些核心是非常关键的。

(二)如何实现知识的整合

对学生来讲,每一个新的知识点就是一个新的概念。这些知识点只有被很好地联系起来,组成一个较为完整的系统,才有利于学生去理解与吸收。当某个概念的相关概念越复杂,就越应很好地加以组织,使之系统化。因此,教师在教学中不仅要注重对中心知识的讲授,更要注意引导学生进行思维的联想,将不同科目的相关知识横向联系起来,将同一科目中的新旧知识纵向联系起来,进而使之系统化。

虽然在制订课程标准和编写教材时,对某一专业系统的知识在总体上作了安排,但是由于它们通常被分散在不同科目的教材中,使得相关知识在空间上形成了一种离散的分布。从时间方面看,将离散的知识点汇集成系统的知识是一个不连贯的阶段性过程,需要一个较长的时间才能完成。心理学研究表明,在这一过程中,不断接收到的其他方面的信息的干扰和人脑的自然遗忘作用,妨碍着相关知识之间彼此联系的建立。从学生的认知规律看,各自孤立的知识,既阻碍了学生巩固已有的知识,又不利于学生以已有的知识为基础去学习新知识。教师在教学中如果不注意引导学生去联系相关知识,学生是难以系统地掌握所学知识的。具体说来,为了促进知识的系统化,教师要做的主要工作是教方法和做示范。

（1）教方法,就是教给学生切实可行的组织知识的方法,使知识系统化、结构化。组织知识的方法很多,这里仅以两种方法为例,借以说明教师在组织知识过程中的作用。第一种是以教材知识为主线,将相关知识系统化、结构化,进行科学的知识整合。学科教师要利用学科的特点,引导学生将相关的知识进行整合。以语文为例,课本中的修辞知识比较分散。如果要引导学生将所学过的修辞知识进一步明确化、系统化,可以布置学生收集一些运用了修辞手法的广告语和流行歌曲的歌词。教师在将学生收集到的材料集中后,选择典型材料,以课本中提示过的修辞知识为序,进行比较、分析,让学生从生动的广告语和歌词中体会修辞的精妙,系统掌握修辞的基本知识。这样,就能使学生头脑中点滴的、分散的修辞知识有序化、系统化。第二种是以问题为核心,把相关知识组织起来。对教师而言,这是较高的要求,因为它必须跨学科、跨专业,这就是研究性学习。其特点是,根据研究课题的需要,利用各种媒体,查找相关资料。比如,科技活动的开展、科技小论文的写作,往往涉及生物、化学、土壤、环境等方面的知识,需要每一个学生将这些相关知识调动起来、运用起来,方能解决问题。这种方法,就其实质而言,就是以问题为核心的各知识点的融会贯通。贯通后的知识就成为名副其实的鲜活的、实用性强的知识了。

（2）做示范,指在组织知识的过程中,教师要用例子引路。从一些优秀教师的案例可以发现,他们在示范过程中常常能做到以下几点:① 例子典型。选择具有典型意义的例子进行示范,如果学生懂了这个"一",就懂得怎样反"三"。② 讲解精要。古人云:"施教之功,贵在引导,要在转化,妙在开窍。"[1]教师要在"开窍"上用心,讲在关键处。③ 难易适中。从学生知识的实际水平出发,选择难度适中的例子,以求对水平参差不齐的每个学生都能提供帮助。

二、学习的迁移

（一）什么是学习迁移

所谓学习迁移,就是一种学习对另一种学习的影响。先前学习必然影响后继学习,后继活动也会修正先前学习的内容。学校中的迁移无所不在。学生在这节课里所学的东西将影响下周或期末将要完成的作业、练习、测验。学生在学校情境中获得知识、技能、态度的过程中,必然存在着先前经验对新的学习的影响及不同水平的学习之间的影响、不同科目的学习之间的影响等。此外,学生在学校中学到的东西必然要影响其学校以外的生活。许多有识之士认为,未来的文盲不再是不识字的人,而是那些不会学习的人。显然,学会学习或进行有效的

---

① 胡克英:《教学论若干问题浅议》,《教育研究》,1979 年第 3 期。

学习是适应未来社会生活的必要条件。而真正的学会学习，最主要的标志之一就是能够主动而有效地迁移。

> ### 无处不在的迁移
>
> 　　学习迁移在日常生活中是广泛存在的。人们所说的"举一反三"、"闻一知十"、"触类旁通"、"一通百通"等都可以用迁移的道理加以解释。例如，掌握英文的人学起法语来就比较容易；会骑自行车的人就容易学会骑摩托车；学过加法再学乘法就会感到容易。学会了走路的儿童，将会把保持平衡及移动身体的技能迁移到与走路密切的跑的任务中去。当儿童已经学会和邻居的几个儿童一起玩时，他就会用这些已经学会的本领来交朋友，同其他儿童进行合作。还有，如果爱整洁已成为儿童对待事物的一种态度，则算术作业方面爱整洁的习惯也会表现在生活的其他方面。此外，也可以看到一些与此相反的现象，如学汉语拼音对有些英语语音的学习常常产生干扰；习惯于右脚起跳的跳高技能对掌握左脚起跳的撑竿跳高技能也有干扰作用。类似这样的一种学习对另一种学习的影响的现象，就是心理学上所谓的学习迁移。

迁移可分为积极迁移和消极迁移。所谓积极迁移也叫正迁移，指一种经验的获得对另一种学习起促进作用。如掌握英语之后掌握法语比较容易，就属于正迁移。消极迁移也叫负迁移，指的是一种经验的获得对另一种学习起干扰或阻碍的作用。如学汉语拼音对有些英语语音的学习常常产生干扰，就是一种负迁移。我们现在提倡的为迁移而教，就是要促进正迁移在教学中的应用，避免和消除负迁移的影响。

学习迁移在个体的心理发展及其社会适应中具有非常重要的作用。学习的最终目的并不是将知识经验储存于头脑中，而是要应用于各种不同的实际情境中，解决现实中的各种问题。只有通过广泛的迁移，原有的知识经验才能够得以改造，从而有效地调节个体的活动，并最终解决实际问题。

（二）影响学习迁移的因素

1. 学习对象之间的共同要素

不同的学习对象之间具有共同要素，是学习迁移发生的基本条件之一。共同要素是指学习对象在知识方面具有的相同或相似的成分。迁移需要通过对新旧学习中的经验进行分析、抽象，概括出其中共同的经验成分才能实现。因此，学习材料在客观上要有相似性。心理学的研究表明，相似程度的大小决定着迁移范围和效果的大小。学习任务之间的相似性是由共同因素决定的，共同因素越多，相似性越大。因此，在教学中应注意挖掘共同因素，通过共同因素来促进迁移，以增强学习效果。

2. 已有经验的概括水平

学习迁移是一种学习中习得的经验对另一种学习的影响,也就是已有经验的具体化或新旧经验的协调过程。因此,已有经验的概括水平对迁移的效果有很大影响。一般来说,概括水平越高,迁移的可能性就越大,效果也越好。在学习中,重视基本概念、基本原理的理解,重视思想方法的掌握,其意义就在于这些知识的概括水平高,容易实现广泛、有效的迁移。

知识经验水平影响学习迁移

心理学家以专家和新手作为被试,对学习情境的结构相似性和表面相似性进行了深入的研究。结果表明,当两种学习具有结构的相似性但表面不相似时,专家比新手更易产生正迁移。而两种学习仅具有表面的相似性时,新手比专家更易产生负迁移。其原因是新手一般根据看得见的表面特征来形成表象,而对抽象的结构特征往往注意不到。新手应用表面特征作为提取线索,只要两个问题具有相似的表面特征,他们就会用同样的方式来解决。但专家往往善于从抽象的结构水平上把握相似性,较少受表面特征的干扰。如果产生了负迁移,专家会在尝试使用错误程序后,以相似性和结构这两种特征作为提取线索,对两个任务的关系重新进行分析、加工,这就比较容易摆脱负迁移。专家之所以能够做到这一点,其原因就在于他们善于从深层结构上去理解知识,把知识与其应用的条件、应用方式结合起来,从而准确地把握知识的功能。总之,概括程度高的已有经验为正迁移的产生提供了最重要的先决条件。正如布鲁纳指出的,所掌握的知识越基础、越概括,对新学习的适应性就越广泛,迁移就越广泛。所以,在学习中应当强调对基础知识的掌握、对基本概念的领会,这是通向适当的学习迁移的大道。

---

3. 学习态度与定势

定势现象是一种预备性反应或反应的准备,它是在连续活动中发生的。在活动进程中,先前的活动经验为后面的活动形成一种准备状态,它使学生倾向于在学习时以一种特定的方式进行反应。对迁移来说,定势的影响既可以起促进作用,也可以起阻碍作用。一般来说,后续作业是先前作业的同类课题时,定势对学习能够起促进作用;如果要学习的知识与先前的某些知识貌似相同但本质不同,或者虽然类似但需要进行变通,这时定势可能产生干扰作用,阻碍迁移。

研究表明,学生如果在解决较难的问题时用惯了某一公式,那么他们以后就有坚持应用这一公式的倾向,很难改变;如果在较易解决的问题中用惯了某一公式,则在解决新问题时能够较灵活地适应。因此,学习时对某一法则或方法付出的代价越大,定势导致的僵化行为就越难改变。由此可以得出,定势在迁移方面的消极作用,往往表现为一种具有负迁移的功能固着,导致盲目地套用某种程式,简单模仿某种经验,从而影响问题的顺利解决。

4. 个体的智力水平

这是影响学习迁移的主观条件。桑代克研究发现,学生的智力水平越高,迁移越大。由于学生的智力水平存在很大的个别差异,因此我们不能期望所有的学生都有同样的迁移量。例如,把一些比较困难的复合题变换分解成几个简单题让学生去做,一般来说不会发生多大的困难;如果要求学生独立地解决这些复合题,有些学生就会束手无策。这里分解的简单题和未分解的复合题在实质上并没有改变,解题所需要的知识条件也没有提高,为什么分解了就会做,不分解就不会做呢? 一种可能的解释就是,这些学生缺乏高智商,分析问题的能力较差,不能独立地分析面临的新问题,即不能把复合题分解成简单题,所以找不到解题方法。相反,智力水平较高的学生对比较困难的复合题的解答丝毫不会感到困难,并能在形式上进行必要的多种多样的变换和分解,顺利地解决问题,实现迁移。

(三) 为迁移而教

为了促进学习迁移的发生,教师在教学过程中,应该注意以下几点。

1. 从教材入手,注重从旧知识引出新概念

首先,应充分发挥教材中准备题的作用。为更好地实现知识迁移,教学中应注意新旧内容的内在联系,加强在复习旧知的基础上引发新知。在新授课之前,教材中大都安排了准备题(复习),引导学生回顾与新内容联系最密切的旧知识,通过旧知识来引发新知识,通过旧知识来同化新知识。在教学当中,如果恰当地运用这些准备题就能减少新知识学习的难度,使新旧知识得以顺利衔接和过渡,实现知识的迁移。

其次,要充分发挥教材结构体系的迁移作用。产生学习迁移是因为两种学习情境有共同因素,这是迁移得以实现的必要前提。在小学教材中,大多数内容都是按准备、新授、实践、练习的顺序进行编排的。在练习当中,又分为基本题、变式题、发展题,这也体现了从易到难、由简到繁的知识迁移过程。在教学当中,依据课程标准的要求,遵循教材安排和编写意图,合理组织材料,就能使教学符合学生的认识规律,使迁移在整个教学活动中得以实现。

再次,应对教材内容进行适当补充和优化。教材是学生学习的工具书,也是教师进行教学的主要依据,但教学工作并不是一成不变的。在实际教学当中,教师可根据需要,结合教学实际,对教材内容进行适当补充和调整。

2. 从内容入手,突出基本概念教学,为知识迁移打好基础

基本概念是学科的精髓和核心,知识迁移实际上就是基本概念和基本规律

的迁移。布鲁纳认为,"领会基本的原理和观念,看来是通向适当的训练迁移的大道"。"学生掌握了基本概念或原理,就可以触类旁通,从而能用基本的和一般的观念来扩大和加深知识"。知识经验包罗了世间万象,具有它的无限性,使学生牢固地掌握基本概念,并以此产生广泛的迁移,就可以使学生在有限的时间内学到更多的知识,也能学得更好。

3. 从知识体系入手,注重新旧知识的纵横联系,形成知识网络

学生对知识的积累是从一点一滴开始的,随着学生认知活动的不断深入,知识也会积少成多。如果学生掌握的只是一个个知识点,而不能抓住它们之间的关系,那么这些知识点就会变得"支离破碎"。因此,教师要在适当的时机,引导学生把以前所学的内容进行回顾,把相关知识进行归纳总结,使学生头脑中的一个个零散的知识点横成行、竖成串,从而形成纵横交叉的立体知识网。同时,使新旧知识加以衔接,把新知识不断纳入原有的认知结构中去,从而充实和完善原有的认知结构。

4. 建立有利于迁移的教材结构

小学儿童的认知结构是从教材的知识结构转化而来的。合理安排所用教材的呈现顺序,对促进小学儿童建立认知结构是很重要的。教师对教材呈现的顺序应努力做到:(1) 从一般到个别,使教材渐进分化;(2) 建立横向联系,使教材综合贯通;(3) 从已知到未知,使教材组织序列化。

促进知识迁移应注意的几个问题

1. 必须充分了解教材的体系。为了在教材中恰当运用迁移规律,教师不仅要研透所教知识点,更要了解全册教材,直至全套教材。不把握好教学内容的整体,就无法处理好每一个局部。只有吃透教材,明确所教内容在整个知识体系中的地位和作用,以及知识前后之间的联系,才能做到"瞻前顾后"。所谓"瞻前",即找好学习新知识的"支撑点",即新旧知识的联系;所谓"顾后",即本节教学为后继内容打好基础,做好提前渗透,减少后继内容学习的难度。

2. 必须了解学生已有的知识观念。迁移是以学生大脑中已经贮存的知识观念为前提的。因此,教师必须从学生的实际出发组织教学,这不仅包括了解该年段学生的基本情况,更包括了解个性、能力、兴趣等学生之间存在的差异。教师只有了解每个学生的实际情况和真实水平,教学才有针对性,才能使迁移顺利进行,从而提高教学效率。

3. 必须把握好迁移的时机与"度"。教师运用迁移规律进行教学要做到"恰到好处",有的内容与前面的知识联系不大,比如"分数的初步认识"一

节,新旧知识的联系体现得不明显,教师就不能去"强扭瓜",而应注重从学生的生活实际引入。由于学生原有知识观念和认识水平制约,教师切莫"拔苗助长"。总之,教师要把握好迁移的时机,注意迁移的广度和深度,才能收到水到渠成、事半功倍的效果。

4. 防止产生负迁移。负迁移是指学生已有的知识经验及技能对新知识的学习和技能的形成产生的反面影响和干扰。为了防止负迁移的产生,消除负迁移带来的不利影响,要加强对相似知识的对比练习。

理解·反思·探究

1. 举例说明陈述性知识和程序性知识的异同。

2. 如果你需要帮助二年级学生学习"好公民"这一概念,你可以怎样进行教学?

3. 为了帮助学生掌握"地球是圆的"这一科学概念,教学之前你应该做什么工作?你准备怎样来转变学生头脑中"地球是平的"等错误概念?

4. 四年级的学生下周将要进行野外考察,为了促进学生对当地常见动植物的了解,你应该怎样帮助学生来组织他们的相关知识?

阅读导航

1. 冯忠良、伍新春等:《教育心理学》(第十三至十七章),北京:人民教育出版社,2010 年。

第十三章介绍了学习迁移的主要理论及其促进措施,第十四至十七章在阐述知识的实质与类型的基础上,全面而系统地介绍了知识领会、知识巩固、知识应用的过程和影响因素。

2. 陈琦、刘儒德:《教育心理学》(第九章),北京:北京师范大学出版社,2007 年。

第九章系统阐述了知识的表征、知识的理解和错误概念的转变,尤其是对于概念转变的研究有比较全面的评介。

3. 张建伟、孙燕青:《建构性学习:学习科学的整合性探索》(第三章),上海:上海教育出版社,2005 年。

第三章对知识的作用和类型、知识建构的心理机制和错误概念的转变策略等进行了科学的讨论,值得参考和阅读。

第九章 技能的形成

在课堂教学中,无论是对自然科学知识的学习还是对社会科学知识的学习,我们都不可能通过事事直接经验的方式来进行,这时物质化活动便成为一种可供选择的主要方式。在物质化活动过程中,首先应该注意把活动展开,把活动分为大大小小的各种操作,指出其间的联系,然后再进行概括,使学生从对象的各种属性中区分出这一活动所需要的属性,并归纳概括出进行这一智力活动的法则。例如,在进行分数加法 $\frac{3}{4} + \frac{1}{3}$ 演示时,先将该题展开:$\frac{3}{4} + \frac{1}{3} = (3 \times 3)/(4 \times 3)$ $+ (1 \times 4)/(3 \times 4) = \frac{9}{12} + \frac{4}{12} = \frac{13}{12} = 1\frac{1}{12}$。从教师的演示中,学生了解到了运算的每一步,即先通分,求出 4 和 3 的最小公倍数作为公分母,然后将每个分数的分子和分母乘以相同的倍数,再进行同分母的分子相加,最后将假分数简化为带分数。在完成这一活动的运算步骤后,学生就可以归纳出异分母分数加法运算的一般法则。当然,学生在进行这种概括并熟悉这种概括后,还要将完成这一活动的全部操作进一步简化,并与他们的言语活动结合起来,以便为最终内化做准备。

像上面案例中提到的如何教会学生运算的问题,实质上是技能形成的问题。随着研究的深入,目前人们逐渐认识到:在实际教学过程中,不仅要教授学生知识,使他们掌握有关的概念、原理和原则,还应该教授学生技能,使他们形成熟练的操作技能和灵活的心智技能。只有这样,学生才能真正形成和发展能力,才能在获得知识经验的同时,学会创造性地解决问题。在本章中,我们将在明确技能实质的基础上,系统介绍操作技能和心智技能的形成过程与学习条件,以使学生真正获得做事的本领。

第一节 技能及其类型

心理学研究者认为,知识与技能是构成个体能力的重要组成部分。在第八章我们已对知识的建构进行了阐述,现在开始对技能的认识之旅,让我们首先了解技能的含义、特点与类型,然后再具体探讨不同技能的形成过程和培养措施。

一、技能及其特点

技能在心理学上被解释为通过学习而形成的合乎法则的活动方式。活动方式既可能是外显的、展开的动作系统,也可能是内隐的、简缩的动作系列。同时,构成技能的动作系列必须是按照一定的规则组织起来的,而不是随机的、任意的动作组合。因此,技能具有以下明显的特点。

(一)技能是通过学习或练习形成的,不同于本能行为

技能不是人天生就有的,而是通过后天的学习或练习形成的,需要经过不断的练习才能逐步熟练。技能的熟练程度以完成某一任务花费的时间长短来表示。花费时间长,说明这种技能还不熟练;反之,说明技能的熟练程度越高。但并不是说,练习越多,熟练程度就一定越高。一般说来,在练习的最初阶段,练习能使技能的形成有明显的改善;但随着练习的不断进行,技能进步的速度会逐步减慢,但仍有进步。

(二)技能是一种活动方式,区别于个体的认知经验

技能是由一系列动作及其执行方式构成的,属于动作经验,不同于属于认知经验的知识。知识学习所要解决的是事物是什么及怎么样(陈述性知识)、做什么及怎么做(程序性知识)等问题,即知与不知的问题。技能学习所要解决的是完成活动要求的动作会不会及熟练不熟练的问题,即会不会做及做得怎么样的问题。因此,程序性知识虽与活动动作的执行密切相关,但它仍只是一类专门叙述活动(包括心智活动)规则和方法的知识,它只是解决活动的定向依据,而不是活动方式的本身。因此,要真正掌握技能,不仅要掌握某些程序性知识,更重要的是要通过实际操作,获得动觉经验,才有可能实现。由此可见,技能不仅与陈述性知识不同,而且与程序性知识也不能等同。

(三)技能是合乎法则的活动方式,区别于一般的习惯动作

构成技能的动作要素及其执行顺序不是任意的动作组合或一般的随意动作,而是要体现某种活动本身的客观法则的要求,符合活动的内在规律。因此,技能不同于习惯,习惯在人的活动中自然养成,可能符合某种活动的规律,也可能不符合规律。而技能是通过系统的学习与教学形成的,是在主客体相互作用的基础上,通过动作经验的不断内化而形成的。只有合乎法则的活动方式,才能用来对活动的对象进行有效的加工、改造,才能使对象本身朝着预期的目标发生变化,也才能使这种活动方式具有广泛的适用性和高度的稳定性,才能对活动本身具有广泛的调节作用。只有这样,作为技能的活动方式才能在活动中通过不断练习而形成动力定型,逐步实现自动化并向能力转化。

二、技能的类型

现代社会的知识迅猛增长,科学技术日新月异,通讯和信息革命时代的到来,要求人们不仅要有读、写、算的基本技能,而且必须具备诸如操作电脑、通晓外语等现代技能,才能避免成为功能性"文盲",以适应未来竞争更加激烈的社会。因此,技能的形成在学生的学习中具有重要的意义。学生一旦获得技能,就会对其学习、生活和工作产生广泛的影响。在实际的学校生活中,学生需要掌握的技能各种各样,因此有必要对技能进行分类培养。为了探讨技能的分类培养规律,促进技能的有效形成,很多人主张把技能分为心智技能与操作技能两种。

(一)心智技能

心智技能也称智力技能、认知技能,是一种调节、控制心智活动的经验,是通过学习形成的合乎法则的心智活动方式。阅读技能、写作技能、运算技能、解题技能等都是常见的心智技能。心智技能具有以下特点:

(1)动作对象的观念性。心智活动的对象是客观事物在人脑中的映象,是客观事物的主观表征,是知识和信息。客观事物的主观表征属于人的主观的观念范畴。因此,心智活动的对象具有观念性。

(2)动作执行的内潜性。心智活动对观念性对象进行的加工改造是借助于内部言语进行的,只能通过其作用对象的变化才能判断活动的存在。心智动作的执行,是在头脑内部进行的,不能直接观察到,因此其动作执行具有内潜性。

(3)动作结构的简缩性。由于心智活动主要借助于内部言语进行,这就决定了心智活动不可能将每一动作实际做出,而是以合并、省略及简化等方式来进行的,因此其动作结构具有简缩性。

(二)操作技能

操作技能又叫运动技能、动作技能,是通过学习形成的合乎法则的操作活动方式。日常生活中的写字、打字、绘画,音乐方面的吹、拉、弹、唱,体育方面的田径、球类、体操,生产劳动方面的车、铣、刨、磨等活动方式,都属于操作技能范畴。操作技能除具有技能的一般特点外,还具有如下四个显著特点:

(1)动作的客观性。首先,操作技能的动作对象是物质性客体或肌肉。无论是器械还是身体,都是客观的实体,具有客观性。其次,操作的动作执行过程是通过肢体运动逐一展示的,肢体的运动是外显的,可观察的,因而也是客观的。

(2)动作的精确性。操作技能的动作要符合一定的规范要求,即有关动作执行的原理,在动作的力量、速度、幅度、结构等方面都要符合标准。精确性是操作技能的一个基本特征,如果操作技能没有达到一定的精确性,就会影响整个操作的顺利完成。

（3）动作的协调性。操作活动由一系列动作成分构成,各成分以整合的、互不干扰的方式和顺序运作。例如,在舞蹈课中,各个表演动作及动作间的转化,都是对表演者协调能力的挑战,要求表演者能对手、脚、头、躯干等各部分的动作进行协调,从而完成整套表演动作。

（4）动作的适应性。操作技能一旦形成,就能够适应各种变化的条件,表现出活动的稳定性与灵活性。

第二节　心智技能的形成与培养

心智技能是学校教育的重要内容之一。心智技能的掌握是学生能力形成发展的前提条件,也是学生有效地获得知识和灵活解决问题的重要保证。因此,为了最大限度地提高教学成效,发展学生的能力,必须了解心智技能形成的过程及其规律。

一、心智技能的原型模拟

要了解心智技能的形成,首先必须了解心智活动与实践活动的关系。按照苏联著名心理学家加里培林（Garyperlin）的看法,心智活动虽具有观念性、内潜性和简缩性,因而不同于外部的实践活动,但它又来源于实践活动。任何个体的经验都是在个体活动的基础上获得的,是在主客体相互作用过程发生的。经验的获得,一方面需要有作为活动对象的客体的作用,同时也需要有作为活动主体的对活动客体的反作用。仅有客体的影响没有主体的反作用,不足以产生个体经验。个体经验的获得固然依赖客体的影响作用,但并不是客体作用的被动产物。在个体经验的获得过程中,主体对客体反作用的形式与水平是多种多样的,其中对于经验的获得最为直接的是反映动作。反映动作的根本职能在于实现转化。活动的主体通过其反映动作,把客观的物质影响转化为主观的经验结构。这种转化过程也就是能动的反映过程,即经验的构建过程。由于主体的动作是经验产生的直接基础,所以动作是经验获得的手段,经验是动作的产物。因此加里培林指出,"心智活动是外部的、物质活动的反映","是外部的物质活动向反映方面（知觉、表象和概念）转化的结果"。也就是说,心智活动是实践活动的反映,心智活动是通过实践动作的"内化"而实现的。

由于心智活动是实践活动的反映,因此心智技能的培养,首先必须确定心智技能的实践模式或操作活动程序,即确定心智技能的"原型"。不过,确定心智技能的操作原型是一项相当困难的工作,因为形成了的心智技能不仅是内潜的,而且是借助于内部言语以高度简练的形式自动进行的。不仅旁观者难以观察到,就连活动的主体也难以自我意识到,这就给操作原型的确定造成了很大困难。但自 20 世纪 60 年代以来,随着控制论功能模拟思想向心理学的渗透,我们终于找到了可用来确立心智技能操作原型的"心理模拟法"。

（一）心理模拟法

控制论者认为,在分析和研究某系统的结构时,应先建立模型,利用模型与原型之间存在着的形状、特性等的相似性,通过对模型进行试验来研究原型,这就是模拟。所谓功能模拟,是指如果两个系统能够显示出功能上的平行（在关键特征上能够一一对应）,那么一个系统就是另一个系统的模拟。因此,心理模拟就是模拟与人的心理功能系统平行的系统,以找出能与心理的关键性特征一一对应的物质系统。这类模拟是依据事物中普遍存在的同功异构（同样的功能但其结构不同）的特点而确定的。

目前,我国心理学界一般认为,用心理模拟法来建立心智活动的实践模式需经过两个步骤,这就是创拟确立模型和检验修正模型,其中第一步是关键。

1. 模型的确立

为了创拟和确立心智技能的操作原型,首先必须对活动进行系统分析。在对活动作系统分析时,首先要对系统进行功能分析,分析系统对环境的作用,其中包括作用的对象、条件及结果;然后再对系统作结构分析,分析系统的组成要素及组成要素之间的相互关系;并将功能分析与结构分析有机地结合起来,作为创拟模型的基本方法。同时,实践模式中的基本操作要依据操作系统的性质及学生的能力水平而确定,以能被学生理解并执行为原则。

例如,在通常的加减运算学习中,儿童一般是以双手十指作为运算原型的。例如当我们要儿童算"3+4＝?"时,常常能看到他们掰着手指头在一个一个地数;即使教师不让儿童掰手指头,他也往往将手放在桌子下偷偷地借助于手指头计算。这种以手作为加减运算原型的方法,对于 10 以内的加减运算大体上还是适用的,但是它对于 10 以上、20 以内的加减运算便不适用了。如果教师要求儿童进行诸如"8+6＝?"的运算,则常可见儿童手脚并用地来进行,尤其是在夏天时,教师甚至可以看到儿童除了掰手指头以外,还在动着脚趾头。脚趾头虽没手指头方便,但对于 20 以内的加减运算来说,也基本上是可行的。但是,最根本的问题是,以手脚作为加减运算的原型,其迁移价值很小,当数目增大时,儿童常常无所适从。在现实中的表现就是:在 10 以内或 20 以内的加减运算教学中,儿童能很好地掌握,但对于 100 以内或更大数目的加减运算就掌握得很差。因此,与其让儿童只图眼前便利而长远遭罪,不如让儿童一开始就采用更有实用价值的加减运算原型,这就是中国传统的算盘。

我们知道,加减运算主要有珠算、口算和笔算三种形式。但是在传统的教育中,珠算与口算和笔算是脱节的,珠算教学往往在儿童较熟练地掌握口算和笔算之后才进行。这种安排违反了"三算"本身的内在联系,使珠算作为加减运算的实践模式的作用未能得到发挥。以珠算作为加减运算教学的实践模式,就是要以珠算带口算,以口算促笔算。教儿童学珠算的目的不仅在于使儿童学会借助算珠进行运算,更主要的在于通过珠算来促进儿童口算能力的发展;笔算也并不仅仅在于借助于笔来进行运算,而在于更好地记录口算的结果。因为对大数而言,仅靠脑记是不够的,还必须借助于笔来帮助记忆。因此,可以说珠算是基础,口算是关键,笔算是记录。

珠算作为加减运算原型的价值

第一,珠算符合儿童的思维水平。我们知道,儿童的思维以具体形象思维为主,并已出现抽象思维的萌芽,因此教学的任务就在于促使具体形象思维向抽象逻辑思维的转变。而算盘正好能发挥这种功效,因为它既具体又抽象。说它具体,是因为算盘是由一个个算珠构成的,算珠是直观可见、可触的,而且在拨弄时会发出响声,从而可引起听觉的反应,使得儿童的视、听、触觉都参与到运算之中,而不像抽象的数字只提供视觉形象;说它抽象,是因为算盘的算珠已不再是具体的事物,一个算珠既可以表示一个杯子、一个篮球,也可以表示一支铅笔、一头动物等,它已经具有类化的、概括的信息,而不像一根筷子就只是一根筷子。这样,既具体又抽象的算盘使得儿童的思维既能高出原有的水平而向新的水平迈进,又能以原有的水平为基础去发展,从而既顾及了儿童思维已有的发展水平,又能有效地促进其发展。

第二,珠算有助于学习的迁移。我们已经谈到,一般情况下,儿童是以手脚作为运算原型的,但它不适用于大数运算,迁移价值有限。而算盘则可以用来进行或小或大的数目的运算,只要掌握了 20 以内的加减运算的法则及记数制,就能有效地迁移,甚至在儿童学会 20 以内的加减运算后,就可以直接进行万以内的加减运算。因为在儿童学完 20 以内的加减运算以后,所有加减运算的知识和技能成分都掌握了,这时学习万以内的加减运算,除了位数增多以外,没有增加任何新的运算成分,只需将原有的知识、技能成分进行重组,就能实现迁移,从而可以极大地促进儿童运算能力的发展。

---

2. 模型的检验

在拟定假设性的操作原型后,还应通过实验来检验这种原型的有效性。在实验中如能取得预期的成效,则证明此假设原型是真实可靠的,这种经实验证实了的原型就可以在教学上应用。反之,如果在实验中假设原型不能取得预期成效,则对此原型必须予以修正或重新拟定。当然,模型的检验除了可以通过教学心理实验的方法进行以外,也可以通过计算机进行。不过,用计算机进行检验时,过程分解要细,必须分解到机器可以执行这些基本操作为止。

当然,所模拟的心智技能的原型不应是原始的心智活动的实践模型,而应是对理想的科学思维过程的模拟。由于形成了的心智技能一般存在于有着丰富经验的专家头脑之中,因此创拟和确立模型的过程实际上是把专家头脑中观念的、内潜的、简缩的经验“外化”为物质的、外显的、展开的“心理模型”的过程(也称“物质化”过程)。不过,这一心理模型必须能确实揭示并反映专家头脑内部的思维操作过程;同时,该原型不应该是某一个专家的心智活动原型,而应是对一批该领域专家心智活动模型的总结与经验的概括化和系统化。

(二) 心理模拟示例

以小学数学中的解应用题为例,我们根据对大量优秀学生(专家型学生)成功解题经验的分析,运用心理模拟法,将优秀学生的成功解题经验“外化”成了一个如图 9-1 所示的解题活动模型。长期的教学实践已证明它确实是行之有效的。

在确定如图 9-1 所示的解题活动模式时,我们首先进行功能分析。解题活动的目标是应用题的正确解决,这要求学生首先有一定的计算能力作为基础;应用题的类型多种多样,我们要确定:解题活动模式是否适用于各种题型? 是否能为学生理解并独立执行? 是否会对学生以后的解题活动产生不良影响? 等等,这些问题都是在功能分析中需要涉及的。然后我们进行结构分析,分析解题活动中包括哪些典型的心智活动。要有效解答数学应用题,首先必须理解题意,这就是审题;审题后需解析数量关系,它是列式的基础;然后是列式、运算;运算之后是检验,这也是不可少的,这是数学的严谨的要求;最后

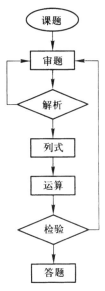

图 9-1　解题活动模式

是答题。这样,通过对解题活动的结构分析,我们认识到完整的解题活动结构是由审题、解析、列式、运算、检验、答题六个因素组成的。

解题的第一步是审题,即认知课题结构,从而在头脑中确立课题表征。第二步是解析,即在审题的基础上,通过分析题目中的数量关系,从而作出解法决策的过程。在小学数学应用题中,数量关系主要有两种:一种是直接的,即简单应用题;另一种是间接的,即复合应用题。遇到简单应用题,可以直接进行第三、四步的列式、运算工作;遇到复合应用题,可以通过几次解析,将间接的数量关系分

层次地转化为直接的数量关系,再进行列式和运算。所谓列式,即在解析的基础上,把应用题的解法(包括算法及其顺序)用数学算式表示出来。而运算即解答算式的活动。运算完后,还要进行第五步——检验。所谓检验,是对解题结果是否正确的检查和论证。如果通过检验,解题结果正确,就进行第六步——答题。所谓答题,即重新激活问题的初始表征,用运算结果代替未知成分,并陈述答案的过程。如果解题结果错误,则必须重新进行上述各个步骤,直至正确为止。

但是,在这个解题活动模式中仅仅是分析了解题活动的各个步骤及其执行顺序,要想解决问题,还必须对分析出来的各种操作成分再分析,以确定各操作成分的具体内容和功能。进一步分析后会发现,审题、运算、答题这三步是学生已经掌握的,不是重点,解题活动的关键在于解析、列式、检验三步。由于列式是以对数量关系的解析为前提的,而检验又是围绕列式运算来进行的,因此解析是解题活动的最核心的动作。这就需要对解析活动进行进一步的分析,以建立数学应用题数量关系的解析模式。

当然,模拟专家头脑中的经验的目的是想使得专家头脑中的经验能够"内化"为学生(新手)头脑中的心智技能,变成他们自己经验世界的组成部分。这一把专家头脑中的经验"内化"为学生自己经验的过程,就是心智技能的形成过程。

二、心智技能的形成过程

关于心智技能的形成过程,加里培林于 1959 年提出了著名的"心智活动按阶段形成的理论"。他认为,心智活动的形成包括五个相继的阶段:(1)活动定向阶段;(2)物质与物质化活动阶段;(3)有声的外部言语活动阶段;(4)无声的外部言语活动阶段;(5)内部言语活动阶段。我国的教育心理学家冯忠良教授在长达 30 年的"结构-定向教学"研究过程中,根据自己的教学实验,提出了原型定向、原型操作、原型内化的心智技能形成三阶段论。这一理论目前已对我国的学校教育产生了积极影响。下面我们就介绍这一理论的主要内容。

加里培林心智技能按阶段形成的理论

依据加里培林的观点,"智力活动是外部的、物质活动的反映",学生心智技能的形成"是外部物质活动转化到反映水平——转化到知觉、表象和概念水平的结果"。[①] 这种转化(内化)过程需要经历如下五个基本阶段:

1. 活动定向阶段。这是一个准备阶段,即领会活动任务的阶段。就是说,在学生从事某种活动之前了解做什么和怎样做,从而在头脑中形成对活

---

① 冯忠良:《智育心理学》,北京:教育科学出版社,1981,P123。

动本身和活动结果的表象,进行对活动本身和活动结果的定向。例如,在学生的加法运算定向阶段中,教师在演示加法运算时,应该使学生明了加法运算的目的在于求几个数量之和,了解运算的客体是事物的数量,知道运算的操作程序和方法,懂得运算的关键是进位等,由此在学生头脑中形成完备的定向映象。为此,教师应在实物直观或模像直观教学中,帮助学生建立活动的原型。

2. 物质与物质化活动阶段。物质活动和物质化活动是直观的两种基本形式。物质活动是运用实物的教学;而物质化活动则是物质活动的一种变形,是指利用实物的模像,如示意图、模型、标本等进行的活动。这个阶段实质上是借助实物或模像为支柱进行的心智活动的阶段。例如,在学生的加法运算中,既可以让他们利用小木棒进行演算活动,也可以利用画片中的小木棒进行演算活动。通过这种物质活动或物质化活动,让他们掌握加法运算的实际操作程序,学会如何进位。

3. 有声的外部言语活动阶段。有声的言语活动即出声说话。这一阶段是指学生的学习活动已不直接依赖实物或模像,而借助自己出声的外部言语形式来进行的阶段。例如,在加法运算中,他们能根据题目的数字出声地说出"3 加 2 等于 5"或"8 加 4 等于 12"等。在这一阶段中,他们虽然不用操作实物或模像来进行计算,但他们是用出声的言语来运算的。这样,学生不仅要对这些动作的对象内容进行定向,还要对这些对象内容的词的表达进行定向。根据加里培林的观点,只有这一出声的言语活动,才能使抽象化成为可能。因为言语水平的特点就是以抽象的客体替代物质的客体,这既可以保证活动的定型化,又可以保证活动的迅速自动化。

4. 无声的外部言语活动阶段。这一阶段是出声的言语活动向内部言语活动转化的开始,这是以词的声音表象、动觉表象为支柱而进行智力活动的阶段。从表面看,这种不出声的外部言语活动是"言语减去了声音",似乎很简单。其实不然,这种不出声的言语活动是有声言语活动向言语的声音形象、动作形象转化的途径。这种言语不出声的变化要求学生对言语机制进行很大的改造,因而需要他们重新学习。但由于这种言语的外在形式和实际内容与出声的言语并无本质区别,因此学生在前一阶段所获得的概括、简化等活动的成就,便可以直接转移到这一阶段中来。

5. 内部言语活动阶段。这是智力活动完成的最后阶段。在这一阶段中,学生凭借简化了的内部言语,似乎不需要多少意识的参与就能"自动化"地进行智力活动。这一阶段的特点是简缩和自动化。由于内部言语是指向自己的，必须考虑到外部言语作为交际手段的机能——要完整地表达，因而可以大大压缩和简化，加之它的进行基本上是处于自我观察界线之外的，是自动化的。例如，学生在演算进位加法时，已经不再需要默念公式和法则，而是在头脑中出现几个关键词，随之而来的就是自动化的操作。整个运算过程的智力活动在他们头脑中被"压缩"和"简化"了，以至于他们已不大可能觉察运算过程，所能觉察到的只是运算的结果。

（一）原型定向

1. 原型定向的含义及其作用

所谓原型定向，就是了解心智活动的实践模式，包括了解"外化"或"物质化"了的心智活动方式或操作活动程序；了解原型的活动结构（动作构成要素、动作执行次序和动作执行要求），使儿童知道该做哪些动作和怎样去完成这些动作，明确活动的方向。因此，原型定向阶段的任务就是要使儿童掌握心智技能的实践模式，并使这种实践模式的动作结构在头脑中得到清晰的反映。也可以说，原型定向阶段就是使儿童掌握程序性知识的阶段。

原型定向阶段是心智技能形成的初始阶段。心智技能作为一种合乎法则的活动方式，学习者必须能独立实施，而学习者要独立做出这种活动方式，必须在头脑中建立起有关这种活动方式的定向映象，才能调节自己的活动，做出相应的动作。另外，心智动作是一种内化了的动作，是实践活动的反映，而不是可观察到的动作。心智活动的定向必须借助于一定的物质形式，使这种活动"外化"为原型（即实践模式）才能进行。由于心智活动的定向需要借助其原型才能进行，故称这一阶段为"原型定向阶段"。这一阶段的主要任务是建立起进行有关活动的定向映象，形成初步的自我调节机制，为进行实际操作提供内部控制经验。

2. 原型定向阶段的教学要求

原型定向阶段的主要学习任务可以归结为两点：一是确定所学心智技能的实践模式（操作活动程序），二是使这种实践模式的动作结构在头脑中得到清晰的反映。为完成这些任务，教师必须做到以下几点：

（1）使学生了解活动的结构，即了解构成活动的各个动作要素、动作之间的执行顺序及动作的执行方式，形成进行活动的完整映象，为以后的学习奠定基础。

（2）使学生了解各个动作要素、动作执行顺序和动作执行方式的各种规定的必要性，提高学生学习的自觉性。例如，为了获得"造句"技能，学生需要具有关于句子成分的知识作为定向基础。此时，教师要明确告诉学生句子的一般结构成分必须同时包括主语、谓语动词和宾语，缺少了任何一个成分，都不能构成一句完整的话。这样,学生在以后的写作过程中就会加强对句子结构的理解和正确运用。

（3）采取有效措施发挥学生的主动性与独立性。构成活动的动作不能以现成的形式教授,而是要在激发学生的学习需要、发挥学生的主动性与独立性的基础上,师生共同总结每一步的动作及执行顺序。这样,才能使学生体会到各个动作划分的原因及动作顺序的合乎法则性,从而为学生所理解和接受。

（4）教师的示范要正确,讲解要确切,动作指令要明确。

（5）教师可以用复述动作要领的方法来检查原型定向阶段的学习成效。

记叙文写作中的原型定向

在小学语文课上,教师向学生讲授记叙文的写作时,首先要对记叙文写作的构成要素、写作顺序和写作要求进行明确说明,让学生在头脑中形成关于记叙文写作的原型结构。记叙文写作包含六要素,即时间、地点、人物、起因、经过、结果。而写作顺序,可以用顺叙,也可以用倒叙或插叙。学生在熟练掌握这些基本内容之后,会在头脑中形成关于记叙文写作的清晰结构,为以后的动笔写作打下基础。这个过程就是原型定向阶段。

（二）原型操作

1. 原型操作的含义及其作用

原型操作指依据心智技能的实践模式,把主体在头脑中建立起来的活动程序计划,以外显的方式付诸执行。

在这一阶段,活动的执行是在物质或物质化水平上进行的。活动的最初形式可以是物质的,也可以是物质化的。在物质的活动形式中,动作的客体是实际事物,是对象本身。在物质化的活动形式中,动作的客体不再是对象本身,而是它的替代物。但不论哪种情况,都是对原型的操作,因而称这一阶段为"原型操作阶段"。

在这一阶段,动作的对象是具有一定物质形式的客体,动作本身是通过一定的机体运动来实现的,对象在动作作用下所发生的变化也是以外显的形式来实现的。这样,学习者在原型操作过程中,不仅仅是依据原有的定向做出相应的动作,而且可以使做出的动作在头脑中得以反映,从而在感性上获得完备的动觉映象。这种完备的、感性的动觉映象是心智技能开始形成及内化的基础,因而原型操作在心智技能的形成中具有十分重要的地位。

2. 原型操作阶段的教学要求

原型操作阶段的活动是展开的、外显的,并不经常借助于内部言语的引导和外部辅助手段。此时,学习者还不能摆脱实践模式,而需依赖实践模式才能进行

活动。为了使心智技能在操作水平上顺利形成,教师在教学时必须做到以下几点:

（1）使心智活动的所有动作以展开的方式呈现。要依据心智活动的原型,把构成这一活动的所有动作系列依次按照一定的顺序作出,不能遗漏或缺失。每一动作完成之后,要及时检查,查明动作是否正确完成,对象是否发生了应有的变化。因为只有在展开的活动中,学生才能确切了解活动的结构,才能在头脑中建立起完备的动作映象,也才能获得正确的动觉经验,并确保活动方式的稳定性。如在教一年级学生学习9加2的进位加法时,教师可结合实物的演示,把其运算步骤分为可以操作的"想"、"分"、"算"三个环节,如图9-2所示。

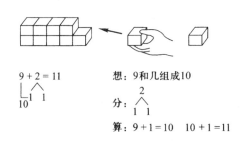

$$9 + 2 = 11$$

想：9和几组成10

分：
$$\begin{array}{c} 2 \\ \diagup \diagdown \\ 1 \quad 1 \end{array}$$

算：$9 + 1 = 10$　$10 + 1 = 11$

图9-2　9加2的智力活动过程

（2）注意变更活动的对象,使心智活动在直觉水平上得以概括,形成关于活动的表象。心智技能作为合乎法则的活动方式,其适用范围应具有广泛性。采用变式加以概括,有利于学生心智技能的掌握和内化。

（3）注意活动的掌握程度,并适时向下一阶段转化。强调原型操作阶段应以展开的方式出现,并不是说最终不要简缩。当学生连续多次能正确而顺利地完成有关动作程序时,应及时转向内化阶段,以免活动方式总停留在展开水平,阻碍心智活动的速度。

（4）为了使活动方式顺利内化,动作的执行应注意与言语相结合,一边进行实际操作,一边用言语来标志和组织动作的执行。因为心智技能作为一种心智活动方式,是借助于内部言语默默进行的,而内部言语必须以外部言语为基础。在原型操作阶段,外部言语作为心智动作的标志及执行工具,在"内化"过程中具有十分重要的作用。因而,在边做边说的场合下,活动易于向言语执行水平转化。

可以说,通过原型操作,学生不仅有了程序性知识,而且通过实际操作获得了完备的动觉映象,这就为原型内化奠定了基础。

直加运算的原型操作示例

为了学会运算"3+6＝?"教师首先应使用卡片或言语提示,使儿童能按"一读、二拨、三看、四判、五算、六报"的顺序一一进行,并且要让儿童在进行拨珠的实际操作时,用言语描述其过程,边说边做,实施"唱拨"。具体的做法就是:一读,3+6＝?;二拨:3+6 拨进 3;三看:要加 6 看外珠(6);四判:够加直加;五算:加几拨进几,加 6 拨进 6;六报:3+6＝9。当然,在儿童对于操作程序比较熟练后,可以去掉提示词,直接"唱拨",例如对于"2+5＝?"儿童可边说唱拨词边打算盘:2+5 等于几,2+5 拨进 2,要加 5 看外珠(7),够加直加,加几拨进几,加 5 拨进 5,2+5＝7。

（三）原型内化

1. 原型内化的含义

原型内化指心智活动的实践模式向头脑内部转化,由物质的、外显的、展开的形式变成观念的、内潜的、简缩的形式的过程。也就是说,心智活动的动作离开了原型中的物质性客体及外显形式而转向头脑内部,借助言语作用于观念性对象,从而对事物的主观表征进行加工改造,并使其发生变化。

2. 原型内化阶段的教学要求

在原型内化阶段,学生摆脱了实践模式,已将实践模式内化为一种熟练的思维活动方式,外显的言语活动明显减少。学生最初面临一个新任务时,始终复述任务规则,但随着练习的不断进行,规则复述消失,这是内化的一个标志。为了使操作原型成功地内化为心智技能,使活动方式定型化、简缩化、自动化,教学中必须注意以下几点:

（1）动作的执行应从外部言语开始,然后逐步转向内部言语。在采用外部言语的场合,还应注意出声的外部言语转向不出声的外部言语,最后转向内部言语,顺序不能颠倒。例如,小学生在阅读的最初阶段,通常要进行大声的朗读,通过外部言语朗读文章,理解文章的意思。但是,随着学生心理发展的逐渐成熟,尤其是抽象思维的发展,他们的思维不再局限于具体可观察的范围内,从而使得阅读的形式从大声朗读(外部言语)逐渐变为默读(内部言语)。

（2）在开始阶段,操作活动应在言语水平上完全展开,即用出声或不出声的外部言语完整地描述原型的操作过程(此时已没有实际操作)。然后,再依据活动的掌握程序逐渐缩减,其中包括省略一些不必要的动作成分或合并有关的动作。

（3）注意变换动作对象,使活动方式得以进一步概括,以便广泛适用于同类课题。

（4）在由出声到不出声、由展开到压缩的转化过程中,要注意活动的掌握程度,不能过早转化,也不宜过迟,而应适中。

总之,依据心智活动是实践活动的反映这一观点,任何新的心智技能的形成,在原则上都必须经过上述三个基本阶段才能形成。不过,分阶段练习的要求只是针对心智技能中新的、学生还没有掌握的动作成分来说的。如果某种心智技能,其动作成分是由学生已经掌握了的一些动作构成的,这种心智技能的形成就可利用已有动作经验的迁移得以实现,不必按前面提到的心智技能形成的三个基本阶段分别进行严格训练。

三、心智技能的培养方法

(一)根据心智技能的形成阶段,有重点地进行培养

由于心智技能是按一定的阶段逐步形成的,因此心智技能的培养必须分阶段进行,才能取得良好的教学成效。例如,在小学数学运算的教学中,在学生已掌握了加法运算与九九乘法表以后,再进行多位数乘法的连续运算教学时,学生必须学会把两个部分积递位叠加(错位相加)这一动作方式。这是学生在乘法运算中唯一的一个新的心智运算方式。对于这一新的心智运算的运算方式,必须依据心智动作形成的规律,实施分阶段练习。学生在掌握了这一运算方式后,与已掌握的知识和技能整合在一起,才能很好地完成教学任务。

(二)注意心智技能原型的完备性、独立性和概括性

心智技能的培养,开始于主体所建立起来的原型定向映象。在原型建立阶段,一切教学措施都要考虑到有利于建立完备、独立且具有概括性的定向映象。所谓完备性,指对活动结构(动作的构成要素、执行顺序和字形要求)要有清楚的了解,不能模糊或缺漏。所谓独立性,指应从学生的已有经验出发,让学生独立地确定或理解活动的结构及其操作方式,而不能是教师给予学生现成的模式。所谓概括性,指要不断变更操作对象,提高活动原型的概括程度,使之具有广泛的适用性,扩大其迁移价值。

在实际的教学中,学生的活动模式由于完备性、独立性和概括性的不同,可能存在4种典型的定向类型(见表9-1),它们的学习效果存在着明显的差别。

表9-1　学习的活动模式类型

编号	模式的概括性	模式的完备性	模式的独立性
1	具体的	不完全的	独立得到的
2	具体的	完全的	现成给予的
3	概括的	不完全的	独立得到的
4	概括的	完全的	现成给予的

在第一种定向类型中,学生对活动条件的了解是不完全的、具体的,主要是通过本人的尝试而获得的。研究表明,在这种定向基础上形成的活动过程进行得很缓慢,并有大量错误,而且难以迁移。对完成活动的条件稍有变化,则此活动方式的再现就很困难。

第二种定向类型的特点是,学生对于获得条件的了解是完全的、具体的,但不是学生自己提出的,而是教师现成给予的。在这种类型的定向基础上的活动形成较快,而且可以没有错误,但活动方式的迁移有很大的限制,局限于完成动作的类似条件。

第三种定向类型的特点是,学生对活动的了解是完全的、概括的,而且这种活动的实践模式是学生独立提出的,不是教师现成给予的。在这种定向类型的基础上形成的活动,不仅速度快,可以没有错误,而且活动方式的稳定性强,迁移范围广。

第四种定向类型的特点是,给学生提供概括的活动方式,即这种活动方式不仅适用于某种特殊情况,而且适用于整个一类情况。这种类型的活动模式的体系是完备的、充分的,能够正确地完成有关这一类课题的所有情况下的活动。可是,这种定向基础是以现成的形式给予的,不是学生通过独立分析提出来的。

研究表明,这四种定向类型的学习效果有着明显差别。在技能的初步形成阶段,第四种定向类型最为有效,第三种定向类型次之,第一种类型最差;在技能的适用范围和灵活应用方面,第三种定向类型最为有效,第四种定向类型次之,第一种类型最差;在培养学生的创造性方面,则第三种定向类型最佳,第一种类型次之,第二、四类型最差。因此,在实际教学过程中,必须根据不同的教学目的,选择不同的定向类型。

(三)适应心智技能培养的阶段特征,正确使用言语

心智技能是借助于内部言语而实现的,因此言语在心智技能形成中具有十分重要的作用。在不同的阶段,言语的作用是不同的。言语在原型定向与原型操作阶段,其作用在于标志动作,并对活动的进行起组织作用。所以,这时的培养重点在于使学生了解动作本身,利用言语来标志动作,并巩固对动作的认知,切不可忽视对动作的认知而片面强调言语标志练习。此时,如果学生过于注重言语而忽视动作,对心智技能的形成往往会起阻碍作用。为此,一定要在学生熟悉动作的基础上再提出言语要求,以言语来标志所学动作,并组织动作的进行。此外,在用言语标志动作时,用词要恰当,要注意选择表现力强而又能被个体理解和接受的词来描述动作。

言语在原型内化阶段,其作用在于巩固形成中的动作表象,并使动作表象得以进一步概括,从而向概念性动作映象转化。这时言语已转变成为动作的体现

者,成为对动作对象进行加工的工具。所以,这时培养的重点应放在考察言语的动作效应上。在这一阶段,不仅要注意主体的言语动作是否正确,而且要检查动作的结果是否使观念性对象发生了应有的变化。此外,应随着心智技能形成的进展程度,不断改变言语形式,如由出声到不出声,由展开到简缩,由外部言语转向内部言语。

第三节　操作技能的形成与训练

操作技能是技术能力的构成要素之一,要成为具有创新精神和实践能力的人才,学生不仅应该具有丰富的科学文化知识、高度发展的心智技能,而且要掌握熟练的操作技能。操作技能是人类社会生活实践的经验总结,是社会经验的重要组成部分。因此,学校培养的学生不仅要善于"动脑",还要善于"动手",以增强社会适应性。

一、操作技能的主要类型

操作技能的学习既是一个身体活动过程,也是一个心理活动过程,只是在学习的不同阶段,心理的参与程度有所不同。操作技能的学习既要求个体进行认知的加工与分析,也要求实际作出协调的肢体运动反应。

不同的操作技能有不同的掌握条件,了解操作技能的类型,有助于深入研究其结构,为有效地培养学生的操作技能提供依据。对操作技能的分类有许多方法,可以从不同维度进行划分,这里简要介绍以下四种分类。

(1)根据动作的精细程度与肌肉运动强度,可以分为细微型操作技能与粗放型操作技能。前者主要靠小肌肉群的运动来完成,一般不需要激烈的大运动,是在比较狭窄的空间领域,通过手、脚、眼的协调运动而实现的,如打字、弹琴等。后者主要靠大肌肉群的运动来完成,执行动作时伴有强有力的大肌肉收缩和全身神经-肌肉的协调运动,如举杠铃、掷铁饼、投标枪就属于这类动作技能。

(2)根据运动的连贯与否,可以分为连续型操作技能与断续型操作技能。前者由一系列的连续动作构成,需要对外部情境不断地进行调节,而且完成动作的序列较长,如骑自行车、开汽车、舞蹈、弹琴、滑冰等。后者由一系列不连续的动作构成,只包括较短的序列,其精确性可以计数,如射箭、投篮、举重等。

(3)根据动作对环境的依赖程度不同,可分为闭合性操作技能与开放性操作技能。前者主要依赖机体自身的内部反馈信息进行运动,动作的产生不依赖外部环境,如撑竿跳高属于连续的闭合性操作技能,因为运动员每次试跳时,外部环境保持不变。后者需要根据外部环境变化作出适当的动作,对外部信息的依赖程度较大,如开汽车就是连续的开放性操作技能,因为汽车在行进过程中,外部条件不断变化,司机要根据外部条件的变化不断调整自己的操作。

(4)根据操作对象的不同,可以分为徒手型操作技能与器械型操作技能。前者主要通过机体自身的运动来完成,如跑步、自由体操等。后者主要通过操作一定的器械来完成,如打字、驾驶等。

二、操作技能的形成过程

和心智技能一样,操作技能的学习也是分阶段进行的。在操作技能学习的不同阶段,学习者表现出的操作特征不同。随着不断的练习,在适当的条件下学习者的操作将发生某些变化,这些变化可以通过各种指标反映出来。针对操作技能形成过程中的动作特点,并根据学生学习操作技能的实际,操作技能的形成过程可以分为操作定向、操作模仿、操作整合与操作熟练四个阶段。

(一)操作定向

操作定向指对操作活动的结构与要求的了解,在头脑中建立起操作活动的定向映象的过程。尽管操作技能表现为一系列的操作活动,但在形成之初,学习者必须了解“做什么”、“怎么做”的有关信息与要求,形成对动作的初步认识,通过掌握与动作有关的陈述性知识与程序性知识,获得动作的定向映象。有了这种定向映象,学习者在以后进行实际操作时就会知道做什么和怎么做,从而实现对动作的调节。例如,学生学习“三级跳”的时候,会首先了解三级跳的规则,并在头脑中事先演练从何起跳、如何起跳等一系列的具体步骤。

操作定向是操作技能形成过程中的一个重要环节,是操作活动的自我调控机制。也就是说,准确而清晰的定向映象可以有效地调节和控制实际的操作活动,做出这样或那样的动作,注意或利用有关的信息。缺乏定向映象或受到错误的定向映象调控的操作活动是盲目的尝试,不仅效率低下,也难以形成合乎要求的操作活动方式。

(二)操作模仿

操作模仿指实际再现特定的动作方式或行为模式。模仿的实质是将头脑中形成的定向映象以外显的实际动作表现出来。因此,模仿是在定向的基础上进行的,缺乏定向映象的模仿是机械的模仿。要形成有效的操作技能,模仿需要以认知为基础。

操作技能最终表现为一系列合乎法则的操作活动方式,也就是说,只有实际做出合乎法则的活动时,才算是掌握了操作技能。仅在头脑中了解这种活动结构及其执行方式是不够的,没有实际的操作,不可能获得操作技能。通过模仿,把“知”转变为“行”,使头脑中形成的对有关动作的认识与实际的肌肉动作联系起来。例如,学生知道如何跳"三级跳"后,必须将这种认知水平的信息加工以实际的动作表现出来。

模仿是形成操作技能的重要环节。模仿可以检验已形成的动作定向映象的水平,以使其更加完善、巩固、充实,有助于定向映象在技能形成过程中发挥更有效的作用。同时,模仿可以加强个体的动觉感受。动觉是一种反映身体各部分运动和姿势的内部感觉,它在技能的形成中调节、控制动作的进行,是一种非常重要的控制机制。通过模仿,个体可以获得初步的动觉体验,有利于准确的动觉反馈的产生。

(三)操作整合

操作整合就是把在模仿阶段习得的动作固定下来,并使各动作成分相互结合,成为定型的、一体化的动作系统。

学习者在模仿阶段只是初步再现出定向阶段习得的动作方式,但对于大部分复杂操作技能而言,不仅要准确地做出每一个操作动作,还应掌握各动作间的动态联系,而这种动态联系在模仿阶段是难以实现的。只有通过整合,各动作成分之间才能协调联系,动作结构才能逐步趋于合理,动作的初步概括化才能得以实现。在整合阶段,个体对动作的有效控制也逐步加强。因此,整合是操作技能形成过程中的关键环节,是操作技能从模仿到熟练的一个过渡阶段,是熟练的活动方式形成的必要基础。例如,在"三级跳"的整合阶段,学生需要将起跳、跨越、换脚、踩板、腾空等各个分步动作进行整合,并准确把握各个动作之间的联系,使动作结构合理化。经过多次练习后,各个动作之间的衔接会日趋完善,最后才能连成一套完整的"三级跳"的动作。

(四)操作熟练

操作熟练指形成的动作方式对各种变化的条件具有了高度的适应性,动作执行达到高度的完善化和自动化。完善化指能够准确地完成整个动作系统;自动化指动作的执行过程不需要高度的意识控制,可以将注意分配于其他活动。例如,当学生经过多次的练习后,对"三级跳"的各个动作有了准确的把握,这时候学生甚至不必思考动作的规则和规范,即可顺利完成整套动作。

操作熟练是操作技能形成的高级阶段,是由于操作活动方式的概括化、系统化而实现的。操作熟练是操作技能形成中的一个重要阶段,也是由操作技能转化为能力的关键环节,各种技术能力的形成都以操作熟练为基础。操作技能达到熟练程度,有以下四个标志:

(1)活动结构的改变。首先是实现了动作的联合,即局部动作联合成一个完整的动作系统;其次是不再出现动作之间的相互干扰;最后是动作简洁,多余动作消失。

（2）活动速度加快，品质变优。表现为局部动作联合成一个动作系统，单位时间内完成的动作数量增加，动作准确、协调、稳定和灵活。

（3）活动调节的视觉控制减弱，动觉控制增强。在正常情况下，可以在不用视觉或少用视觉的条件下，完成一系列的连锁动作。

（4）意识减弱。动作技能达到熟练程度后，动作系统接近自动化，有意注意控制减弱，神经紧张感降低，疲劳感减轻甚至消失。

三、操作技能的训练要求

操作技能必须依据其形成规律，才能加速其形成过程，并促进其保持和迁移。研究表明，有多种因素影响着操作技能的形成过程，教师在教学时应充分考虑这些因素，并采取相应的有效措施进行训练。

（一）准确的示范与讲解

准确的示范与讲解有利于学习者不断地调整头脑中的动作表象，形成准确的定向映象，进而在实际操作活动中调节动作的执行。学习任何动作都必须以动作表象为基础，熟练的操作技能都包含着非常清晰、准确的动作表象。示范与讲解不仅适用于操作技能形成的定向阶段，也适用于操作技能形成的其他几个阶段。

示范效果好坏的关键是示范动作的准确性。示范动作一定要正确，开始时动作的速度不要太快，先进行整体动作的示范，后进行分解动作的示范，并对相似动作进行区分。对动作方式进行讲解，可以使学生更好地认识活动的结构，确切地了解活动的各个组成部分，从而有助于学生掌握完成各个动作的方法和原理。为了充分发挥讲解的作用，可以把讲解与示范结合起来，一边讲解一边示范。无论何种形式的示范、讲解，最关键的是保证所提供、传递的信息是准确的、充分的和完整的。

（二）必要而适当的练习

练习是形成各种操作技能的关键环节，练习应采用多种形式。操作技能的练习要充分考虑练习量和练习方式。就练习量而言，为了促进操作技能的形成，有必要进行过度学习或练习。过度学习指实际练习的时间超过达到某一操作标准所需的练习时间。过度练习对于操作技能的学习非常重要，但并不是说过度学习的量越大越好，而是要针对不同的操作技能确定过度学习的时间。至于练习方式，可以有多种。根据时间分配的不同，分为集中练习与分散练习；根据练习内容完整性的不同，分为整体练习与部分练习；根据练习途径的不同，分为模拟练习、实际练习与心理练习等。练习方式要依据操作任务来确定，而不能随意采用。

（三）充分而有效的反馈

一般来讲,反馈包括内部反馈和外部反馈两个方面。所谓内部反馈,即操作者自身的感觉系统提供的反馈。这是个体通过自身的视觉、听觉、触觉、动觉等获取的反馈信息,尤其是动觉反馈的信息最具有代表性。所谓外部反馈,即操作者自身以外的人或事给予的反馈,也称结果知识,是教师、教练、示范者、录像、计算机等外部信息源对学习者的操作结果及其操作过程的反馈。

反馈在操作技能的学习过程中非常重要,教师或培训者应从以下几方面考虑怎样给予反馈及何种方式的反馈:从反馈内容看,有关信息能否使学习者的注意指向应改进的动作方面;从反馈频率看,是否有助于内部动觉体验的形成及自我发现错误、纠正错误的能力的形成;从反馈方式看,在练习的不同阶段,应根据具体的操作,应用外部或内部的多种反馈方式,以利于提高个体对各种肌肉动作的自我调节和控制的能力。

（四）建立稳定清晰的动觉映象

动觉是复杂的内部运动知觉,它反映的主要是身体运动的各种肌肉活动的特性,如紧张、放松等,而不是外界事物的特性。这些有关肌肉活动的各种感知觉与视觉、听觉等不同,需经过专门训练才能为个体明确意识到。由于运动知觉的模糊性,学习者会对自己的错误动作不能明确地意识和感觉到,也就很难对运动进行有意识的调节或控制。因此,有必要进行专门的动觉训练,以提高动作的稳定性和清晰性,充分发挥动觉在操作技能学习中的作用。

动作反馈与动觉控制

由于动觉反馈的信息来自人体内部,协调、平衡、节奏等感觉必须依靠自己去体会。只有在练习中获得真实感受,才能使动作连贯、流畅,轻松自如。我国心理学工作者曾做过这样一个实验:将被试(大学生)分为甲乙两组,他们在实验前的定点投篮成绩是相等的。在实验中,主试采用不同的训练方法分别对两组进行定点投篮训练。甲组用睁眼投篮法,每次训练20分钟;乙组每次先用5分钟睁眼投篮,然后用10分钟蒙眼投篮,由主试说明投篮情况,让被试体会手臂用力时的肌肉运动感觉,最后再用5分钟睁眼投篮。经过一个月的训练后发现,乙组被试的投篮成绩明显地高于甲组。

 理解 · 反思 · 探究

1. 技能的实质是什么? 它与知识的联系和区别是什么?

2. "心智技能是内在于学生头脑中的心理特性,是学生心智活动的内在调节机制",对这一表述你是怎样理解的? 在实际教学中,如何对学生心智技能的形成状况进行评定?

3. 以某一学科具体内容为例,根据心智技能的形成规律,设计一个心智技能活动模式,并提出使学生获得这一心智技能的具体措施和要求。

4. 在操作技能形成的训练中,如何安排练习才能取得最好的效果?

阅读导航

1. 冯忠良、伍新春等:《教育心理学》(第十八、十九、二十章),北京:人民教育出版社,2010 年。

这三章全面而系统地阐述了技能的实质与类型、技能形成的有关理论、心智技能的形成过程与培养方法、操作技能的形成过程与培训要求等内容。

2. 约翰·安德森著,秦裕林等译:《认知心理学及其启示》(第九章),北京:人民邮电出版社,2012 年。

该书是国际最有影响的认知心理学教材之一。第九章对技能习得的一般特征、专业技能的本质、技能的迁移等进行了深入的探讨,可加深我们对技能形成认知机制的理解。

3. 理查德·A.马吉尔著,张忠秋等译:《运动技能学习与控制》,北京:中国轻工业出版社,2006 年。

该书从运动心理的视角对运动技能的学习、反馈和训练进行了系统阐述,对于理解本章的操作技能学习和训练具有参考价值。

第十章　学习策略及其教学

　　曾经有这样一个故事:一位私塾先生教学不负责任,且好饮酒。他每天让学生背诵圆周率($\pi=3.1415926535897932384626\cdots$),自己却到山上的寺庙里与一和尚喝酒。学生们很努力,可是总背不会,还得挨醉醺醺的私塾先生的责罚,大家都很沮丧。突然,有一天,一个学生灵机一动,将私塾先生上山喝酒这件事编了一首顺口溜,"山巅一寺一壶酒(3.14159),尔乐苦煞吾(26535),把酒吃(897),酒杀尔(932),杀不死(384),乐尔乐(626)"。结果很快学生们都背会了,让私塾先生也大吃一惊,从此不敢再在上课的时候去喝酒了。在这首顺口溜里,学生通过将无意义的数字系列人为地赋予意义,从而促进了学习的效果。

　　像如何有效地记住"圆周率"这样的问题,实质上就是学习策略的问题。随着信息时代的来临,人们越来越意识到:学生不可能在学校里获得未来生活和工作中所需要的所有知识,学生们生活在一个不断变化的环境中,今天教给学生的知识,明天就有可能过时。因此,面对社会变化日益加速的现实,学习科学方法比学习科学知识本身更有价值,这使得学习策略逐渐成为人们关注的焦点。

第一节　学习策略的实质与类型

　　当个体获得了某一领域的相关知识,具备了从事某一活动的相关技能,是否就拥有了进行某一领域活动的相应能力了呢? 心理学家的答案可能是"不一定",研究表明,在知识和技能转化为能力的过程中,学习策略起着重要的调节作用。那么,什么是学习策略? 它又包括哪些主要的类型呢? 这是首先需要明确的问题。

一、学习策略的实质

　　关于学习策略的界定众说纷纭。有的研究者认为学习策略是一个内隐的学习规则系统,这种观点把学习策略看作学习的规则、能力或者技能。有的研究者认为学习策略是具体的学习方法或技能,将学习策略界定为在学习过程中用以提高学习效率的任何活动。有的研究者认为学习策略是学生学习的过程,将学习策略看作"选择、整合、应用学习技巧的一套操作过程"。还有的研究者把学习策略视为学习计划,是学习者为了完成学习目标所制订的一系列的计划与安排。

综上所述,学习策略就是学习者为了提高学习的效果和效率,在学习活动中有目的、有意识地制订和使用的有关的学习方式和方法,包括学习者在学习过程中有效学习的规则、方法、技巧以及调控方式等。这一定义说明:

第一,学习者为了完成学习目标,会有目的、有意识地应用相应的学习策略。也就是说,学习策略是出于需要而主动使用的。

第二,使用学习策略,是有助于提高学习质量与学习效率的。凡是能改善学习效果的规则、方法、技巧以及调控方式等,都属于学习策略的范畴。

第三,学习策略是针对学习过程而制订的计划,它规定了学习的方式和程序等。学习过程不同,相应的学习策略也是不同的。但是,相对而言,同一类型的学习过程,存在着基本相同的学习策略。

使用学习策略可以提高学习的效率与效果,但这并不意味着学会了学习策略就一定能使学习变得有效率。一个掌握了丰富学习策略的学习者,如果不愿意在学习过程中主动尝试和使用这些方法,那么他的学习也将是低效的。因此,一方面,我们强调要让学习者掌握策略,另一方面,还要鼓励学习者进行自主学习,让学生在学习的过程中积极主动地选择和使用恰当的策略。也就是说,在掌握学习策略的基础上,一定要经常运用学习策略。只有这样,学习策略才能真正发挥作用。

二、学习策略的类型

研究表明,使用好的学习策略可以帮助学生学习,而且教师可以将这些策略教给学生。但是,有人教给学生学习策略了吗？ 我们的教师直到高中甚至大学才直接教给学生有效的学习策略,因此学生们很少有机会练习怎样运用这些策略。相反,从学龄早期开始,学生们就开始运用简单重复和死记硬背的学习方法,因而广泛地练习了这些策略。非常不幸的是,很多教师认为学习就是记忆,许多学生根本不知道除了死记硬背外,还有什么别的方法。心理学研究表明,最初学习的方式会对我们随后的记忆和知识运用的方式产生极大的影响。因此,要想让学生掌握学习策略,并在将来能灵活地运用所学知识,首先必须明确记忆只是学习策略中的一种,还有其他更有价值的学习策略。

（一）基础策略与辅助策略

丹瑟洛(D. F. Dansereau)根据学习策略所起的作用,把学习策略看作由相互作用的两种成分组成:一种是基础策略,它是用来直接操作材料的各种学习策略;另一种是辅助策略,它帮助学习者维持适当的认知氛围,以保证基础策略能有效地操作。这两种策略还可以进行进一步的划分。基础策略包括两部分,一部分是领会与保持的策略,另一部分是提取与应用的策略。辅助策略包括三种:计划与时间安排、专心管理、监控诊断。其中专心管理又包括心境设置和心境保持两种。辅助策略帮助学习者产生和维持某种内在的状态,使学习者有效地使用基础策略。如果学习者的心理状态没有处在一个良好的水平,那么无论使用怎样有效的基础策略,学习效果都不会很好。因此,在这种分类方法下,基础策略与辅助策略是相辅相成、共同作用的。

(二)认知策略、元认知策略和资源管理策略

迈克卡(W. H. Mckeachie)等人按照学习策略所涵盖的成分,将学习策略分为认知策略、元认知策略和资源管理策略三部分。认知策略是用来加工信息的方法和技术。知识类型不同,相应的认知策略也不同。针对陈述性知识的学习,有注意策略、精细加工策略、复述策略、编码与组织策略;针对程序性知识的学习,有模式再认策略和动作系列学习策略。元认知策略是学习者对自己的认知过程进行认知的策略,它包括对认知过程的计划、监控与调节等策略。掌握元认知策略,有助于学生更好地安排和调控自己的学习过程。在学习的过程中,仅仅使用认知策略与元认知策略是不够的,学习者还需要一定的学习资源作为支持。学习时间、学习环境、付出的努力、可寻求的帮助资源等,都属于学习资源。而资源管理策略就是帮助学生管理可用的环境与资源,以提高学习效率的方式和方法。在本章里,我们将按照迈克卡等人的分类体系,对学习策略进行介绍。

第二节　认知策略及其教学

我们无论学习何种知识,首先都必须注意到所学的对象,其次对信息进行编码、组织、加工和复述,最后在需要时能对信息进行提取。而知识有简单和复杂之分,简单知识学习的难点不在于理解而在于保持,因此如何依据记忆规律,促进知识的保持成为促进简单知识教学的主要问题。复杂知识学习的关键是理解,而理解的实质是学生知道新知识内部各要素之间及新旧知识之间的联系和关系,因此能有效地促进新旧知识间的联系与发现新知识内部各要素联系的方法和技术,都能有效地促进复杂知识的学习与保持。以下我们介绍几种有助于促进学习的认知策略。

一、注意策略

注意是学习与记忆产生的前提。在学习的过程中,保证注意力指向关键信息是非常重要的。这就需要学习者能正确地使用选择性注意策略,在繁杂的信息中,识别出关键信息,剔除无关信息。研究发现,那些善于学习的学生,在阅读

时,会更加关注教材中预期要问到的问题,在这些部分也会停留更多的时间。

心理学家在研究注意策略时,常常采用的一种方法是在阅读材料中附加一些问题,用这些问题来激发学生的注意策略,并观察对学习的影响。研究主要集中在两个方面:一是问题的位置对学习效果的影响;二是问题的类型对学习者选择注意策略的影响。实验结果表明,在阅读文章时,如果在阅读前或者阅读后提出一定的问题,那么学习者在后来的测验中,会在回答这些问题时表现得更好。但是,阅读之前的问题会使学习者的注意力局限于与问题有关的那些内容,因此其学习效果往往不如阅读之后提出的问题。问题的类型与学习者的关注点有直接的关系。如果问题涉及基本结构,那么学习者会关注主要的内容;如果问题涉及细节信息,那么学习者会关注相应的细节。

问题位置效应

帕克(J. Boker)曾研究问题位置对学生注意的影响。他选用一段有关历史地理的文章让学生阅读。学生被分成三组:一组是阅读前看到问题(问题在前),一组是阅读后看到问题(问题在后),一组无问题(单纯阅读)。文章共 2 500 个词,被分成 10 小节。对每小节设计 2 个选择题(要求回答具体事实)。阅读后进行 40 个项目的测验,其中 20 个项目包括提问过的问题,所得结果代表有意义学习;另 20 个项目是未提问过的内容,所得结果代表偶然学习。测验进行两次:在学完之后立即测验(即时测验)和一周后复测(延迟测验)。学生根据自己的速度阅读,但不能回过去看前一节的内容,而且在呈现问题并给予回答后,不准再看文章。实验结果表明,有问题的两组的有意义学习成绩,无论是即时回忆成绩或延迟保持成绩,均优于单纯阅读组的成绩。问题在后组的成绩又优于问题在前组的,尤其是在偶然学习方面,这种差异非常显著。这说明,阅读之前的问题使学生的注意力局限于与问题有关的内容,而没有关注其他更广泛的信息。

还有研究发现,在进行选择性注意时,不同年龄的儿童存在着显著的差异。五年级的学生还不善于区分概念的重要程度,因此不能专注于重要概念。而大学生和中学生就能够辨别概念的重要程度,然后去关注那些更重要的概念。

从这些研究中我们可以看出,选择性注意策略对于学习有着重要的作用,教师在教学过程中应该有意识地引导学生区别重要信息与次要信息。例如,在应用题"某工厂有两个车间,一车间的日产量是 230 箱,二车间的日产量是 245 箱,如果某月的工作日是 23 天,问这个月该厂的总产量是多少箱?"的教学过程中,教师可以引导学生关注"日产量"和"总产量"这样的重要概念。

在教学过程中,教师可以教给学生一些专注于重要信息的策略。例如,在上面的例题中,教师可以引导学生在审题时在"日产量"和"总产量"下画线或标着重号;在阅读文章时,可以让学生通过作摘录、写摘要、列标题等方式来控制和维持选择性注意。对学习中的重点和难点内容,教师可通过设置合理的问题,来维持学生的注意,通过问题类型的变化,引导学生注意的转换。同时,也可以让学生自己设计问题,进行自我提问与回答。

通过这样的系统训练,学生会逐步养成良好的注意习惯,从教师指导学生进行注意逐步过渡到学生自己自觉地使用恰当的注意策略。

二、精细加工策略

为了更好地记住所学的内容,需要对材料进行一些添加、构建和生成,为它提供更多的辅助信息,在回忆时,这个知识就具有了更多的线索。精细加工就是将新知识与头脑中的已有知识联系起来,为新信息增加意义。

(一)简单知识的精细加工策略

对于简单的知识来说,精细加工策略是非常有效的。研究表明,对于同一组材料,让三组被试用不同程度的方法进行加工,然后对这些材料进行再认测验,加工水平深的被试再认成绩显著地高于加工水平浅的被试。还有研究发现,成绩好的学生比成绩差的学生能做出更好的精细加工,并且也更经常地使用精细加工策略。

在精细加工策略中,记忆术是一种常用的有效策略。记忆术是对无意义的材料赋予某些人为意义,以促进知识保持的记忆方法。常用的记忆术有以下几种。

1. 位置记忆法

位置记忆法是一种传统的记忆术。使用时,学习者可以在头脑中构建出一幅熟悉的场景,在这个场景中确定一条路线。然后,在这条路线上选择一些点,将需要记忆的项目和路线上的点按照顺序一一对应起来。回忆的时候,按照路线上的点逐一提取相应的项目。这种方法适于记忆有顺序的系列项目。

2. 缩编和歌诀

缩编就是将所学材料的每条内容简化成一个关键字,然后变成自己熟悉的事物,从而将材料与过去的经验联系起来,既"压缩"了材料,又便于记忆和提取。例如,《辛丑条约》的内容为:(1)要求清政府赔款;(2)要求清政府禁止人们反抗;(3)允许外国在中国驻兵;(4)划分租界,建立领事馆。通过缩编的方法,可以使用"钱禁兵馆"(谐音"前进宾馆")来帮助记忆。

歌诀就是将缩写的材料融入韵律化的文字材料中。将学习材料编成歌谣口诀,与头脑中已有的诗歌、曲乐的格调相联系,易于背诵和回忆。例如,《二十四节气歌》:春雨惊春清谷天,夏满芒夏暑相连,秋处露秋寒霜降,冬雪雪冬大小寒。这四句话每句代表了六个节气,一共是二十四个节气,非常有助于记忆。

3. 谐音联想法

借助谐音赋予无意义的材料一定的意义,由此使新的材料与头脑中的事物联系起来,可以增强记忆。例如,将 $\sqrt{2}$(1.1414)联想成"一点意思意思而已";将马克思出生的日期"1818 年 5 月 5 日"联想成"马克思—巴掌—巴掌打得资产阶级呜呜地哭";等等。在这些例子中,学生们将无意义的数字系列赋予意义,甚至转化成一定的视觉表象,从而促进了记忆。这种方法在记忆历史年代、数字资料时非常有效。

4. 关键词法

关键词法主要用来帮助记忆外语单词,即在记忆外语单词时,先在本族语言中找一个读音与外语类似,且能产生有趣联想的词,例如,英文的 gas(煤气)一词,可以用汉语"该死"作关键词。两者读音相似,又可以产生"人因煤气中毒而死"的联想,这样 gas 一词很容易就记住了。

5. 视觉想象

视觉想象是通过人为的联想使所学的新信息与头脑中鲜明生动、印象深刻的形象结合起来,以提高记忆效果。研究发现,头脑中联想出来的形象越鲜明、具体、奇特,记忆的效果就越好。

不过,应该说明的是,上述记忆术主要适用于对简单的无意义材料进行精细加工。对于复杂的知识或者本身意义性就比较强的材料,在进行精细加工时,应该从以下几个方面着手。

(二)复杂知识的精细加工策略

1. 做笔记

对于复杂的知识,研究者非常推崇做笔记的方法。从信息加工的角度来看,做笔记有助于对材料进行编码,同时还具有外部存储功能。做笔记包括摘抄、评注、加标题、写段落总结以及结构提纲等活动。研究表明,学生借助做笔记不但可以控制自己的注意和信息加工过程,而且有助于发现新知识的内在联系,帮助新旧知识建立联系。

不过,真正要使做笔记成为一种促进学习的技术而非单纯的信息记录,却不是一件很简单的事情。心理学家研究后认为,做笔记的过程应包括以下三个步骤:(1)在笔记本每页的右边(或左边)留出几厘米的空白;(2)记下听课的内容,但保留所留的空白;(3)整理笔记,在留出的空白部分写上批注、评语或简要的总结等。在上述步骤中,第三步最为重要,因为批注、评语、总结等内容不仅可以促进学生对知识的理解,而且能为今后的回忆提供线索。为了培养学生做笔记的良好习惯,教师在讲课时应注意语速不宜过快,复杂的、重点的内容要适当重复,对讲课内容的结构、层次和重点应进行板书。

概念图:精细加工的有效工具

概念图是基于诺瓦克等人的多年研究发展而来的一种认知工具。使用概念图有助于学生在面对多层次、关系复杂的概念时,更高效、有条不紊地展开精细加工。

所谓概念图,是指包含结点和连线的一种对知识的结构化进行形象表征的方法。结点代表的是某个领域或主题内的重要概念,即知觉到的一组用符号或标记来说明的物体或事件之间的规律和关系。不同的结点是按照上位概念与下位概念的层次加以组织的,概念的例子列在图的底部。连线指的是一对概念(结点)之间的关系,线上的标注解释了概念是如何相互关联的。两个结点和一个包含标注的连线组成一个命题,命题是概念图中最基本的意义单元,也是用于判断概念间连线是否有效的最小单元。图10-1就是概念图在生物学领域应用的一个小例子。

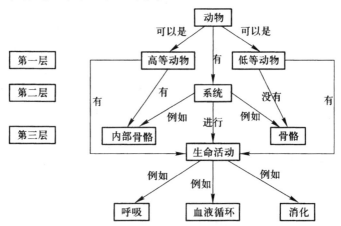

图10-1   概念图在生物学领域的应用例子

绘制概念图的策略适用于学习概念较多的理科教学,能够帮助学生建立学科的知识结构体系。它以整体的方式来呈现和组织知识,有利于知识的传播、理解、记忆和巩固,提高学习效率。此外,学生画的概念图表达了他们对概念正确的或错误的理解,有助于教师进行教学诊断,因此它也可作为教学评价的工具。

2. 联系生活实际

我们学过的很多知识,往往只适用于限定的、常常是人为的环境中,这就是所谓的"惰性知识"。例如,在数学课上学了容积问题,但在生活中却不知道如何用几个杯子量出一定的水。生活中产生的许多问题,不是因为我们缺乏知识,而是因为我们不能使用这些知识。我们记住某一信息,并不能保证我们就能使用它。因此,我们不仅要记住某些信息,还要注意联系生活实际,知道如何以及何时使用这些信息。在学习过程中,教师不仅应该帮助学生理解所学知识的意义,还要帮助学生感觉到这些知识的价值,教会学生如何利用这些所学的知识,并迁移到课堂之外的环境中。

3. 利用背景知识

精细加工强调的是建立新旧知识之间的联系,因此在对复杂信息进行精细加工时,背景知识起着重要的作用。对于某一学习主题,我们到底能学会多少,最重要的决定因素就是我们对它已经知道了多少。心理学研究表明,关于某一事物的背景信息越多、越丰富,就越有利于学习者掌握。因此,学习者在进行精细加工时,教师不仅要关注当前的知识点,还要引导学生把新的学习与他们已有的知识经验建立联系。例如,在学习杠杆时教师可以放一些用开瓶器开酒瓶、羊角锤拔钉子等的图片或视频,以此来唤起学生已有的生活体验,从而促进对新知识的理解。

4. 质疑

质疑是以追问"为什么"或用批判的眼光来看待已有的事物来达到对事物的深层次理解。有人曾作过这样的研究,让两组学生学习关于太阳系、植物、动物、血液循环系统的知识,对其中一组仅要求仔细阅读,将来要考;对另一组仅要求边读边问自己"为什么这个句子所说的事实是正确的?"在实验过程中,明确告诉两组学生,尽管有些事实与常识似乎有些不符,但所有的句子都是正确的。只是对于第二组学生,教师还鼓励他们尽最大努力回答自己提出的"为什么正确"的问题,如果自己答不出来,就采用猜测的办法。学习之后进行即时测验和间隔74天与180天的延时测验。结果表明,无论是即时测验,还是延时测验,质疑组的测验成绩都明显优于对照组。此外,研究还表明,以合作学习的方式相互提问的效果会更好。在合作学习中,同伴之间易于相互吸取与模仿优秀的学习方法。

三、复述策略

复述指为了保持信息而对信息进行多次重复的过程。在学习中,复述是一种主要的记忆手段,例如,对于地名、人名、时间、数理符号等简单的知识,我们一般采用复述策略,通过一遍遍地读、写、看来记住它们。学习英语单词的时候,也常常要用到复述策略,如抄写、反复背诵。

有人通过观察不同年龄的被试在学习过程中的嘴唇运动来鉴别复述策略的运用,结果发现年龄大的学生比年龄小的学生更多地表现了喃喃自语的嘴唇运动,从而也记住了更多的内容。在同龄组,嘴唇运动多的学生回忆成绩高于未出现嘴唇运动的学生。研究表明,5 岁以下的儿童缺乏足够的、合适的复述策略;6 至 10 岁的儿童在一定的指导下可以使用复述策略,但不能自发地产生有效的复述策略;11 岁以上的儿童可以自发使用复述策略,并不断纠正自己的复述行为。

(一)识记阶段的复述策略

1. 无意记忆和有意记忆

无意记忆是个体没有既定的目标,不需要付出认知努力的记忆。一般来说,无意记忆的内容都是对个体而言具有重大意义的、引起个体极大兴趣的、给人以强烈感情体验的人或事。当个体接触到这样的材料时,不用花太多的精力,很快就会记住。教师应该尽量利用这些条件,培养学生的兴趣,使学习材料更容易引起学生的注意,从而加强记忆效果。

有意记忆是个体有目的、有意识的记忆,需要付出一定的认知努力。有的材料,虽然我们经常见到,但由于没进行有意识的记忆,当我们需要提取时,还是想不起来。例如,当有人问起某个广告中的产品全称是什么,是哪个厂家生产的,那个厂家的地址电话是什么,我们可能就回答不出来了。虽然这个广告我们每天都要看好几遍,但是因为我们没有专门去注意,没有刻意地去记住这些信息,因此回答不出来。所以,要想记住某个信息,个体就需要有意识地用一些方法去记忆它。

2. 避免干扰

人们会遗忘一些信息,一个重要的原因就是这个信息被干扰了,有时是这个信息与其他信息混淆了,有时是这个信息被其他的信息覆盖了。这种情况经常会发生。我们在饭馆吃饭时,请某个服务员帮我们拿一套新的碗筷,这个服务员同时还要为另外一位客人拿一个杯子,结果可能是:服务员给另一位客人拿了杯子,却忘了给我们拿碗筷。这就是发生了干扰。人的短时记忆容量是有限的,能保存的信息也是有限的,这就要求教师引导学生在学习新信息之前对旧信息进行巩固,以避免干扰。另外,要充分运用早晚时间识记。早晨是人的大脑最清醒的时候,它没有先前的学习对大脑的干扰,这时的记忆印象深刻,主要靠记忆的学科,如背语文、读外语一般都安排在这个时候。晚上或睡觉前,识记效果也不错,因为识记后,马上入睡,不再输入新的信息,没有后面学习内容的干扰,印象清晰,也不易遗忘。

3. 抑制与促进

前后所学的信息之间存在着相互作用和相互影响。如果这种作用和影响是消极的,就是抑制(负迁移)。先前所学的知识干扰了后来所学的知识,称为前摄抑制。例如,学习完拼音后再学英文字母时,英文字母的发音会受到拼音发音的影响。后来所学的知识干扰了先前所学的知识,称为倒摄抑制。倒摄抑制是遗忘的一个重要原因,我们会因此而难以记住频繁重复的事物。

如果前后所学信息之间的作用和影响是积极的,就是促进(正迁移)。先前所学的知识促进了后来所学的知识,称为前摄促进。在学习过程中,这种促进是经常出现的,先前所学的知识作为后来知识的必要基础,帮助学习者更好地理解和掌握后学知识。如果后来所学的知识促进了先前所学的知识,称为后摄促进。例如,学生在很小的时候就学习了乘法口诀表,在后来的数学学习过程中,不断地应用和练习,使得他们更加熟练地掌握乘法口诀。

了解了抑制和促进,在学习的过程中,学习者应该合理安排学习的内容,利用信息的促进作用,尽量避免信息的抑制作用。要学会交替识记不同内容。现代科学研究结果证明,大脑的记忆是分区的,长时间地记忆相同内容的材料,就会使大脑某一区域负担过重,产生抑制现象,记忆能力下降。如果记忆某种材料之后,适当变换记忆内容,就在大脑另一区域形成兴奋中心而使原来区域得到休息。这样,大脑不同区域轮流兴奋、抑制,就可以使大脑的活动长时间维持在较高水平。所以学生应当对不同学科进行交替记忆,若在记忆过程中,适当穿插文体活动,记忆效率就更高。

4. 首因效应和近因效应

心理学家发现,当学生学习完一系列词汇后,立即进行测验,开始和结尾的那些词记得比较好,而位于中间的那些词汇记忆效果最差。处于系列开始的那些词汇,学习者在学习时首先接触到,对它们的注意和加工比较多,没有收到前摄抑制的影响,因此记忆效果比较好,称为首因效应。处于系列末尾的那些词汇,学习者是最后接触到的,没有受到后摄抑制的干扰,距离测验也是最近的,因此记忆效果也不错,称为近因效应。而处在中间的那些项目,由于同时受到前摄抑制和后摄抑制的双重影响,记忆效果最差。

在学习过程中,应充分考虑首因效应和近因效应,将重要的学习内容安排在开始,并在结束时进行复习总结。在学习一系列的材料时,要特别注意中间那些项目,一定要反复学习,这样才能避免遗忘。

5. 整体记忆与部分记忆

对于篇幅短小、内容紧凑的材料,学习者可以使用整体记忆,一次将全部内容都记住,这样可以避免其他信息的干扰。对于篇幅长的材料,学习者想要一次全部记住是非常困难的。这时,可以将材料分成几个部分,每次只记忆一个部分,当这个部分已经掌握好了,再记忆下一个部分。部分记忆降低了长篇材料的记忆难度,避免了各部分之间的相互干扰。

6. 多种感官协同记忆

在进行记忆时,学习者可以调动多种感官协同记忆。例如可以用眼睛看、用耳朵听、用嘴念、用手写。研究表明,人的学习83%通过视觉,11%通过听觉,3.5%通过嗅觉,1.5%通过触觉,1%通过味觉。另外,人们可以记住自己阅读的10%,可以记住自己听到的20%,可以记住自己看到的30%,可以记住自己看到和听到的50%,可以记住自己所说的70%。从这些资料可以看出,视听结合的记忆效果要优于仅运用视觉通道或听觉通道的记忆效果。在进行记忆时,学习者应该尽可能同时启用多种感官通道,这样有助于提高记忆效果。

7. 试图回忆式记忆

在进行记忆时,不需要等到复述纯熟才开始背诵,而可以采取稍加复述即尝试背诵的方法,背不出的时候再复述,然后再尝试背诵。这样反复几次,最终可以完全背诵。这种方法可以集中注意力,使个体及时发现自己生疏的部分,及时补救。同时,这种方法也促进了学习者在记忆过程中的自我监控和调节,可以提高学习效率。

8. 过度记忆

过度记忆的含义是在刚好将材料记住之后,再多记几次。一般来说,复述的次数以刚刚能背诵所需要的复述量为基础的150%左右为适宜。也就是说,如果一份材料需要复述10遍可以刚刚记住,那么,学习者就应该多复述5遍,这样的记忆效果最好。复述的次数太少,不利于记忆;复述的次数太多,会消耗时间和精力,降低效率。

(二)保持阶段的复述策略

1. 及时复习

促进保持的实质就是防止遗忘。关于遗忘的发展进程,德国心理学家艾宾浩斯最早进行了系统的研究。他自己既当主试又当被试,独自进行实验,持续数年之久。为了对结果进行数量分析并排除过去经验的干扰,他采用了无意义音节作为记忆材料。这种材料是由中间一个元音、两边各一个辅音构成的音节,如XIQ、ZET、SUW 等。艾宾浩斯采取重学法来检验记忆的效果。他每次学习8组、每组13 个无意义音节的字表,诵读到能连续两次背诵无误为止,并记录所需时间和诵读次数。然后,间隔不同的时间后进行重新学习,记录达到同样的背诵程度所需要的时间和诵读次数。之后比较两次学习所用的时间和诵读次数的差异,以重学比初学节省的时间或次数的百分数作为保持量的指标,并据此绘制了经典的"艾宾浩斯遗忘曲线"。

艾宾浩斯研究发现,遗忘是从识记之后就开始了,遗忘的速度是先快后慢的,在学习 20 分钟之后就遗忘了约 42%,再过几天,就几乎完全忘记了。尤其是那些意义性不强的材料,在识记之后会迅速地遗忘。因此,新学习的内容一定要及时复习,以减缓遗忘的进程。

2. 集中复习和分散复习

集中复习就是集中一段时间一下子复习许多次;分散复习就是将一段时间分散开来,分为若干小段时间,每隔一段时间复习几次。一般来说,分散复习更利于长期保持所学的内容。因此,教师应教育学生养成分散复习的习惯,最好不要等到考试之前进行突击式复习。

3. 多种形式的复习

采用多种形式进行复习,可以避免单一的形式导致的单调厌烦,调动学习者的积极性,也利于从多角度理解内容。例如,可以让学习者将所学的知识再用实验证明、公式推导、写出摘要、与同学交流等多种形式来进行巩固。

四、编码与组织策略

编码与组织策略就是用某种结构将要学习的内容组织起来。这种结构既可以是有关新学习内容的、独立的特定结构,也可以是将新知识与已有知识联系起来的结构。简而言之,就是将信息集中起来,以便更好地进行管理和记忆。

(一)编码策略

研究表明,人们在记忆一系列语词概念材料时,总是倾向于把它们按语义的关系进行编码,组成一定的系统,并归类后进行记忆,而不是按它呈现的顺序去记忆。例如,让被试学习一系列单词,如长颈鹿、小萝卜、斑马、潜水员、拜伦、顾客、菠菜、面包师傅、土拨鼠、舞蹈演员、黄鼠狼、奥巴马、南瓜、打字员等 60 个单词。当被试按语义联系将这些单词分别纳入动物、植物、人名、职业等四个类别时,识记的效果就会明显提高。在日常学习中,我们也有这样的经验。例如,阅读一篇文章或听一个报告,最终留下来的是它的意义,而不是逐字逐句地加以储存。在学习中,人们将材料按意义进行归类,并形成一定的系统,有助于学习效果的提高。

心理学家研究发现,在单位时间内,人类加工的信息量是有限的。工作记忆是人类大脑的一部分,人类的工作记忆最多可以同时处理 9 件事情。人们扩充自己记忆空间的一条途径就是将这些信息转化成更大的记忆组块。也就是,在信息编码过程中,将若干较小单位(如字母)联合成熟悉的、较大单元(如字词)的信息加工的策略。组块可以是一个字母、一个数字、一个单词、一个词组,甚至是一个句子。一般认为,不同组块所含信息量是不等的,组块的方式主要依赖人们过去的知识与经验。例如,"教育心理学"5 个字对于根本不懂心理学的人来说,是 5 个组块;对稍懂心理学的人来说,是 2 个组块(教育、心理学);而对心理学家来说,则只是 1 个组块。再如,有这样一列数字:1851192118391937194919 35,如果把它看成孤立的数字来记忆,是 28 个组块,远远超过了工作记忆的容量。但熟悉中国历史的人可以把它组块化为 1851,1921,1839,1937,1949,1935,把它看作中国近代史上的重要年代,则只有 7 个组块,就很容易记住了。

总之,当学习材料比较复杂时,使用编码策略不仅有助于减轻记忆负担,还有助于赋予新信息更多的意义,促进新信息更好地整合到记忆系统中去。

（二）组织策略

1. 列提纲

列提纲就是运用简要的语言来描述新知识的内在层次,体现出知识的结构组织,促进学习者的理解与记忆。所列提纲应该简单扼要,要概括出主要内容,同时还要条理清楚。

2. 做示意图

做示意图是运用图解的方式来说明信息之间的内在关系,连线和箭头形象地显示了知识的组织结构。示意图有很多种,常见的有系统结构图、流程图、网络关系图等。

3. 利用表格

表格与示意图有类似之处,是对材料进行综合分析后,抽取出关键信息,按照一定的方式陈列出来。它具有一目了然、清晰明确的特点。常用的表格有一览表、双向表等。

第三节　元认知策略及其教学

在认知信息加工系统中,存在着一个对信息加工的监控机制。它负责监视和调控认知活动的进行,负责评价认知过程中的问题,确定用什么认知策略来实施认知操作,以提高认知加工的效果和效率等。这一监控机制就是元认知。

一、什么是元认知

元认知是由著名心理学家弗拉维尔首先提出的。根据弗拉维尔的观点,元认知就是对认知的认知。具体地说,就是关于个体自己认知过程的知识以及调节这些过程的能力,对思维和学习活动的知识和控制。我们通常所说的认知,它的活动对象是客观世界,而元认知的活动对象是对客观世界进行认知的过程本身。它之所以被称为元认知,是因为其核心意义是对认知的认知。弗拉维尔认为,元认知结构包括元认知知识和元认知监控这两个既相互独立又相互关联的成分。

(一)元认知知识

元认知知识就是有关认知主体自己的认知活动的知识,是对有效完成任务所需的技能、策略及其来源的意识。元认知知识包括以下三个方面。

(1)关于认知主体自身的元认知知识,也就是认知主体对于自己认知加工特征的了解。它具体可以细分为三个方面:① 关于个体内差异的认识。例如,认识自己的认知水平、认知风格、认知倾向,了解自己的兴趣、爱好、习惯、优势和劣势,知道自己的学习观、知识观,等等。② 关于个体间差异的认识,知道人与人之间在认知方面以及其他方面存在的个体差异。例如,认识到自己的记忆力较强,而概括能力较弱等。③ 关于个体认知方面的一般认识,包括个体认知水平和影响认知活动的各种主体因素的认识。例如,知道记忆规律,了解注意在人类认知活动中的重要作用,明白认知能力的可塑性等。

(2)关于认知任务方面的元认知知识。它又可细分为两类:① 关于认知任务目标的认识。对于同样的学习材料,如果任务目标不同,那么所要采取的认知策略和加工方式也不同。比如说,对于同样一篇文章,要求了解主要内容和要求透彻理解、熟练成诵,所需付出的努力是大不相同的。② 对认知任务涉及的材料的认识。比如说,认知材料的性质,是文字还是图形;认知材料的长度,是一个段落,还是一篇长文;认知材料的熟悉程度,是自己熟悉的,还是比较陌生的;认知材料的文体,是记叙文、说明文,还是议论文;认知材料的呈现方式,是书面材料还是影音文件;等等。这些因素都会影响我们的认知过程和结果。

(3)关于认知策略方面的元认知知识。个体应该知道在进行某种学习活动时有哪些认知策略可以应用,这些备用的认知策略各自的优缺点是什么,每一种认知策略的适用情境和条件怎样,最适用于某一个特定任务的认知策略是什么,等等。

(二)元认知监控

元认知监控就是认知上的自我监控,是认知主体在进行认知活动的过程中,为确保任务顺利和成功完成,将认知活动作为意识对象,随时进行监控、管理和调节。这个过程发生在工作记忆中。

元认知结构的两个成分不是孤立的,个体所具有的元认知知识有助于在认知活动中进行有效监控,而个体通过元认知监控,会不断地检验、修正和完善元认知知识。

通过大量研究发现,元认知的发展可以提高认知活动的效率和效果,可以促进学生智力的发展,也有助于学生主体性的发展。因此,元认知策略的教学问题逐渐成为了人们关注的焦点之一。

二、元认知策略

(一)自我计划策略

在开始认知活动之前,个体需要确定目标,预先计划好各个步骤,预测可能的结果,选择恰当的策略,准备好处理各种可能的突发状况等。这一系列的活动就是自我计划。

元认知计划策略包括设置学习目标、浏览材料、产生待解决的问题、分析如何完成任务等。就像在篮球比赛中,教练在每场比赛之前都会分析对手的特点,然后想出相应的对策。面对某项认知活动也应如此,需事先进行一番准备,而不是被动地等待或者是在出现问题时才匆忙应对。好的学习者是积极主动的,他们不是被动等待教师的安排,而是事先对学习活动有一个计划,根据自己的特点做好相应的准备工作,从而能更从容有效地开始学习活动。有了好的开始,就等于成功了一半。

(二)自我指导策略

自我指导策略就是学习者采用口头或者书面的方式,把学习步骤或者方法呈现出来,用来引导和督促自己的学习。指导策略与后文的监控策略不同,自我指导策略中的步骤是用来引导学习过程的,是对学习步骤的自我提示;而自我监控策略是对学习过程进行的检查和评估。

自我指导一般可分为两种类型:一种是通过创设学习的物质环境来给自己提示。例如,学习者想要晚上学习英语和数学,为了提醒自己,他提前把学习英语所需的书本、练习册、词典以及学习数学所需的书本、草稿纸、计算器等材料准备好,放在书桌上,以此来提醒自己。另一种是学习者根据学习任务和对象制订一套学习的步骤和规则,以便在学习过程中监控自己的行为。例如,要解决一道有关求解速度的应用题,学习者在做题之前给自己这样的提示:(1)通读题目;(2)在已知条件中找到关于距离的信息;(3)在已知条件中找到关于时间的信息;(4)根据问题列出计算式;(5)计算结果;(6)检查后作答。

研究表明,学生在学习过程中,利用一些自我提示语来指导自己的行为,学习成绩会得到明显的改善。有效的自我指导,既包括应该从事的行为,又包括每一个行为可能出现的结果。开始的时候,学生可以把这些指导语写在纸上或者卡片上,在学习的过程中随时提醒自己。慢慢地,学习者对这些步骤比较熟悉了,就不需要每次都看纸张和卡片了,这些步骤已经被学习者记在脑子中,每次只需要想一想,就可以顺利进行了。随着进一步的熟练,最后,这些步骤将成为一个自动化的过程,学习者可以非常熟练流畅地使用,将外部的规则逐步变成内隐的自我指导言语。

(三) 自我监控策略

自我监控是个体对自身行为某些方面的有意识的关注。在学习过程中,自我监控是个体利用某些标准来评估自己学习进展的情况。例如,对材料进行自我提问、考试时监视自己的速度和时间。自我监控是一个过程,是对个体的思维过程和结果进行实时的评价。在进行自我监控时,个体首先要辨别出需要监控的行为,然后记录相关的行为,再按照某个标准进行评估,根据评估结果来决定进一步的行为。研究表明,自我监控可以帮助改善学生的学习成绩和课堂表现。在进行监控的过程中,学习者会更加频繁地使用各种认知策略,同时也会关注所使用策略的效果。

由于监控的对象不同,所使用的具体方法也不同,下面介绍几种自我监控的策略。

1. 自我记录

自我记录就是让个体在完成某项活动之后填写一份记录表,记录表的内容是根据具体的任务而制订的。一般来说,这个记录表是在执行任务之前就设计好的,在完成任务之后由个体根据实际情况及时填写。记录表包括出现了什么行为、某个行为发生的频次、行为维持的时间、行为完成的效果等。例如,一个人希望能更好地监控自己的英语学习,制订了如表 10-1 所示的记录表:

表 10-1　英语学习的自我记录表

学习项目	学习数量	学习时间	掌握情况
听力			
口语			
单词			
阅读			
写作			

在使用自我记录技术时,个体应该注意几点:首先,要保证经常进行自我记录,持之以恒;其次,要在完成任务之后及时记录,不要拖沓。另外,在记录的时候要准确客观,如实地反映出自己的学习过程。

2. 自我提问

自我提问是在阅读过程中经常使用的一种自我监控技术。具体的操作方法是:在阅读材料之前或者阅读材料时,根据材料内容建构一些问题,以这些问题为线索引导阅读的进程;与此同时,用这些问题来检查自己的阅读质量。在整个阅读过程中,不断地自我提问,不断地尝试回答,学习者在这样的循环中能更好地了解自己的学习情况。自我提问技术如果能贯穿整个阅读过程,则效果更好。当然,效果的好坏还取决于所提问题的性质和水平。学习者应尽量多提出一些归纳、总结、对比、分析类的问题,尽量多提一些"为什么"、"怎么样"等开放性的问题,以此监控自己的学习过程。

3. 领会监控

领会监控是指学习者将自己的阅读领会过程作为监控意识的对象,不断对其进行积极的监视和调整。它能使学习者警觉自己在注意和理解方面可能出现的问题,并及时补救。具体做法是:在阅读之前,阅读者头脑中会有一个领会的目标,比如掌握一些信息或者找到中心思想,阅读者为了达到这个明确的目标而进行阅读。在阅读的过程中,阅读者如果达到了自己设定的目标,立刻就会被自己觉察到,然后会产生成功的感觉。如果没有达到目标,阅读者会体验到失败的感觉,然后会根据实际情况采取进一步的措施,比如重新阅读或者精读某个段落等。

研究表明,很多学生缺乏这种领会监控策略,他们总是通过重复阅读或抄笔记的形式来学习新知识。在实际教学中,教师可引导学生采取以下措施来提高其领会监控能力:(1)变化阅读的速度,以适应对不同课文领会能力的差异。对于比较容易的章节,尽量读快点,抓住作者的整体观点;对于较难的章节,则要放慢速度。(2)中止判断。如果在阅读中有某些不太明白的问题时,不要轻易中断,而应继续读下去。作者可能会在后面填补这一空隙、增加更多的信息,或在后文中会有明确说明。此时,不要着急进行判断。(3)尝试猜测。当对所读的某些词句或段落的意思不明白时,也可以尝试进行猜测。例如,猜测不清楚段落的含义,并且读下去,看看自己的猜测是否正确。

4. 集中注意力

这里所说的注意和认知策略中的注意是不同的,元认知监控中的注意是指在学习过程中,学习者保证自己始终关注着和学习有关的活动,防止自己分心去做不相关的事情。研究发现,有注意力障碍的学生的学习成绩普遍很差,他们不能很好地进行自我管理,更谈不上自我调节了。在实际学习过程中,个体可以采取一些策略来保持注意力的集中,比如注意自己此刻正在做什么,选择适合的学习环境,减少接触分心刺激的事物,等等。因为人的注意力是一种有限的资源,只能分配给有限的事物,因此在学习的过程中,高度集中注意力,尽力避免干扰,才有可能保证学习活动的顺利进行。

（四）自我评价策略

前面我们提到，学习过程中需要进行自我监控，根据监控到的内容进行自我评价，再根据评价的结果进行自我调节。因此，自我评价也是一种重要的元认知策略。

自我评价是个体按照一定的标准和规范来判断自己的行为。评价的对象各种各样，可以是学习的速度，也可以是学习的数量；可以是掌握的程度，也可以是一个整体的评价；可以是对认知策略使用情况的评价，也可以是对元认知策略使用情况的评价。这些都属于自我评价的范畴。

心理学研究表明，自主学习能力的一个重要表现就是自我评价。那些自主学习能力高的学生在学习过程中会更加频繁地使用自我评价策略，而那些自主学习能力低的学生使用自我评价的次数明显较少。自主学习能力高的学生会积极主动地进行自我评价，而自主学习能力差的学生避免自我评价。培养学生的自主学习能力，一定要加强他们的自我评价能力。

为了培养学生的自我评价能力，在评价之前一定要有一个明确的目标。这个目标是进行自我评价的关键点，一定要详细具体。然后，根据目标制订一些具体的标准，以此来检查自己的完成效果。例如，某个学习者确定的学习目标是用某段时间学会 30 个英文单词。为了达到"学会"这个目标，他制订的具体标准就是：学习之后，可以默写出这些单词，记住它们的词义、词性、相关的短语，会用这些单词正确地造句。制订好具体的标准之后，就可以开始进行学习，通过自我监控，得到关于自己学习情况的信息，然后参照自己制订的标准进行评估，看看自己是否达到了预定的目标。通过这样的培养和训练，学生可以逐渐养成自我评价的习惯。

（五）自我调节策略

自我调节策略与自我监控策略和自我评价策略是紧密联系在一起的。上面我们说过，在学习的过程中，学习者会应用一些监控策略，利用某些标准来评估自己的学习进展情况。按照这个评价体系，学习者得到的结果可能是"我已经很好地掌握了这句话的含义"，或者是"这个公式我似乎还是有点不明白"。此时，学习者就需要应用自我调节的策略，根据结果来调节自己的学习活动。比如说，当学习者评估的结果是"我已经很好地掌握了这句话的含义"，那么，就继续下面内容的学习；如果评估的结果是"似乎还是有点不明白"，那么就需要回过头重新理解和学习；如果评估的结果是"这个部分的内容比较难"，那么接下来再学习时就需要放慢速度，仔细透彻地理解……总之，调节策略是对认知策略效果的检查，是建立在监控和评价的结果之上的，是为了及时修正和调整，保证学习有效地进行。

当然,元认知策略中的各个策略并不是孤立的,而是彼此联系、相互支持的。只有集中注意力于学习过程,进行良好的自我监控,才有可能合理有效地自我调节。因此,元认知策略是一个有机整体。同样,认知策略和元认知策略也不是两个互相独立、毫不相关的部分。学习者在学习的过程中采取了某个认知策略,在使用该策略的过程中,同时进行自我监控、自我评价,如果发现这个认知策略并不适合当前的学习任务,那么就需要进行自我调节,作出决策,重新选择新的认知策略。

第四节 资源管理策略及其教学

在学习的过程中,仅仅使用认知策略与元认知策略是不够的,学习者还需要一定的学习资源作为支持。学习的时间、付出的努力、他人的帮助等,都属于学习资源。而资源管理策略就能帮助学生有效地管理和利用好这些资源,以提高学习效率和质量。

一、时间管理策略

在学习过程中,合理安排自己的时间,是一种非常重要的策略。一个优秀的学习者应该是一个好的时间管理者。大量研究发现,学业成就高的学生,他们的时间管理能力通常也很高,他们善于统筹规划和安排;而那些学业成就低的学生,则表现出较低的时间管理能力。

时间管理能力强的人可以在较少时间内完成较多事情,能达到更高的效率。他们通常是事先作好计划,按照事情的轻重缓急,决定先后顺序以及每一件事所需花费的时间。这样,能准确控制时间,而不至于发生想做各种事却连做一件事情的时间都没有的情况。

(一)设定"目标金字塔"

心理学家的研究表明,良好时间管理的第一步是设定一个"目标金字塔"。动机是安排时间计划的主要因素,而目标则会对我们动机的有无或强弱产生极大的影响。所以,如何设定目标是有效掌管时间的第一项工作。而"目标金字塔"可以让我们很容易看清自己的目标,以及各个子目标之间的关系。

(1)在一张纸的中央上端,写下自己学习(或工作)想要达到的最终目标。这是远期目标,也是金字塔的顶端。例如,你想成为一名未来的校长和小学教育专家。

(2)在远期目标下列出中期目标——使你达到最终目标的里程碑或步骤。例如,要想成为校长的中期目标,可能是去念大学(如小学教育本科),使你的各项教育类功课都拿到"优",同时完成一切必修课程,并利用课余时间到学校实习,向现任的校长们学习经验。

（3）在中期目标下,竭尽所能地列出你的短期目标——可以在短时间内完成的目标。假如你的远期目标是当一名校长、中期目标是获得小学教育专业的学位,那么你的短期目标也许包括:选修发展与教育心理学课程,并定期到小学见习,逐渐将理论与实际结合起来。

当然,在求学期间(实习期间/工作的初期),目标是可以变更的。也许你最后选择的目标,可能跟原先所设定的完全不同。你也有可能决定通过其他途径来达到远期目标,因而改变了中期目标。至于短期目标,则经常会受课程进度和日常事务的影响而出现改变。

设计自己的目标金字塔,可以让自己明白,这些每天或每周的小步骤将如何引领你达到中、远期的目标,并借此激励你更有活力、更积极地逐步完成任务。

（二）设定学期计划

设定好金字塔后,第二步是设定学期计划。就整个学期拟定一份完整的时间管理计划表,将使你得以窥见"全貌"。这样,即使你置身于一大片广阔的红木林中,也能既见树又见林。那么,我们在制订学期计划时,需要注意哪些方面呢?

（1）彻底检视并确认每天的例行任务是什么。建议用表格列出,每15分钟递增一次,看看目前自己每1分钟都在做些什么。这样,至多一周之后,就能弄清楚自己的例行任务是什么。

（2）设计时间表时,务必收齐所需要的信息和资料,以便设计出一份完美的计划表。课程表、工作时间表、重要的家庭聚会、假期、旅行计划、看医生、参加宴会等,都是应该收集的资料。

（3）购买或制作计划板。把日历直立来排,月份在左边,所有的计划事项横列在右边(你当然可以加以改变)。

（4）规划每一项计划实施的步骤。在具体执行每一项计划之前,要注意把一项宏大的任务分成若干小部分,明确宏大计划中的重点工作。举例来说,你必须上交一篇教育心理学的论文,你就可以依照下列的步骤去完成:① 确定题目;② 搜集参考文献;③ 列出大纲;④ 深入研究资料;⑤ 列出详细提纲;⑥ 撰写初稿;⑦ 修改初稿;⑧ 检查错别字;⑨ 请人校对或自己校对;⑩ 誊写完稿。在你列出了这一步骤后,你就容易清楚其中的搜集文献和研究资料、列出提纲和撰写初稿可能是最为关键的任务。

（5）随着计划的执行,细化每一步骤的活动。在计划的细节拟定清楚、重点任务都安排妥当后,计划板上的项目就得加以修正,逐项反映出更详细的任务,和每一个步骤所需的时间。

（6）在整个学期中随时补上重要的计划，不断根据实际需要加以修正。

有人或许会觉得，填写这些计划板似乎很"浪费时间"。但实际上，你却会因为这些"不方便"而省下更多时间。

（三）规划每周和每日活动

完成了前两个步骤之后，就已经有一个好的开始了。接下来要做的就是，学习如何让自己每天和每周的活动也井然有序。

1. 列出"必须"做的事情

在规划每周活动时，首先要确定这一周里必须执行的事情。可以查看计划板，确定该学期的所有重要计划中，有哪些务必在本周内完成。然后，再将需要在同一星期里做的其他事补列上去——如送生日礼物给家人、出席每月志愿服务的活动等。计划表一旦列举清楚，便可以进入下个步骤，排出事情的执行顺序。

2. 排出事情的优先顺序

时间管理成功的关键就是集中精力做最重要的事，谁能完美地安排好事情的先后顺序，谁就能把时间掌握在自己手中。艾森豪威尔把每件事件从重要程度和紧急程度进行划分，由此得到了一个如图 10-2 所示的时间顺序矩阵，是一个不错的参考。所谓重要程度，就是指这件事和你的目标的相关程度。越是可以直接影响目标实现的事件，越重要。所谓紧急程度，就是指此刻与这件事需要完成的最后期限的时间距离。时间距离越短，越紧急。

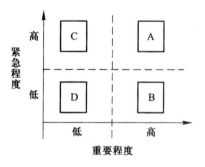

图 10-2　时间顺序矩阵表

A 区代表既重要又紧急的事件，必须马上解决它们。比如，下周就是期中考试，那么在这一周之内，我们就应该全力以赴地为这个考试进行认真的准备。

B 区代表重要的事件，但并不很紧急，可以把它们缓一缓，但要事先做好计划，制订最后期限。比如，一年后我们要参加计算机四级考试，虽然我们并不需要从现在开始每时每刻都围绕这个考试来工作学习,但是我们要制订相应的计划,按部就班地让自己在考试前完成知识、技能的准备。

C 区代表紧急的事件,但并不重要。这类事件会占用很多时间,从提高效率的角度应该尽量少做,但也可根据自己的时间充裕程度选择。比如,有同学告诉你现在有一个关于红楼梦的精彩讲座,要参加的人需要马上过去,而你的兴趣是天文,这时候就需要你根据自己的情况权衡一下是否要去了。

D 区代表既不重要也不紧急的事件。这类事件可以直接忽略。比如,路上有人发给你关于某种新产品的传单。

如果我们能按照图 10-2 所示的方法,列出一张每周工作的优先顺序表,我们就可以依事情的重要性来安排自己的时间,选定重要的事先做。史蒂芬·柯维认为,成功的秘密是在完成 A 区间的事情后,集中精力做 B 区间的事情,少花一点时间在 C 区间的事情上。但是,在现实生活中,很多人往往优先处理的是 C 区间的事情,结果使得原本重要但不紧急的 B 区间的事,最后也变得很紧急,有时甚至让人措手不及。

3. 制订每日计划表

一天是我们制订计划的时间单位,我们每天早上应专门拿出几分钟时间,检查一下这周计划表中的重要事件,有哪些是今天必须全力以赴去做的。

那么,怎样制订一天的计划呢? 有人总结了七条基本原则:(1)一切计划落实到书面;(2)在前一天晚上做好计划;(3)估计每件事大概花多长时间,规定最高限度;(4)不要把全天时间都列入计划;(5)归纳相同程度的活动,描绘一天粗略的结构;(6)全力以赴完成重要事件;(7)以积极的态度开始和结束每一天。

最后要说的是,方法没有万能的,关键是找到适合自己的那一种。有的人天生就有紧迫感,做事从来都是雷厉风行;有的人严谨认真,常做计划,遵守时间;有的人思维天马行空,不拘小节。在制订时间管理方案的时候,我们不必强扭着自己的性格,即便是一定要克服的缺点也需循序渐进。其实最大的问题不是不会做计划,而是对计划缺少执行力。一个得以执行的差一点儿的方案,也要好过一个完全得不到执行的好方案。因此,首要的问题,就是制订一个适合自己、能够完成的计划。

二、努力管理策略

有效的学习既需要付出时间,也需要付出努力。为了更好地进行学习,学习者还需要运用一些策略来保证自己有效地将精力用于学习。我们将这一类策略称为努力管理策略,下面就介绍其中的几种。

（一）情绪管理

学习过程中有时会出现一些消极情绪，比如紧张、焦虑、厌烦等。在这个时候，就需要运用一些方法来调整自己的情绪。例如，在紧张焦虑的时候，可以进行一些放松训练，遵照放松训练程序对身体进行放松，可以使用想象性放松法，也可以选用深呼吸放松法。对于应付紧张、焦虑、不安等消极情绪，放松非常有用，可以帮助振作精神、稳定情绪。另外，个体还可以给自己一些言语的暗示，比如说"这个问题不难，以前讲过的，肯定没问题的"、"时间还很充足，不要着急，慢慢来"等。

（二）动机控制

我们做某件事情的动机可能不止一个，而且在同一时间内，我们可能会有好几件想做的事情。因此，在学习的过程中，学习者需要处理好各种动机之间的关系，尤其是要优先考虑和学习有关的动机，尽量避免其他事情的干扰，防止其他无关事情的动机占据优势。学习者可以预期一下自己完成学习活动的结果，以此强化自己的学习动机，或者利用一些言语指导来维持自己既定的意图。

（三）环境管理

学习者既可以通过情绪管理和动机控制来促进学习，也可以通过选择或者改变周围环境来促进自己的学习。比如说，在学习时尽量避免接触电视、收音机之类的娱乐设施；选择安静的简单的空间，如教室、图书馆，这样可以帮助学习者集中注意力，排除分心的刺激；还可以和成绩好的、效率高的同学一起学习，在互不干扰的前提下，互相监督和促进。

（四）自我强化

根据班杜拉社会学习理论中的自我强化的解释，人们可以观察自己的行为，并且根据自己的标准进行判断，并由此来强化或者惩罚自己。自我强化可以帮助个体形成自律的能力，养成良好的学习习惯，能更好地进行有效的学习。

在进行自我强化时，首先要在学习之前安排好学习任务、学习目标和相应的奖励；然后在规定的时间内进行学习，并记录任务的完成情况；学习完毕后，按照既定的标准进行评价，给予相应的奖励和惩罚。在这一过程中，自我强化可以是评价性的，也可以是实体性的。例如，"今天的学习效率真高。看来只要积极努力，自己是有能力完成各项学习任务的"，就是评价性的自我奖励。而当学生完成一定的学习任务后，给自己安排休息和娱乐的时间，或者从事一些有趣的活动，就属于实体性的自我奖励。

三、学业求助策略

（一）学业求助及其类型

广义地说,学业求助泛指当学生在学习上遇到困难时,面向他人(包括教师、同学、朋友、父母、兄弟姐妹及其他一切更有知识的人)或者面向物(借助字典、参考书、网络搜索等)请求帮助的行为。狭义地说,学业求助主要指发生于学校情境当中(不包括考试或测验时),以口头发问为主要表现形式,以教师或同学为求助对象的行为。

学业求助通常是由需要帮助的学生主动发起的,目的是为了解决自己当前所面临的困难。学业求助发生于日常学习生活中,而非测验或考试之时,与抄袭、舞弊行为有本质区别。学业求助是一种值得提倡的有助于提高学生学习质量的学习策略。学业求助是学生在理解与掌握知识、完成课业等方面遇到困难时的求助行为,不包括学生产生心理、情绪或身体障碍及生活困难时所做的求助行为。

在学习过程中,每个学习者都必然会遇到一些困难,遇到一些自己不能解决的问题。在这种情况下,学习者的一个合理反应应该是寻求他人的帮助。把求助作为一种解决问题的策略有目的地加以运用,是一个相当复杂的过程,学习者首先要知道自己需要帮助,然后决定寻求帮助,最终采用策略来获得他人的帮助。在遇到困难时知道如何利用各种必需的认知、沟通以及社会技能来寻求帮助,是优秀学习者的一个重要特征。当学习者寻求有限的帮助并利用求助得来的信息达到自己解决问题的目的时,求助便促进了学习和理解。

研究发现,学习者遇到学习困难时可能会作出如下三种求助反应:(1)工具性求助,指学习者借助他人的力量以达到自己解决问题或实现目标的目的;(2)执行性求助,指学习者面对本应自己解决的问题时却请求别人替他完成;(3)回避求助,学生虽然需要帮助却不主动求助。掌握了工具性求助技能的学生,在自己能独立解决问题时会拒绝帮助,在需要帮助时则能积极地寻求帮助。因此,工具性求助代表的是能力,是一种对自己学习的社会环境主动进行调节的策略。

（二）学业求助的影响因素

在学校教学实践中,我们经常发现高成就的学生比低成就的学生更愿意寻求教师的帮助。可能的原因是,高成就的学生认为课堂充满了欢乐和谐,他们感受到较少的压力和焦虑,拥有更多的安全感和归属感,因而在遇到困难时更有可能寻求他人的帮助。大量研究发现,学生对学业求助的态度会影响他的学业求助行为。那些认为学业求助会对自我价值带来威胁的学生,在遇到困难时会回避求助。如果学生认为学业求助是一种低能力的表现，并将从他人那里获得消极的反应，那么他们的自我价值就会受到威胁，因而也就更有可能回避求助。

成就目标与学业求助

成就目标主要包括学习目标和表现目标。持有学习目标者，希望通过学习来掌握知识、提高能力；而持有表现目标者，希望在学习过程中证明或表现自己的能力。

对于持有表现目标的学生来说，其自我价值是由对自己与别人相比较时所具备的能力的知觉决定的，这种比较的结果是学业求助被视为缺乏能力的表现，因而也就是对自我价值的一种威胁，因而他们较少进行有效的学业求助。相反，如果学生持有学习目标，在确定自我价值时以自己为参考标准，就会将学业求助看作可以促进学习的一种适应性策略，在遇到困难时不会轻易回避求助。

持有学习目标的学生与持有表现目标的学生相比，更喜欢搜集与任务相关的信息，也更希望获得有关以前学习内容的反馈。这种需要有助于持有学习目标的学生减少错误、解决困难并最终完成学习任务。相反，持有表现目标的学生在提问时，则往往会表现出不适应，比如不作任何尝试就直接问答案等。

学业求助是以学科学习为基础的，学生对于学科的兴趣、对学科重要性和难度的知觉无疑会影响到他们的学业求助。相对于成就目标和学业成绩这类个体因素，所学课程方面的因素与学生的学业求助之间的关系更为直接。任务难度对学生的求助行为及其求助方式的影响是非常显著的。研究表明，难度适中的数学题会导致更多的求助行为，尤其是工具性求助；而做高难度的数学题时，更多的学生会选择回避求助，或采取执行性求助。对于大多数学生来说，难度适中的题目，他们虽然无法独立解决，但并非毫无思路可循，多数学生是做了几步之后便举步不前，这时他们急于进一步解决问题，因而更容易去寻求帮助。由于这时的发问是有针对性的，是为进一步解决问题而求助的，因而他们更多地采用工具性求助，即获得解题的线索，从而达到最终自己解决问题的目的。高难度的数学题，对多数学生来说，不仅是无法独立解决的，而且无从下手，无从发问。因此学生大多采取回避态度，最后干脆放弃；而在那些求助的学生当中，由于毫无思路可言，即使去问，也大多是不问过程只问结果（执行性求助）。

根据大量的研究结果和经验，在培养学生的学业求助策略的过程中应该注意以下几方面的问题：第一，要努力为学生创造一个积极、轻松、愉快、自信的学习氛围。如果学生担心会受到教师或他人的负面评价，那么在遇到困难时，他们宁可抄袭也不愿意去问别人。第二，要有意识地培养学生合理的求助策略，使学生具有积极而合理的求助意识与求助方式。要帮助学生认识到他人是一种有效的学习资源，同时要帮助他们学会合理地利用参考书等信息资源。第三，要帮助学生树立积极合理的学习目标。当学生为了掌握知识而不是追求成绩和表现时，他们遇到困难时更愿意向他人或信息资源寻求帮助。另外，培养学生对于所学科目的兴趣，为学生提供难度适当的任务，让学生意识到所学科目的重要性，这些都有利于学生进行积极的学业求助。

理解·反思·探究

1. 举例说明认知策略、元认知策略和资源管理策略的关系。

2. 结合实际，谈谈如何利用复述策略、记忆术和编码策略来促进知识的记忆，如何利用精细加工策略和组织策略来促进知识的理解。

3. 元认知策略对于学习有什么独特的价值？怎样培养学生良好的元认知策略？

4. 请结合自己的实际情况，制订你在大学期间以及本学期的时间计划表。

5. 如果下面案例中怡怡的父母或教师来向你咨询，你会向他们建议采取哪些方法来解决怡怡的问题？请结合本章的内容进行回答。

怡怡是小学四年级的学生，头脑也不笨，妈妈说她在家做作业时总是磨磨蹭蹭，一会儿要看电视，一会儿又要喝水，有时玩弄文具，甚至坐在那儿发呆，一个小时就能做完的作业往往要拖两三个小时才能完成，而且经常出错。为此，怡怡的妈妈非常头疼。

阅读导航

1. 陈琦、刘儒德：《当代教育心理学》（第十二章），北京：北京师范大学出版社，2007年。

第十二章在阐述学习策略的含义与结构的基础上，系统介绍了在学校教育情境中常用的各种认知策略和元认知策略，并对如何培养学习策略进行了简要的说明，具有较强的实用价值。

2. 庞维国：《自主学习》（第五章），上海：华东师范大学出版社，2003年。

第五章从自主学习的角度论述了认知策略、元认知策略和资源管理策略的应用，尤其是对于资源管理策略的介绍，在国内的相关著作中尚不多见。

3. 斯莱文著,姚梅林等译:《教育心理学》(第六章),北京:人民邮电出版社,2004 年。

第六章介绍了记忆策略和元认知策略的教授,理论与实践紧密结合,操作性强,具有较高的实用价值。

第十一章　问题解决能力与创造性的培养

在某小学的一节科学课上,当"风是怎样形成的?"问题提出后,教师让学生用嘴吹一吹,用书本扇一扇,让学生跑一跑,来感受人为的风;用冷热空气对流实验箱来模拟风的形成;引导学生分析各地自然气温的差别,来认识自然界的风形成的原因。最后得出结论:空气流动形成风,风是流动的空气。

上课至此,教学目标已基本完成。突然,有一位学生举手发言:"我看过电视报道,科学家发现火星表面有旋涡状风暴,而火星上没有空气,火星上的风是怎么形成的呢?"话音刚落,又有同学说:"是的,电视上还有火星风暴的动态画面。""火星表面没有空气,是不是存在其他气体形成风呢?""火星表面不同地方是不是也存在温差呢?"

"如果有温差,那么火星是不是也有引力,让重的冷气体下降,轻的热气体上升,从而冷热气体对流来形成风呢?"同学们你一言,我一语,有的提供信息,有的提出问题,有的进行推理,讨论非常热烈。

学生提出了比教师预想的"更有意思"的问题,使教师大为感慨。教师没有预料到同学会提出这样的问题,但教师作为一名参与者与同学们一起讨论,最后形成一个基本的认识:在地球上,风是空气流动形成的;但在宇宙的其他星球上形成风暴,则有待进一步观测与研究,我们可以积极关注这方面的报道。

我们的教育不应只是让学生理解和接受现成的科学结论,更重要的是引导学生运用所学知识去解决问题,创造新知。因此,培养学生解决问题的能力,发展学生的创造性,必然是学校教育的重要任务。问题解决能力是学生将知识、技能和策略运用于具体情境中的一种学习能力和实践能力,是一种高级形式的学习活动,创造性则是问题解决能力的最高级表现。为了培养符合时代需要的人才,教师应该对问题解决和创造性的性质、过程、影响因素及其培养措施等有所认识,并将其贯彻在教育实践中。

第一节　问题与问题解决的实质

问题解决是一种重要的思维活动,对帮助学生开发潜能、形成能力具有重要的作用。许多科学大师对此都有深刻的论述。例如,爱因斯坦认为,提出一个问题往往比解决一个问题更重要;著名华裔学者杨振宁也说:问题提得好,等于创造完成了一半。素质教育倡导培养学生的实践能力,更离不开"问题"。所谓"实践能力",简而言之就是发现问题、分析问题和解决问题的能力。"问题解决"理应成为"实践能力"培养的核心,建立"问题意识"则是推行素质教育必不可少的重要观念。

一、问题及其类型

(一)问题的实质

在日常生活中,人们会遇到各种各样的问题,教育的重要目标之一就是教会学生解决问题,包括学科问题、健康问题、社会问题以及个人适应问题等。

问题就是"疑难"或称"难题",是个人不能用已有的知识经验直接加以处理并感到疑难的情境。例如,"明月松间照,清泉石上流",这是一个字谜,谜底是一个双音节词,这个双音节词是什么? 这就是一个问题。

在学习活动中,学生所要解决的问题是指,在已给定的条件和要求达到的目标之间有某些障碍需要加以克服的情境。问题一般包含四种成分:(1)起始状态,指用一些已知条件对问题作出的描述。它包括与问题解决相关联的各种已知的因素,在这些因素中有些是内隐的,有些是外显的。(2)目标状态,指疑难解决后的最终状态。为达到这个状态,主体必须使用某种策略或规则以排除各种障碍。问题解决就是要把问题的起始状态转换成目标状态。(3)障碍,指那些阻碍目标实现的因素。障碍是否明确,常常因人因事而异。例如,对于缺乏知识经验的人是障碍,对于知识经验丰富的人就未必是障碍。(4)方法,指用来解决问题的程序、步骤和策略。在解决问题的过程中,可以使用的方法常常会受到某些条件的限制。正确的解决方法不是直接显现的,必须间接通过一定的认知操作才能改变起始状态,逐渐达到目标状态。

(二)问题的类型

问题涉及的范围相当广泛,小至决定今天中午吃什么饭、周末晚上是看电影还是去跳舞,大到复杂的数学难题、科学家的发明创造等。由于问题的种类纷繁复杂,可以从多种角度对其进行分类。

1. 界定清晰的问题和界定含糊的问题

根据问题的明确程度,可以分为界定清晰的问题和界定含糊的问题。当给定的信息和要求达到的目标状态都很明确时,这种问题就是界定清晰的问题。如,概括某一课文的中心思想、"从北京乘火车到长沙,最好的路线怎么走"等。给定的条件或目标没有清楚说明或对两者都没有规定的问题,就是界定含糊的问题。如,找出解决某一课题的最佳方式、"创造一件具有永恒价值的艺术品"等。一般说来,界定清晰的问题较易解决,界定含糊的问题较难解决。

2. 排列问题、结构推导问题和转换问题

根据问题的结构形式,可以分为排列问题、结构推导问题和转换问题三类。排列问题给出了所有的成分,要求问题解决者以一定方式排列它们,通过排列来达到规定的目标状态。结构推导问题给出了几个条件,要求问题解决者发现隐含在这些条件中的结构形式,并用来解决问题。转换问题只给出了一个起始状态,要求问题解决者发现一系列产生目标状态的操作,通过这些操作使起始状态不断向目标状态转化,并最终达到总目标。

3. 结构良好问题与结构不良问题

根据问题的结构特征和复杂程度,可以分为结构良好问题和结构不良问题。结构良好问题具有两个基本特点:第一,问题具有明确性。问题的目标很明确,问题解决者可以很确切地知道他要达到什么目标;此外,问题的条件也是明确给定的,而且所给条件是解决问题所必需的,也是充分的。第二,解法具有确定性。从条件通向目标的方法是确定的,有明确的算法规则,而且答案是唯一的,而不是模棱两可的。这种问题一般是界定清晰的、封闭的问题。小学课本中的习题多为这类问题,比如相遇问题:"张红和王亮从甲、乙两地同时出发,相向而行。张红每小时走 5 千米,王亮每小时比张红少走 1 千米,经过 3 小时两个人相遇。问甲乙两地相距多少千米?"

结构良好问题在学校情境中具有重要意义,但它与学校以外实际情境中的问题常常还有一定的差距,实际情境中的问题常常是结构不良的。结构不良问题主要有两个特点:第一,结构上具有不明确性。这类问题的目标可能是不明确的。例如,"要在城市中新开通一条公交路线,这条路线要怎样设计?"再比如,如何设计一堂好课、如何写一篇游记等。同时,问题的初始条件也可能是不明确的,甚至是不充分的。第二,解法具有模糊性和开放性。这类问题常常没有可以预见的、唯一的标准答案,而是有多种解法和思路,从不同的角度来看,各种答案都有一定的合理性。这种问题的解决常常需要综合运用各种知识。例如,解决如何治理空气污染的问题,就需要综合数学、物理、化学以及社会科学等知识。结构不良问题常常与学习者的生活密切相关,因而能激发他们的兴趣和探究欲,发展他们的创造性。

4. 语义丰富的问题与语义贫乏的问题

根据问题解决者所具有相关知识的多少,可将问题分为语义丰富的问题与语义贫乏的问题。对于同一个问题,如果问题解决者具有很多相关知识,则这一问题对他来说是语义丰富的问题。反之,如果问题解决者具有较少的与问题相关的知识或经验,这一问题对他来说就是语义贫乏的问题。因此,这种对问题划分的方式是相对于问题解决者而言的。如,教师在课堂上所举的例题,对于教师来说是语义丰富的问题,对于刚刚接触相关知识的学生来说则是语义贫乏的问题。能够结合具体问题解决者的个人信息对问题进行分类,有助于教师设立适当的教学目标、采用适宜的教学方法,以促进学生更好地获得知识。

二、问题解决及其特点

(一)问题解决的实质

学生在学习中,当常规或自动化的反应不适应当前的情境时,问题解决就发生了。就是说,问题解决是超越以前所学规则的简单应用而产生一个新的解决方案的过程。虽然在教学过程中学生所遇到的问题涉及不同学科领域、不同情境和不同难度,但从问题解决的过程来看,它们仍存在一些共同点:(1)所要解决的是新的问题,即所要解决的问题是初次遇到的问题,并不是平时遇到的一般的练习题。如某一数学问题,如果不是第一次进行解答,而是第二次、第三次或者多次解答过,则不能称为解决问题,只能说是一种练习,解决问题与练习不同。(2)在问题解决的过程中,需要把所掌握的概念、原理和规则进行重新组合,以适用于当前的问题情境。问题解决需要学生综合运用已有的知识、技能和策略,需要对原有知识、技能和策略进行较复杂的加工,是学生克服各种障碍的一种探究活动。(3)问题一旦解决,学生的某种能力或倾向会随之发生变化。学生通过问题解决的过程所获得的新方法、途径和策略,可作为认知结构中的一个组成部分,成为解决其他问题的方法、途径和策略。也就是说,用这些方法、途径和策略再去解决其他问题,就不再是问题解决了。可见,问题解决是一种更为高级的学习活动。

(二)问题解决的特点

现代认知心理学认为,问题解决指由一定情境引起的、按照一定的目标、运用一系列的认知操作使问题得到解决的过程。例如,证明几何题就是一个典型的问题解决过程,几何题中的已知条件和求证结果,构成了问题解决的情境;而要证明结果,必须应用已知的条件进行一系列的认知操作;操作成功,问题得以解决。问题解决具有以下四个基本特点。

(1)问题情境性。问题解决是由一定的问题情境引起的。所谓问题情境,指呈现在人的面前并使其感到不了解和无法解决的情况。它会引起个体的认知失衡,从而促使个体积极思考并运用一系列的认知策略去寻求答案。没有问题情境就没有问题解决,问题解决的结果则是问题情境的弱化或消失。但是,当个体再次遇到过去曾经解决过的问题时,他不会感到疑难,也不会再次构成问题情境。

(2)目的指向性。问题解决是自觉的行为,具有明确的目的性。问题解决活动必须是有目的指向的活动,它总是要达到某个特定的目标状态。在上述"猜谜"的实例中,目的就是要找到谜底。没有明确目的指向的心理操作(如白日梦),不能称为问题解决。

(3)操作序列性。问题解决包含一系列的心理操作,而不是单一的心理操作。它需要运用高级规则,进行信息的重组,而不是已有知识经验简单的再现。例如,在猜"明月松间照,清泉石上流"这个字谜时,首先要想象,使头脑中呈现"影子"和"响声"的形象;其次要联想,在头脑中再现"影响"这个词;再次要思维,通过分析、综合、比较,把"影子"和"响声"纳入"影响"一词的图式,从而判断出谜底是"影响"。那些只包括一个心理步骤、只需要简单的记忆提取的活动,如回忆朋友的电话号码,虽然具有明确的目的性,也不能称为问题解决。

(4)认知操作性。问题解决活动必须有认知成分的参与,整个活动过程依赖一系列认知操作的进行。有些活动,如系领带、分桥牌,尽管它们也是有目的的,而且包括了一系列的操作活动,但这类活动基本上没有重要的认知成分参与,主要是一种身体的活动,不属于问题解决的范畴。

第二节　问题解决的过程与影响因素

教学的根本目的就是要使学生能有效地产生问题,形成自主解决问题的意识和能力。那么,解决问题的过程是如何进行的? 哪些因素影响着问题的有效解决? 心理学家对此进行了长期的探索,提出了不同的问题解决模式。

一、问题解决的基本过程

在问题解决的早期研究中,人们倾向于认为问题解决是一个试误或顿悟过程。问题解决的试误模型以桑代克为代表。他认为,问题解决就是一个通过尝试,使错误的行为动作逐渐减少、正确的行为动作逐渐增加的过程。问题解决过程首先要通过一系列的盲目操作,不断地尝试错误,发现一种问题解决的方法,即形成刺激情境与反应之间的联结,然后再不断重复巩固这种联结,直到能立即解决问题。而问题解决的顿悟模型以苛勒(W. Kohler)为代表。他认为,问题解决的关键在于明确问题情境中的各种关系,而对这种关系的理解是突然产生的,是一种豁然开朗的顿悟。人在遇到问题时,会重组问题情境的当前结构,以弥补问题的缺口、达到新的完形,从而联想起一种新的解决方案。这一过程的突出特点是顿悟,即突然对问题情境中的手段和目的之间的关系有了理解,从而实现问题的解决。

杜威的问题解决模型

美国心理学家杜威于 1910 年根据自己大量的观察和逻辑分析,认为解决问题一般包括五个步骤。(1) 失调:感受到问题的存在,即问题解决者在主观上意识到他所面临的问题,进行初步的怀疑、推测,产生一种认知的困惑感或对困难的意识状态。(2) 诊断:确定和界说问题,即从问题情境中识别出问题,考虑它和其他问题之间的各种关系,明确问题解决的已知条件、要达到的目标及要填补的问题空间。这是有效解决问题的关键。(3) 假设:在分析问题空间的基础上,使问题情境中的命题与其认知结构联系起来,激活有关的背景观念和先前所获得的解决问题的方法,从而提出各种解决问题的可行方案,形成假设。(4) 推断:对解决问题的各种假设进行经验的或实际的检验,推断这些方法可能出现的结果,并对问题再作明确的阐述,以检验各种假设,并从中选择最佳方案。(5) 验证:找出经检验证明为解决某一问题的最佳途径的方法,并把这一成功的经验组合到认知结构中,以解决同类的或新的问题。

实际上,这五个步骤是互相联结的。没有"失调",就不会产生解决问题的想法;不同的"诊断",会产生不同的解决方法;"假设"越多,越有利于找到令人满意的解决方法;有了"推断",就可以权衡利弊、弃劣取优,找到最佳的解决方案;只有通过"验证",才能保证解决问题的正确性。

现代认知心理学认为,问题解决是一种以目标为导向的搜寻问题空间的认知过程。它主要包括建立问题表征、确定认知操作、实施认知操作、评价解决结果四个基本阶段。

(一) 建立问题表征

要实现问题解决,首先要把任务转化为问题空间,实现对问题的理解和表征。问题空间就是人对问题的内部表征,它包含三种状态,即起始状态、中间状态和目标状态。起始状态是指问题被认识时,问题解决者所处的情境;目标状态是指问题解决者所要寻求的最终结果;中间状态就是指在实现从起始状态向目标状态的转变过程中,由操作引起的种种状态。在问题解决中,状态一词常常是指认知状态。

1. 识别问题的相关信息

要理解和表征问题,首先必须找出该问题的相关信息,忽略无关的细节,确定问题到底是什么。如:"在抽屉里有黑色和棕色两种短袜,黑袜和棕袜数量之比是 4:5。为了得到一双相同颜色的短袜,需要从抽屉中取出多少只短袜?"什么信息与解决这个问题有关? 你是否意识到有关黑袜和棕袜之比为 4:5 的信息是无关的。只要抽屉里有两种不同颜色的短袜,只要取出三只,其中有两只一定是颜色相同的。

2. 理解问题中语句的含义

除了能识别问题的相关信息外,还必须准确地表征问题。这就要求具有某一问题领域特定的知识。假设处理的是文字或口头的问题,如上所举短袜的例子,要成功地表征问题就要完成两个任务。第一个任务是语言理解,即理解问题中每一个句子的含义。

例如,下面的代数应用题:"小船在静水中每小时比在流水中快6千米。"这是一个关系命题,它描述了两种速度之间的关系:小船在静水中的速度和流水中的速度。

再如,下面应用题中的句子:"糖的价格是每千克15元。"这是一个指定命题,它只指明了某种东西的价格,即一个单位糖的价格。

在解决包含这两种命题的问题时,一定要弄清楚每个句子告诉了我们什么。有些句子可能比另一些句子要难。研究表明,关系命题比指定命题难以理解和记住。在一个研究中,学生复述关系命题的错误是指定命题的三倍。有些学生将关系命题转换成了指定命题,如将"小船在静水中的速度比在流水中每小时快6千米"记成了"小船在静水中的速度为6千米"。一旦误解了问题中每个句子的含义,就很难正确地表征整个问题。

3. 理解问题的整体情境

表征问题的第二个任务是集中问题的所有句子,以便准确地理解整个问题。因为,在具体情况下,也许读懂了问题中的每一个句子,也有可能误解整个问题。如:

"两个火车站相距50千米,某个星期六下午,两列火车分别从两站相向而行。正当火车驶出车站时,有一只鸟从第一列火车出发飞向第二列火车,到达第二列火车后,又飞回第一列火车,如此反复,直到两车相遇。如果两列火车的速度都为每小时12.5千米,小鸟的飞行速度为每小时50千米,问:在两车相遇之前,小鸟飞行了多少千米?"

如果把这个问题理解为一个距离问题(先算出小鸟从第一列火车到第二列火车的距离,然后返回到第一列火车的距离,又返回到第二列火车的距离……再求出这些距离的总和),这个问题将会非常棘手。但是,如果把这一问题表征为一个时间问题,把注意力放在小鸟在空中飞行的时间上,则非常容易解决。因为小鸟的飞行速度是已知的,如果知道了小鸟在空中飞行了多长时间,就很容易确定它在空中飞了多远的距离。其解决方法如下——

第一步,求出小鸟在火车相遇之前飞行的时间(实际上是火车相遇前行驶的时间）：

小鸟飞行时间=两站距离÷（第一列火车的速度+第二列火车的速度）

=50÷（12.5+12.5）=2（小时）

第二步：小鸟在两车相遇前飞行的距离

小鸟的飞行距离=小鸟的飞行速度×小鸟的飞行时间

=50×2=100（千米）

在解决问题的过程中，当学生正确地理解和表征问题时，就不容易被无关信息或欺骗性的文字所迷惑；一旦错误地理解和表征问题时，就会使问题变得更加困难而难以解决，或者解答错误。因此，在某个具体领域中，要促进学生正确地理解和表征问题，首先要让他们观察各种不同类型的例题，并比较这些例题，想想每种解答有什么相同点和不同点，以识别和归类各种不同类型的问题。其次，要帮助学生用具体的方式（如图形、符号或图像等）或语言表征问题。最后，要辨析问题的相关信息和无关信息。

你提对问题了吗？

建立问题表征，简而言之就是明确需要解决的问题。问题解决的第一步是明确问题的存在，并且把问题看作一个机会。这个过程通常不是直接的。

从前，有一群房客因为他们居住的楼的电梯太慢而特别恼火。受雇解决这个问题的顾问报告说，这些电梯不比一般的电梯差，如果要改善的话，费用会很高。一天，这个楼的主管看见人们正在焦急地等待一辆电梯，他意识到问题不是电梯太慢，而是人们太无聊了：他们在等电梯的时候无事可做。当明确了问题的症结是"无事可做"之后，他把它看成是改善"等待经历"的机会，于是在每一层电梯旁安装一面镜子。结果发现，这样一个简单的解决方案就消除了人们的抱怨。

明确问题是关键的第一步。研究表明，人们经常匆匆完成这重要的一步而"跳"到对跃入脑海的第一个问题进行定义（"电梯太慢了"）。研究和经验都表明，专家会比新手花更多的时间去仔细考虑问题的实质。发现一个可以解决的问题，并且把它转化成一个机会，是隐含在许多成功的发明中的重要过程中的。

（二）确定认知操作

当问题被准确地表征后，问题解决者就要进行认知操作。所谓认知操作，就是把一种问题状态转变为另一种问题状态的认知活动。在问题解决中，这种使问题状态发生转变的认知活动不是自发进行的，而是需要应用一定的问题解决策略才能完成的。问题解决策略指解决问题过程中所运用的方案、计划或办法，它决定着问题解决的具体步骤。问题解决的每一步骤都需要一定的策略来引导和搜索。因此,可以把选择认知操作的过程作为确定问题解决策略的阶段。问题解决策略主要有算法式策略和启发式策略两类。

1. 算法式策略

所谓算法,就是为达到目标或解决问题而采取的一步一步的程序。算法式策略就是把解决问题的所有可能方案都列举出来,逐一尝试,直至选择一种有效的方法解决问题。这种策略实际上是解题的一套规则,通常与某一特定的课题领域相联系,它精确地指明解题的步骤。在解决某个问题时,如果选择的算法合适,并且能正确地按照其规则进行操作,就能获得一个正确的答案。例如,在对某一段落所述内容进行概括时,我们可以以段落的首句、尾句或中间句作为总括句,也可以对段落的内容进行分层概括以获得总括句。对上述诸方法进行逐一尝试,直至获得最恰当的概括句的过程,就是算法式策略。

2. 启发式策略

所谓启发式策略,就是个体凭借已有的知识经验,在问题空间内进行较少的搜索,采取较少的操作来解决问题的方法,即依据经验或直觉选择解法。这种办法容易使用,但不能保证成功,因为有关信息和知识的启发可能是不真实的。但它省时省力、简便易行,所以成为人们常用的问题解决策略。启发式策略多种多样,常用的有手段–目的分析策略、目标递归策略和爬山法。

手段–目的分析策略就是从问题的起始状态与目标状态的差距出发,首先将需要达到的问题总目标分成若干子目标;然后以问题的当前状态为起点,通过采取一定的手段或方法来逐步实现这一系列的子目标,并最终达到总目标。手段–目的分析策略是一种有明确方向、通过设置子目标来逐步缩小起始状态和目标状态之间差距的策略。

目标递归策略就是从问题的目标状态出发,按照子目标组成的逻辑顺序逐级向起始状态递归,以达到问题解决目的的策略。

爬山法常应用于受条件限制无法直接缩短起始与目标状态间距离的问题。此时,个体可以在经过评价当前的问题状态后,增加这一状态与目标状态的差异,经过迂回前进达到解决问题的总目标。这种问题解决策略如同爬山一样,为了到达最高的山顶,需要先爬过一个个的小山头。例如,莉莉需要从 A 地到达 C 地,但由于交通工具的限制——能够从 A 地到达 C 地的公共汽车只有 11 路车(A—B—C)一条线路。此时,莉莉就需要将 A(起始状态)与 C(目标状态)之间的距离(差异)增大,先到达 B(中间状态)再到达 C(见图 11–1)。

一般来说,如果从起始状态达到目标状态的途径有多种,手段–目的分析策略能较好地解决问题;如果从起始状态达到目标状态只有少数几条途径,宜用目

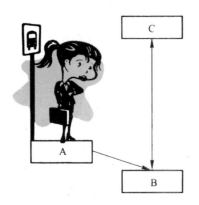

图 11-1　爬山法示意图

标递归策略;如果受客观条件限,无法直接缩短初始与目标状态之间的距离,则可采用爬山法,迂回达到问题解决的目的。

任何一个问题要得到解决,总要应用某个策略,策略是否恰当常常决定问题解决的成败。具体应用哪种策略,既依赖问题本身的性质和内容,也依赖个体已有的知识经验。

（三）实施认知操作

实施认知操作就是问题解决者实际运用策略来改变问题的起始状态,使之逐步接近并到达目标状态的过程。当有效表征了某个问题并选择好某种解决方案后,就要执行计划、尝试解答。这个阶段也叫执行策略阶段。一般来说,简单的问题只需少量操作,选定的策略就能顺利实施;复杂的问题则需要一系列操作才能完成,有时甚至选定的策略也无法实施。如果解决方案主要涉及某些算法的使用(例如,解数学应用题中的列式计算),就要避免在使用算法的过程中产生一些系统性的错误。研究表明,学生常常是非常逻辑地或"聪明"地犯错误,很少有错误是随机的、偶然的,他们通常应用某些错误的规则或程序来解决问题。在教学实际中,一旦发生这种错误,教师应该加以纠正,这比单纯要求学生细心或重做要有效得多。

（四）评价解决结果

在认知操作结束后,要对问题状态转变的认知活动是否正确、选择的策略是否合适、当前状态是否接近目标状态、问题是否已经得到解决等作出评价,即对结果进行评价。如果当前状态被评价为目标状态,则问题得到解决;否则,需进一步对问题状态的转变过程进行认知和改变策略,甚至需要重新表征问题空间。评价结果的方法之一,就是寻找能够证实或证伪某种解答的证据,对解答进行核查。

在解决数学问题时,常常采用验算的方法来评价解答。如以减法验算加法、以加法验算减法、改变相加的顺序验算连加算式等。有时也可以通过对答案的估算来评价答案。如 11×21,答案应在 200 左右,因为 10×20 = 200,如果与 200 相差太大,就应该意识到这个得数是不正确的。

二、影响问题解决的因素

问题解决受多种因素的影响,有客观因素,也有主观因素。有些因素能促进问题的解决,有些因素则妨碍问题的解决。概括起来,影响问题解决的心理因素主要有以下几个方面。

(一)有关的知识经验

任何问题的解决都离不开一定的知识、技能和策略,知识经验的不足常常是不能有效解决问题的重要原因。有关的知识经验能促进对问题的表征。只有依据有关的知识经验才能为问题的解决确定方向、选择途径和方法。例如,有这样一个问题:一只熊从 P 点出发,向南走一里,然后转向东走一里,再转向北走一里,便回到了它出发时的 P 点。问这只熊是什么颜色?如果不具备一定的知识,你不仅无法解决这个问题,而且会感到这个问题很荒谬。但是,如果你具备了有关的地理知识,你就会感到这个问题是合理的,而且会认定 P 点是北极的顶点,这只熊是白色的。这些知识是:地球是圆的;在北极的顶点上向南走一里、转向东走一里、再左转向北走一里便可以回到原出发地;北极的熊是白色的,而南极的熊不是。

有些问题的解决需要专门领域的知识、技能和策略,专门的知识经验对于解决问题至关重要。这方面的研究集中体现在专家(具备某一领域丰富知识经验并经过长期专业训练的人)和新手(具备某一领域的必要知识经验但未经过长期专业训练的人)之间的差异上。例如,丹麦心理学家和象棋大师德·格鲁特(A. D. de Groot)曾研究过象棋大师和新手之间的差异。首先他给象棋大师和新手看一个真实的棋局并展示 5 秒,然后将棋子移开,要求他们复盘。象棋大师在第一次尝试时就能将 90% 的棋子正确复位,而新手只能正确恢复 40% 的棋子。但是,如果给他们呈现的不是一个真实的棋局,而是一些任意放置的棋子,那么象棋大师和新手正确复位的棋子数目都很少,没有什么差别。这一结果说明,象棋大师在真实棋局的复盘上成绩之所以好,是由于他们比新手具有更丰富的下棋知识和经验,熟悉许多棋局,可以用来对短时内看到的棋子有效地进行加工,而新手则差得多。然而,象棋大师对任意放置的棋子却无法应用其丰富的知识经验,因而复盘的成绩降到新手的水平。

大量研究表明,专家和新手的知识结构特征是不同的。专家记忆中的知识是经过组织且具有良好结构的,在搜寻解决问题的途径时能充分地得到运用。专家不仅具有丰富的陈述性知识,而且他们的心智技能和认知策略的特点也不同于新手。在解题方式上,专家常常以更抽象的方式表征问题,他们一般不需要中间过程就能很快地解决问题;而新手需要很多中间过程,并且需要有意识地加以注意。在解题策略上,专家运用的是从已知条件前进到目标的策略;新手则倾向于运用从要求解的问题倒推到已知条件的策略来解题。同时,专家更多地利用直觉即生活经验的表征来解决问题;而新手则更多地依赖正确的方程式来解题。

不过,成为专家有时也会有所损失。一方面,专家通过自动化使问题的解决变得容易;但另一方面,也会使专家变得僵化——他们只能用一种方式来看待问题,很难转化角度。作为未来的教师,你应该对自己的专业知识保持敏锐,应该意识到这种专业知识能够帮助你成为一名更好的教师,但也可能阻碍你学习和实践新的方法。在未来的日子里,你应该尽量避免这种情况的出现。

(二)个体的智能与动机

智力是影响问题解决的极重要因素。智力水平高的学生,问题解决较易取得成功;智力水平低的学生,问题解决较易遭到失败。智力中的理解力、记忆力、推理能力、信息加工能力以及分析能力都影响着问题解决。研究表明,智商不但与顿悟式解决问题呈正相关,而且与尝试错误式解决问题也呈正相关。另外,聪明程度还影响解决问题的方法。聪明的儿童善于检验暂时提出的解决方法,提出的解决方法错误也少;他们在解决比较复杂的问题时,更喜欢设想这样或那样的假设,更有获得顿悟式解决的可能。

个体的认知特性,如灵活机动、作出多种新假设的能力、对问题的敏感性、好奇心和综合各种观念的能力等,也明显地影响问题解决。认知方式如场独立性和场依存性、冲动性和反思性等都与解决问题的一般策略有密切关系。另外,学生解决问题的能力随不同领域的兴趣、经验和能力倾向而发生变化。

思维源于问题,但只有具有解决问题的需要和动机时,人才可能以进取的态度寻找解决问题的方法和步骤。对问题持漠然的态度的人,既不能发现问题也不能解决问题。但动机过于强烈,使人处于高度的焦虑状态也会阻碍问题的解决。在一定限度内,动机强度与问题解决的效率成正比,但动机太强或太弱,也会降低问题解决的效率。一般而言,中等强度的动机有利于问题的解决。问题解决的效率与动机强度是一种倒 U 型曲线关系,如图 11-2 所示。因此,为了有利于问题的解决,要指导学生在问题解决过程中,既要积极振奋,又要沉着从容。

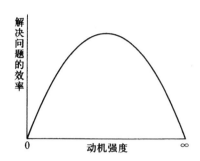

图 11-2 动机强度与解决问题效率之间的关系

（三）问题情境与表征方式

问题情境指问题呈现的知觉方式,是个体面临的刺激模式与其已有知识结构所形成的差异。一般而言,如果呈现的刺激模式与学生已有的知识经验越接近,能直接提供适合解决问题的线索,那就越有利于找到解决问题的方向、途径和方法;反之,如果刺激模式与学生已有的知识经验相差很远,掩蔽或干扰了问题解决的线索,那就会增加解决问题的困难。如图 11-3,图 a 比图 b 提供的线索更掩蔽,其解答也会难一些。这里的难易差别是由呈现的刺激模式造成的。

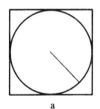
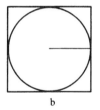

图 11-3 刺激呈现模式对问题解决的影响

在学习和日常生活中,也经常出现本来是简单而熟悉的问题,由于问题呈现的方式有了改变而干扰或阻碍问题解决的情况。例如"和尚上山问题":

有一个和尚决定去一个不被人打扰的地方深入学习、修炼和祈祷。他把地点选在一个高山上的荒庙中。他在早上 8:00 出发,当天下午 4:00 才到达目的地。在路上他的行走速度随着山势而变化,而且在途中还吃了一顿午饭。一周后,他觉得自己已经达到了预期的目标,决定返回山下。他也是早上 8:00 出发,从容而平静地踏上了他的归途,一直到下午 4:00 才到达了山底。现在的问题是:在他上山和下山的路上是否存在一个地点,是他在两天中的同一时间经过的? 为什么?

心理学家研究发现,对于这个"和尚上山问题",几乎没有人能回答出正确的答案并解释为什么。但是,如果将这个问题的表达方式稍微改变一下,即使是小学生也能够说出正确的答案。现在让我们假设:不是同一个和尚在不同的日子里上山和下山,而是两个和尚在同一天里一个上山,一个下山。那么当他们同时出发时,必定会在路上相遇,这个问题就迎刃而解了。由此可见,问题的表征形式不同,有效解决的难度就存在很大的差异。

对于教师的教学而言,理解这一点是十分重要的。例如,一个既定的数学问题通常可以用言语的、代数的或几何的方式表达出来。问题是一样的,只不过表达方式不同。同样,一个句子的语法结构可以用言语的方式或图表的方式来表达。但是,学生对信息的不同表征却有着不同的反应。通过向学生展示怎样以不同的形式来表征问题,能够帮助他们找到最适合自己的问题表征形式。有时候,教师关于测验和作业的指导语会让学生们感到莫名其妙,因此有经验的教师会以不同的方式来表达他们的指令,这样能够帮助学生更好地理解他们必须做什么。如果一个学生或教师能够以多种方式来表达同一个观点,就表示他们已经对这个观点有了非常透彻的理解。

(四)思维定势与功能固着

定势是在先前的活动中形成的影响当前问题解决的一种心理准备状态。人在解决一系列相似的问题之后,容易出现一种以习以为常的方式方法解决问题的思路,这就是思维定势。研究表明,在问题情境不变的条件下,定势能使人应用已掌握的方法迅速地解决问题,这是借助于定势减少摸索过程;在问题情境发生变化的情况下,定势会妨碍问题的顺利解决或影响问题解决的质量。在日常生活中我们也发现,当一个人连续用同样的方法解决某类问题并屡获成功之后,在解决与之相类似的新问题时,便会习惯地采用原先的方法而不去作别的尝试,甚至会置简便而合理的方法于不顾。

功能固着是一种从物体正常、通用的功能的角度来考虑问题的定势。也就是说,当一个人熟悉了一种物体的某种通用功能时,就很难看出该物体的其他功能;而且最初看到的功能越重要,就越难看出其他的功能。功能固着使人难以发现事物功能的新异之处,因而使问题的顺利解决受阻。在邓克尔(K. Duncker)著名的"蜡烛问题"实验中,桌子上有一枚图钉、一根蜡烛和一盒火柴,要求被试用桌子上的这些物品将点燃的蜡烛固定竖立在木板墙上。解决的方法其实很简单:把火柴盒钉在墙上,再以它为台基将点燃的蜡烛固定在上面。但许多被试不会如此解决问题,因为他们把火柴盒只当作容器而看不出它的其他用途。而当对问题情境稍微进行变更——把火柴与火柴盒分开放置,则绝大多数被试能正确地解决问题,因为他们看到的是一个单独放置的"空纸盒",于是对火柴盒的其他功能作了更广泛的思考与理解。

（五）原型启发与酝酿效应

在问题解决过程中，原型启发具有很大作用。所谓启发，是指从其他事物上发现解决问题的途径和方法。对解决问题起了启发作用的事物叫原型。原型启发在创造性问题解决的过程中作用特别明显。鲁班从丝茅草割破手受到启发，发明了锯子；莱特兄弟从飞鸟和一架装有螺旋桨的玩具受到启发，发明了飞机。科学上的许多创造发明都得益于原型启发。

原型之所以具有启发作用，是因为原型与要解决的问题之间存在着某些共同点或相似处。通过联想，人们可以从原型中找到解决问题的新方法。现在发展仿生学的目的就是为了向生物寻找启发，通过模拟实现新的技术突破。任何事物都可以充当原型，如自然现象、日常用品、文字描述、口头提问以及示意图等。某一事物能否充当原型起到启发作用，不仅取决于该事物的特点，还取决于问题解决者的心理状态。只有在问题解决者的思维活动处于积极但又不过于紧张的状态时，才容易产生原型启发。所以，原型启发常常发生在酝酿时期。

当一个人长期致力于某一问题的解决而又百思不得其解的时候，如果他对这个问题的思考暂时停下来去做别的事情，几小时、几天或几周之后，他可能会忽然想到解决的办法，这就是酝酿效应。例如法国著名数学家彭加勒，为了解决不定三元二次方程式的算术转换问题，曾经夜以继日地思考，但未获得成功。后来，他干脆丢下这个问题不想，到海边小住。一天早上他正在散步时，心中顿起一个念头，认为不定三元二次方程式的算术转换跟非欧几何上的转换是相同的，问题于是得到了解决。

酝酿之所以有利于问题的解决，可能与对定势的克服有关。在解决问题的初期，人们往往以某种方式或依靠某种知识结构进行思维。如果最初的这种心理状态是适当的，被试就可能解决问题；但如果不适当，那么被试的解决步骤将始终是不恰当的，问题就不能解决。而暂时停止对那个问题的思考，则人们有可能打破原来不恰当的思路，从而导致解决问题的合理步骤的出现。

总之，影响问题解决的因素多种多样，各个因素也不是孤立地起作用，而是相互关联、相互影响的，综合地影响着问题解决的效率。

第三节　问题解决能力的培养

学生学习的目的，归根到底在于运用获得的知识去解决他们学习和生活中的各种问题，而解决问题又是加深理解和巩固知识的重要途径。在学校教育中，教会学生解决问题、提高他们解决问题的能力是课堂教学的中心工作。解决问题的活动对于处理生活、学习知识、掌握技能、创造发明、发展科学以及促进心理发展均有极其重要的意义和作用。学生问题解决能力的培养主要是指学生自主问题解决能力的培养，突出的是学生在问题解决中的主体地位和主动性。因此，在实际教学中，教师要结合各门学科的具体内容，采取必要的措施培养学生问题解决能力。

一、充分利用已有经验，形成知识结构体系

充分利用已有经验，对于提高学生的问题解决能力具有很大的作用。已有的有关经验作为背景知识，不仅能使学生把问题情境与认知结构联系起来，从而正确地理解面临问题的性质和条件，而且有助于学生在问题解决过程中选择合适的推理规则和解题策略。已有经验包括学生在课堂学习中掌握的一些基本原理、规则方面的知识和在活动中积累起来的知识经验。尤其是后者，它是学生通过知识的运用和实践操作而获得的活的经验，是具有专家特征的知识。知识准备对问题解决的重要意义提醒教师，必须在宏观上督促学生博览群书，不断充实和深化宏观的知识背景；在微观课堂教学中，注重具体的知识准备，为学生自主问题解决能力的提高创造条件。因此，在日常教学中，教师要注意指导学生对知识进行分门别类的组织，促进知识结构的网络化和系统化。这种知识结构一旦形成，就会使学生在遇到新问题时，有效地组织知识经验，并很快找到解决问题的关键所在，从而快速地解决问题。

二、分析问题的构成，把握问题解决的规律

研究发现，能成功解决问题的人，不仅善于使自己已掌握的有关知识对问题的解决发挥作用，而且很少由于用词和标记上的变化而错误地理解问题。在教学中教师要帮助学生从多方面和不同角度对问题的构成进行深入细致的分析，全面把握问题解决的规律。

分析问题构成具体可以从以下几方面入手：一是从正反两个方面对问题进行分析；二是认真考察各方面的关系，包括因果关系、时空关系、部分与整体的关系等；三是对问题构成的量与质的情况及各部分的分配比例进行分析；四是通过改变问题的表达方式，查明问题构成的各个因素。

问题解决的规律可以分为普遍规律和具体规律两种。普遍规律是适应一切问题解决的规律，反映的是问题解决中的共性，如一切问题的解决必须依靠主体的一定的知识与技能和兴趣与意愿。如果学生缺乏问题解决的知识及方法论基础，教师就要做一定的知识铺垫，最终使学生能完全独立地理解问题。如果学生解决问题的兴趣不高，注意力不集中，教师就要通过各种途径和方法，提高学生

对问题的兴趣。具体规律是指适应于某一学科、某一方面的问题解决的规律,如解决历史学习中的问题必须掌握比较深厚的历史知识基础和知识网络系统,并且理解历史唯物主义的基本原理。数学历来被视为"锻炼思维的体操",要提高数学问题解决的能力,除了掌握有关的概念、规则、公式外,还要更加重视问题解决的思维过程——知识发生过程。

三、开展研究性学习,发挥学生的主动性

研究性学习是指在学校的宏观调控下,学生在教师的指导下,以类似科学研究的方式,就学习和社会生活中的某些问题运用知识主动选择、加以研究,从而获取知识、增长见识、发展能力的一种学习方式。研究性学习以学生的自主性、探索性为基础,学生可以从感兴趣的社会科学、自然科学以及现实生活中选择专题,以个人或小组合作的方式进行研究,掌握基本的研究方法,培养运用所学知识解决实际问题的能力。因此,在实际教学中,教师可以结合各门学科的内容,通过研究性学习来训练与提高学生解决问题的能力。心理学研究表明,采用主动的接受学习方式,辅以有指导的发现学习和主动解决问题的经验,有分析、有批判地进行特定学科的教学,将会大大地提高解决有关该学科的问题的能力。教师要注意为学生创造适当的气氛,以利于解决问题。让学生熟悉该学科在基本理论、认识论和方法论方面的问题,熟悉该学科所特有的发现知识的策略,使学生养成有分析地提出异议的态度以及准确地使用自己的语言阐述解题过程的习惯。

四、教授解题策略,灵活变换问题

问题解决研究的目的之一就是教会学生解题。解题的核心在于不断地变换问题,连续简化问题,把解题过程看成是问题的转化过程,将问题转化为最熟悉的基本问题加以解决。那么,教师在实际教学过程中应该如何教会学生解题呢?一是要教给学生全面完整的知识,既要让学生掌握关于"是什么"和"为什么"的陈述性知识,更要让学生掌握"怎么做"的程序性知识及"何时做"等策略性知识。二是要重视知识的融会贯通,使学生学到的知识能纵横相连,按等级层次组织成一个网络化、系统化的结构。三是注意具体问题和抽象模式的灵活转换。具体问题和抽象模式之间的联系渠道不畅是学生解题困难的重要原因。教学中要注意通过变式练习和不断的归纳、总结,实现具体问题与抽象模式之间的沟通。四是要教给学生解决学科问题的有效的思维策略。教给学生有效的思维策略是引导学生学会解题的重要方面,而直接教给学科思维策略比一般策略往往更为有效。

五、允许学生大胆猜想，鼓励实践验证

教学要通过观察、操作、猜测等方式，培养学生的探索意识，使学生初步学会运用所学的知识和方法解决一些简单的实际问题。但在实际教学中经常出现这样的情况，教师问："这道题为什么这样做？"学生回答说："我猜的。"教师便说："毫无根据，怎么能瞎猜呢！"这看起来是维护科学的尊严，其实却挫伤了学生的积极性，也可能扼杀一个当代的"哥德巴赫"。其实，科学家的很多科学论断都是因"猜想"而产生的。数学教育家波利亚就把教会学生猜想作为培养创造性解决问题的重要手段。他认为猜想比证明更重要。

猜想是一种直觉思维的结果，它能使人更直接地深入问题的核心，寻找问题的关键，很快地作出判断。猜想是问题解决的一条捷径。当然，猜想要以丰富、扎实的知识作基础，要与漫无边际的胡思乱想区分开。在教学中，要鼓励学生就某一个问题的答案、问题的解答过程进行猜想。当然，学生会因为已有知识的不同，所得答案也不一样。但这不要紧，因为教学的主要目的在于培养学生猜想的胆量，只有大胆地猜想，才能更快直接地切入问题的核心。况且学生在学完新课后，如果发现自己猜想对了，会觉得无比激动；即使猜想错了，也不气馁，反而会使学习兴趣得到激发，学习意识得到增强。但是，必须让学生明白的是，猜想只是一种设想，并非正确答案，只有经过实践检验和求证，才能成为科学的答案。

第四节 创造性的实质及表现

创造性是心理学研究中的一个热门领域和焦点问题。对创造性问题的研究，有助于人们克服种种困难，完成意料之外的任务，增加选择和行为的自由度。培养学生的创造性已经和培养学生的问题解决能力一样，成为教师的重要责任和时代使命。

一、创造性的实质

"为创造性而教"已成为当前教育界一句盛行的口号，但创造性这一概念至今仍然没有统一、公认的认识。创造性不是一种单一的心理活动，而是一系列连续的、高水平的、复杂的心理活动，它要求人的全部体力和智力的高度紧张以及创造性思维在最高水平上的运行。

一般认为，创造性是根据一定的目的和任务，运用一切已知信息开展能动的思维活动，产生某种新颖、独特、有社会或个人价值的产品的智力品质。这里的产品是指以某种形式存在的思维成果，它既可以是一种新概念、新设想、新理论，

也可以是一项新技术、新工艺、新产品。这一定义说明，判断创造性的高低主要有产品的新颖性、独特性和社会价值或个人价值三条标准。"新颖"指不墨守成规、破旧布新、前所未有，这是相对历史而言的，是一种纵向比较；"独特"主要指不同凡俗、别出心裁，这是相对他人而言的，是一种横向比较；"有社会价值"是指对人类、国家和社会的进步具有重要意义，如重大的发明、创造和革新；"有个人价值"则指对个体的发展有意义。强调创造性是一种智力品质，主要是把创造性看作一种思维品质。因此，我们可以说创造性是根据一定目的产生的有社会（或个人）价值的具有新颖性和独特性的智力品质。

以新颖性、独特性和价值大小作为判断一个人是否有创造性的标准，并不意味着可以由此断定没有进行过创造活动、没有产生出创造产品的个体就一定不具有创造性。有无创造性和创造性是否体现出来并不是一回事。具有创造性并不一定能保证产生出创造性产品。创造性产品的产生除了需要一定的创造性智力品质外，还需要有将创造性观念转化为实际创造性产品的相应知识、技能以及保证创造性活动顺利进行的一般智力背景和个性品质。同时，它还受到外部因素如机遇、环境条件等的影响。

创造性有内隐和外显两种形态。内隐的创造性指创造性以某种心理能力的静态形式存在，它从主体角度提供并保证个体产生创造性产品的可能性；但在没有产生创造性产品之前，个体的这种创造性是不能被人们直接觉察到的。当个体产生出创造性产品时，这种内隐的创造性就外化为物质形态，被人们所觉知，这时人们所觉知的创造性是主体外显的创造力。

科学地理解创造性就是要正确地、辩证地看待"新颖"和"独特"。所谓新颖、独特，并不是说创造性产品在世界上找不到任何存在的形式或线索。创造必然与事物的原型相联系，特别是社会从混沌进步到今天，没有继承前人成果的任何发明或创造都是不可能的，能将一些旧有的观念或存在组合在一起，形成一个对社会有价值的精神观念或物质存在，也是创造。

二、创造性的主要成分

要培养创造性，必须了解构成创造性的主要成分。根据已有的研究，创造性主要由创造意识、创造性思维、创造性想象和创造性人格四种成分构成。

（一）创造意识

创造意识包括创造的意图、创造的动机、创造的欲望，它是创造活动强劲的推动力。研究表明，内部动机比外部动机导致更高水平的创造。只有当个人有高度的创造欲望，有强烈的创造意图，时常想到创造时，才易产生新思想、新方法、新观点。例如，我国一位年仅 14 岁的小学生，发明填补国内外文化用具空白的新产品——"墨水一擦尽"的灵感就源于创造意识的推动。他由于作业凌乱经常受到老师批评,因而产生了发明"墨水一擦尽"的强烈欲望,白天、晚上都想着如何配制消除钢笔字的液体。经过长时间的实验,在一次睡梦中,灵感之神光顾了他,使他受到启发,得以成功。

(二)创造性思维

创造性思维指有创见的思维,是创造活动的核心成分。创造性思维的特点有:(1)思维的独创性。表现在观点新颖、别出心裁,能打破常规、冲破常模,不受习惯性思维及习惯势力约束。(2)思维的灵活性。表现在不易受思维定势的影响,思路受阻时能迅速转换。(3)思维的敏感性。表现在能迅速地评价并及时地捕捉闪光的思想。思维的火花常常稍纵即逝,它要求我们必须有敏锐的感受性,能迅速认识其价值,并牢牢地把握它。(4)创造性思维是多种思维的结晶。它是形象思维和抽象思维的统一,逻辑思维与直觉思维的统一,也是发散思维与集中思维的统一。在诸种思维的协同作用中,发散思维是主要成分。(5)创造性思维的迸发——灵感闪现。灵感带来崭新的思考、崭新的观点,使创造性问题迎刃而解。灵感虽是突然出现的,但却是长期紧张思考的结果。它常在紧张之后的悠闲、松弛条件下产生。

创造性思维的四阶段论

英国心理学家瓦拉斯(G. Wallas)经过长期研究,于1926年提出了创造性思维的四阶段论。这四个阶段依次为:

(1)准备期。问题解决者在明确创造目的、明确问题特征的基础上,积累有关的知识经验,研究有关的信息资料,掌握必要的创造技能。创造活动中的准备,分一般性的基础准备和为了某一特定目的的准备。为了发展创造性思维,准备工作不能只局限于狭窄的专门领域,而应当有相当广博的知识和技能准备。这一阶段的时间往往相当长。

(2)孕育期。在积累一定的知识经验的基础上,问题解决者对问题和资料进行深入的探索和思考。在这一过程中,如果思路受阻,可将问题暂时搁置而去从事其他活动。从表面上看,问题被搁置了,但实际上对问题的思考仍在潜意识中断断续续地进行着。由于它是在摆脱了长期的精神紧张之后经验的再加工,因此主体有可能在从事其他活动时受到启发,使问题获得创造性的解决。这段时间有可能是短暂的,也有可能是漫长的,有时甚至要持续好几年。

(3)明朗期。问题解决者在历经对问题的周密的长时间的思考之后,无意中受到偶然事件的触发而使新思想、新观念、新表象得以突然产生,使百思不得其解的问题一下子迎刃而解,表现为灵感、直觉和顿悟。灵感的产生往往是突如其来的,不能有意识地控制,它有时产生在其他活动中,有时甚至产生在睡梦中。但直觉或顿悟的经验并不一定都是正确的,也可能是错误的。

（4）验证期。对明朗期提出的新思想、新观念进行验证、补充和修正,使之趋于完善。可以采取逻辑推理的方式,也可以通过实验或活动求得事实上的结果。此时,不仅需要运用已有的信息,而且也需要获得新的信息。

（三）创造性想象

创造性想象是创造的翅膀,它是创造活动的必要成分。爱因斯坦曾说"想象比知识更重要",他正是借助超越时空的想象,创建了相对论。又如著名画家毕加索具有丰富的图形想象力,他总是把周围的世界看成纯粹的图像。在他眼里,"2"是一只收拢翅膀的鸽子,"0"是一只眼睛。可以说,想象推动了创造,创造得益于想象。

（四）创造性人格

研究表明,高创造性者一般具有以下人格特征:（1）独立性。在高创造性者看来,没有哪些是可能、哪些是不可能的。如果自己的观点不同于权威或大多数,就不迷信权威、不随大流,相信自己正确。（2）批判性。高创造性者总是以挑剔的眼光看待现有的事物,不满足于现状,总是力求找出其缺陷。（3）灵活性。不是从一个角度或一个原则看待问题,而是以多样化的方式逼近问题。能自由地往返于幻想与现实之间,乐于接受那些违反"常识"的观点和假设。他们不同于常人的思维方式,能把不相关的东西联系在一起,看到别人看不到的那些联系。（4）事业心强。高创造性者十分热爱自己的事业。由于热爱,他们能够用一个对世界充满好奇的孩子所特有的敏锐来"编织"某一领域的最新知识。由于对工作的热爱,他们有异于常人的价值观和献身精神,工作起来相当投入。他们的工作通常是出于满足其好奇心和理智感的需要。（5）容忍失败。在创造性活动中,他们不过多地顾虑错误的危险性,具有较高的挫折忍受力,不怕失败,具有百折不挠的精神。（6）具有幽默感,感情丰富,笑看生活中的偶然和"意外"。（7）不受严格的性别角色限制。许多研究表明,有创造性的男子比一般男子有更多的女子气。这也许是他们兼有两性的优点,更能发挥所长之故。

三、儿童创造性的表现

虽然不同个体的创造意识和创造能力具有水平上的差异,但是每个人都有创造的潜能。不同于科学家对人类未知内容的探索与创造性的发现和发明,儿童的创造性主要表现在对人类已知但对自己来说是未知事物的探索与发现。此外,儿童的有些创造性表现,在成年人看来往往是不合理甚至莫名其妙的。例如,有的儿童会说"我现在倍儿开心,就像水塘里呱呱叫的青蛙一样"。有研究者总结了儿童的创造性表现,并对这些表现进行了归类,发现儿童的创造性主要表现在以下 7 个方面。

(1) 从特殊的角度观察事物。如在观察公园的风景时,不是采取站立或端坐的姿势,而是躺在草坪上,采取仰望的角度,由此可以获得对周围景物的全新感受。

(2) 打破常规,以特殊的方式运用日常物品。如用废旧空瓶做乐器、武器(打人或防身)或模具(画圈或在胶泥上印图案)等。

(3) 联系个人的经验理解事物。如阅读与日本有关的文章时,联系自己吃过的日本料理、听过的日本歌曲、看过的日本卡通书或动画片理解相关内容。

(4) 对平凡事物赋予特殊的意义。如学生偶然在教室发现一只蜈蚣,倍感兴奋,继而写小短文描述一下"不速之客"的特征以及对它的感受。

(5) 将看似不相干的事物建立联系(比拟)。如在郊游时,听到青蛙穿过草丛跳入池塘的声音,一位学生不经意地说出"好像解放军列队走回军营一样"。在池塘边,学生又说出一些拟人化的语句,"他们住在水草搭建的军营"、"池塘四周的树木像卫兵一样守护着池塘里的动物"。

(6) 用特殊的媒体(方式)表达。如学生自编"顺口溜";通过身体姿势、表情和动作,而不借助任何声音"讲述"一个故事。

(7) 想象和假装。如在课本剧表演中,演绎课文故事中可能出现的其他结局。

教师应该对学生的创造性表现有所了解,以便在学校教学及生活过程中观察并收集学生创造性表现的信息,尽可能多地把握每个学生的创造性水平。同时,教师应对学生的创造性表现予以适当的肯定、鼓励与引导,并有针对性地提供有利于学生创造性发展的情境与条件。

创造性与智力的关系

经验表明,在艺术、文学和科学方面有创造性的人,其智商比这方面没有创造性的人要高。智商高的人在各门学科中更可能有新发现。但是,人们也常看到,有些智商高的人也无甚创造性。这种人学术工作干得挺好,职业上也有所成就,但缺乏创见。反之,许多有创造性表现的人,其智商也并不显著高于他人。

心理学研究表明,创造力与智力的关系是一种相对独立、在一定条件下又相关的非线性关系。其基本关系表现为:(1) 低智商不可能具有创造性;

（2）高智商可能有高创造性,也可能有低创造性;（3）低创造性的智商水平可能高,也可能低;（4）高创造性者必然有高于一般水平的智商。如图11-4所示。

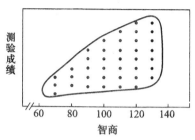

图 11-4　创造力与智力的关系

这种非线性关系表明,高智商虽然不是高创造性的充分条件,但它是高创造性的必要条件。更重要的是,它还表明创造性还有一些传统智力测验不能测出的重要品质。正是由于这些品质的参与,才能实现单纯智力所无法完成的创造。

第五节　小学儿童创造性的培养

明确创造性的实质,了解创造性的成分,知道小学生创造性的表现,最终的目的都在于有效培养小学生的创造性。如何培养小学生的创造性,既是一个理论问题,更是一个重要的实践问题。

一、营造有利于创造性产生的环境

（一）创设宽松的心理环境

教师既是知识的传授者,也是创造教育的实施者。教师应创造一个能支持或容忍标新立异者或偏离常规思维者存在的环境,让学生感受到"心理安全"和"心理自由",即给学生创造宽松的学习心理环境。对此,研究者提出了五条基本原则:（1）尊重与众不同的疑问;（2）尊重与众不同的观念;（3）向学生证明他们的观念是有价值的;（4）给学生以大量的学习机会;（5）将评价与前因后果联系起来。只有这样,才能够真正激发学生学习的积极性和主动性,促进学生认知功能和情感功能的充分发挥,提高学生的创造性。

（二）给学生留有充分选择的余地

在可能的条件下,应给学生一定的权利和机会,让有创造性的学生有时间、有机会做自己想做的事,为创造性行为的产生提供机会。例如,可以提供条件使学生有机会选择不同的课程来学习,给学生呈现应用创造性思维才能解决的问题等。

（三）改革考试制度与考试内容

要想改变通过考试将学生进行分级的功能,强化创造性促进学习的功能,应在考试的形式和内容等方面充分考虑如何测评创造性的问题。例如,在学业测试中可以增列少部分无固定答案的问题,让学生有机会发挥其创造性。在评估学生的考试成绩时,也应考虑其创造性的高低。

课堂生活创造性的消失

一些课堂生活索然无味、机械呆板、千篇一律,无论是教师的教授还是学生的学习都缺乏创造性,师生自然也品尝不到创造性教学带来的精神愉悦。旷课及诸如做"小动作"、扮"鬼脸"、"阴声怪气"等扰乱课堂秩序的现象,在这种缺乏创造性的课堂中普遍存在。这些现象表面上看是学生的纪律问题,其实质却是学生对这种机械、僵化的课堂生活自主或不自主的反抗。那么,这种缺乏创造性的课堂生活究竟是怎样形成的呢?

首先,它与一些教师狭隘的"创造性"观念有关。无创造性的课堂生活是以一些教师狭隘的"创造性"观念为基础的。这种狭隘的观念体现在:创造性是少数精英才具备的能力,而不是人人都具有的;创造性的大小体现在其创造性行为的结果上,而不是体现在创造性行为的过程中;创造性思维能力是思维能力的高级状态,须经专门的训练才能得到提高,创造性在继承以往的知识基础上发展起来,是以继承为前提的;创造性作为一种理性能力,与想象、激情等非理性的因素无关。

其次,它与缺乏尊重、保护、鼓励和发展创造型的课堂教学制度有关。在这种计划和制度下,学生们不需要形成和提出自己的"问题";不需要就某个问题发表自己的"意见";不需要就某个问题进行同学之间的"讨论",师生之间也缺乏"真诚"与"平等"的"对话";教学时间和空间被分成无数的小单位,每个单位都预先为师生设置了任务,没有个性化"选择"的"自由"等。

最后,它与缺乏有效的创造性教学评价标准有关。现行的教学评价标准有几个明显的特征:一是在目标上以知识为中心,着重检查某类知识的组织、传递、理解、运用和再现情况;二是在方法上以量化为手段,着重检查师生双方取得这些结果的过程;三是在内容上面面俱到,着重检查师生对某类知识掌握的完整性、系统性和准确性。与这种评价标准相适应,已经形成了一系列的评价技术、方法以及熟练使用这些技术和方法的庞大的评价队伍。这种评价体系将整个教学生活引导到统一化、标准化和程式化的轨道上来,很难在评价活动中凸显个体的创造性。

二、注重创造性人格的培养

由于创造性与人格之间具有互为因果的关系,因此,从人格入手来培养创造性,也是促进创造性产生的一条有效途径。具体可参考以下建议。

(一)保护好奇心

应接纳学生任何奇特的问题,并保护其好奇心和求知欲。好奇是创造活动的原动力,可以引发个体进行各种探索活动,应给予鼓励和赞赏,不应忽视或讥讽。

(二)解除个体对错误的恐惧心理

对学生所提的问题,无论是否合理,均以肯定的态度接纳。对出现的错误不应全盘否定,也不应指责,应鼓励学生正视并反思错误,引导学生尝试新的探索,而不循规蹈矩。

(三)鼓励独立性和创新精神

应重视学生与众不同的见解和观点,并尽量采取多种形式支持学生以不同的方式来理解事物。对平常问题的处理能提出超常见解者,教师应给予鼓励。

(四)给学生提供具有创造性特征的榜样

通过给学生介绍或引导阅读文学家、艺术家或科学家的传记,带领他们参观各种创造性展览,与有创造性的人直接交流等,使学生领略到创造者对人类的贡献,受到创造者优良品质的潜移默化的影响,从而启发他们见贤思齐的心理需求。

三、教授创造性思维的策略

通过各种专门的课程来教授一些创造性思维的策略与方法,对训练学生的创造力是非常有效的。常用的方法有:

(一)发散思维训练

发散思维也叫求异思维,是沿不同的方向去探求多种答案的思维形式,它是创造性思维的核心。训练发散思维的方法有多种,如用途扩散、结构扩散、方法扩散与形态扩散等。用途扩散即让学生以某件物品的用途为扩散点,尽可能多地设想它的用途,比如尽可能多地说出"别针"、"红砖"的用途。结构扩散即以某种事物的结构为扩散点,设想出利用该结构的各种可能性,比如尽可能多地画出包含"△"结构的东西,并写出或说出它们的名字。方法扩散即以解决某一问题或制造某种物品的方法为扩散点,设想出利用该种方法的各种可能性。比如,尽可能多地列举出用"吹"的方法可以完成的事情。形态扩散即以事物的形态(如颜色、味道、形状等)为扩散点,设想出利用某种形态的各种可能性,比如利用"红色"可以做什么。

(二)直觉思维训练

直觉思维是创造性思维的重要成分,在各种创造活动中都起着重要作用,并贯穿整个创造活动的始终。教师应鼓励学生大胆猜测,进行丰富的想象,不必拘泥于常规的答案。给学生进行猜测的机会,并尽量让他们有猜测的成功体验。在丰富学生的想象力方面,可以应用实物、图片、多媒体辅助教学手段,或者组织参观、访问,开辟丰富多彩的课外活动等,使学生头脑中的表象更丰富、更鲜明、更完整。

(三)推测与假设训练

推测和假设训练的主要目的是发展学生的想象力和对事物的敏感性,并促使学生深入思考,灵活应对。比如让学生听一段无结局的故事,鼓励他们去猜测可能的结局,或读文章的标题,去猜测文中的具体内容。还可以让学生进行各种假设、想象。比如,假设你当校长,你如何管理这个学校?当然,推测与假设训练也可以更大胆和离奇,如假如世界从此没有饮料,人们的生活将会怎样?假如人身上都长角,世界将会怎样?

(四)自我设计训练

教师考虑到学生的兴趣及其知识经验,给他们提供某些必要的材料与工具,让学生利用这些材料,实际动手去制作某种物品,如贺卡、图画、各种小模型等。学生通过实际的操作活动完成自己的设计,可以充分满足他们异想天开的愿望。此项训练通常需要教师协助学生确定所设计的课题,并提供各种形式的帮助。

(五)头脑风暴训练

头脑风暴训练的目的在于通过集体讨论,使思维相互撞击,迸发火花,达到集思广益的效果。在具体应用这种方法时,应遵循四条基本原则:(1)让参与者畅所欲言,对所提出的方案不作评价或判断;(2)鼓励标新立异、与众不同的观点;(3)以获得方案的数量而非质量为目的,即鼓励多种想法,多多益善;(4)鼓励提出改进意见或补充意见。可以由教师提出问题,然后鼓励每个学生从自己的角度提出解决问题的方法;也可以鼓励学生自己提出问题,然后通过集体讨论,拓宽思路,产生互动,激发灵感,进而提高创造性。

虽然培养创造性的方法多种多样,但并不存在捷径或"点金术"。创造性的产生是知识、技能、策略、动机等多方面综合发展的结果。虽然各种直接的、专门的创造性训练是有效、可行的,但不应取代或脱离课堂教学。许多研究证明,结合各门学科特点进行创造性思维训练,既可以发挥教师的创造性,也可以有效地提高学生的创造性。排斥或脱离学科而孤立地训练创造性,实际上是舍本逐末的做法,也不可能真正提高学生的创造性。

创造型教师的教学艺术

创造性的教学是充满艺术性的教学,不同教学技巧的使用会使学生对相同教材的学习产生十分不同的教学效果。创造型教师能把教学安排得生动活泼、有声有色、趣味横生,不断赋予教材以新意和活力。这是创造型教师的"精华"部分。

哈尔曼(Hallman)总结了创造型教师的教学艺术,列举了其中有利于学生创造力培养的方法,可供大家参考:

(1)培养学生主动地学习。创造型教师十分注重启发学生的思维,鼓励他们自己发现问题,提出假设并亲自实践。

(2)放弃权威态度,在班上倡导学生相互合作、相互支持,使集体创造力得以发挥。

(3)鼓励学生广泛涉猎,开阔视野,使学生对知识加深理解,灵活运用。

(4)对学生进行专门的创造性思维训练。例如,鼓励学生回忆和自由联想;区别不同问题并发现相关关系;鼓励学生提出自己的主张;鼓励学生编故事、智力游戏和笑话等。

(5)延迟判断。创造型教师往往不立即对学生的创新成果予以评判,而是给他们足够的时间去创造。

(6)发展学生思维的灵活性。帮助学生学会从不同角度看待、分析和理解问题,而不墨守成规。

(7)鼓励学生独立评价。即用自己的标准评价别人的想法。

(8)训练学生的感觉敏锐性。使学生对他人的感觉、情绪、视听的印象,以及对社会和个人等各种问题具有敏锐的洞察力。

(9)重视提问。创造型教师往往对学生的提问表现出浓厚的兴趣,并认真对待。同时,他们自己也提一些不拘泥于课本的问题,以刺激学生的思维。

(10)尽可能创造多种条件,让学生接触各种不同的概念、观点以及材料、工具等。与不同事物的接触,会促进学生的创造性表现。

(11)注重对学生进行挫折忍受力的培养。

（12）注重整体结构。创造型教师注重知识各组成部分的联系，他们不是机械、零散、无联系地将知识传授给学生，而是把知识系统地教给学生。

理解·反思·探究

1. 什么是问题与问题解决？如何理解问题解决的过程？

2. 影响问题解决的因素有哪些？如何有效地提高学生的问题解决能力？

3. 结合自己感兴趣的学科，谈一谈如何在学科教学中培养学生的问题解决能力。

4. 什么是创造性？你过去是怎样认识的，现在有什么新的体会？

5. 请尝试观察并总结周围同学的创造性表现。

6. 你认为，作为一名教师，应该在哪些方面提升自身素质以促进对学生创造性的培养？

7. 用熟悉的学科教学内容的实例，分别说明知识、技能和策略在解决问题中的作用。

阅读导航

1. 安妮塔·伍尔福克著，伍新春等译：《伍尔福克教育心理学》（第八章），北京：中国人民大学出版社，2012 年。

该章系统论述了学习过程中的复杂认知问题，其中对问题解决、创造性和批判性思维等的内涵、过程、条件和培养等有深入浅出的阐述。

2. 陈琦、刘儒德：《当代教育心理学》（第十一章），北京：北京师范大学出版社，2007 年。

该章在简要介绍问题解决、批判性思维、创造性思维等基本概念的基础之上，着力阐述了问题解决的过程、影响因素及问题解决能力的培养，批判性思维的训练途径和训练方法，创造性思维的影响因素和训练方法等有实践针对性的主题。

3. 刘儒德：《学习心理学》（第六章），北京：高等教育出版社，2010 年。

该章对结构不良问题解决的特点、基本过程、影响因素与培养措施，对创造性的实质、过程、影响因素与测量，对批判性思维的内涵与训练方法等进行了系统论述。

4. 约翰·安德森著，秦裕林等译：《认知心理学及其启示》（第八章），北京：

人民邮电出版社,2012 年。

　　该章对问题解决的本质、问题解决中的算子(操作)及其选择、问题表征、定势效应等进行了探讨,可加深我们对问题解决认知机制的理解。

第十二章　社会规范学习与品德发展

桐桐是家里的独生子,11 岁了。因为他总是折腾小动物,捉弄同学,让教师和同学们头疼不已。邻居家养了一只猫,他总爱抓住猫的尾巴使劲扯,弄得猫凄惨地叫个不停,猫被他吓怕了,看见他就逃。他经常给班里比较老实的同学设个"陷阱",如在别人的座位周围洒水,然后故意把书本碰到地上;或趁别人不注意时把别人的椅子撤走,让别人坐空,看着别人摔倒的狼狈样子而哈哈大笑,还一个劲地说"活该"。班主任教师批评他,同班同学也指责他,可他却一副无所谓的样子。

在职业生涯中,小学教师常会遇到类似的孩子,也会和孩子一起经历其品德成长过程中的各种"有趣的错误"。小学是个体人生发展的奠基阶段,促进儿童掌握社会规范,形成良好品德,是小学教育的中心目标之一。因此,让儿童正确地认识和践行社会规范,被视为教育工作者的基本能力;而对儿童的品德发展作出卓有成效而影响深远的指导,更被视为优秀教师教育艺术的精华所在。支撑这些教育能力与艺术的是,对儿童社会规范学习和品德发展规律的科学把握。

第一节　社会规范学习与品德发展的实质

社会规范是社会组织根据自身的需要提出的、用以调节其成员的社会行为的标准或规则,是控制社会秩序、维护社会稳定的工具。个体从婴儿成长为合格的社会成员,就是通过社会规范的学习来实现的。社会规范学习是一种以情感为核心的知、情、行的整合学习,是个体建构和发展自身的品德结构、发展个体社会性的过程。

一、社会规范学习的含义

社会规范学习是个体在特定的社会环境中,认识并自觉遵从社会规范的过程。人作为一种社会生物,自其出生起,就被置身于一个复杂的社会环境中。任何时代的社会都有一套维持社会秩序的工具,这就是社会规范。这些规范以法律、道德、民俗、礼仪等方式存在于社会生活中的各个方面,并通过多种方式对社会成员施加影响,使他们懂得什么是正确的,是被社会提倡和鼓励的;什么是错误的,是为社会所禁止和反对的。这样,个人在环境中认识各种社会规范并以自己的方式作出反应,最终形成自己的行为方式与习惯,这就是对社会规范的学习。当然,这一学习过程可能是成功的,也可能是不成功的。前者产生符合社会要求的社会成员,后者导致种种反社会行为的发生。

北京市中小学生守则

1. 热爱祖国,热爱人民,热爱劳动,热爱科学,热爱社会主义,热爱中国共产党。

2. 遵守国家的法律和法规,增强法律意识,遵守社会公德,遵守学校纪律。

3. 刻苦学习,勤于思考,勇于实践。

4. 珍爱生命,注意安全,锻炼身体,积极参加有益的文体和科技活动。

5. 热爱生活,自尊自爱,自信自强。生活习惯文明健康。

6. 积极参加劳动,生活俭朴,消费合理,自己能做的事自己做。

7. 孝敬父母,尊敬师长,礼貌待人。国际交往,注重礼节。

8. 热爱集体,维护集体的荣誉,团结同学,乐于助人。

9. 明辨是非,诚实守信,言行一致,知错就改,有责任心。

10. 热爱大自然,珍惜资源,节约能源,保护环境。

北京市小学生日常行为规范

1. 尊敬国旗、国徽,会唱国歌,升降国旗、奏唱国歌时要脱帽、肃立、行注目礼,少先队员行队礼。关心国家大事。

2. 孝敬长辈,体贴父母,主动为家庭做力所能及的事。听从父母和长辈的正确教导,不任性。

3. 同学之间互相关心,互相帮助。不欺负同学、不打架,不骂人。

4. 尊敬老师,主动问好,接受老师的教导,主动与老师交流。

5. 尊老爱幼,主动帮助有困难的人,关爱残疾人。对他人的请求,给予力所能及的帮助。尊重不同民族的风俗习惯。

6. 待人热情有礼貌,举止文明,讲普通话,主动使用文明用语。未经允许不进入他人的房间、不随意翻动他人的物品,不打扰他人的学习、工作和休息,妨碍他人要道歉。

7. 诚实守信,不说谎,知错就改,答应别人的事努力做到,做不到时表示歉意。考试不作弊。

8. 虚心学习别人的长处和优点,不嫉妒别人。遇到挫折和失败不灰心,不气馁,遇到困难努力克服。

9. 珍惜劳动果实,节约水电,不挑食、不乱花钱,生活不攀比。

10. 衣着整洁,常洗澡,勤剪指甲,勤洗头,早晚刷牙,饭前便后洗手。自己能做的事自己做。

11. 按时上学,不早退,不旷课,有病有事要请假,放学后按时回家。参加活动要守时,不能参加事先请假。

12. 课前准备好学习用品,上课专心听讲,积极思考,大胆提问,积极参加课堂讨论,不随意打断他人发言。

13. 课前认真预习,课后认真复习,按时完成作业。

14. 积极参加有益的文体和科技活动。坚持锻炼身体,认真做广播体操和眼睛保健操,坐、立、行、读书、写字姿势正确。

15. 认真做值日,保持教室、校园整洁。不随地吐痰,不乱扔果皮纸屑等废弃物。

16. 爱护环境,爱护公共财物,爱护文物古迹,爱护花草树木、庄稼和有益的动物。损害东西要赔偿。拾到东西归还失主或交公。

17. 遵守交通法规,不闯红灯,过马路走人行横道,不乱穿马路,不在公路、铁路、码头玩耍和追跑打闹。

18. 乘公共车、船不拥挤,主动购票,主动给老幼病残孕让座。遵守公共场所秩序,不大声喧哗。

19. 珍爱生命,防触电、防溺水、防火、防中毒,不做有危险的游戏。

20. 阅读和观看健康有益的图书、报刊、音像和网上信息。不进入网吧等未成年人不宜入内的场所,不参加封建迷信活动,不吸烟、不喝酒、不赌博,远离毒品。遇到坏人坏事主动报告。

从学习的过程看,人的社会规范学习是在个体与社会环境的相互作用下,将社会外在的行为要求内化为个体内在的行为需要的过程。通俗来说,它是把"别人的规则"变成"自己的规则"。在儿童的社会规范学习中,我们可以清晰地看到这个内化过程。瑞士心理学家皮亚杰曾专门研究过儿童在玩弹子游戏时对游戏规则的态度,发现不同年龄的儿童对规则的执行有不同表现。年幼的儿童在一起玩弹子游戏时,虽然都在按游戏规则进行比赛,但却各自按照自己的想象执行规则,他们各自玩着"自己的"游戏,完全不理会别人,有时他们会突然宣称自己赢了,完全不顾规则的规定。对这一时期的儿童来说,规则还不是具有约束力的东西,和自己的义务无关。在进行了真正的社会交往与合作后,年长的儿童不再把规则置于自身之外,而开始把它看作大家在游戏中应共同遵守的行为准则。

对个体而言,社会规范学习是社会化的过程,在个人成长与发展中具有重要地位。婴儿出生时没有独立生存能力,要通过学习才能掌握社会规范和生存技能,从而扮演一个合格的社会角色。另外,对社会而言,社会规范学习是使社会文化与规范得以延续的手段,通过社会成员尤其是儿童的学习,社会规范才有了现实的载体并能持续发挥作用。

无论是何种环境下的社会规范学习,都是由社会影响所促成的,每个社会都会通过政治、宗教、法律、制度等形式对社会成员施加影响,以确保人们对社会规范的认识和遵从。这些影响包括正式影响和非正式影响,正式影响以学校教育为代表,非正式影响则包含了很广泛的范畴,如家庭影响、公众舆论、人际关系、大众媒体等。儿童的社会规范学习,主要是在学校中完成的,学校教育应起主导作用,并对各种非正式影响因素进行调控或指导,从而使各方影响形成合力,有效促进儿童发展。

二、品德发展的实质

品德是道德品质的简称,也称为品行或德性,是个体依据社会道德规范采取行动时表现出来的稳定的心理特征和倾向。从不同角度考察品德发展的实质,会涉及一些不同的问题,如个体品德发展的动力是什么? 品德发展的具体内容有哪些? 品德发展的表现是怎样的? 我们可以从以下几个方面来理解品德发展。

(一)品德发展是社会道德内化为个人品德的过程

道德人们共同生活及行动的准则和规范,是一种社会现象;而品德是个体依据社会道德规范采取行动时表现出来的稳定的心理特征和倾向,是社会道德在个体身上的体现,是一种个体现象。品德的发展过程就是把外在于个体的社会道德规范内化为个人内在的道德行为观念,进而依据个人的道德价值取向,表现出稳定的道德规范行为的过程。

(二)品德发展是在内部矛盾推动下,内外因共同作用的结果

任何事物的发展都是内部矛盾斗争的结果,那么,品德发展的内部矛盾是什么呢? 一般认为,品德发展过程的基本矛盾是教育者依据社会道德向儿童提出的道德要求,与儿童的品德发展现状的矛盾,这一矛盾推动了儿童品德的发展。但是我们必须注意,教育者的道德要求并不总能导致儿童的变化,对于教育者的要求,儿童有自己的选择。只有儿童认可并接受了教育者的要求,将其变成自我要求,它与儿童的品德发展现状发生了真正的内部矛盾斗争,才能促使儿童的品德发生积极的变化。因此,品德发展的真正动力在于儿童发展的自我要求与其品德发展现状的矛盾。

在品德发展的过程中,学校、家庭、社会的教育影响只是外因,儿童的内在矛

盾斗争即自我教育是内因,品德发展是教育和自我教育共同作用的结果。外部教育影响是品德发展不可缺少的条件,自我教育才是品德发展的根本动力。随着儿童年龄的增长和认识能力的提高,自我教育在品德发展中会起着越来越大的作用。

(三)品德发展是知、情、意、行协调发展的过程

品德包含道德认识、道德情感、道德意志、道德行为四个基本成分,它们各有特点和作用,又相互联系、相互制约,品德发展是这四个因素协调、统一的发展。在四个成分中,道德认识是基础,道德情感是动力,道德意志起调控作用,道德行为是前三者的综合表现,也是个体品德发展水平的主要标志。在品德教育中,一般是从提高道德认识入手,沿着道德情感、道德意志、道德行为的顺序进行的,这就是品德教育的顺序性。但在实际教育活动中,根据不同的教育环境与儿童的年龄特点,品德教育有时从提高认识入手,先晓之以理;也有时从其他方面开始,或动之以情,或约之以规,或导之以行,这就是品德教育的多端性。无论从哪个因素开始,都以知、情、意、行统一发展为最终目标。

第二节　儿童品德发展的理论与教育

心理学家对儿童的品德发展进行了大量的研究,形成了丰富的理论。这些研究成果为我们了解儿童的品德发展提供了指南,也为我们促进儿童的品德发展提供了参考。

一、道德发展阶段理论与道德认知教育

儿童的品德发展显然要基于对社会道德准则有所认识,需要掌握一系列道德概念,形成道德观念体系。因此,一些学者把儿童的道德发展看作认知发展的一部分,认为儿童的道德发展过程可以在他们的认知发展进程中找到依据,认为儿童道德上成熟的标志就在于他能作出正确的道德判断与推理。这方面最具代表性的理论来自瑞士心理学家皮亚杰和美国心理学家柯尔伯格。

(一)皮亚杰的道德判断二水平论

皮亚杰早在20世纪30年代就对儿童的道德判断进行了系统研究,提出儿童的道德判断有一个从他律到自律的发展过程。

皮亚杰认为,儿童在6岁以前处于无道德规则阶段。他们在游戏中没有合作,也没有规则,社会规则对他们没有约束力。儿童在6~10岁期间处于他律道德阶段,其道德判断都基于对规则的无条件服从。他们认为独立于自身之外的规则是必须遵守的,是神圣不可更改的,是绝对权威的。因为这时儿童与他人的

关系是一种权威与服从的关系,儿童认为只要服从权威就是对的;儿童的思维是以自我为中心的,只从自己的立场考虑问题,不能明确地把自己与他人区分开来,常把成人说的混同于自己想的。同时,他们往往是从行为的后果而不是行为的动机来判断行为的责任的。皮亚杰发现,处于这一阶段的儿童,确信任何道德问题都有"对"、"错"两面,其中,"对"就是服从规则。一个典型现象是小学一年级新生对教师的绝对服从。只要是教师所提的要求,无论有多难,他们都会要求父母必须完成。问及为什么,最可能的回答就是"老师说的",好像"老师说的"就足以构成最充分的理由。事实正是如此,对初入学的孩子来说,教师是以社会代言人的权威身份出现的,这足以使处于他律阶段的儿童对其绝对服从。

10岁以后的儿童进入自律道德阶段。他们开始依据自己的内在标准进行道德判断,开始认识到规则不是绝对的,可以与他人相互尊重和合作,共同决定或修改规则。因为这时儿童与他人的关系是一种平等的关系,认为自己和他人是平等的;儿童的思维开始摆脱自我中心,能站在他人的立场考虑问题,规则的作用只在于维护自己和他人的关系。同时,这时的儿童往往更多地从行为的动机而不单纯是行为的后果来判断行为的责任。

在皮亚杰的研究中一个很有价值的创新,就是他的研究工具——对偶故事法。这种对偶故事是提供两个情节相似但性质不同的道德行为事件让学生作对比评价。如关于说谎行为的对偶故事是这样匹配的:行为者无意中说谎,却造成了较严重的不良后果;另一个行为者出于不被赞许的目的故意欺骗,只造成了很小的影响。把这两个故事讲给儿童听,让他们比较两个故事中的行为者,作出谁更坏的判断。结果发现,儿童的道德判断有一个明显的"从效果到动机"的发展过程,5岁儿童会认为前者不好,7岁儿童的判断开始发生转折,认为后者更不好一些,9岁以上的儿童从动机来判断是非已占明显优势。今天,心理学工作者和大量的小学教师都在普遍使用各种自编的对偶故事来了解儿童的品德发展水平。

皮亚杰的对偶故事示例

一个小朋友吃饭时,想帮妈妈到厨房去拿汤勺,他不知道厨房门背后有一张椅子,椅子上的盘子里放着15只杯子。他一推门,把15只杯子全打碎了。

另一个小朋友想趁妈妈不在时拿碗柜里的果酱吃,可是果酱放得太高了,他只好踩在椅子上伸手去拿。结果,不小心把1只杯子碰到地上打碎了。

听了这两个小朋友做的事情,你觉得哪一个小朋友更不好?

皮亚杰认为,在从他律到自律的发展过程中,个体的认知能力和社会关系具

有重大影响。根据皮亚杰的看法,道德教育的目标就是使儿童达到自律道德,使他们认识到道德规范是在相互尊重和合作的基础上制定的。而要达到这一教育目标就必须注意培养同伴之间的合作,注意成人与儿童的关系不应是权威和服从的关系;在儿童犯错误时,要使他了解为什么这样做不好,以发展儿童的道德认识。

(二)柯尔伯格的道德发展六阶段论

柯尔伯格(L. Kohlberg)系统扩展了皮亚杰的理论和方法,并经过长达 12 的研究,提出了系统的道德发展阶段论。

柯尔伯格研究道德发展的方法是两难故事法。故事中包含一个在道德价值上具有矛盾冲突的情境,儿童对故事中的行为者进行评价,要么选择服从权威或规则;要么依据自己的道德原则采取行动,但同时与某些社会规则或权威命令相冲突。比如,一个小学生是否该把同学的错误行为报告给老师,是报告老师以服从学校的纪律,还是保持沉默以维护朋友间的"义气"? 当儿童听完故事后对故事中的人物的行为进行评论,教师从而可以了解儿童的道德发展水平。在对不同年龄阶段的儿童进行大量的研究后,柯尔伯格提出了三水平、六阶段的道德发展阶段论。

柯尔伯格的道德两难故事

在欧洲一座小城中,一位妇女患了重病,危在旦夕。医生认为本城中只有一种药可以救他。药剂师制成一剂药用了 200 元,但却要卖 2 000 元。病妇的丈夫海因茨向所有的亲朋好友借钱,只凑够了 1 000 元,他去求药剂师便宜些卖给他,或以后再分期支付不足的部分。药剂师拒绝了他。海因茨没有其他办法,就闯进药剂师家里,为妻子偷走了这种药。海因茨应该去偷药吗?

阶段一,赞成:"他一开始就请求付款的,而且他并不想拿其他东西。他拿的药只值 200 元。"——反对:"没得到允许偷拿贵重的东西,就是犯了重罪。"

阶段二,赞成:"海因茨最终总会给药剂师应有的报酬的。"——反对:"药剂师没有错,做生意都是要赚钱嘛。"

阶段三,赞成:"海因茨做了好丈夫应做的事,不能无视他对妻子的爱来责备他。"——反对:"药剂师是自私的人,但海因茨应尽一切努力去买这种药。"

阶段四,赞成:"药剂师的做法置人于死地,海因茨有责任救他妻子,但该在随后偿还足够的药款。"——反对:"偷窃总是错的,没有例外。"

　　阶段五,赞成:"任何人在这种情况下偷窃都是可以原谅的。"——反对:"目的正确,不能证明手段没有错误。"

　　阶段六,赞成:"保全生命较之服从法律有更重要的意义和价值。"——反对:"并不是所有的需要都应该可以满足,要对所有人保持公正。"

　　水平一:前习俗水平。个体着眼于人物行为的具体结果及其与自身的利害关系,认为道德的价值不是取决于人或准则,而是取决于外在的要求。

　　1. 惩罚服从取向阶段

　　个体的道德价值来自对外力的屈从或逃避惩罚。儿童衡量是非的标准是由惩罚来决定的,认为只要受到惩罚,不管其理由是什么,那一定是错的。对成人或准则采取服从的态度,缺乏是非善恶的观念,判断好坏只注意行为的结果,而不注意行为的动机。

　　2. 相对功利取向阶段

　　个体的道德价值来自于满足自己的需要或获得奖赏。在进行道德评价时,儿童开始能从不同角度将行为与需要联系起来,但具有较强的自我中心性,认为符合自己需要的行为就是正确的。判断行为的是非善恶时,主要根据它是否能满足自己需要的工具性价值,而不注意行为的客观结果。

　　水平二:习俗水平。个体着眼于社会的希望和要求,能够从社会成员的角度思考道德问题,已经开始意识到个体的行为必须符合社会的准则,能够了解和认识社会规范,并遵守和执行社会规范。

　　3. "好孩子"取向阶段

　　个体的道德价值以人际关系的和谐为导向,顺从传统的要求,符合大众的意见,谋求大家的赞赏。在进行道德评价时,总是考虑到社会和他人对"好孩子"的期望和要求,并尽量按"好孩子"的标准去行动。对于行为的是非善恶,开始从行为的动机入手来进行判断,认为有利于他人的就是好的,利己的就是不好的。

　　4. 遵循权威取向阶段

　　个体的道德价值以服从权威为导向。他们服从社会规范,遵守公共秩序,接受社会习俗,尊重法律权威,以法律观念判断是非,知法守法。认为只要行为违反了规则,并给他人带来伤害,不论何种动机,都是不好的。相反,凡是维护权威和社会准则的行为,就是好的、正确的。

　　水平三:后习俗水平。个体不只是自觉遵守某些行为规范,而且能以普遍的道德原则作为自己行为的基本准则,能从人类正义和个人尊严的角度判断行为的对错。此时,其道德判断的标准已超出外在的法律和权威,而源于自身内部的道德命令。

5. 社会契约取向阶段

个体开始认识到,法律或道德规范仅仅是一种社会契约,它是由大家商量决定的,也可以由大家商定而改变。认为只有公正无私的行为才是道德的,错误行为可以因其动机良好而减轻惩罚的程度,但并不会因为其动机良好而把错误行为也看作是正确的。

6. 普遍原则取向阶段

个体的道德价值以基于自己的良心所选择的普遍道德原则为导向。他们对是非善恶的判断有自己独立的标准,而超越了现实道德规范的约束,行为完全自律。在进行道德判断时,能超越以前的社会契约所规定的责任,而以公平、正义、平等、尊严等最一般的原则为标准进行考虑。当根据自己所确立的原则活动时,个体就会觉得心情愉快;相反,当行为背离了自己的道德标准时,就会产生内疚感和自责感。

(三)道德发展阶段理论的实践意义

1. 为了解儿童品德发展的过程提供视角与工具

皮亚杰的道德判断二水平论和柯尔伯格的道德发展六阶段论,分别从道德判断和道德推理角度解释了儿童品德发展的过程。他们的理论在不同民族、不同文化背景的儿童研究和广大教师的教育实践中都得到证实,较为科学地解释了儿童品德发展的过程,为我们了解儿童的品德发展提供了很好的视角。同时,对偶故事和道德两难故事可以有效地鉴别儿童品德发展的水平,又易于编制和操作,并已成为心理学家和广大一线教师了解学生、研究学生的有效工具。

2. 提示教师重视道德判断和儿童品德发展的年龄特征

道德发展阶段理论把儿童的道德发展过程与他们的认知发展进程联系在一起,强调道德认知在品德发展中的基础作用。这就提示我们注意从儿童作出的道德判断中来察看他们的道德观念和道德准则,事实证明这是一种非常有效的办法。同时,道德发展阶段理论关注儿童品德发展的动态过程,揭示了不同年龄阶段的儿童在品德发展上的差异,自然要求我们重视儿童品德发展的年龄特征,对不同发展水平的儿童实施不同的教育。根据我国教育工作者所作的儿童对成人惩罚的公正性判断发展的研究,5~7岁的儿童对成人所作出的不公正惩罚多数持肯定态度,反映了低龄儿童的道德判断标准依赖成人,是明显的他律道德;9岁以上儿童的道德判断发生了转折,对成人的不公正惩罚提出了异议。这就要求小学教师在处罚学生时采取十分谨慎的态度,对中、高年级学生的处罚更要慎之又慎。

3. 提供了两种有用的道德教育方法

柯尔伯格基于其道德判断理论设计了一种在学校中实行的"小组道德讨论"模式。小组讨论的内容一般是能引起学生争议的道德两难故事,这些故事通常是教师根据学生在家庭和学校中遇到的现实存在的矛盾冲突编写的,也可能是某些真实的典型道德现象或事件。学生们根据自己的道德观念对故事作出判断,并在小组中交流辩论。教师在讨论中起着重要作用,他启发学生积极思考、主动交谈或辩论、倾听和评判他人的观点、协调与他人之间的分歧。柯尔伯格假设儿童通过对这些假设的道德两难问题的讨论,能够理解和同化高于自己一个阶段的同伴的道德推理,拒斥低于自己道德阶段的同伴的推理,从而使其道德判断水平得到提高。这一道德教育方法的有效不仅被他的道德教学实验所证明,也被许多小学教育的实践所证明。事实表明,让学生通过自己的讨论来解决生活中面临的道德难题,是发展学生的道德认识、最终达到自我教育的有效方法。

小组道德讨论实例——班干部该不该向老师告同学的"状"

一天下午,班主任老师因事外出,自习课由班长和学习委员负责管理。一看老师不在,一向调皮的严颜更为放肆,一会儿大声喧哗,一会儿又下座位招惹其他同学。放学后,班长壮壮和学习委员小雨把他的表现告诉了赶回来的班主任老师,严颜被"请"到了办公室。第二天早上,严颜伙同他的几个好友对壮壮和小雨强烈声讨,又是讽刺挖苦,又是言语侮辱,让壮壮和小雨既委屈,又生气。"该不该把严颜的表现告诉班主任?"对于这一问题,老师请大家发表自己的看法。于是,全班同学开始议论起来。

生一:不该。向老师告状,讨好老师,像叛徒、特务一样。——这是严颜的一个好朋友的看法,当然大多数人都不赞同。

生二:就应该告,谁让他不守纪律的,挨批活该。老师不在班长就是要管事,不管,要班长干嘛。——那些守纪律的孩子对这种观点表示支持,但听到一些同学说"就会告状"后,他们也不太吱声了。

生三:不该。我们都五年级了,有什么事情应该自己解决,不能动不动就去告诉老师。——这种观点被一些同学认可,但还有人有看法。

生四:该告。同学有错不帮助,不是真心的朋友。告诉老师可以让他知道自己错了,以后好改正。

生五:支持告诉老师,要让老师知道班里的情况。但一定要公平、实事求是地反映情况,不能好同学犯错误就不告诉老师。

最后大家都觉得这个同学说得有道理,连严颜也点头同意,壮壮和小雨也挺直了腰板。

　　柯尔伯格的另一个学校道德教育模式被称为"公正社区法",我们可以把它看作道德两难训练从假性故事向真实生活的延伸。柯尔伯格在学校的管理中引进社区式的民主管理结构,规章制度由大家(包括老师和学生)制订,学校中的任何矛盾冲突都以公正的方式由"社区"裁定解决。学校主要通过道德讨论、学生的集体意识、团队文化影响来促进学生的品德提高。"公正社区法"和今天我们提倡的教育民主化进步不谋而合,当今我国小学教育改革也强调教育要关注儿童现实的生活,尊重儿童的权利,让儿童在有尊严的学习和生活中学会"负责任地生活"。因此,让学生在"自己管理自己的事情"中学习民主与责任,被教育工作者视为培养现代公民的必需途径。

二、社会学习理论与道德行为培养

(一)社会学习理论的要点

　　我们在第六章里已经介绍了班杜拉的社会学习理论,这里再作一简单的回顾。班杜拉认为,人类的大部分行为是通过"观察-模仿"的方式习得的,这种学习不需要学习者亲身去尝试某一行为的结果获得直接的学习体验,而是通过学习者在社会交往中对他人的行为及行为的后果进行观察和模仿来实现的,所以又称作观察学习。儿童在生活中观察榜样的行为,在头脑中形成"这样做会获得奖赏(或被惩罚)"的印象,从而学会在类似的行为情境中作出恰当的行为反应。因此,这一理论能够比较好地解释儿童的道德行为习惯的养成问题。

　　研究发现,通过观察学习,学习者的道德行为会受到榜样的多种影响,归纳起来有四个方面。(1)形成新的行为:通过对榜样行为的观察、模仿建立起新的行为。(2)消退已有的行为:假如榜样的行为受到惩罚,学习者可以消退原先具有的行为反应。(3)抑制已有的行为:通过榜样的示范作用,减少原有行为出现的频率或可能性。(4)解除对已有行为的抑制:通过榜样的示范作用,使原已被抑制的行为重新活跃起来。在班杜拉的实验里,一批儿童和成人一起玩打球游戏,玩的时候儿童可以随意从旁边取得糖果,成人则给自己确定一定的规范,如得分达到某个数值(如 20 分)才能去取得糖果,并有意在儿童面前做出示范。结果发现,一定时间后,儿童也开始给自己确定某种规范,达到了才去取糖果。实验表明,儿童通过观察使榜样的行为内化为自己的行为。

(二)社会学习理论在小学教育中的应用

1. 合理地说明儿童的复杂道德行为学习过程

　　无论是心理学的研究还是普通人的生活经验,都证实了儿童有着模仿的天性。在儿童的生活中存在着大量的"观察-模仿"学习,那些对儿童影响力最大的人,如父母、教师、同学等,都表现出明显的示范作用,儿童喜爱的电影、电视、小说、故事中的人物也会成为儿童行为的榜样。我们常说的"潜移默化"、"耳濡目染"都说明了儿童通过模仿学习道德规范的过程。个体大量道德行为的养成，都并未经过直接的尝试和体验，而是观察的结果。在学习过程中，社会文化和公众舆论对榜样行为的褒奖或惩罚起着决定性作用。

在小学阶段，儿童知道哪些事情可以做、哪些事情不可以做，同样是通过对同学、教师行为的观察而习得的。因此，在促进儿童品德发展的过程中，教师应该向学生展示良好行为的榜样，提供对各种行为的评价信息，并对学生的行为作出明确的反馈，使他们建立起正确的行为准则，形成自我评价和自我教育的能力。对小学生容易出现的不适当的模仿，要做好预防、引导和纠正。比如，教师或家长可以和孩子一起观看他喜爱的电影或电视节目，就他感兴趣的角色或情节进行指导性谈话等。

2. 提示教育者重视榜样和"替代强化"的作用

社会学习论者用大量实验证明榜样的作用是巨大的。研究表明，在儿童道德行为的形成过程中，榜样的作用要比奖励或惩罚的作用大得多。一般而言，教师向学生传递社会道德规范有两种情况：一是言语教导，二是在儿童面前展示自己的行为。无数的教育事实证明，教师仅对学生进行口头教育是不足以达到目标的，言行一致才能取得良好的教育效果，而且"身教重于言传"，教师在学生面前的榜样作用是无可替代的。这就要求教师不能只做口头的传道者，还必须身体力行，从最低要求来说，要求学生做到的，教师首先要做到；从高要求来说，教师要做到不仅是社会道德的代言人，同时也应是社会道德的示范者。

成人言行一致对儿童的影响

让儿童和成人一起玩滚木球游戏，按一定规则将木球投入球门可以得分，得 20 分以上就可获得奖励。如果严格按规则进行，投中的机会很小；如果违规可以较容易投中，因而得分较多，易于获奖。

儿童分为两组，第一组成人言行一致，成人不仅告诉儿童规则，自己也严格遵守规则；第二组成人言行不一致，一方面口头对儿童遵守规则进行劝导，同时自己却当着儿童的面违反规则。观察后发现，成人在场时，第二组儿童还能按规则游戏，一旦成人离开，儿童便仿效成人违规得分。结果第一组得奖人次只占总人数的1%左右，第二组居然高达50%以上。随后把两组儿童放在一起玩，第一组的儿童看到第二组儿童违规获利，也开始仿效。

陈欣银等人以我国儿童做类似实验，也得到上述结果，而且第二阶段的同龄人榜样作用更突出。

另一个值得关注的概念是"替代强化"。"替代强化"是相对于直接强化而

言的,儿童亲身行动并直接体验到的后果(被奖励或被惩罚)是直接强化,观察榜样的行为并得知其后果是"替代强化"。儿童通过观察他人行为的结果,可以了解哪些行为会受到社会认可或反对,他们会倾向于模仿受到奖励的行为以期获得同样的奖励,抑制受到惩罚的行为以避免同样的惩罚,这就是"替代强化"的作用。"替代强化"解释了观察学习的内在动因,为教师如何促进学生有价值的模仿、制止不适当的模仿指明了方向。

小学生在学习每一条行为规则时,都在对这条规则的严重性进行评估,评估的依据就是"先行者"的行为所产生的后果,其中教师对违规行为的态度反应占据着最重的分量。因此,小学教师对学生行为的态度应该以鲜明而恰当的方式公开地表达出来。要知道,对任何一个行为的褒奖或处罚,都不仅是对当事学生的教育,更影响着一批"旁观者"。在这一方面,最糟糕的事情莫过于教师提出了某种要求,却又漠视、纵容甚至鼓励违背这一要求的行为。在小学,我们经常可以看到,同一班的学生上不同教师的课,课堂的纪律表现却截然不同,这往往是由于不同教师执行规则的态度不一致而引起的。

儿童"替代强化"实验

一群5岁的儿童,先参观许多非常吸引人的玩具,并告知"不许玩这些玩具"。然后分成三组,分别看不同的电影短片:第一组是榜样——奖励组,影片情节是一个小孩正在玩大人规定不许玩的玩具,孩子的母亲看见了,不仅不阻止,反而高兴地和他一块玩;第二组是榜样——批评组,情节类似,不同的是孩子的母亲严厉地批评了他,小孩马上放下玩具,用毯子捂住脸,显得很害怕;第三组是无榜样组,不给看电影。

随后,让每一个孩子都单独在玩具房间里逗留15分钟,第一组的儿童很快就开始玩玩具,平均克制时间仅80秒;第二组儿童则保持了长得多的克制时间,平均达7分钟,其中的一个孩子,甚至15分钟内一直不动;第三组介于两者之间,平均为5分钟。

---

3. 提供了一系列实用的道德教育的操作技术

社会学习理论在儿童道德教育领域获得了广泛的认可,通过大量的研究与教育应用,就如何运用榜样的示范来控制观察学习的发生,已经形成了一系列有效的操作技术。

(1)使用榜样的技术。第一,选择典型的榜样。让活生生的有代表意义的榜样在儿童面前作真实的行为示范。同学、教师、父母这些生活中最亲近的普通人,往往是很好的榜样来源。第二,榜样扮演。让儿童想象自己处于榜样所处的情境中,做榜样所做的事情。这样的过程对儿童体验榜样的情感、认同榜样的行为方式很有价值。第三,分步呈现榜样目标。把要求形成的榜样行为加以分解,形成一连串前后联系的阶段目标。儿童从第一步开始,有助于认同榜样目标并产生模仿的意向,同时在达到逐个阶段目标的过程中产生满足感和成就感。

(2)促进模仿的技术。第一,反复示范。榜样应尽可能地向观察者反复呈现和示范目标行为,对年龄较小的儿童来说更为必要。第二,主动复演。要求儿童在观察榜样的过程中尽可能主动地复演榜样所示范的行为,从而尽早得到直接的体验和强化。第三,及早反馈。使儿童及时了解自己当前的行为水平以及应该如何去进一步改进和提高。第四,提供模仿的心理安全。模仿榜样常会伴随一定程度的紧张和困扰,担心自己操作不当带来的不良后果。因此,应设法让儿童感受到模仿榜样并无任何消极后果的体验。

(3)促进迁移的技术。儿童学习榜样显然不是就此行为学此行为,我们还希望这种行为能泛化为一种行为原则,迁移到其他情境或领域中,使儿童能在更广的范围内受益。为此,教师应重视两点:一是适量的练习,只有熟练的行为才能迁移到其他情境中;二是情境的变式,让儿童在本质相同、具体条件变化的各种情境中重演榜样行为,从而理解行为的内在本质,以促进行为迁移。

第三节　社会规范学习的过程与影响因素

品德建构是在社会规范学习过程中实现的内化过程。内化即个体对社会规范的接受,将外在于主体的行为要求转化为主体内在的行为需要的过程。这一过程是逐步完成的,体现为由低到高的不同的内化水平与接受层次,并依赖不同的条件。

一、社会规范学习的过程

(一)社会规范学习的三阶段论

社会规范学习就是把"别人的规则"变成"自己的规则",它是社会规范的接受和内化过程,这一过程大致经历了以下三个阶段。

1. 服从

服从是个体按照社会规范行事。它可能出于自愿,也可能是被迫的。此时,人对规范的必要性和根据并无充分认识,甚至有抵触情绪,但迫于情境压力、群体舆论、规范约束,或为获取报偿、回避惩罚,于是在表面上接受规范,按照规范行动。服从是规范学习的低层次水平,个体是迫于权威或情境的压力才遵守规范的,其规范最不稳定,一旦外部监控和压力消失了,相应的规范行为就可能发生变化。比如,许多人只在执法者在场的情况下才遵守交通规则,他们对交通规则的接受显然只处于表面服从阶段;骑车者比机动车驾驶员更多地闯红灯或逆行,正是因为对骑车人的监控相对较为宽松,处罚也较轻。

服从虽然水平低,但却是社会规范学习过程中不可缺少的阶段。在反复实践后,对规范本身的尊重逐步建立起来,并逐渐取代原本起作用的对外部压力的服从。儿童社会规范的学习同样必须经历服从的阶段。在儿童进入小学的最初几年,通过严格的纪律约束使之形成良好的行为习惯是教育的重点,这就是小学教育中常提到的"养成教育"。这一年龄的儿童尚不能对行为规范有足够的认识和体验,因此从服从开始是合理的、必然的。

2. 认同

认同是个体自觉自愿地在思想上、情感上、行为上接受榜样所代表的社会规范的影响。认同比服从更进一步,不仅从表面行为上遵守行为规范,而且从认识和情感上也一定程度地认可了规范的必要性。此时,个体行为不再简单依赖外部压力而有了某种自觉的色彩。比如,一个骑车人在身边的人闯红灯时仍旧原地等待,表明他的行为可能正受着某些内在认识或情感的约束——闯红灯会妨碍别人正常行路,最终大家都会多耽误时间。只是这种认同有时未必能产生足够强大的力量来抵抗个人利益的诱惑,假如这个骑车人经过评估认为这次闯红灯不会对任何人产生干扰,比如没有横向通行者,他可能不会再等待下去,而且不会因此产生内心的不安。

认同是随着对榜样的敬慕发生的,因为敬慕榜样而接受榜样行为所代表的社会规范。例如,人们会因为敬慕周总理而认同鞠躬尽瘁、廉洁奉公的为人准则,并把它视为自己的行为理想。在儿童社会规范的学习中,一个值得敬慕的榜样往往会有意想不到的作用。

3. 内化

内化是社会规范学习的最高阶段。学习者对社会规范及其价值原则有深刻的理解,使之成为自己的信念,并和自己原有的态度体系融为一体。这时,"别人的规则"真正成为"自己的规则",学习者的行动由自己的价值信念所驱动,并在行动中体验到自我满足感。对内化了的规范的信奉是高度自觉和主动的,个体按照自己的价值标准做事,会感到满意和快乐;违背自己的价值信念时,会感到内疚,甚至强烈不安。这一阶段的行为规范已相当稳定,并已成为人格不可分割的组成部分。

（二）小学儿童社会规范学习的特点

1. 认识与行为不同步

儿童在社会规范学习中同时存在两种倾向,年龄较小的儿童常见的是行为先于认识,他们可以很好地遵守某些规范,但对规范的认识却很肤浅。如对"小学生为什么要遵守纪律"的问题,儿童有几种答案:(1)服从老师;(2)得到表扬;(3)履行班级义务、为集体争光;(4)这是社会公德的要求,应自觉遵守纪律。研究发现,小学低、中年级儿童的守纪行为来自前三种认识,第四种认识一般要到高年级才开始出现。

在年龄稍大的儿童身上我们有时会看到另一种相反的倾向——认识先于行为。一些中、高年级儿童可以很圆满地回答某个道德认识问题,但这一认识可以和他生活中的真实行为完全没有关系。比如,一个学生可以写一篇精彩的关于诚实的演讲稿,但这并不妨碍他在考试中作弊,偷看桌子里的复习资料并不会引起他内心的不安,他所有的隐藏只是为了避免被发现而受处罚。这类儿童虽有很好的认识水平,但其心目中规范仍是"别人的规则",其规范行为仍处于很低的水平。出现这一现象的原因很多,如儿童自制力不足、受环境影响等,但教育的失误是最主要原因。近年来,有批评指出我们的学校德育脱离学生的生活,空讲大道理而忽视学生基本行为习惯的培养,有时教师甚至会有意无意地诱导学生讲空话和大话。针对这一问题,让学校教育回归儿童的真实生活,已成为当前学校德育改革最强烈的呼声。

2. 从外部控制到内部控制

与儿童的社会规范学习从服从到认同再到内化相应,儿童道德行为的控制明显表现出从外部控制向内部控制过渡的特点。小学低、中年级儿童的道德行为一般是在父母、教师的要求下或仿效他人而实现的,主要靠外力的监督调节,很少出自内心的自觉需要。到了高年级,儿童逐渐有了自己内在的道德需要,内部控制开始起作用。这一过渡有一个明显的表现,即小学儿童道德行为习惯的发展水平,呈低年级和高年级高而中年级低的"马鞍形"。其原因是,低年级儿童的行为处于教师、父母的外部控制因素调节下,虽不自觉但受到良好的制约;高年级儿童虽然外部控制的影响很小,但内部控制已初步形成;中年级儿童正处于外部控制影响力减弱而内部控制尚未建立的时期,先前已经建立的行为习惯可能被破坏,导致行为水平下降。

3. 从接受教育到自我教育

当儿童的社会规范学习进入认同和内化阶段后,儿童的自我教育就有了可能。有经验的教师常常有意识地在一些教育事件中暂缓表态,而通过儿童的自我教育来解决问题。儿童的自我教育可以巩固已经认同或内化的行为规范,更重要的是使儿童形成自我发展的态度和自主学习的能力。小学中、高年级的儿童已经能表现出初步的自我教育能力,教师应善于抓住时机,创造条件让儿童在自我教育中成长。

二、影响社会规范学习的因素

社会规范的学习,体现为个体从表面服从到内心信奉这样一个态度变化的过程。因此,我们完全可以把社会规范学习视为一个态度说服的过程,用态度说服的有关理论为工具考察社会规范学习的影响因素。社会心理学中的态度说服情境包涵了劝导者、目标对象、说服的信息、周围情境四个要素。鉴于儿童的社会规范学习主要是在学校中完成的,下面我们就以学校教育为中心,从上述四个方面来介绍在儿童社会规范学习中的影响因素。

(一)受教育者的学习需要

任何一种学习的根本动力都来自内部矛盾,儿童社会规范学习的根本动力是儿童更高的自我要求与其现实行为水平之间的矛盾,矛盾促使了学习需要的产生,从而改造现有的行为。因此可见,儿童更高的自我要求是唤起社会规范学习的关键条件。许多用心良苦的教育之所以没有产生预期的效果,就在于教育者的要求没有被学生接受而变成自我要求。要达成这个接受,教师就必须利用各种时机促使学生对自己某些旧有的、已经惯化的行为观念产生质疑。

社会心理学家费斯廷格(L. Festinger)提出的认知失调理论对于我们诱发学生自我质疑很有指导意义。这个理论认为,人对某一事情的态度,大多数情况下其认知成分与行为成分是一致的,因而心安理得,行为也是稳定的。比如,一个儿童认为"对别人太宽容会被欺负",因而时常做出攻击行为,这时的行为与认知是一致的。如果不出现新的因素,就不会改变。倘若两者之间出现不一致,就会产生认知不协调。比如这名儿童在实际生活中发现"过分强硬使人在集体中很不受欢迎",这就可能激起他的行为和新认知的矛盾,避免这种不协调有两种方式,一是维持原状,并增加一种新的理由,如"受不受别人欢迎并不重要";二是接受新观念,同时改变行为。这说明,要促使儿童产生新的自我要求,必须提供一些新的事实或观念,指出其原有行为的缺陷,引发其自我质疑。这一过程与错误概念的转变类似,大家可以参阅本书第八章的相关内容。

(二)教育者的信服度

一般说来,在态度说服中,劝导者的权威性越大,对象改变态度的可能性就越大,因此,商业广告常使用名人来宣传产品以改变人们的消费态度。在儿童的社会规范学习中,教师的信服度越高,他的教育要求就越容易被学生所接受。很多因素会改变教师在学生心中的信服度,如教师的威信、教育态度的鲜明性、情感感染力、教育方法的科学性和艺术性等。教师应该知道,自己在学生面前的每一个举动,甚至个人修养的每一方面,都是在培育自己的教育形象,从而对自己的教育工作产生有利或不利的影响。

一个典型现象是教师实施惩罚的公正性对自身教育威信的影响。调查显示从小学中年级开始,不公正、偏心眼就在"学生最不喜欢的教师品质"中占据前列位置。一些研究也证实,如果学生认为教师的劝导是出自某种高尚的目的,学生就容易信服教师;相反,如果学生认为这种劝导掺杂有个人私利或偏向,则教师的可信度就会大大降低。这也是我们在任何场合都强调惩罚要慎用的原因之一。

(三)信息的可信度

信息的可信度是学生对信息真实性的评价,真实的信息才具有说服力。信息的可信度很大程度取决于信息的完整性。教师提出社会规范的学习要求时,可以做单方面的论据传递,即只陈述有利于自己立场的观点和实证;也可以做双方面的论据传递,即同时提供正反立场的信息内容,甚至承认对立言论的可取之处,通过对比来论证教师主张的立场是更有道理的。研究证明,假如教师期望的行为和学生原有的行为不一致,要求学生接受新的行为规范时,双方面的论据传递比单方面的论据传递更有说服力。也就是说,完整的教育信息更利于学生对社会规范的学习。

但是,在现实教育过程中,有一种不成文的默契,认为学校教育应该展示社会生活美好的一面,只提供社会道德规范的正面例证,归纳起来不外乎"好人得好报,恶人遭恶报"。至于那些现实存在的负面现象,一般的态度是"让学生知道那些干什么?"但问题是,现代信息媒体的高度发达和儿童生活领域的相对扩大,使儿童可以在生活中很轻易地获知这些学校教育力图回避的东西。一旦这种情况发生,学生几乎毫不例外地会对教师的教导产生怀疑甚至蔑视,就像一些学生所说的:"老师讲的没用,现实是另一回事。"而且,学生是在无指导的环境中接触这些负面现象的,这肯定比由教师来提供更危险。当然,如何恰当地呈现这些可能导致对立立场的教育信息,需要很精细的教育技巧和高超的教育艺术,这是当前学校和教师必须认真对待的一个课题。

(四)学校教育以外的环境因素

儿童的社会规范学习虽然主要是在学校中进行的,但生活中的每一个环境对其学习都会产生影响,现代教育的一大趋势就是"教育社会化、社会教育化"。因此,社会文化、所处的家庭、同辈群体都会对儿童的社会规范学习产生作用。

1. 社会文化与大众媒体

社会文化是无处不在的,由于文化的影响,哪些社会规范易于学习、以什么方式学习、以什么方式表现都会有明显的区别。儿童的生活空间相对狭小,但社会文化也可以通过成年人、玩伴、大众媒体等多种渠道产生影响。其中,大众媒体是一个很微妙的因素,因为它吸引力强,信息丰富(有时会过于丰富)、不易控制,常常受到教育者的排斥。但随着现代信息传递手段和新颖媒体技术的出现,以及公共文化设施的日趋完善,电视、电脑(包括网络)等众多的社会媒体以其信息传递便捷迅速、丰富有趣、形象生动的特点吸引着儿童和青少年,而且这种影响远比学校课堂教育的力量大,产生了"随风潜入夜,润物细无声"的效果。大众媒体对少年儿童的思想品德的发展既有有益的一面,又有有害的一面,如何趋利避害,值得深入研究和探索。

2. 家庭

家庭对儿童的社会规范学习可能产生的影响早为我们所熟悉。家庭经济状况、家庭结构的完整性、家庭的心理气氛、父母的榜样与教养方式等都会对儿童的成长有影响。英国的一项调查表明,58%的行为不良儿童来自单亲家庭,25%来自经济残破的家庭。同时,双亲不和比双亲不全的影响更坏,父母长期敌对争吵会严重伤害儿童的心理健康,导致不良行为。我国的调查也显示,54.7%的犯罪少年来自单亲家庭,47%的犯罪少年家庭溺爱、家教不严。

3. 同辈群体

从小学中年级起,儿童的交往重心逐渐从成人转移至同龄人,同辈群体对儿童的社会规范学习的影响随年龄增长明显增强。我国时蓉华的调查结果表明,70%以上的青年人在遇到困难而心理烦恼时,不是首先与父母商量而是与同龄伙伴商量。对儿童来说,同辈群体对其社会规范学习有着特殊的影响,由于同辈群体可以满足儿童的社会需要,如社交、安全、尊重的需要等,儿童对同辈群体有很强的归属感,使得同辈群体所拥护的价值标准对其成员的社会规范学习会产生重要的影响。但一般来说,同辈群体有自己的一套价值标准,它可能与社会正统规范相符,也可能不相符,甚至背道而驰。因此,教育者对儿童的同辈群体加以关心和引导是十分必要的。

第四节　助人行为及其培养

助人行为是当今心理学研究的热点问题。人是否存在真正意义上的助人行为,有时甚至关系到对人类本性的评价。研究儿童的助人行为,有助于我们了解儿童行为规范的内化过程,为教育提供正确的指导。

一、助人行为的含义

(一)什么是助人行为

助人行为是指那些使他人受益而非自己受益的亲社会行为。所谓亲社会行为,是指有益于他人或有积极社会效果的行为。"亲社会"一词与用来描述侵犯、撒谎等消极行为的"反社会"一词相对立。有许多具体行为可以看作是亲社会的——礼貌、合作、服从（社会规范）、友谊、分享、分担、同情、帮助、旁观者见义勇为等。亲社会行为的显著特征是"利他主义"的，是不以获得回报（物质的或非物质的）为目的的。

助人行为是亲社会行为范畴中一个相对狭小的部分，它明显让他人受益而非自己受益，甚或可能自己的利益受损，是助人者在最低规则之外"额外"采取的有益于他人的行为。特别是旁观者在紧急情况下的见义勇为，法律并不要求旁观者必须提供救助，而助人者是冒着自己的利益受损的风险向受助者提供救助的。

对助人行为的研究已经成了当今心理学最活跃的一个领域。在理论家看来，人为什么会助人，人有没有真正利他主义的助人行为，已经关乎对人类本性的认识。而在教育者看来，儿童所做出的助人行为有极高的教育价值，它既是教育的成果，同时也为儿童创造了诸多美好的利他体验，从而成为一种不可替代的教育工具。

（二）小学儿童的助人行为

小学儿童的助人行为存在于他们生活的许多细节中，如把文具借给忘带的同学、与小朋友一起分享自己的零食、帮教师搬教具、安慰伤心的同伴等。和见义勇为等相比，这些行为更为真实和普遍，更能代表儿童的生活现实。因此，从帮同学捡起落地的铅笔开始学习如何助人，是一种务实而有效的态度，教师应该关注和研究儿童在生活中各种需要帮助和可以帮助的情境，指导小学生解决利他与利己的冲突。鉴于小学低年级儿童在道德观念上仍处于他律或前习俗水平，我们很难指望他们有自觉的助人行为。当父母建议一个7岁的女孩把她最喜欢的一件裙子送给某个更需要裙子的女孩时，孩子会有明显的利己斗争，多数情况下，她会要求父母承诺某种奖赏（有时是一句"好孩子"的评语，有时可能是稍后再买一条新裙子），经过权衡孩子送出了这条裙子后，往往希望父母立刻兑现奖赏。到了小学高年级，随着个人道德原则的初步确定，儿童开始出现自觉利他的助人行为。因年龄和教养的不同，儿童在同样的助人情境下表现出的助人倾向和助人行为质量往往有极大的差异。

二、助人行为的形成

（一）人类的助人天性

在动物界中，以个体的损失或牺牲来帮助种群的生存与繁衍是十分普遍的现象，如蜜蜂和蚂蚁的社会分工；非洲角马群被狮子追猎时，有时年老的角马会主动被猎食，以帮助其他角马逃离。这些动物中的利他主义我们只能用天性来解释。那么，人类助人是否也出自天性呢？为了支持这种假设，有人做了一些令人惊讶的实验，其结果表明，从出生之日开始，我们就会对同类的痛苦作出反应。比如在一项实验中，新生儿能明显地区分其他婴儿的哭声、录在磁带上的他们自己的哭声以及黑猩猩的哭叫声，他们会因为听到其他婴儿的哭声而感到烦躁，但不会为自己的哭声和黑猩猩的哭叫声所动。这个结果为人类的利他行为找到了最原始的动因——因他人的痛苦而造成不安。人类学研究发现那些至今仍处于原始社会水平的部族表现出亲密的合作与互助，也印证了人类的助人天性。

动物的利他主义现象

雌工蜂逐渐演化至不能生育，但却终生照顾蜂王的后代，甚至为保卫蜂巢牺牲生命，这个例子无法用进化论的适者生存的观点来解释。实际上，蜂巢中只有蜂王的基因是完整的，雌工蜂即使有生育能力，也不能传递完整的基因。工蜂帮助蜂王生育更多的姐妹，有利于把它们的基因传给后代。使工蜂丧失生育能力的利他主义没有增加自己的生存机会，但却增强了整个亲族的生存能力。同样，当一只动物为救它的后代或亲属而死亡时，它的基因消失了，但亲属群的基因却生存下来。因此，生物进化中最重要的是个体与亲族们共享的基因的生存，而不是个体的生存。

不同文化背景下的民族，在遭遇集体灾难时共同采取的儿童优先的救助原则，以及人类父母对子女毫无保留地付出甚至牺牲，似乎也印证了上述观点。

（二）情感唤起和移情

情感唤起是和助人行为有关的一种情感现象，指知晓他人遭遇困难或危险而产生的情绪紧张和不安状态。初生婴儿就会对同类的痛苦作出反应，所有的紧急事件都会引起旁观者的情感唤起。心理学家曾做过这样一个实验，研究者通过控制情境，让儿童会听到隔壁房间的一堆椅子塌下来砸在一位妇女的身上，这时，仪器测到被试的心跳明显加快，他们会说这种突发的干扰给他们造成了强烈的不安，因而会较快地作出救助反应。情感唤起是助人行为的重要动力。人的情感越是被强烈地唤起，就越可能迅速相助。

和助人行为有关的另一种情感现象是移情。移情是对他人情绪、情感状态的感知与体验，即通过对别人处境的认识而产生与之相同的情感体验。移情会促使我们去设法减轻别人的痛苦，从而唤起助人的利他主义动机，只有在看到另一个人的痛苦结束后，这种动机才能得到满足。例如，在慈善活动宣传中，宣传者都会要求那些潜在的捐助者设身处地地设想"假如是您（或您的亲人或孩子）处在这样的境况下"，从而激起他们的移情体验。这种策略也同样可以在儿童的道德教育中大量使用。研究发现,移情与帮助、分享、利他和助人行为之间呈正相关,但也受情境因素和儿童自身年龄因素等制约。5~8岁期间的助人行为随着年龄的增长而增加,而9~12岁期间成下降趋势,可见童年期是助人行为频率发生变化的关键期。此外,研究也发现移情训练能够促进儿童的分享行为。

移情和情感唤起都可以促成助人行为,但二者的区别在于:移情促成的助人旨在减轻别人的痛苦,而情感唤起促成的助人行为是为了使自己摆脱紧张、担心和不安。

(三)代价与回报的分析

人有没有纯粹利他的助人行为? 行为主义理论者提出了"不可见的回报"的观点,认为利他行为都是有回报的,尽管有时这些回报是不可见的,如期望得到更好的自我评价,或指望来世得到好报。这种观点认为助人行为中存在一个决策过程,它集中分析提供帮助的代价与回报,寻求以最小代价取得最大回报,这个分析会决定是否相助以及相助方式的选择。一般来说,助人不可避免地会有代价:付出努力和时间、物质损失、受伤或出丑的可能、其他关联后果(在某个重要会议上迟到)等,助人的回报则有物质报酬、社会赞许、自尊的增强、恪守了个人规范等。此外,代价-回报分析还需要估计拒绝帮助的代价,包括羞愧、失去自尊、社会谴责,以及所谓的移情代价(即意识到受害者将继续遭受痛苦而感到的不安)。

代价-回报分析在儿童的助人行为过程中表现十分明显。成年人已经学会在助人行为本身中找到回报,如自我肯定与满足感,但儿童仍需要寻找外来的回报。所以,儿童在面临一个需要自己提供帮助的情境时,会毫不避讳地权衡"我这样做有什么好处"和"我不做会有什么坏处",年龄小的孩子还会就回报和代价与成人讨价还价,比如"你会说我不是乖孩子吗?""你会给我另买一个吗?""你会告诉老师给我加一颗五星吗?"这是儿童在助人行为发展中一个必经的阶段。随着年龄的增长,教育者应逐步引导儿童从助人行为本身获得回报,如体验受助的快乐、自我形象的提高、自尊的增强与自信心的增长等,指导儿童逐步摆脱对外来回报的依赖。

(四)道德责任的内化程度

与助人行为相关的行为规范有社会责任规范、互惠规范、个人规范三种形式,它们体现了个体道德责任的不同内化程度。

(1)社会责任规范。这是外来的规范,是社会告诉我们应该帮助那些需要帮助的人。社会责任规范一般和特定的社会角色相联系,如"成年人应该帮助儿童"、"男人应该帮助女人"、"有良好教养的人应该帮助受伤的路人"等。这是助人规范最初级的形式,儿童学习助人规范也总是从大人告诉他们"你是好孩子,好孩子应该帮助别人"开始的。

（2）互惠规范。我们助人是因为如果大家都在给予帮助,那么在自己需要帮助时就可以得到他人的帮助。互惠规范体现了社会成员间的默契与约定,即如果你希望双方长期受益,你就应该去帮助别人。例如,我们可以献血,但这是由于我们知道,在我们需要血的时候自己便能得到。互惠规范直观地提示了助人行为的社会价值和个人价值,在理解互惠规范后,儿童才会出现真正自觉的助人行为。

（3）个人规范。这是完全内化的自己的规范。即个人在一定场合下感到的、按某种方式去行动的道德责任。这些责任促使人去助人,由于这是按自己的道德标准办事的,个人也会因此得到满足。按个人规范行事的助人者,是在承担自己接受的道德责任,在助人行为本身中获得足够的自我奖赏,已不需要外来的回报。这是助人规范的最高水平,是真正的"助人为乐"。

事实上,以上三种规范都广泛地存在于人们的助人行为中,它们之间的不同主要体现为道德责任内化程度的差异。儿童的助人行为学习,一般遵循从社会责任规范到互惠规范再到个人规范的过程,即从外加的责任到约定的责任,最终达到自觉的责任。

三、助人行为的培养

（一）助人者素养

在现实生活中我们发现,不同的人在同样的助人情境中会表现出明显的行为差异。那么,什么样的人会更倾向于助人呢? 这就涉及我们所说的助人者素养。明确这一点,也就告诉了教育者应该培养什么样的学生。

1. 负责的个人规范

把助人视为自己的道德责任的人,在回报很少或没有回报的情境中也倾向于提供帮助,在助人中也更愿意付出代价。心理学家曾调查了许多人在对他人的福利承担责任上的倾向,确信其中一些人已形成助人的个人规范。三个月后,每个受调查者都收到一封要求捐献骨髓的信,结果那些遵守个人规范的人更愿意做出捐献。由于个人规范使助人者在助人行为本身中获得了自我奖赏,他们较少要求助人的回报,其助人行为也更自觉和主动。

用个人规范来解释小学儿童的助人行为还为时尚早,不过让儿童明确自己的道德责任必须从幼年开始。这种学习可以是从"不要因为我的行为给别人制造麻烦"开始。假如儿童从小开始接受到诸如"不乱丢垃圾以免增加清洁工人的工作"、"到超市买东西尽量准备好零钱以免排在后面的人久等"的教导,他们就会逐渐习惯于关注自己对他人的福利应承担的责任,并建立起助人的个人规范。

2. 观察与移情

一个主动的助人者应该是优秀的观察者。在很多时候,对方是否需要帮助以及需要何种帮助并不是很清晰的,细致的观察有助于对情境的正确了解和决策。另外,移情——即设身处地地体验对方的感受——对助人行为有特殊意义。研究表明,移情比情感唤起更能导致助人。因为移情所唤起的助人动机只有当受助人的痛苦结束之后才会被满足,而情感唤起所带来的不安除了助人外,还有另一种更"方便"的方式可以得到缓解,那就是逃避。事实上,某些潜在的助人者在发现助人的代价和拒绝帮助的代价都很高时,往往采取曲解情境的办法来逃避心中的不安,如"问题没有那么严重"、"其他人帮忙会比我来更有用"等。

小学儿童的自我中心倾向和观察力的不足,使他们很难成为好的观察者和移情者。因此,需要对儿童进行长期的、细致的指导和训练,包括日常生活中的行为指导和某些专门的训练。其中,角色扮演是最常用的技术。其做法是创建一个危机情境,如某人摔倒受伤了,需要人帮助。这个情境可以是真实的,也可以是模拟的甚至是想象中的,由受训来扮演情境中那个需要帮助的人,使其尽可能真实地体验其感受,从而唤起移情。通过角色扮演训练,我们期望移情最终成为个体的一种稳定的、内隐的习惯,从而促进助人行为的发生。

角色扮演训练案例

把儿童进行配对,让其中一个儿童担任需要别人来帮助的角色,如他想搬一张椅子,可是椅子太重他搬不动;另一个儿童扮演帮助别人的角色,要他想出合适的办法来帮助别人,并且表演出来。然后两个交换角色。如此训练一周后,为儿童提供如下情境,以此测定儿童帮助别人的行为是否有进步:(1)一个儿童从床上跌下来正在哭;(2)一个儿童想搬一张她难以搬动的凳子;(3)一个儿童因为积木被另一个孩子拿走了而感到苦恼;(4)一个儿童因丢失了心爱之物而伤心哭泣。结果发现,受过这类互惠训练的儿童比起未受过这种训练的儿童,表现出更多的帮助行为。

---

3. 能力与自信

助人行为的发生与一个人的能力和自信有关。无论在实验中还是实际生活中,那些见义勇为者都显得更有自信,他们把自己看成是强者,而且大多也受过一些必要技巧的训练(如救护、救生、自卫等)。我们可以这样认为,假如处在危急境地的人自认为更有能力,那他就更可能做出助人行为。要知道,有时候仅是助人行为本身就可能导致个人尊严的损失,如一个不太会游泳的人去下水救人。所以在需要有人挺身而出的时候,一个人的自信和必要的技能会显得十分关键,这是教育者必须了解的一个重要事实。

(二)榜样与环境熏陶

社会学习理论为我们大多数助人行为的学习提供了很好的解释。榜样与强化是儿童助人行为培养中两个不可忽视的因素。儿童身边的重要他人在助人问题上的态度和作为,以及这些人对儿童的助人行为所作出的反应,对儿童的助人行为学习有决定性的影响。假如这些人总能做出堪称示范的助人行为,对儿童的助人意向或行为也总能给予积极的响应与支持,则对儿童的助人行为发展将十分有利。

对小学儿童来说,能起到这样作用的重要他人有父母、教师、同辈群体(特别是班集体)、社会模范者阶层(指儿童心目中代表社会模范的人群,如警察与法官、政府领导人、科学家、大众明星等)。对一些在第二次世界大战中从纳粹手中救过犹太人的人调查发现,他们中几乎所有人都至少有一个道德水准高、经常做出利他行为的父亲或母亲。对小学儿童的研究表明,儿童观念和行为习惯的改变,不仅要得到教师的认可,往往还要得到班集体舆论认可后才能真正巩固下来。至于大众明星对儿童行为方式的影响早已为我们熟悉,已受到广泛的关注与重视。

(三)社会规则的支持

根据回报-代价分析理论,促进儿童的助人行为可以从提高助人回报或提高拒绝助人的代价上着手,这就需要建立一系列鼓励助人的社会规则。这些规则可以是正式的,如国家法律、学校制度等,也可以是非正式的,如家庭约定、班集体风气、社会舆论等。规则所提供的支持,可以是物质的、有形的,也可以是精神的、无形的。对年幼的儿童来说,正式的规则、物质的支持更易起作用;随着年龄的增长,非正式规则、精神的支持会逐渐占据主导地位。

一些国家关于见义勇为的法律规定

北美国家的法律并不惩罚拒绝帮助他人者。假如某人正在码头上吃着三明治,旁边有人掉进水里并大声呼救,根据美国和加拿大的法律,如果此人对此视而不见,眼看着那个人沉没,他也并不会受到任何法律惩罚;旁观者只需报警,以寻求专业的帮助。但是,在法国和荷兰,如果旁观者在紧急事件中拒绝帮助陌生人,他就要负法律责任。在我国法律中,对国家公务人员"见死不救"也规定有相应的惩罚。

(四)志愿者服务

根据有关的研究,志愿者服务有助于加强随后的关心和帮助行为。通过志愿者服务可以锻炼儿童、青少年的助人技巧,获得社会认可,从而发展社会责任感和个人胜任感。

志愿者的服务范围很广,为社区或公共场所做清洁工作,为社区居民或福利机构的人们表演节目,制作玩具参加义卖,参与一些大型社会活动的服务,到体育场馆从事信息传递,参与助残等活动等都比较适合小学生。在条件允许的情况下,教师可以鼓励小学生参与一些力所能及的志愿者服务活动。

第五节　侵犯行为及其矫正

在有历史记载的 5 600 多年中,人类社会发生了 14 600 多次战争,平均每年就有近 3 次。暴力和侵犯一直是人类社会历史进程和真实生活的一部分。和助人一样,对侵犯行为的解释同样关系到对人类本性的评价。儿童侵犯行为的形成与纠正,不仅是教育者关注的问题,也是心理学家研究的重要课题。

一、侵犯行为的含义

(一)什么是侵犯行为

所谓侵犯行为,是指针对企图避免受伤害的他人的身体或心理的伤害行为。这个定义强调了侵犯行为的三个特征。

首先,侵犯行为包含着有意的企图,即它是"故意的"。如果一个冒失的男生冲进教室,意外地将一个女生撞倒,这只是一个过失行为。虽然这可能使这个女生受伤,但他并没有伤害的意思。可是,如果他们间最近才发生过冲突,男生在发现女生时本来完全可以收住脚步,但他没有避开甚至还用了更大的力量,这个行为就有侵犯的意味了。

其次,侵犯是针对企图回避伤害的人,即它是违背对方意愿的。侵犯者事前已确知自己的行为是不受欢迎的。比如,小学高年级儿童在和同伴发生矛盾时,有时会采用人际孤立的办法来打击对方。他们会动用各种手段,如好看的书、好吃的食物、自己的人际影响等,把对方的所有朋友都吸引到自己身边来。很显然,他们非常清楚这样做会给对方造成很大的痛苦和烦恼,而这也正是其目的所在。

最后,侵犯所造成的伤害并非仅限于身体,心理和情感的伤害也是侵犯。言语性伤害、对某人所需要的东西的剥夺、故意的傲慢等都是一种侵犯,比如用粗话辱骂别人、冷嘲热讽、夸大地模仿别人的生理缺陷、给别人取侮辱性的绰号等。虽然这类侵犯行为在小学生中并不多见,但它却显示了一个危险的信号,即儿童开始学会了用更隐蔽的、更不易受到惩罚或纠正的方式对他人实施侵犯。

以上述的特征来衡量小学儿童的侵犯行为,一般会发现其中很多行为界于过失和侵犯之间,和成年人的那种"清醒的"侵犯行为有着很大的区别。儿童的侵犯行为广泛发生于他们的生活中,如抢走同伴手中的玩具或食品、有意踩一个"讨厌的"同学的脚、团结起来不跟那个"告密"的同学玩、嘲笑别人的生理缺陷等。由于儿童思维水平的限制和自我中心倾向,他们有时并没有明确的伤害动机,或者没有意识也很难去预见行为可能产生的伤害,甚至是很快乐地在做这些有侵犯意味的事情,而当伤害性后果发生之后,比如对方受伤了、哭了,儿童又会感到很意外和害怕,往往会中止伤害行为。因此,儿童的侵犯行为的发生往往与其认识水平低和移情能力差有着直接的联系。

(二)小学儿童侵犯行为的特点

进入小学阶段的儿童,其侵犯行为发生的频率较学前儿童要低,但其功能和形式却发生着变化。学前期的侵犯行为主要是因物品和空间争夺引起的,学龄期则开始转向对人侵犯和含有敌意的侵犯。研究发现,在小学儿童的各种类型的侵犯行为中,言语侵犯的比率最高,其次是直接身体侵犯,间接侵犯(关系侵犯)的发生率最低。虽然间接侵犯发生的频率不如身体侵犯高,但一旦发生,对小学生的影响却是非常大的。与身体侵犯行为相似,间接侵犯与同伴拒绝、外化行为问题、内在心理问题等均有显著的相关。一些研究者发现,间接侵犯可以用来预测儿童今后一段时间内的同伴拒绝、社会心理适应问题。因此,小学儿童的间接侵犯行为越来越受到研究者的重视和关注。

二、侵犯行为的形成

(一)心理根源

侵犯行为的心理根源指侵犯行为发生的内因,可以用来解释侵犯行为动机的来源。目前心理学家对此主要有三种不同的观点。

1."本能-释放"假说

精神分析学派的创始人弗洛伊德认为,侵犯是人类天生的本能。侵犯性的能量是由生物学上的需要在身体内部产生的,必需释放掉,才能保持心理的平衡。其释放的主要方式就是侵犯行为。这一观点把侵犯看作人类天生的行为,是不可避免的。

2."挫折-侵犯"假说

一些心理学家认为,挫折可以导致侵犯。人们遭受失败后会有不同类型的反应,以寻求弥补失败带来的挫折感,或发泄愤怒,这时侵犯就更易于发生。这一假说在许多实验中被证实,但对儿童的日常行为进行广泛研究后却较少能找到挫折可以导致侵犯的证据。

3.社会学习假说

社会学习论者认为动物的侵犯行为可以用本能去解释,但人类的侵犯行为完全是后天学习的结果。这种学习有两种方式:一是机械性学习,如果一个人做出了侵犯行为并得到了回报,于是侵犯被强化,在其他场合他会倾向于重复侵犯行为;二是观察性学习,这是更为广泛的学习方式,我们通过观察他人行为的方式去学习新的行为,假如他人的侵犯行为获得回报,我们就会去模仿他的侵犯方式。社会学习理论家班杜拉的许多实验都证明,无论在助人还是侵犯行为的获得过程中,都有明显的观察学习。

(二)外在诱因

侵犯的心理根源解释了侵犯行为的内部动机,动机的实现还需要特定的环境条件作为诱因。促使侵犯行为出现的常见诱因有以下几个。

1. 释放机制

这是"本能-释放"论的一个概念,它可以通俗地表述为"一个适宜的侵犯对象和环境"。本能论者并不否认人的社会性,认为本能的释放会寻求一个相对安全的、较少引起道德冲突的场合。因此,一个适宜的侵犯对象会成为侵犯行为发生的诱因。比如,一个孩子性格软弱、逆来顺受,对遭受的侵犯从不反抗或申诉,或者他原来就是一个"坏孩子",没有人同情,那他就可能被旁人视为侵犯的适宜对象,从而受到更多的侵犯。

2. 攻击与挫折

对"挫折-侵犯"假说而言,遭受攻击和失败是侵犯行为的直接诱因。挫折导致侵犯和两个因素密切相关:一是挫折的程度,二是挫折是否是有意造成的。如果人们认为别人的行为给自己造成很大的损失,而这个行为又是有意的,那么侵犯更有可能发生。与挫折相比,直接的言语攻击和人身攻击更能引起侵犯行为。儿童的许多侵犯行为就是在被激怒的情况下发生的。

3. 榜样示范

社会学习论者重视榜样的作用,认为榜样的侵犯行为会诱发更多的相似的侵犯行为。儿童观察成年人的侵犯行为时,他们学习了侵犯的方式。年龄较大的儿童虽然知道怎样做出侵犯行为,但实际要做出侵犯时,往往也要取决于是否有一个侵犯的榜样,这个榜样不是教给他怎么做,而是告诉他一个信息,即"在这种场合下的侵犯行为是相对安全的"或"是被允许的"。比如,一个男孩看到同龄人以暴力相威胁轻易地从低年级同学那"借"到钱而没有受到任何责罚,他就可能会效仿这一行为。

(三)环境因素

环境中某些偶然的、随机的因素会使侵犯行为的发生更容易或更困难,比如旁观者的特征、环境的暗示、个体的情绪状态、角色意识等,这些因素可以帮助教师理解为什么一个平时一直很乖的学生会做出令人意外的侵犯举动来。

在一项实验中,男被试们被要求对另外一个实际不存在的人实施电击,结果发现那些被男学生旁观的被试比被女学生旁观的被试给了别人更多的电击。研究者认为,这是因为我们的社会规范暗示男性认可暴力而女性反对暴力,支持和平的旁观者能减少侵犯行为的发生。据此可以设想,如果我们能使儿童生活中的旁观者如父母、教师、同学、邻居乃至社会公众都持有和平的态度,那么儿童的侵犯行为会受到很强的抑制。另外,美国心理学家津巴多(P. G. Zimbardo)等人通过研究也指出,当人们没有被认出来时,他们更易于做出侵犯行为,比如一个戴上面罩的学生给别人的电击比一个挂着身份牌的学生多得多。这一现象被称作"匿名效应"或"去个性化",它可以很好地解释在群体犯罪或社会骚乱中,某些平时看来很有教养的人会变得完全不同。同样,学校中某些好学生有时会卷入群体性的过失行为中,往往也和"去个性化"有关。

三、侵犯行为的矫正

(一)儿童侵犯行为矫正的一般原则

1. 情感接纳

儿童的侵犯行为受到批评、训斥或惩罚,会给他们带来社会压力,尤其是那些因侵犯他人而被经常批评的儿童,甚至会由此产生与周围人的对立,认为别人不够友好,并本能地使用自我防卫机制。他们文饰自己的行为动机、对抗教师的教育、进一步侵犯别人都和他们过强的自我防卫有密切的关系。在这种状态下,教师和学生情感上的相互接纳就成为有效教育的前提。教师应首先从情感上接纳犯有侵犯过错的儿童,不要把儿童的侵犯行为简单地归因为品行不良,甚至认定其不可救药。同时,教师可通过主动的交往,拉近双方的心理距离,使学生感受到教育者的善意和关怀,从而打消其对教育的对抗。

2. 了解侵犯的动机

儿童的侵犯行为的动机有时一目了然,有时也可能比较隐蔽。表现相同的行为可能有不同的动机。比如男同学故意欺负女同学,有的是出于好玩、好奇,有的则是恶作剧,有的是想表现勇敢或能干,有的则是因为喜欢这个女同学,想引起她的注意。只有了解了真正的动机,教师才可能实施有效的教育。

3. 培育人际关系和舆论环境

儿童尚未形成稳定的道德原则,因此其侵犯行为大多和环境因素有关,其中儿童所处的人际关系环境和舆论环境对侵犯行为的矫正有明显的影响。有侵犯习惯的儿童往往不受同学欢迎,被群体大多数人孤立,他们的归属需要得不到满足,只能通过更多的侵犯行为来引起同学的注意或集体的重视。对这些儿童而言,在班集体中重建良好的人际关系对其行为矫正有重大意义。另外,如果儿童的侵犯行为没有遭到周围舆论的抵制与批评,甚至反而还因此赢得了某种威信或影响力,侵犯行为就会被巩固下来。所以,在儿童身边培育一个对侵犯行为普遍抵制和不予强化的舆论环境,对侵犯行为的矫正也有积极的作用。

4. 因人因时因地开展矫正工作

儿童的品德发展存在明显的年龄特点和个别差异,儿童的侵犯行为的发生也和具体的环境诱因相联系,因此,矫正侵犯行为需要教师创造性地工作。教师特别要避免用成年人的道德逻辑推知儿童的侵犯行为,同时要对儿童的侵犯行为发生的心理根源、外界诱因、环境因素作具体的研究和分析。

(二) 儿童侵犯行为矫正的具体策略

1. 行为后果评价与移情

儿童的侵犯行为的发生和缺乏正确的道德观念有密切的联系,有时他们也很难有意识地去预见自身行为的伤害性后果。因此,教师和儿童共同参与行为的后果的讨论是矫正侵犯行为的常用策略。在讨论中,教师可以教导儿童如何预见行为的后果,促使学生认同某些公认的道德标准,并据此评价自己的行为动机和后果。为了让学生受到实质性的触动,移情训练往往也是必不可少的。所以,和助人行为的培养一样,侵犯行为的矫正中也常使用一些专门设计的角色扮演训练。

2. 防范协约

防范协约是教师和学生就侵犯行为的克制建立的约定,可以是书面的或口头的,它可以帮助学生抵制环境的诱因,并形成新的行为习惯。一般来说,防范协约是依据教育要求,由双方完全自愿协商产生的,其作用是调动儿童的自控力来矫正侵犯行为。同时,遵守协约本身也能起到强化作用。从实际使用情况看,只要是学生自愿的或认可的协约,大多是有效的,并且有可能产生广泛的迁移。

3. 奖励与惩罚

奖励与惩罚都是学校教育中必不可少的教育手段,奖励可以促进行为的改善,而当儿童出现侵犯行为时,惩罚是必需的。使用惩罚应该以说服为前提,惩罚必须公正,并应得到集体舆论的支持,才能取得预期的效果。

4. 榜样示范

在儿童的侵犯行为的矫正中,我们更多关注"负榜样"的使用,也就是通过对某些侵犯行为的惩罚,使所有人引以为戒。因此,教师在面对已发生的侵犯行为时,必须旗帜鲜明地表达自己的态度,发动群体的舆论对侵犯行为进行公开谴责和惩罚,这样不仅教育了当事人,也同时影响了更多的人。

理解·反思·探究

1. 社会规范的学习需要经历哪些阶段？在不同的阶段有怎样不同的表现？

2. 根据你对小学儿童的观察和了解，儿童助人行为的形成受哪些因素影响？怎样培养儿童的助人行为？

3. 小学儿童经常发生的侵犯行为有哪些？是否存在明显的年龄差异？你认为小学儿童的侵犯行为产生有哪些主要原因？

4. 设计一个调查方案，以小学儿童为对象，进行小规模调查研究，验证儿童道德发展阶段理论，了解本地小学儿童品德发展的状况，尝试总结其中的规律。

5. 用皮亚杰的道德对偶故事，或自编一组对偶故事，调查 6～12 岁儿童的道德判断水平，验证儿童由效果判断到动机判断的发展过程，尝试发现转折期在什么年龄段。

6. 用柯尔伯格的道德两难故事，或结合地方具体情况编制一则道德两难故事，调查 6～16 岁儿童与少年的道德推理水平，验证柯尔伯格的三水平、六阶段理论，并对儿童的表现进行归纳，提出自己的观点。

阅读导航

1. 李伯黍、燕国材：《教育心理学》（第一至七章），上海：华东师范大学出版社，2010 年。

以"德育心理"为重点和核心，是该教材的最大特色。其中，第一至七章从道德认识、道德情感、道德行为、道德价值取向、道德教育模式、道德发展测评等角度，全面、系统、深入地介绍了德育心理研究的成果，推荐大家阅读。

2. 冯忠良、伍新春等：《教育心理学》（第二十一至二十三章），北京：人民教育出版社，2010 年。

第二十一至二十三章论述了社会规范学习的心理学问题。在阐述社会规范的含义、社会规范学习的实质、社会规范学习的影响因素等的基础上，系统探讨了社会规范的依从、认同和信奉的学习过程及其条件，并介绍了社会规范背离的原因及其矫正措施，值得认真阅读。

3. 章志光：《社会心理学》（第九、十章），北京：人民教育出版社，2008 年。

该书是国内有影响的社会心理学教材。其中，第九、十两章详细介绍了侵犯和亲社会行为的实质、影响因素和培养或矫正问题。

4. 李丹：《人际互动与社会行为发展》（第二、六章），杭州：浙江教育出版社,2008 年。

　　该书从人际互动对儿童社会化进程的影响入手,重点探讨了儿童社会行为的发展及促进。书中呈现了近年来儿童社会性发展的最新研究成果,且理论与实践并重。其中第二、六两章详细介绍了儿童利他与帮助行为的发展、儿童的攻击性行为及其发展。

第三编　教学心理与教师

3

第十三章 教学活动的设计

为了教授小学生学习《乌鸦喝水》这一课,有的语文老师是这样来设计教学活动的:

首先进行教材分析,并明确教学的目标。课文讲的是一只乌鸦口渴了,发现了一个有水的瓶子,可瓶口小,水不多,它放进石子喝着了水的事。通过分析,教师发现这一课的主题是"遇到困难怎么办?动动脑筋,你一定会有解决的办法"。教学的目标是:(1)感受乌鸦由找水着急到喝着水高兴的变化过程,能用"渐渐"说话;(2)能正确、流利、有感情地朗读课文并背诵课文;(3)喜欢这只遇到困难能仔细观察、认真思考的乌鸦。

然后设计教学流程,分解教学任务。第一,复习检测。通过游戏的形式,让学生理解课文中的重点字词。第二,提出问题,初步解疑。引导学生读课题、读课文,并把阅读和质疑问题结合起来,让学生在读中学会问,在疑中加强读,使其在阅读中提出问题,初步交流在阅读中发现的问题。第三,学习第一自然段,感悟乌鸦喝不着水的原因。通过范读、引读、自由读、指名读的朗读方式,指导学生在读中熟悉课文,理解课文。第四,合作探究学习第二、三自然段。教师首先提出:"看见一个瓶子,瓶子里有水。可瓶里水不多,瓶口又小,怎么办?"指导学生中阅读第二、三自然段,然后四个人一组,合作研究乌鸦是怎么喝到水的。边研究边做实验,并交流合作的结果。最后,教师再次提出问题:"如果旁边没有小石子,你们该怎么办呢?"从而引导学生进一步讨论。这样,把实践的主动权还给学生,合作动手做实验,让学生在生动活泼的形式中自然而然地达到"以做促读"的目的。第五,背诵课文,复习巩固。

像上述案例中教师所进行的教学内容的分析、教学目标的确立、教学流程的设计、教学方法的选择等,都属于教学设计的范畴。教学设计是对教学活动的预先分析和决策,是由教学理论转化为教学实践的中介,是教学实施的依据。我们在前面的章节中重点介绍了学生发展与学习的心理规律,而这些规律要发挥真正的作用,必须体现在教师的教学设计之中。

第一节 教学设计概述

在进行教学活动之前,教师无论自觉还是不自觉,都会对教学活动进行设计。凡是基于一定目的所进行的教学活动,都有教学设计的工作。那么,什么是教学设计?教学设计的基本原则和核心要素有哪些呢?

一、教学设计及其原则

教学设计是根据教学目标和教学对象的特点,运用系统方法,对课程资源进行有机组合,对教学过程进行系统规划、选择、安排、确定的构想过程。也就是说,为了达到一定的教学目标,对教什么(课程内容)、怎么教(教学组织、教学模式、教学媒体等)、教得怎样(教学效果的评价)等的策划。

为了保证教学设计的科学性,在进行教学设计时必须坚持系统论的观点,将教学过程本身当作一个系统,它的各个环节、要素彼此紧密联系,针对一个特定的共同目标发挥各自的作用,组成一个有机的统一体。为此,教学设计应遵循以下基本原则:

(1) 教学设计的出发点是学生,其主要目的是帮助学生更好地完成学习任务。教学目标的设计既要考虑教学过程的要求,又要考虑学习者已有的准备状态,力求所设计的教学活动从最恰当、有利的位置起步。

(2) 教学模式、教学方法和教学媒介等的选择与设计,既要针对不同的学习类型和教学目的,又要考虑学生不同的性格特点,没有任何一种教学方法或教学媒体是教学成功的灵丹妙药。

(3) 教学成效考评,只能依据教学过程前后的变化以及对学生作业的科学测量,而决不能靠"猜测"和"估计"。测评教学效果的目的也不只是为了排定名次等,而是为了获取反馈信息去修正、完善原有的教学设计。

(4) 如果教学效果不理想或出了问题,不能只从教与学两方面去寻找原因,更不能一味责怪学生,还应该从教学设计的各个环节和组成成分去详察细究。

二、教学设计的要素

教学设计综合了教学过程的基本要素,如教学目标、教学内容(包括教学的重点和难点)、教学对象、教学策略、教学评价等,对教学过程用系统论的观点加以模式化和程序化。美国学者马杰(R. F. Mager)指出:教学设计依次由三个基本的问题组成,即"我要去哪里?""我如何去那里?""我怎么判断我已到达那里?"通过分析,我们认为教学设计包含以下几个基本要素:

(1) 教学目标的制订。确定全面的教学目标是教学设计的基本要求,在教学设计中占主导地位。教学目标是教学的起点,也是教学的归宿。

(2) 教学任务的分析。教学任务的分析是教学设计中其他基本要素的基础,为实际的教学工作提供心理学的依据,有助于有效地进行教学,实现教学目标。

（3）教学对象的分析。学生是教学的对象,也是课堂的主人,教学设计应以学生发展为本,分析学生已有的知识经验、心理发展水平和学习准备状态,从而为其他教学要素提供科学的依据。

（4）教学内容的组织和开发。主要解决学生学什么的问题,把教材内容加以拓展,符合学生的生活经验、兴趣,促进学生的发展。

（5）教学媒体的利用。根据教学的需要和现实的可利用性来选择教学媒介,更好地调动学生学习的积极性,使他们成为教学的主角,有效地进行学习的建构。

（6）教学环境的创建。教学环境包括物理环境和心理环境。设置良好的教学环境,以更好地服务于教学工作,提高教学成效。

（7）教学模式的建立。教学模式为教学过程提供一定的可操作的结构、程序和步骤,能有效地理清教学设计的思路。

（8）教学方法的选择。选择科学、合理、艺术的教与学的方法,体现教学活动中师生、生生之间的多边互动,让学生主动参与、乐于探究、勤于动手,能有效地完成教学任务和实现教学目标,产生教学的整体效应。

（9）教学成效的测评。教学测评是教学过程的重要环节,它能对教学效果进行反馈,了解教学目标的完成情况,进而调整教学,促进教师教学质量的提高和学生的全面发展。

第二节　教学目标与任务的设计

确定合理的教学目标是进行有效教学的前提,它既是教学活动的起点,也是教学活动的归宿;分析教学任务则有助于教学活动的具体展开,并最终实现教学目标。

一、教学目标及其分类

（一）教学目标及其作用

教学目标是预期学生通过教学活动获得的学习结果。它是教学的起点,也是教学的归宿。在教学实践中,有效教学目标的确立有助于指导教师进行教学测量和评价、选择和使用教学策略、指引学生学习等。

（1）指导学习结果的测评。教学目标是评价教学结果的最客观和可靠的标准,教学结果的测量必须针对教学目标。如果教师的教学测验没有针对目标,那么,就无法测量真正的教学结果。如果某节语文课的教学目标是阅读理解,而测量的重点是词汇和知识的记忆,就会造成目标和测量的不一致,这种测量就是无效的。

（2）指导教学策略的选用。一旦确定教学目标后，教师就可以根据教学目标选用适当的教学策略。例如，如果教学目标侧重知识或结果，则宜选择接受学习，与之相应的教学策略是讲授教学；如果教学目标侧重于过程或探索知识的经验，则宜选择发现学习，与之相应的教学策略是探究教学。

（3）指引学生学习。上课开始时，教师明确告诉学生学习的目标，将有助于引导学生注意课程中的重要信息，对所教内容产生预期，增强学习的动机和热情，并产生学习的责任感。

（二）教学目标的分类

布卢姆（B. S. Bloom）等人在其教育目标分类系统中将教学目标分为认知、情感和动作技能三大领域。其中，他的认知目标分类影响深远。

1. 认知目标

认知领域的教学目标分为了解、领会、应用、分析、综合和评价六个层次，形成由低到高的阶梯。

了解指对所学材料的记忆，包括对具体事实、方法、过程、概念和原理的回忆。其所要求的心理过程是记忆。这是最低水平的认知学习结果。比如，说出河北和河南两省的省会名称。

领会指把握所学材料的意义，通常可以借助三种形式来表明对材料的领会：（1）转换，即用自己的话或用不同于原有表达方式的方式表达自己的思想；（2）解释，即对一项信息加以说明或概述；（3）推断，即对事物之间的逻辑关系进行推理。领会超越了单纯的记忆，代表最低水平的理解。比如，用自己的话表述诗歌《春晓》。

应用指将所学材料应用于新的情境之中，包括概念、规则、方法、规律和理论的应用。应用代表较高水平的理解。比如，教师在教学中让学生自己摆弄平衡器，以考察他们对乘法交换律的理解。

分析指将整体材料分解成其构成成分并理解组织结构，包括对要素的分析（如一篇论文由几个部分构成）、关系的分析（如因果关系分析）和组织原理的分析（如语法结构分析）。分析代表了比应用更高的智能水平，因为它既要理解材料的内容，又要理解其结构。比如，让学生区分一篇文章中，哪些是叙述部分，哪些是说明部分。

综合指将所学的零碎知识整合为知识系统，包括三个水平：（1）用语言表达自己的意见时表现的综合，如发表一次内容独特的演说或一篇文章；（2）处理事物时表现的综合，如拟订一项操作计划；（3）推演抽象关系时表现的综合，如概括出一套抽象关系。综合目标所强调的是创造能力，需要产生新的模式或结构。

评价指对所学材料(论点的陈述、小说、诗歌以及研究报告等)作价值判断的能力,包括按材料的内在标准(如材料内在组织的逻辑性)或外在标准(如材料对目标的适用性)评价。评价目标是最高水平的认知性学习结果,因为它要求超越原先的学习内容,并需要基于明确的标准进行价值判断。

2. 情感目标

情感领域的教学目标根据价值内化的程度而分为接受、反应、评价、组织和个性化五个等级。

接受指学生愿意注意特殊的现象或刺激(如课堂活动、教科书、文体活动等)。包括三个水平:知觉有关刺激的存在;有主动接受的意愿;有选择地注意。这是低级的价值内化水平。

反应指学生主动参与学习活动并从中得到满足。处于这一水平的学生,不仅注意某种现象,而且以某种方式对它作出反应(如自愿阅读规定范围外的材料),并对反应表示满足(如以愉快的心情阅读)。这类目标与教师通常所说的"兴趣"类似,强调对特殊活动的选择与满足。

评价指学生将特殊对象、现象或行为与一定的价值标准相联系,对所学内容在信念和态度上表示正面肯定。包括三个水平:(1)接受某种价值标准,如愿意改进与团体交往的技能;(2)偏爱某种价值标准,如喜爱所学的内容;(3)为某种价值标准作奉献,如为发挥集体的有效作用而承担义务。这一水平的学习结果是将对所学的内容的价值肯定变成为一种稳定的追求。相当于通常所说的"态度"和"欣赏"。

组织指将许多不同的价值标准组合在一起,消除它们之间的矛盾和冲突,并开始建立内在一致的价值体系。它包含两个水平:(1)价值概念化,即对所学内容的价值在含义上予以抽象化,形成个人对同类内容的一致看法;(2)组成价值系统,即将所学的价值观汇集整合,加以系统化。与人生哲学有关的教学目标属于这一级水平。

个性化指个体通过学习,经由前四个阶段的内化之后,所学得的知识观念已成为自己统一的价值观,并融入性格结构之中。它包含两个水平:(1)概念化心向,即对同类情境表现出一般的心向;(2)性格化,即指心理与行为内外一致,持久不变。因此,这种行为具有普遍性、一致性,并且是可以预期的。其学习结果包括广泛的活动范围,但重在那些有代表性的行为或行为特征。

3. 动作技能目标

动作技能目标指预期教学后学生在动作技能方面所应达到的目标,它包含知觉、模仿、操作、准确、连贯、习惯化等层次。但是时至今日,这一方面的目标总是被多数不直接从事体育教育的教师所忽视。

知觉指学生通过感官,对动作、物体、性质或关系等的意识能力,以及进行心理、躯体和情绪等的预备调节能力(如表现出外部的感觉动作)。

模仿指学生按提示要求行动或重复被显示的动作的能力,但学生的模仿性行为经常是缺乏控制的(如表演动作是冲动的、不完善的)。例如,在观看乒乓球"后手提"的录像之后,能以一定的精确度来演示这一动作。

操作指学生按提示要求行动的能力,但不是模仿性的观察(如按照指示表演或练习动作等)。也就是说,学生能进行独立的操作。例如,在进行一段实践之后,能在操作成绩表上 10 点中得 7 点。

准确指学生的练习能力或全面完成复杂作业的能力。学生通过练习,可以把错误减少到最低限度(如有控制地、准确地再现某些动作)。例如,能表演一个"后手提",至少成功 75%。

连贯指学生按规定顺序和协调要求去调整行为、动作等的能力,如准确而有节奏地演奏。

习惯化指学生自发或自觉地行动的能力(如经常性的、自然和稳定的行为就是习惯化的行为)。此时,学生能下意识地、有效地各部分协调一致地操作。例如,在乒乓球比赛中,能有效地使实施后手旋打击对方,能将十分之九的各种情况变到后边。

在实际生活中,认知、情感和动作技能这三方面的行为几乎是同时发生的。例如,学生写字时(动作技能),也正在进行记忆和推理(认知),同时,他们对这个任务会产生某种情绪反应(情感)。因此,在教学中,教师往往需要同时设置这三个方面的目标。

二、教学目标的表述

有了教学目标,就需要把它表述出来。为了克服教学目标陈述的含糊性,心理学家提出了四种新的理论和技术。

(一)行为目标表述

1962 年美国学者马杰提出,为了克服传统教学目标的含糊性,必须取消用描述内部心理状态的术语来陈述目标的方法,代之以用描述行为的术语来陈述目标。行为目标也称为作业目标,是用预期学生学习之后将产生的行为变化来陈述的目标,也就是用可观察和可测量的行为来陈述的目标。马杰提出,一个写得好的行为目标应具有三个要素:第一要说明通过教学后,学生能做什么,即表述行为;第二要规定学生的行为产生的条件,即表述条件;第三要规定符合要求的作业的标准,即表述标准。

所谓表述行为,指用可观察的、具体的行为来表述教学目标,以便教师能了解学生是否已经达到了要求的目标。表述行为的基本方法是使用一个动宾结构的短语,行为动词说明学习的类型,宾语说明学习的内容。例如,能辨别拼音中的 ū 与 ü 的发音,能操作计算机等。

所谓表述条件,指学生在什么情况下表现行为,也就是在评定学习结果时,该在什么情况下进行。例如,要求学生操作计算机,是在教师或说明书的指导下进行操作,还是学生独立操作。行为产生的条件,包括环境、设备、信息、时间、行为活动方式等因素。

所谓表述标准,指衡量学习结果的行为的最低要求。对行为标准作出具体要求,使教学目标具有可测评的特点。标准的表述一般与"好到什么程度"、"精确度如何"、"完整性怎样"、"在多少时间内"等问题有关。

根据马杰的三要素编制方法,我们可以把语文教学目标"通过教学培养学生的分析能力"具体描述为"提供报纸上的一篇文章,学生能将文章中记叙与说明的句子进行分类,至少85%的句子分得正确"(见表13-1)。这样,教学目标就变得明确、具体,利于指导教师的教和学生的学。

表13-1 马杰教学目标编写方法的举例说明

教学目标的要素	要问的问题	例子
1. 学生行为	做什么?	将记叙与说明的句子进行分类
2. 行为的条件	在什么条件下做?	提供报纸上的一篇文章
3. 合格行为的最低标准	做得怎样?	至少85%的句子分得正确

但是,行为目标也有其本身的缺点。它只强调了行为的结果而未注意内在的心理过程,教师可能因此只注意学生表面的行为变化(外在表现),而忽视学生内在的能力、情感、态度的心理变化(内在实质)。

(二)认知目标表述

认知学习理论家认为,学习的实质在于内在心理状态的变化。因此,教育的目标不仅是具体的行为变化,也是内在的能力、情感、态度、价值观等心理的变化。为此,格伦兰德(N. E. Cronlund)提出一个折中的方法,即采用描述内在心理过程与外显行为表现相结合的方法来陈述目标。

按照内部心理与外显行为相结合的方法来陈述教学目标(如表13-2所示),首先要用认知性的术语如记忆、理解、领会、创造、欣赏等描述内部心理过程的变化,这是教学的总目标;然后用可观察的行为作为例子使教学目标具体化,这些实例只是表明内在心理变化的许多行为中的行为样例,而不是全部行为。内部心理与外显行为相结合的方法,避免了严格的行为目标只顾及具体的行为变化可能产生的机械性和局限性,也克服了只用内在心理变化来描述目标的含糊性和抽象性。

表 13-2   格伦兰德教学目标编写方法的举例说明

教学目标	例子
一般的目标	掌握通分的规则(心理变化)
子目标 A	能说出通分的含义(行为样例)
子目标 B	能说出通分的步骤(行为样例)
子目标 C	能对不同类型的分数进行通分(行为样例)

（三）表现性目标表述

人的态度、情感、人格等教学目标,并不是参加一两次教育活动就能实现的,教师也很难预期在一定的教育活动后学生的内在心理将会发生什么变化。为了弥补上述两种陈述方法的不足,艾斯纳(E. W. Eisner)提出了表现性目标。表现性目标只要求教师明确规定学生必须参加的活动,而不必精确规定每个学生应从这些活动中习得什么。通过学生可观察的言行表现,来间接推断情感学习目标是否达到,即把学生的具体言行看成是思想意识的外在表现。例如,教师要培养学生的集体观念,在这个目标中,"热爱集体"是一种很难衡量的态度,我们只能通过对学生的具体言行的观察来判断学生是否热爱集体。比如说,可以从下列诸方面来衡量:积极参加集体组织的活动;主动关心教室的卫生情况;准时参加有关会议;支持有利于集体利益的建议;帮助后进同学克服学习困难;积极承担集体的工作;等等。在这些具体的言行上,如果学生表现出积极持久的态度,则说明他们树立了集体的观念;反之,如表现出消极或反对的态度,则说明学生可能没有培养起集体的观念。

（四）成分式目标表述

加涅为了使行为目标与内在的心理变化有一个可观察到的对应关系,提出了五成分式教学目标陈述技术(如表 13-3 所示),这五种成分是:"能力动词"(代表学习结果的类型)、"行为动词"(代表外部行为的改变)、"对象"(指明学习者行为操作的内容)、"情境"(规定执行行为所处的环境)、"工具、限制或特殊条件"(规定行为需要)。

表 13-3   加涅提出的陈述教学目标的动词及其举例

学习结果	能力动词	例证（加点为能力动词,画线为行为动词）
1. 智慧技能		
（1）辨别	辨别	经比较能辨别法语中 u 和 ou

续表

学习结果	能力动词	例证（加点为能力动词,画线为行为动词）
（2）具体概念	鉴定	说出名称来鉴定植物的根、叶、茎
（3）定义性概念	分类	参照定义对家庭这一概念归类
（4）规则	证明	解答应用题证明会做正负数的加法
（5）问题解决	形成	综合适当的规则形成描述一个人在担忧情境中的行为短文
2. 认知策略	采取	采取想象美国地图的策略,列出回忆出来的各州名称
3. 言语信息	陈述	以口头语言陈述1932年总统选举中的主要争议
4. 动作技能	执行	执行将汽车退到公路上
5. 态度	选择	选择玩高尔夫球为消遣活动

　　加涅的五成分式教学目标在一定程度上避免了学习者表现出来的能力与行为的不一致,并主张采用不同能力类型的动词来描述不同类型的目标,使人们对所期待的能力一目了然,与学习结果相适应的学习条件也更易被运用。它对教师陈述教学目标有一定的帮助,但陈述较为复杂,不太容易掌握。

　　总之,行为主义和认知主义学习理论认为,陈述得好的教学目标必须符合三个基本要求:第一,教学目标应陈述学生学习的结果,而不应陈述教师的行为;第二,教育目标应反映学习的类型和层次;第三,教学目标的陈述应力求明确、具体,并可以观察和测量。建构主义者主张让学生尽可能多地参与到学习目标的设计中,由学生(在教师的指导下)为课程的学习制订方向,明确结果;支持学习者在学习中追求他自己的个人目标;强调在教学设计中要制订过程性目标,关注学生解决具体问题的过程、方法和资源利用的情况,并把学生解决问题、产生个体化理解的能力作为整个教学的目的。

三、教学任务及其分析

　　目标陈述与任务分析是教学设计中两个彼此关联的环节。任务分析也称作业分析,指在开始教学活动之前,预先对教学目标中规定的且需要学生形成的能力或品德的构成成分及其层次关系进行深入细致的分析,并据以确定促使这些能力或品德习得的有效教学条件。

　　教学目标的陈述只规定完成一定的教学活动之后,学生应习得的终点能力或行为倾向及其类型,并没有说明这些终点能力或行为倾向是怎样得来的。任务分析则要进一步揭示终点目标得以实现的条件。

（一）确定学生的起点行为或倾向

按照现代认知心理学的解释,教学过程实质上就是一个确定并填补教学空间的过程。所谓教学空间,就是教学目标所确定的教学终末状态与教学开始前学生原有的起始状态之间的心理差距。教学的目的就是要消除这种差距,即改变学生的原有状态,使其向教学目标所确定的终末状态变化。而当教学目标的终末状态确定后,学生的起点行为或倾向的确定便成了问题的关键。

所谓起点行为或倾向,指学生在接受新的学习任务之前,他原有的知识与技能、学习习惯、学习方法、学习态度等的准备,也就是学生原有的基础。理论研究和教学经验都表明,学生原有的基础是新的学习的内部前提条件,在很大程度上决定着新的学习的成败。因此,教师在确定终点教学目标后,必须认真分析并确定学生的起点状态。

确定学生的起点状态的方法很多。在一般情况下,教师可以利用学生的作业、小测验或课堂提问等方法了解学生原有的基础,也可以通过诊断性的单元测验来确定学生的起点能力或倾向。按照布卢姆"掌握学习"的教学策略原则,学生必须达到某一单元规定的教学目标的 85% 以后,才能进行下一单元的学习,其目的也就是确保学生在接受新知识前已具备适当的起点能力和水平。

（二）分析使能目标及其类型

在终末状态和起点状态都确定以后,任务分析的另一项工作就是鉴定从起点到终点之间所必须掌握的先决条件。先决条件包括必要条件和支持性条件两类。必要条件是指决定下一步学习必不可少的条件,也就是使能目标。

在起点状态到终点目标之间,学生必定有许多知识与技能尚未掌握,而掌握这些知识与技能又是达到终点目标的前提条件。这些介于起点和终点之间的教学目标就称为使能目标。从起点到终点之间所需要学习的知识、技能越多,则使能目标也越多。

在实际教学过程中,一般是从终点目标出发来一步一步揭示其使能目标的。如反复提出这样的问题:"学生要完成这一目标,他必须预先具备什么能力或倾向?"一直追问到学生的起点状态为止,然后把学生需要掌握的学习目标分层次一一排列出来。这样,起点状态、使能目标和终点目标及其类型和它们的先后顺序被分析清楚了,则教学的步骤和方法的确定就有科学的依据了。

（三）分析学习的支持性条件

使能目标是保证终点目标达成的必要的先决条件。有效的学习除了必要条件之外,还要有一定的支持性条件。使能目标是构成高一级能力或倾向的组成成分,缺乏它,学习活动无法进行,因此称为必要条件。支持性条件则像化学中的"催化剂",有助于加速或减缓新的学习的进行。例如,对于某一原理的学习,这一原理所包含的基本概念是它的必要条件,而认知策略、心智技能、学习动机与态度等则是其支持性条件。在进行任务分析时,教师也应对这些支持性条件加以分析。

总之,任务分析的目的就是揭示达到教学目标的先行的内部条件。当这些内部条件被鉴别出来以后,教师就有可能根据具体的教材内容和学习类型来确定教学的外部条件,并在此基础上展开实际的教学活动。

第三节　教学媒体与环境的设计

在确定好教学目标、分析好教学任务后,在进行教学活动设计时,教师接下来需要做的就是选择有效的教学媒体,营造良好的教学环境。

一、教学媒体及其选择

(一) 教学媒体及其类型

1. 教学媒体的含义

教学媒体指教学过程中用以运载信息、传递经验的物质手段和工具,如课本、挂图、录音带、录像带等。教学的目的在于让学生掌握一定知识、技能、策略、规范等,也就是信息。但信息本身是观念性的东西,看不见、摸不着,必须借助于一定的教学媒体即信息载体才能传授。在教学过程中,教师运用媒体把教学内容的信息传输给学生,学生则通过媒体接受教学内容的信息。

在教学设计中,教学媒体的分析与选择是重要的一环。此时,主要应考虑:针对一定的教学任务和教学目标,可使用哪些教学媒体?这些媒体能否引起学生的兴趣?这些媒体能否与学生已有的知识水平和未来的发展要求相符合?在技术质量方面,这些媒体是否令人满意?教师能否熟练驾驭这些媒体?等等。

教学媒体具有两大特点:第一,教学媒体作为传递经验的物质手段,必须具有一定的物质形式。它可以是一种极其简单的声波或光波,也可以是一种复杂的器具或设施;可以是极为细微的传情动作,也可以是极为粗犷的行动。教学媒体必须是能作用于人,使主体能对其产生能动反映的事物。第二,教学媒体虽作为运载经验或信息的工具或信号,但教学媒体本身不是经验或信息本身,而仅仅是为经验、信息的传递提供一种能作用于学习主体的经验的物质或能量模式,从而刺激主体的反应系统活动。经验、信息本身则是主体反映系统的能动反映的主观产物。这是经验的传递不同于物的传递的根本所在。

2. 教学媒体的类型

依据教学媒体所负载的信息特征,可以把所有教学媒体分为非言语系统媒体和言语系统媒体两类。其中,非言语系统媒体包括:(1)实物系统媒体,指实际事物现象,如各种动植物与矿物标本、仪器、器材以及在各种演示实验中观察到的事物现象等;(2)模象系统媒体,指真实事物现象的模拟制品,如各种图片、图表、模型、影片、幻灯片等;(3)动作及表情系统媒体,指用以传递动作与情感经验的各种示范动作与表情动作。非言语系统媒体主要适用于传递具体事物的感性经验,从中获取信息比较简单。言语系统媒体包括:(1)口头言语系统媒体,指以口语作为经验的传递媒体;(2)书面言语系统媒体,指以文字符号作为经验的传递媒体。言语系统媒体主要适用于传递概括一类事物的理性的抽象的经验,从中获取信息比较复杂。

随着科技的发展,现代教学媒体的应用越来越广泛。现代教学媒体可以分为视觉媒体、听觉媒体、视听媒体、交互媒体和多媒体系统。其中,视觉媒体主要有实物投影、幻灯等;听觉媒体主要有电唱机、录音机、复读机、语言实验室等;视听媒体主要有电视和录像等;交互媒体主要有程序教学机器、模拟机、电子计算机、多媒体网络等。其中,PowerPoint 和 Authorware 是目前在中小学应用最为广泛的多媒体演示软件。这种软件集成文本、图片、动画、音频、视频等各类信息,既可以用来创作,也可以播放多媒体演示文稿。它能为学生提供多重感官刺激,信息传输量大,质量高,传输速度快,操作起来也十分方便。教师可利用这类软件来制作教学课件或讲稿,以直观的方式呈现教学内容,尤其有利于突出教学重点或者动态演示抽象的过程,从而帮助学生对所学的内容进行良好的表征和组织,同时也能激发学生的学习兴趣和动机。

(二)教学媒体的选择

由于具体的教学目标、教学对象、教学内容不同,以及不同媒体可以传递相同的信息,不同媒体也可以具有相同的特性,所以教学媒体的选择并不存在刻板的一一对应的关系。研究表明,影响教学媒体选择的因素有以下几个方面。

1. 教学方面的因素

教学媒体是为教学服务的,教学目标、教学内容、教学方式等教学方面的因素自然会影响到媒体的选择。选择什么样的教学媒体来传递经验,首先要考虑教学目标。因为有些媒体可能容易激发学生对所学知识的回忆,有些媒体可能更适合用来演示需要学生掌握的技能,也就是说有些媒体比其他媒体更适合于某种学习类型。其次要考虑教学内容的特点,即所要教学的经验本身的性质。如果所要教学的是一种感性的具体经验,则必须在非言语系统中选择适用的媒体。如果所要教学的是一种理性的抽象经验,则除了要有必要的非言语系统的媒体配合外,必须选择用言语系统的媒体,否则就难以完成传递任务。教学方式不同,可供选用的媒体也往往不同,如当采用直接交往方式来传递经验时,可用口语系统的媒体;当采用间接交往方式来传递经验时,一般用书面言语系统。

2. 学生方面的因素

教学媒体对经验的传递作用的大小,取决于学生的信号接收及加工能力,如感知能力、接受快慢、知识状况、智力水平、认知风格、先前经验、兴趣爱好以及年龄大小等。学生年龄不同,经验发展水平不同,采用的教学媒体也应有差别。对此,德尔(E. Dale)和韦杰(W. Waget)提出的"经验锥形"(见图 13-1)对教学有一定的启示作用。

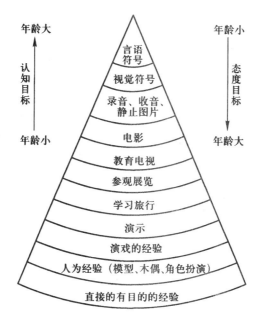

图 13-1 经验锥形

在图 13-1 中,他们列出了 11 种教学媒体。其最底层"直接的有目的的经验"指通过与实物媒体的实际接触,从而获得"做中学"的实际经验;最上层"言语符号"指通过言语媒体的作用以获得相应的经验,也就是通过阅读来学习。图 13-1 表明,使用教学媒体是为了实现从经验的直观动作表征、图像表征过渡到符号表征,教师要确定学生当前的经验水平,利用教学媒体,融入一定程度的具体经验,帮助学生整合新旧经验,促进学生对抽象概念的理解。

但是,由于受时代的限制,在图 13-1 中没有提到多媒体计算机和网络。多媒体计算机能集成文字、图形、图像、声音、动画等多种媒体,具有很强的交互作用和存储巨量信息、虚拟现实的能力;网络提供了信息结构非线性与远程通信能力。现代信息技术对教育提出挑战,也为学生提供了丰富的学习资源和信息传递的多元化的工具,为学生营造了理想的学习环境,有利于引导学生参与和体验知识获得的过程,并进而促进教学的改革。

3. 媒体方面的因素

不同的教学媒体,各有所长,各有所短,应互相补充。幻灯、投影的最大特点是能以静止的方式表现事物的特性,让学生详细地观察放大的清晰图像或事物的细节。电影、电视的表现力极强,它以活动的画面、鲜艳的色彩、动听的旋律呈现出事物变化的过程,形象逼真,能系统地描绘出事物的运动形式、空间位移、相互关系及形状变换。计算机辅助教学软件具有高速、准确、储存量大、能模拟逼真的现场和事物发生的进程的特点,且动静结合,表现力强。

同时,教师只有熟练驾驭媒体,才能有效发挥媒体的作用。教师在进行教学设计时要考虑媒体是否便于操作,操作是否灵活,是否能随意控制等因素。基于各学校办学条件的差异,教师对于媒体的选择应考虑成本低、功效大的媒体。

二、教学环境及其创设

教学环境包括物理环境和心理环境。物理环境是指教学环境中的温度、光线、通风、色彩、空间排列、教学设备等。心理环境是指教学活动中参与者之间的心理关系,如师生的需要、认知因素、情感因素、课堂心理气氛等。教师为教学活动创设良好的环境,教学环境服务于教学工作,以取得理想的教学效果。对于小学生来说,良好的教学环境使课堂成为快乐的场所,使学校成为向往的地方,从而可以轻松愉快地学习。

(一)课堂物理环境的安排

课堂物理环境除了要求光线充足、温度适宜、空气清新、色彩温和等自然条件外,还包括课堂时间环境和空间环境的设计。在教学活动中,科学合理地安排教学时间对教学活动有很大的影响。这要求教师要充分利用有效的学习时间,避免时间的浪费,降低因个别学生的迟到或早退等对教学的干扰;将日常琐碎事务比如点名、擦黑板、分发作业等规范化,不要占用过多的课堂时间。教师应尽可能不因维持课堂纪律而打断正常的教学进程,当出现课堂纪律问题时,可以采用诸如目光暗示、手势提醒等不干扰教学的方法进行。在进行活动转换时,教师要给学生一个明确的信号,从而使学生知道如何对这类信号作出反应,比如用拍手提示学生立刻安静下来听教师讲课。提问时,教师要先提出问题,稍作停顿之后,再请某一位同学进行回答;而不是先请出某一位同学,再提问题。只有这样,才能激起全班同学的注意,让大家都进行思考。此外,教师要不断地扫视全班,并与个别学生保持目光接触,监控活动的进程以及个别学生的行为。

课堂教学空间的安排主要有两种方法,第一种是按领域原则来安排课堂空间,即将课堂空间划分成一个个领域,某些领域只属于某个人,直到教师重新改变某人的位置为止,这种安排特别适合面向全班的课;第二种是按功能安排课堂空间,即将空间划分为各种兴趣范围或工作中心,每个人都能达到各种区域,这种安排最适合于小组同时进行各种不同的活动。当然,这两种方法并不相互排斥,可以组合使用。

课堂座位的排列方式要根据教学目标和方法而定。课堂讲演适宜采用的是纵横的排列方式。在这种排列方式中,学生的座位会影响到课堂教学和学习的效果。有研究表明,坐在教室前面几排和中间几列的学生似乎是最积极的学习者,这一区域被称为"中心区域"。教师大多数时间都站在这些座位的前面,师生之间的言语交流大多集中在教室的这一区域,其他位置尤其是坐在后面座位的学生则难于参与,并且更容易走神,因此,教师要经常变换学生在课堂中的座位。如果教学方法是讨论,则适宜采用其他排列方式,如马蹄形、环形、四边形等。这些排列方式有助于教师和学生之间以及学生与学生之间进行多向的交流。

（二）课堂心理气氛的创设

教师在教学设计中要积极地了解、控制好心理气氛。从教师自身来讲,课堂教学中教师的心理状态是影响学生学习活动的重要因素,教师的心境影响课堂的心理气氛,影响学生的学习兴趣,影响教师的教态,影响师生的关系,影响教师的教育机智等。良好的心理环境,可以促进学生的学习和个性健康和谐地发展。为此,教师应注意以下问题:

（1）创设教学的问题情境。用疑问来启发学生的思维,使学生的学习活动处于积极主动状态,让学生进一步去探究和解决问题。另外,教师可以通过激发认知冲突的方法来创设问题情境,具体来说包括激发人–人冲突(即学生之间对同一问题的不同看法)和人–物冲突(即新学习的知识与学生已有的认知观念的冲突)。这样,学生就会抱着"一探究竟"的心理聚精会神地听课。

（2）保留问题解决的空间。给学生的学习创设自由的空间,鼓励学生用已有的知识和经验去猜想,学生之间讨论、争论,引发进一步的深思、领悟、联想等。教师和书本不是绝对的权威,也不是解决问题唯一的方法和答案。在教学活动中师生平等、信任、尊重的心理关系,是师生共建知识、共同成长的保障,学生之间的合作、交流不仅能增进交往和社会适应性,相互的作用也会促进智慧火花的碰撞,有助于多角度地理解知识。

（3）指导有学习困难的学生。针对学生学习活动的不同情况,在教学设计中教师要充分考虑学生的学习差异。当学生面对失败时,教师要给予积极的鼓励和支持。当学生遇到困难时,教师要给予指导、点拨,教给学生学习方法。

（4）鼓励学生体验成功的快乐。当学生获得了知识和解决问题的方法后，教师应引导学生体会过程中的收获和成功的喜悦，避免简单地以成绩和结论来评价学生。在学习过程中要让学生产生快乐感、满足感，给学生轻松、自由、坦诚、快乐的积极的情感体验。

第四节 教学模式与策略的设计

在明确好教学目标、分析好教学任务后，教师一方面需要选择适宜的教学媒体、创设良好的教学环境，另一方面需要根据教学目标和任务的要求，选择合适的教学模式与教学策略，这是教学活动设计的关键。

一、教学模式及其种类

（一）教学模式及其结构

所谓教学模式，是指反映特定教学理论、为保持教学的相对稳定而采用的教学活动结构。在实际教学环境中，由于教学目标、教学内容、教学对象等的差异，形成了各种各样的教学模式。在教学过程中具体采用哪种教学模式要视具体情况而定，但任何一种教学模式都包含以下六个方面的内容：

（1）学习与教学理论，是教学模式赖以形成的理论基础，为教学模式提供理论渊源。它使人们了解该模式的来龙去脉。例如，罗杰斯的非指导教学模式或称学生中心教学模式，是以人本主义心理学及其学习与教学理论为依据的。

（2）教学目标，是教学模式设计的最终目的，是教学模式中的核心因素。它决定着教学模式的操作程序、师生活动的比例及评价标准等。

（3）操作程序，指对教学活动顺序和教学阶段的安排。一个教师采用某种教学模式，他就要考虑需组织哪些教学活动，首先做什么，接下来再做什么。每个教学模式都是由一系列独特的有顺序的活动组成的。这是教学模式的最基本的要素。

（4）师生角色，指师生在教学活动中的地位、应遵循的规则及师生之间的相互关系。一般有教师中心、学生中心和师生互动三种典型方式。

（5）反馈方式，指教师如何看待学生，如何对学生的表现进行反应。在某些模式中，教师要公开奖励学生的某些行为，以此来塑造良好的行为习惯。在另一些模式中，教师对学生的行为不进行评价，而是充分发挥学生的创造力，以使他们富有自主性。

（6）支持系统，指为了使教学模式达到预期效果所必须具备的一些特殊条件。比如人本主义心理学的非指导教学模式就要求教师特别耐心，对学生的活动不多加干涉。此外,任何一种教学模式都要求配备一定的物质资源,如图书、声像设备等。

（二）教学模式的种类

教学模式多种多样,根据其理论取向,大致可以归为四类:

（1）行为系统教学模式。以行为主义学习与教学理论为基础,重视学习者的外显行为,而不关心其内部心理结构及其变化。这类模式在教学过程中倾向于把学习任务分成一系列具体而有序的行为,学习情境的控制权一般都掌握在教师手中。代表性的教学模式有掌握学习模式、程序教学模式、模拟训练模式等。

（2）信息加工教学模式。以认知主义学习与教学理论为基础,比较重视学生的信息加工能力。不过,信息加工涉及信息组织、概念形成、问题解决等不同方面,由于对这些加工过程的重视程度不同,因而出现了概念形成教学模式、先行组织者教学模式等。

（3）个人发展教学模式。以人本主义学习与教学理论为基础,以非指导教学模式为代表,重视个人价值的实现及个人潜能的发挥,注意个人的情感生活,强调帮助个体与环境建立创造性的联系,以发展自我。

（4）社会互动教学模式。以建构主义学习与教学理论为基础,强调学习中的合作,重视个体与环境的相互作用,鼓励个体积极参与社会工作,提高社会活动能力。代表性的教学模式有小组合作教学模式、角色扮演教学模式等。

二、教学策略及其选择

（一）指导教学

指导教学是以学习成绩为中心、在教师指导下使用结构化的有序材料的课堂教学。在指导教学中,教师向学生清楚地说明教学目标,在充足而连续的教学时间里给学生呈现教学内容,监控学生的表现,及时向学生提供学习方面的反馈。由于在这种教学策略中,由教师设置教学目标,选择教学材料,控制教学进度,设计师生之间的交互关系,所以它属于以教师为主导的教学模式。

有人提出,指导教学包括六个主要活动:（1）复习和检查过去的学习;（2）呈现新材料;（3）提供有指导的练习;（4）提供反馈和纠正;（5）提供独立的练习;（6）每周或每月复习。不过,这些活动并不是严格遵循某种顺序的一系列步骤,而只是有效教学的因素。例如,反馈、复习、补习等,只要有必要就进行,并且要与学生的能力倾向相匹配。这些活动可以被看作教授结构良好的基本知识和技能的框架,与我国的传统讲授教学一致。

（二）发现教学

发现教学,又称启发式教学,指教师鼓励学生通过自身的学习活动发现有关概念或抽象原理的一种教学模式。一般来说,发现教学要经过四个阶段:首先,创设问题情境,使学生在这种情境中产生矛盾,提出要求解决和必须解决的问题;其次,促使学生利用教师所提供的某些材料、所提出的问题,提出解答的假设;再次,从理论上或实践上检验自己的假设;最后,根据通过实验获得一些材料或结果,在仔细评价的基础上引出结论。

为了提高发现教学的成效,布鲁纳提出了应该注意的四项基本原则:(1)教师要将学习情境和教材性质向学生解释清楚。(2)要配合学生的经验,适当组织教材。教师要在研究教材和学生的基础上,根据教材内容设计一个一个的发现环节;要仔细设计要问的问题,排列好例子,确保参考材料和设备充足,以促进学生进行自我发现。(3)要根据学生的心理发展水平,适当安排教材难度与逻辑顺序。例如,他根据儿童踩跷跷板的经验,设计了一个平衡器,让儿童调节平衡器砝码的数量和平衡器砝码离支点的距离,以此让儿童发现学习乘法的交换律,如 $3 \times 6 = 6 \times 3$。他先让儿童动手,然后使用想象,最后用数字来表示。(4)确保材料的难度适中,以维持学生的内部学习动机。材料太容易,学生缺乏成就感;材料太难,学生容易产生失败感。发现教学要进行得顺利,关键在于给学生创设的问题情境要符合学生的实际水平,让学生经过独立思考,亲自发现教材中那些隐含的东西,并概括得出结论,使这些新东西很快纳入自己的认识结构系统里去,把知识变成自己智慧的财富。

当学生具有成功所需的知识和动机时,发现教学技术最为有用。有人认为,发现教学在教授基础知识和基本技能时不如指导教学效率高,因此发现教学可以不作为常规基础课的首选教学策略。但是,当教学的重点在于培养解决问题的能力、激发好奇心、鼓励自我指导的学习时,发现教学可以发挥其独特的优势。

（三）情境教学

情境教学指在应用知识的具体情境中进行知识教学的一种教学模式。在情境教学中,教学的环境是与现实情境相类似的问题情境;教学的目标是解决在现实生活中遇到的问题;学习的材料是真实性任务,这些任务没有进行人为的简化处理,而是隐含于现实问题情境之中;教学的过程与实际的解决问题的过程相似,教师不是直接将事先准备好的概念和原理告诉学生,而是提出现实问题,引导学生进行与现实中专家解决问题的过程相类似的探索过程。学生解决问题所需要的原理和概念往往隐含在问题情境之中,学生为了解决当前问题而学习它们,通过解决问题而深刻理解它们,并把这些知识的意义与应用它们的具体的问题情境联系在一起。对学习结果的测验也融合在学生解决问题的过程之中,学生在解决实际问题的过程中的表现本身就反映了其学习结果。

（四）合作学习

合作学习指学生以主动协作学习的方式代替教师主导教学的一种教学模式。合作学习的目的不仅在于培养学生主动求知的能力，也在于发展学生的人际交往、冲突解决能力，促进学生之间的相互接纳和尊重，并最终建立起稳定的自我概念。

合作学习在设计与实施上必须具备以下五个特征。（1）分工合作，指以责任分担的方式达成合作追求的共同目的。真正有效的分工合作必须符合两个条件：一是每个学生都必须认识到工作是大家的责任，成败是大家的荣辱；二是工作分配要适当，必须考虑每个学生的能力与经验，进行合理安排。（2）密切配合，指将工作中应在不同时间完成的各种项目分配给各个人，以便发挥分工合作的效能。（3）各自尽力，合作学习的基本理念是取代为了获得承认和评级而进行的竞争，同心协力追求学业成就，因为合作学习的成就评价是以团体为单位的。因此，大家都可能是成功者，没有失败者。要想成功，团体成员必须各尽其力，完成自己分担的工作，并且要帮助别人。（4）社会互动，合作学习的成效取决于团体成员之间的互动作用，即大家在态度上相互尊重，在认知上能集思广益，在情感上彼此支持。为此，学生们必须具备两项基本技能，一是语言表达能力，二是待人处事的基本社交技巧。（5）团体历程，指通过团体活动达成预定目标的历程。这些团体活动包括如何分工、如何监督、如何处理困难、如何维持团体中成员间的关系等。

（五）探究学习

探究学习指学生通过类似于科学家科学探究活动的方式获取科学知识，并在这个过程中，学会科学的方法和技能、科学的思维方式，形成科学观点和科学精神。

探究学习的中心是针对问题的探究活动。当学生面临各种让他们困惑的问题的时候，他就要作出各种猜测，要想法寻找问题的答案。在解决问题的时候，要对问题进行推理、分析，找出解决问题的方向；然后通过观察、实验来收集事实，也可以通过其他方式（如查阅文献资料、检索等）得到二手的资料；通过对获得的资料进行归纳、比较、统计分析，形成对问题的解释。最后通过讨论和交流，进一步澄清事实、发现新的问题，对问题进行更深入的研究。"做中学"是探究学习的典型代表。它要求教师通过设置适当的活动和任务，使学生投入到真实的情境中去，在亲自动手操作的实践过程中学习知识、掌握科学的思维方法，培养对科学的积极态度。

（六）掌握学习

掌握学习是由布卢姆等人提出来的一种个别化教学策略,其基本理念是:只要给了足够的时间和适当的教学,几乎所有的学生对几乎所有的学习内容都可以达到掌握的程度(通常要求完成 80% ~ 90% 的评价项目)。学习能力强的学习者,可以在较短的时间内达到对某项学习任务的掌握水平;而学习能力差的学习者,则要花较长的时间才能达到同样的掌握程度。但无论其能力如何,只要花相应的时间,他们都能获得通常意义上的 A 等或 B 等,达到掌握的标准。

基于这一理念,布卢姆等人主张,要将学习任务分成一系列小的学习单元,后一个单元中的学习材料直接建立在前一个单元的基础上。每个学习单元中都包含一小组课,它们通常需要 1 ~ 10 小时的学习时间。然后,教师编制一些形成性测验,以监测学生的学习进程。学完一个单元之后,教师对学生进行总结性测验,了解学生对单元教学目标的完成情况,评价学生的最后能力。达到了所要求的掌握水平的学生,可以进行下一个单元的学习。若学生的成绩低于规定的掌握水平,就应当重新学习这个单元的部分或全部,然后再测验,直到掌握。采用掌握学习这个方法,学生的成绩是以成功完成内容单元所需时间而不是以在团体测验中的名次为依据的。学生的成绩仍然有差异,但这种差异表现在他们所掌握的单元数或成功学完这些单元所花的时间上。

第五节 教学成效的测量与评价

教学目标的确立是否合适,教学任务的分析是否得当,所选择的教学媒体和营造的教学环境、所选用的教学模式和相应的教学策略是否有效地促进了教学目标的达成,这就是教学成效的测量与评价需要解决的问题。

一、教学测量与评价及其类型

（一）教学测量与评价的含义

所谓教学测量,就是借助于教学测验来对教学成效进行定量考核的一种方法。教学测验作为教学测量的工具,其编制要以教学目标为依据,命题合理,评分客观,具有科学性和有效性。具体如何科学地编制教学测验,后文将详细介绍。

所谓教学评价,就是依据教学目标,对教学过程和结果的信息进行分析及解释的过程。其中对学生的学业成绩测验结果的分析和解释容易成为教师关注的重点,但教学过程本身、学生的体验及表现等也应成为教学评价的重要内容。因此,教学评价既有教师的教学评价,也应有学生的学习评价;既有学习结果的评价,也应有学习过程的评价。

教学测量与教学评价两者既有区别,又有密切的联系。一方面,教学测量是对学绩测验所得结果的客观描述(将结果予以数量化),并不考虑结果的实际意义;而教学评价则是对学绩测验所得结果的主观判断(对结果进行分析解释),以了解结果的实际意义。另一方面,教学评价以教学测量所得的客观描述为依据。只有通过教学评价,才能判断教学测量所进行的客观描述的实际意义;如不通过评价,则通过教学测量所获得的结果也就毫无价值。在现实的教学过程中,教学测量与教学评价是密不可分的,经常同时使用,并被简称为教学测评。

(二)教学测量与评价的类型

在学校教学过程中,教学测评可以用来测量和评价学生在一定群体中的等级,也可以用来测量和评价学生是否有效地完成了教学目标。教学测评贯穿教学过程的始终,教师可以根据教学过程的不同阶段,灵活选用不同的测评形式。

1. 形成性测评与总结性测评

就实施教学测评的时机而言,有形成性测评和总结性测评之分。形成性测评通常在教学过程中实施,一般是由学生完成一些与教学活动密切相关的测验,也可以让学生对自己的学习状况进行自我评估,或者凭教师的平常观察记录或与学生的面谈来进行。总结性测评或称终结性测评,通常在一门课程或教学活动(如一个单元、章节、科目或学期)结束后进行,是对一个完整的教学过程进行的测定。

2. 常模参照测评与标准参照测评

根据教学测评的参照点,有常模参照测评和标准参照测评之分。常模参照测评是指评价时以学生所在团体的平均成绩为参照标准(即所谓常模),根据其在团体中的相对位置或名次来报告测评结果。标准参照测评是基于某种特定的标准来测评学生对与教学密切相关的具体知识和技能的掌握程度。

3. 准备性测评与诊断性测评

从教学测评的功能看,有准备性测评与诊断性测评之分。准备性测评一般在教学开始前进行,摸清学生的现有水平及个别差异,以便安排教学。通过准备性测评,教师可以了解学生对新学习任务的准备状况,确定学生当前的基本能力和起点行为。诊断性测评有时与准备性测评意义相当,指了解学生的学习基础与个体差异,有时指对经常表现出学习困难的学生所做的测评,多半是在形成性测评之后实施。

4. 正式测评与非正式测评

根据教学测评的严谨程度,有正式测评与非正式测评之分。正式测评指学生在相同的情况下接受相同的评估,且采用的测评工具比较客观,如测验、问卷等。非正式测评则是针对个别学生的测评,且测评的资料大多是采用非正式的方式收集的,如观察、谈话等。有时,教师可以采用非正式测评作为正式测评的补充。

二、教学测量与评价的方法和技术

与教学目标相一致,教学评价也应包括认知、情感和技能三个方面。对于认知和技能领域的学业成就,最常用的教学评价手段是标准化成就测验和教师自编测验。而对于情感以及道德行为表现则常常采用非测验性的评价手段,如档案袋分析、观察、谈话等。

(一)标准化成就测验

1. 什么是标准化成就测验

标准化成就测验是指由专家或学者所编制的、适用于大规模评定个体学业成就水平的测验。这种测验的命题、施测、评分和解释,都有一定的标准或规定。由于测验条件的标准化,测验的结果比较客观一致,适用的范围和时限也较宽广。它是由专门机构或专家学者按一定的测验理论和技术,根据全国或某一地区所有学校的共同教育目标来编制的。所有被试所做的试题、时限等施测条件相同,计分手段和分数的解释也完全相同。

2. 标准化成就测验的优势与不足

相对于其他测验形式,标准化成就测验具有以下优势:第一,客观性。在大多数情境下,标准化成就测验是一种比教师自编测验更加客观的测量工具。第二,计划性。专家在编制标准化成就测验时,已经考虑到所需的时间和经费,因此标准化成就测验比大部分的课堂测验更有计划性。第三,可比性。标准化成就测验由于具有统一的参照标准,使得通过不同测验得到的分数具有可比性。

但是,对标准化成就测验也有不少的批评意见。第一,它与学校课程之间的关系可能不协调。在我国,不同地区的教学状况还存在着一定的差距,一个年级或地区的教学内容可能不同于另一个年级或地区。因此,可能不少地区的学生所学到的内容与标准化样本所要求的内容有差别。这就要求教师在选用标准化成就测验前,仔细查阅内容效度,使得测验的目标与评价的目的相匹配。第二,经常会出现测验结果的不当使用。教师们经常利用标准化成就测验结果对学生分类和贴标签,对个体造成不良影响。它们的使用对得低分的学生伤害尤其大。

(二)教师自编测验

1. 什么是教师自编测验

教师自编测验指教师根据具体的教学目标、教材内容和测验目的自己编制的测验。它通常用于测量学生的学习状况,而标准化成就测验则用来判断学生与常模相比时所处的水平。

2. 教师自编测验的一般原则

（1）试题要符合测验的目的。学绩测验的目的有多种，是作为选拔、诊断之用，抑或作为评价或分类之用？这一点是命题时必须明确的。测验目的不同，编制测验的取材范围及试题难度也就有所不同。

（2）试题内容的取样要有代表性。由于学绩测验只是测量目标的一个样本而不是全部，因此试题内容的取样应有代表性，能代表该学科的全部内容，而不能只偏重某一方面的内容而忽视其他方面的材料。否则，这个测验的效度就不可能高。

（3）题目格式应多种多样。在同一份试题中，应依据测验目的与要求的不同，选用各种不同的题目形式，不宜"单打一"。如果要考查学生对概念的记忆，宜用简答题；要考查对事物的辨别和判断，宜用多选题；而要考查学生综合运用知识的能力，宜用论述题。此外，题目格式应明确，不要使学生产生误解。

（4）文句要简明扼要。测验题目的文字应力求浅显简短，不要使用艰深的字词，要排除与题目无关的多余信息；同时又不能遗漏解题所必须依据的条件，否则，试题便无法解答。

（5）试题应彼此独立。各试题不能含有暗示本题或他题的正确答案的线索。如果一个题目的命题或答案的内容，为另一个题目的解答提供了线索，那么后一个题目就失去了测验的意义，得分也就不能准确地反映学生的学绩。

3. 教师自编测验的题目类型

（1）客观题

客观题具有良好的结构，对学生的反应限制较多。学生的回答只有对、错之分，因此教师评分也就只可能是得分或失分。它包括选择题、是非题、匹配题和填空题等形式。

选择题是由题干和两个或更多的选项组成的。题干可以是直接提问或者以不完整的句子的形式出现，目的是为了设置问题情境；而选项则提供可供选择的答案，包括一个或多个正确答案和若干具有干扰性的错误项或迷惑项。学生的任务就是阅读题目，再从一系列选项中挑选出正确的项目。

是非题与选择题有一点相似之处，学生需要识别、选择出正确答案。常用的形式是，陈述一句话，要求学生判断对错或是非。是非题可用于测量不同水平的教学目标。一般而言，是非题形式简单，能够在一份试卷内覆盖大量的内容。教师在评判时也较客观，计分简便、省时。

匹配题是另一种可提供多种选择的考试形式。通常，题目包括两列词句，一列是问题选项，一列是反应选项。学生根据题意按照某种关系将左右的项目连接起来。匹配题形式简单,能够用来有效地测量学生对知识联系的掌握情况,且易于计分。

填空题是呈现给学生一句或一段不完整的话或者直接提问,要求学生简要做答。当教师的目的是考查学生对知识的回忆时,填空题十分有用,它可将学生猜测的可能性降到最小。如果经过精心设计,也可以通过填空题来考查学生对知识的理解以及推理和判断能力。

（2）主观题

主观题要求学生自己组织材料,并采用合适的方式表达出来。这类题型包括论文题和问题解决题等。教师在评分时,对学生的回答需要给出不同量的分值,而不仅仅是满分或零分。

论文题是指要求学生用文字论述方式阐述相关观点的题目,回答字数可以从几段到几大页不等。一般较常使用的有两种类型——有限制的问答题和开放式论文。有限制的问答题,指教师对回答的内容和长度都有规定,如平时测验中的简答题等。开放式论文,则允许学生在内容上自由选材,自由发挥,而且篇幅可以较长。论文题可以用来考查学生对知识的了解、领会或运用,也可用来考查学生的分析、综合、类比和评估知识的能力,还可用来考查学生组织信息或表达某种意见的能力。

使用论文题也有不便之处。首先,学生回答论文题需要花费很多时间。因此,在一份试卷里只能出现少量的题目,对课程内容的取样也就非常有限。通过增加小的论文题(即简答题或问答题),可以避免这个问题。其次,熟悉自己学生的教师,在判卷时很难做到客观,导致信度较低。

问题解决题,即向学生提供一定的问题情境和目标情境,要求学生通过对知识进行组织、选择和运用等复杂的程序来解决问题。通常有两种形式,一种是间接测验,与前面提到的几种测验形式一样,采用纸笔测验来评价学生的学业成就或能力。学生在完成时,通常必须写出若干步骤或过程,以展现他的思路。评分时,按照步骤计分,如果缺少某些步骤就不能得分。

问题解决题的另一种形式则是直接测验。例如,为了考查学生学习本节内容的情况,让学生编制一份测验小学两步应用题的测题。由于它考查了学生处理实际问题的能力,所以有时我们又把这种形式叫作操作评价。操作评价对于考查高级思维能力十分有效,但是往往费时费钱,主观性较大,其效度也经常受到质疑。

4．有效自编测验的特征

（1）信度

信度是指测验的可靠性,即多次测验分数的稳定、一致的程度。它既包括在时间上的一致性,也包括内容和不同评分者之间的一致性。例如,采用性格量表测量学生,他们在这一个月的测验结果,如果大致等于六个月前和三个月前的得分,那么我们就认为测验的信度较高。教师可通过以下方法来提高测验的信度:增加测验题目数;使难度适中,增加区分度;教师严格执行施测规程,并严格按照标准给分,减少无关因素对测验过程的干扰。

（2）效度

效度是指测量的正确性,即一个测验能够测量出其所要测量的东西的程度。效度考虑的问题是:测验测量什么? 测验对测量目标的测量精确性和真实性有多大? 要提高测验的效度需要使测验试题有代表性,难度适中,增加区分度,科学实施测验。

（3）区分度

区分度是指测验项目对所测量属性或品质的区分程度或鉴别能力。它是根据学生对测验项目的反应与某种参照标准之间的关系来估计的。例如,可用年级或教师评定的等级作标准,看测验的项目能否把不同年级或不同水平的学生区分开来。要增加测验的区分度,需使测验难度适中,避免过难或过易的问题。

（4）难度

难度是指测验的难易程度,它通常用得分率衡量。例如某道题学生的平均得分是 6 分,题目满分是 10 分,则此题的难度为 6/10,即0.6。一般而言,测验题目的难度应在 0.3 到 0.7 之间,平均难度保持在 0.5 左右较为合适。

（三）非测验的评价技术

在实际教育中,前述纸笔测验并不是收集资料的唯一途径。教师还可以使用许多非测验的评价技术,尤其是情感领域的教学评价更需要采用非纸笔测验。情感教学不属于任何一个学科,其效果可能产生在任何一种认知学科的教学过程中。

1. 观察

通过教学过程中的非正式观察,教师能够收集到大量关于学生学业成就的信息。这种观察不只限于智能的发展,还包括学生生理、社会和情绪的发展。为了确保观察的有效性,教师应注意自然地对学生进行全面系统的观察,然后客观、详细地记录下观察信息。

（1）行为检查单

教师可以使用行为检查单来记录其在教学中的观察结果。行为检查单（如表 13-4 所示）一般包括教师认为重要的一系列目标行为,通常采用有/无（或是/否）的方式记录,但有时也记录下出现的次数。行为检查单使用简便,对于教师非常有用。尤其在课堂上,教师可以利用行为检查单及时记下所观察到的行为,以便指导和帮助学生。如果行为是属于某个连续体上的某一点,那么更适宜的方式是等级评价量表。当观察目标是具体、特定、经过了明确界定的行为时,行为检查单非常有效。

表 13-4　行为检查单举例

序号	目标行为	是	否
(1)	学生是否用透镜纸拭擦试片?		
(2)	学生是否正确拭擦玻璃盖片?		
(3)	学生是否擦去多余液体?		
(4)	学生是否正确放置试片?		
(5)	学生是否用目镜观察和紧闭另一只眼睛?		
(6)	学生是否用最低倍数观察标本?		
(7)	学生是否打破试片?		

（2）轶事记录

轶事记录指描述所观察的事件。与行为检查单相比,轶事记录可提供比较详细的信息,这些记录一般按照发生时间排列。教师可以在事先有明确的观察目标,就某一方面的行为进行记录;也可以没有明确的观察目标,事后再专门分析或考察某一件事。由于教师面对众多的学生,在时间和精力上无法把各方面的有效事件都记录下来。从实际出发,教师需要把握以下原则:其一,把观察和记录限定在其他方法所不能评价的某些重要的行为领域;其二,尽可能把广泛的行为观察集中在那些特别需要帮助或特别需要增加评价信息的学生身上;其三,针对一些典型的、偶发的、例外的、独特的事件加以记录。

轶事记录示例

【轶事记录】3月4日上午,第一节课刚开始,刘刚问可否让他在班上读一下自己写的一首关于春天的诗。他读诗的声音很低,读的过程中两眼紧盯着纸面,并反复前后移动着右脚,手还不时地拉自己的衣领。当他读完时,坐在后排的王杰说:"没听清,能不能再大声读一遍?"刘刚说声:"行了!"便急忙坐下了。

【教师分析】刘刚喜欢写诗,说明他有一定的创作能力,但在众人面前,他还是显得胆怯和紧张,他拒绝再读,看来是紧张的缘故。

（3）等级评价量表

对于连续性行为的观察,等级评价量表可能更为有效。它可用于判断某种行为的发生频率以及某种操作或活动的质量,使得观察信息得以量化。等级评价量表的运用是一种间接的观察技术,通过量化所观察的信息,可以迅速简便地获得概括化的信息。等级评价量表和行为检查单一样,都要求教师对学生的行为进行判断,可以在观察过程中或结束后使用,但是两者的评价标准不同,使用行为检查单只需作定性的判断,而使用等级评价量表强调作定量的判断。比如,对于学生的行为,教师可以在优、良、中、差几个等级上进行评价。

2. 档案袋评价

档案袋评价是教师依据教学目标与计划,请学生在一段时间内主动收集、组织与反思学习成果的档案,借以评定其努力、进步和成长情况的一种评价方法。

（1）档案袋的内容

档案袋的内容主要包括课内学习情况记录和课外学习情况记录两部分,有时还包括家校联系的记录。课内学习情况记录是指所有与课堂教学相关的活动记录,既包括课堂上的活动,也包括课后开展的与课堂教学内容直接相关的一系列活动。例如学生回答问题的情况、小测验、课堂笔记、知识网络图、小组学习体会、朗读录音带、课后作业、教师评语、小组成员之间的评价等。课外学习情况记录是指学生在课堂教学的基础上结合自身的兴趣所延伸开展的活动记录,如剪报、收集、课外阅读材料及读书笔记、手工制品、调查报告、参加课外活动（如科学模型比赛、演讲比赛等）的记录等。

（2）档案袋的类型

在实际教学中,用于班级学生评价的档案袋基本上可分为过程型、评估型和展示型三类。

过程型档案袋的目的在于描述学生的进步。它主要收集反映不同阶段的个人表现的材料,其中不仅有自己最满意的作品,也有最初的、不太成熟的作品,如一篇文章的初稿、修改稿和定稿都可以收集在档案袋中。过程型档案袋一方面能使学生不断反思自己,以调整自己的学习;另一方面也能使教师及时准确地掌握学生的学习进展情况,进行阶段性的评价与诊断。过程型档案袋可为师生提供双向服务,因此在教学过程中被广泛应用。

评估型档案袋的目的在于衡量学生是否达到教学目标中预期的表现水平。它常用于学生学习过程结束之后,让学生按照特定的标准和规则对自己已有的、成型的作品进行收集和整理。评估型档案袋主要为教师评估提供信息,不太注重学生的自我反思。此外,它对收集的材料内容有严格的要求,需要评估者设置客观合理的选取标准和评分标准,以保证不同评分者之间的一致性。由于操作上存在一定难度,这种档案袋在课堂教学评价中较少使用。

展示型档案袋的目的在于展示学生在各个方面的成就与特长,它收集的都是学生最为满意或最优秀的作品。其主题由师生共同决定,每次展示的主题可以是一个或多个。展示型档案袋一方面能帮助提升学生的自我效能感,使其扬长避短、发挥潜能;另一方面还能让教师了解每位学生的个性特征和专长,从而有针对性地进行教学。

在教学评价多元化的改革浪潮中,档案袋评价逐渐受到人们的重视和青睐。一般来说,精心设计与制作的学习档案袋,可以发挥诸多作用,如能兼顾学习结果与过程,兼顾认知、情感、动作技能的整体目标;可以用来评估学生的元认知和反思能力,获得关于学生发展的更真实的表现与成果;可以利用整合、动态、实作的方法激发学生的学习兴趣;可以增进师生的互动和合作精神等。不过,这种评价技术需要教师有较系统的教育评价理论修养,比起传统的纸笔测验,档案袋评价比较耗费时间、精力和经费。此外,其标准化和客观化程度较低,因而信度和效度有时难以保证。

理解·反思·探究

1. 运用教学目标的表述技术,分析下例教学目标实例的基本要素。

(1) 在指认和书写中,学生能迅速无误地读出和写出 10 个生字与 5 个词组。

(2) 中等生至少能够举出 4 个具体实例说明分数的 3 个基本性质。

(3) 复述课文内容,学生的口述要具体涉及事情的时间、地点和事情的起因、经过、结果。

(4) 在热膨胀冷缩实验中,每个实验小组要通过正确的实验操作,填写出实验报告。

(5) 学生学习重量概念后,能估计出生活中常见物体的大约重量。

(6) 通过活动,使学生了解测量气温的方法,能够用温度计测出当时某个地方的温度。

2. 反思下列教学实例,谈谈教师应如何进行教学评价,以促进学生的发展。

例1:一位初一学生 4 月 11 日的日记

最近,我们开始了期中考试。在 4 月 9 日,我们考了外语,但不理想。外语本是我的强项,可这次只得了 94 分,错了 2 道听力和 2 道选择。就连外语最好的同学也只有九十八九分。在 10 日,大家又考了语文。但是也不怎么样,基础和阅读扣分在 5 分以内的几乎没有,结果全班被语文教师骂了一通。还好我只扣了 2 分,好像是全班扣分最少的一个;就是不知作文扣多少,大约扣个六七分吧。今天的数学最好,得了 100 分。不过全班有 11 个,也算不了什么太好。

例2:"差生"的成绩

我是差生行列中的一员,经受着与其他差生一样的遭遇。然而我并不想当差生,我也曾经努力过,刻苦过,但最后却被一盆盆冷水浇得心灰意冷。就拿一次英语考试来说吧。我学英语觉得比上青天还难,每次考试不是个位数就是十几分,一次老师骂我是蠢猪,我一生气下决心下次一定要考好。于是,我起早摸黑,加倍努力,牺牲了多少休息时间也记不住了。好在功夫不负苦心人,期末预考时,真的拿了个英语第一名。当时我心里的高兴劲儿就别提了,心想这次老师一定会表扬我了吧!可是出乎意料,老师一进教室就当着全班同学的面问我:"你这次考这么好,不是抄来的吧?"听了这话,我一下子从头凉到脚,心里感到一阵刺痛,那种心情真是比死还难受一百倍。难道我们差生就一辈子都翻不了身吗?

3. 你认为对于小学生的阅读和应用题而言,最适合它们的教学模式和教学策略是什么?为什么?

4. 指导学生就记叙文写作的学习,设计与制作过程型档案袋。

阅读导航

1. 冯忠良、伍新春等:《教育心理学》(第二十四、二十五章),北京:人民教育出版社,2010年。

这两章在简要介绍教学设计的类型与方法、教学系统设计的执行原则的基础上,详细阐述了教学目标的陈述、教学任务的分析、教学模式的确立、教学媒体的选择、教学测验的要求和应用等内容。

2. 陈琦、刘儒德:《当代教育心理学》(第十四至十六章),北京:北京师范大学出版社,2007年。

这三章阐述了教学目标的设置、教学模式的选择、教学环境的设置、课堂管理过程、问题行为处理、标准化测验、教师自编测验和真实性评定技术及其应用。

3. 胡谊:《教育心理学》(第十五至十八章),上海:华东师范大学出版社,2009年。

这四章分别阐述了教学计划的过程与内容、教师中心的教学策略和学生中心的教学策略、课堂环境管理和课堂行为管理、学校教育中的测验和评价等内容,并提供了相关的教学设计案例,具有较强的实践针对性。

4. 安妮塔·伍尔福克著,伍新春等译:《伍尔福克教育心理学》(第十二至十四章),北京:中国人民大学出版社,2012年。

　　这三章系统阐述了良好学习环境的创设与维持、纪律问题和校园暴力的处理、教学计划的制订与教学方法的选择、标准化测验的编制、非测验式评估等内容,具有较大的实用价值。

第十四章 教师的职业发展

2010 年 7 月颁布的《国家中长期教育改革和发展规划纲要(2010—2020年)》明确指出:"教育大计,教师为本。有好的教师,才有好的教育。提高教师地位,维护教师权益,改善教师待遇,使教师成为受人尊重的职业。严格教师资质,提升教师素质,努力造就一支师德高尚、业务精湛、结构合理、充满活力的高素质专业化教师队伍。"

在 2012 年 2 月颁布的《小学教师专业标准(试行)》中,对教师明确提出了"师德为先"、"学生为本"、"能力为重"、"终身学习"的基本理念,并从专业理念与师德、专业知识、专业能力 3 个维度 13 个领域提出了 60 条具体要求。其中,在"职业理解与认识"领域,明确要求教师"认同小学教师的专业性和独特性,注重自身专业发展";在"个人修养与行为"领域,要求教师"善于自我调节情绪,保持平和心态"。可以说,《小学教师专业标准(试行)》对小学教师的专业成长和个人素质提出了非常具体的要求,将深刻地影响教师的职业发展。

教师要做好教育教学工作,不仅需要了解学生的心理特点与学习规律、有效地进行教学设计,更需要认识自己的职业心理特点、完善自身的专业发展。本章旨在从职业生涯发展的视角,帮助教师整合个人、学校与社会的力量,以促进教师职业生涯的快速起步和持续成长,维护自身的心理健康,全面提高自身的素质。

第一节 教师职业生涯的发展

从终生发展的视角审视教师的职业生涯,对于尚未正式迈入教师职业的未来教师而言,具有非常重要的意义。它有助于未来教师了解教师在职业生涯的不同阶段可能面临的问题,从而做好应对的心理准备,并进行发展的科学规划。

一、教师职业生涯发展及其意义

(一)职业生涯与职业生涯发展

职业生涯是指个人一生中所有与工作相联系的行为与活动,也包括相关的态度、价值观和愿望等。它主要有以下几个特点。(1)终生性。职业生涯概括了个人一生中所拥有的各种职位、角色,它不是某个时段所特有的,而是终生的,涵盖了人生整体发展的各个层面。（2）独特性。生涯是个人为实现自我而逐渐开展的一种独特生命历程，不同个体的生涯，在形态上或有类似，但其实质可能完全不同。（3）发展性。生涯是一个动态的发展历程，个人在不同的人生阶段中可能有不同的追求，这些追求促使个人不断变化与成长。（4）互动性。除了本人对职业生涯的设想与计划外，父母的意见、配偶的理解与支持、组织的需要与人事计划、社会环境变化等，都会对职业生涯产生影响，职业生涯是多种因素互动的结果。

所谓职业生涯发展，是指为达到职业生涯计划中所列出的各种职业目标而进行的知识、能力和态度等的发展性活动。职业生涯发展计划至关重要，其内容包括洞察自我、判断机会、认识限制因素、作出选择、思虑后果，确定职业生涯目标，寻找职业生涯道路，等等。在职业生涯发展过程中，一个重要的原则是个人与组织之间的相互配合，这种配合程度集中表现为职业发展对个人和组织的需要与利益的满足程度。

长期以来，中小学教师被错认为是"无生涯"或"没有生涯台阶"的职业，因此造成教师在专业发展上的种种限制。事实上，教师在几十年的职业生涯中，不论是在专业知识、技能或态度的需求上，还是在教学能力的表现和教育机智的变化上，均呈现出阶段性发展的特点，且这种发展是可以预测的。因此，针对教师职业生涯发展的需求和过程进行探讨很有必要。

（二）教师职业生涯发展的意义

职业生涯发展是人才成长理论中的新观念，在职业竞争日趋激烈的新时期，职业生涯发展对人的成长与发展具有重要意义。树立职业生涯发展的观念，对于教师的发展有三个明显的促进作用：（1）有利于教师管理自己的职业生涯，充分发挥自己的潜能。教师如果能对自身的特点、专业能力、家庭支持及影响职业生涯的其他因素有一个准确的评价，就可以有针对性地发挥自己的潜能。（2）有利于在生涯发展的不同阶段，改善教师个人与组织间的匹配过程，帮助处于职业生涯危机中的组织和个人采取有效措施来处理危机，更好地合作。（3）有利于转变教育和培训的观念，改进人力资源开发活动，提高组织绩效。职业生涯发展的意识，推动了"管理人就是控制人"向"管理人就是发展人"的观念转变，使人力资源开发活动关注教师的自我发展、家庭发展、组织发展等多种需要，拓宽教育和培训的领域，从而有利于教师保持工作的高效率与强动力，并最终提高组织绩效。

二、教师职业生涯发展的理论

自20世纪60年代以来，许多学者致力于教师职业生涯发展的研究，从不同角度对教师职业生涯的发展进行了具体描述和分析,形成了异彩纷呈的教师职业生涯发展理论。下面介绍其中几种较有影响的观点。

（一）生涯关注阶段论

对教师生涯的系统研究始于美国的傅乐（F. Fuller）。他根据个体在成为教师过程中关注的事物不同,将教师的生涯发展分为4个阶段。

（1）教学前关注。在职前培养时期,个体仍扮演学生角色,教师角色仅处于其想象中。因为未曾经历教学,所以无教学经验,只关注自己。不仅如此,他们对现任的教师抱着观察、批判的态度。在观察初期,常常对教师是不表同情的,甚至还带有敌意。

（2）早期生存关注。这是接触实际教学工作的实习阶段,个体所关注的是自己的生存问题,即关注班级管理、熟悉教学内容,并关心上级督导者及学生、同事的评价。这一时期,他们感受着相当大的压力,表现出明显的焦虑和紧张。由于这种生存忧虑,有些新教师会思考把大量时间花在跟学生搞好个人关系上,而不会思考如何教他们;还有些新教师则想方设法控制学生,而不是让学生获得学习上的进步。

（3）教学情境关注。此阶段所关注的除了前一时期的种种问题之外,还有教学上的各种需要或限制与挫折,以及各种教学能力和技巧要求。总之,此阶段教师所关注的是自己教学的表现,而不是学生的学习。

（4）关注学生。在这一阶段,教师将考虑学生的个别差异,认识到不同发展水平的学生有着不同的社会和情感需要,教学有些材料不一定适合所有学生,因此,必须因材施教。一般认为,能否自觉关注学生是衡量一个教师是否成熟的重要标志之一。

傅乐提出的这一套教师生涯关注理论,着重在教师的职前培养时期,对于师范教育具有参考价值。但是,由于它没有对成熟教师未来的发展进行探讨,因此,不足以审视教师生涯发展的全貌。

（二）生涯发展循环论

20世纪80年代费斯勒（R. Fessler）依据多年研究教师职业生涯发展的成果,提出了一套动态的教师生涯发展循环论,并将教师的职业生涯发展划分为下列8个主要阶段。

（1）职前教育阶段。这是特定职业角色的准备期。主要是在大学进行知识学习和接受专业训练,也包括教师在从事新角色或新任务后的再训练,如参加高等教育机构的学习或在工作中在职进修。

（2）实习导入阶段。这是教师任教的最初几年,他们要实现教师角色的社会化,要适应学校的运作系统,并学会教学的日常工作。这个时期的新教师大多努力表现,稳妥地处理日常教学事务,希望能为学生、同事、上级及其他人员所接纳。

（3）能力建立阶段。这是教师努力改善教学技能、提高教学效率、寻求新材料、发现和运用新方法与新策略的时期。此时的教师一般容易接受新观点,乐于出席研讨会、观摩会,热衷于研究、进修课程。这时的工作富有挑战性,他们渴望教学技能的全面提高。

（4）热心成长阶段。这一时期的教师在能力建立以后不断成长,持续不断地追求自我实现。他们积极主动,热爱工作,不断充实和丰富教学方法,积极支持和参与学校的各种专业教育活动。持有较高工作满意度,是这一阶段的突出特征。

（5）生涯挫折阶段。此阶段的教师可能受到某种因素的影响而产生教学上的挫折,出现理想幻灭、工作不满意、情绪沮丧的情况,并开始怀疑自己的工作能力及所从事职业的价值。因此,这一阶段也称为教师的"职业倦怠"期。

（6）稳定停滞阶段。这是生涯发展中的高原期。有的教师出现停滞状态,抱有"做一天和尚撞一天钟"的态度,这些教师只做分内工作,只求无过,不求有功。这个阶段是缺乏挑战性的阶段。

（7）生涯低落阶段。这是教师准备离开教育岗位的低潮时期。一些教师回顾过去,桃李春风,满心喜悦;而另一些教师因一事无成而苦楚忧虑。这个阶段也许持续几年,也许持续几个月或几周。

（8）生涯引退阶段。这是教师离开教学生涯以后的时期。有些人找到了临时工作,有些人享受天伦之乐,有些人选择非教学工作,如参与志愿服务或社会管理。

费斯勒的教师生涯发展循环论,为我们提供了一个较为完整的纵贯教师生涯的理论架构,无论是对教师完整的生涯规划,还是对教师各个发展阶段的辅助支援,都具有重要的理论参考价值。

（三）人本生涯发展论

美国学者司德菲（B. E. Steffy）依据人本心理学派的自我实现理论,建立了教师生涯阶段模式,并将教师的生涯发展分为5个阶段。

（1）预备生涯阶段。这个阶段主要包括初任教职的教师或重新任教的教师。新进的教师通常需要3年时间,才会进展到下一个阶段;而重新任教的教师则很快就会超越此阶段。此时的教师具有以下特征:理想主义、有活力、富有创意、接纳新观念、积极进取、努力向上。

（2）专家生涯阶段。这一阶段的教师具有多种科目任教的能力、知识及态度,同时拥有多方面的信息来源。他们都能进行有效的班级管理和时间运用,对学生抱有高期望,并能在工作中激发自我潜能,达到自我实现的目的。这些教师的内部动机可以说是他们自我实现的原动力;同时这类教师具有内在的透视力,可随时掌握学生的一举一动。

(3)退缩生涯阶段。这一阶段又可分为初期退缩、持续退缩和深度退缩3个小阶段。

在初期退缩期,教师的表现不是最好,也不是最差。这类教师在学校中人数最多,也最被忽视,他们很少致力于教学革新,工作机械重复,学生也表现平平;他们所持有的信念较为固执,多沉默寡言、跟随别人、消极行事。此时若能获得适时适当的支持与鼓励,他们又会恢复到专家生涯阶段。

持续退缩期的教师表现出倦怠感,经常批评学校、家长、学生,甚至教育行政部门,有时还会对一些表现良好的教师加以指责。此外,这些教师会抵制变革,对行政上的措施不作任何反应,极有可能妨碍学校的发展。处于这一时期的教师,也常会出现一些心理和社会上的问题,或独来独往,或行为极端,或喋喋不休,其人际关系不甚和谐,家庭生活有时也会出现问题,所以此时的教师特别需要帮助。

深度退缩期的教师常常表现为教学上无能为力,甚至会伤害学生,但是这些教师并不认为自己有这些缺点,且具有很强烈的防卫心理。这是学校最难处理的事情。解决的方法之一是让这些教师转行或提早退休。

(4)更新生涯阶段。这时的教师一旦出现厌烦征兆,就会采取积极的应对方式,如参加研习、进修课程或加入专业组织。因此,在此阶段的教师身上,又可看到预备生涯阶段朝气蓬勃的特征,他们表现得充满活力、乐意学习新知,致力于追求专业成长。此阶段的教师仍需要外在的支持,尤其需要学校和教育行政部门的支持。

(5)退出生涯阶段。指教师到了退休年龄或由于其他原因离开教学岗位。此时,有些教师会开始追求生涯的第二春。此阶段的教师已不再过问教育界的事情,重点放在未来新事业的生涯规划上。

司德菲提出的人本生涯发展模式比较完整、真实地诠释了教师发展的历程,清晰地反映了教育在整个生涯中发展的特性,他提出的"更新生涯阶段",更是弥补了费斯勒理论中的不足,具有较强的现实意义。

(四)教学专长发展理论

美国心理学家伯林纳(Berliner)从教师专长的角度,将教师的职业生涯发展概括为以下5个阶段。

(1)新手阶段。新手阶段是教师获取教学所需知识和技能的阶段。在教学方面,处于新手阶段的教师除了要学习一些具体的概念,还要学习一些教学情境下的应对规则。新手阶段是一个获取经验的阶段,对他们而言,现实的、亲身的体验比口头获得的信息更重要。

（2）高级新手阶段。此时,教师将自己的实践经验与所学的知识联系起来,并能找出不同情境中的一些相似性,有关的情境知识也在增加。随着实践经验的逐步增加,个体可以忽略或打破一些规则,这意味着教师的策略性知识正在发展。这时,个体开始依据具体的情境来指导行为,教学行为开始变得灵活。

（3）胜任阶段。此阶段的教师能按个人想法自由处理事件,能依据自己的计划对所选择的信息作出反应,并能够对所做的事情承担更多的职责,能强烈地感受到成功与失败的体验,也对成功和失败有着更深刻的记忆。

（4）熟练阶段。这一时期的教师对课堂教学情境和学生的反应有敏锐的直觉力。他们能从不同的教学事件中总结共性,形成事件间的模式识别能力,因此,他们往往能够准确地控制课堂教学活动与预测学生的学习反应。正是由于这种模式识别能力和元认知能力的形成,他们能根据课堂教学的进行及学生的学习反应,及时调整自己的教学计划和控制自己的教学活动。

（5）专家阶段。在处理课堂教学事件时,专家水平的教师不是以分析和思考的方式有意识地选择、控制自己的注意力和教学活动,而是以直觉的方式立即作出反应,并轻松、流畅地完成教学任务。针对复杂程度不同的教学情境,他们会采用不同的处理方式:当不熟悉的教学事件发生时,他们进行有意识的思考,采用审慎的解决方法;当教学事件进行得十分流畅时,他们的课堂行为就成为一种"反射性的动作"。

（五）专家原型发展论

著名心理学家斯腾伯格（R. J. Sternberg）认为教师职业发展的方向就是成为一名专家型教师,所以,教师专业发展的过程就是由新手到专家的过程。他系统研究了专家型教师的特点,认为新手教师就是通过以专家型教师为原型而不断发展的。具体而言,他认为专家型教师具有以下三个基本特征。

（1）丰富的和组织化的专门知识。专家型教师不但知识丰富,更具有一个组织良好且易于提取的知识结构。由于拥有更多的从教学过程中获取的知识,他们能更好地理解和解决问题。专家型教师有对本专业方面问题的深层结构敏感,往往根据与问题解决途径有关的原理对问题进行分类;而新手教师则对表层结构更敏感,往往根据问题陈述中的现象对问题归类。

（2）解决教学问题的高效率。专家型教师比新手教师能够更快更好更有效地解决问题,这是因为他们对基本的教学问题的处理已经自动化了。由于自动化,专家型教师可以将有限的心理资源用于教学领域更复杂问题的解决上,表现出高水平的教学行为。同时,专家型教师能不断地监控正在进行的尝试,主动对自己的教学行为作出评价,并随时作出相应的调整。

(3)较强的教学洞察力。专家型教师在教学中能够有效地鉴别出有助于问题解决的信息,并对信息进行组织与比较,从而更能够创造性地、恰当地解决教学问题。

三、影响教师职业生涯发展的因素

人的职业生涯发展受各方面的影响,教师职业也不例外。综观相关研究,学者们将影响教师职业生涯的因素归纳为以下四个方面。

(1)社会因素。教师的职业生涯发展从规划到实现都是在一定的社会环境中进行的,国家政策的变化、教育系统的改革、科学技术的进步等都会对教师职业生涯产生影响。国家政策对教师的职业生涯起引导作用,教师为了获得聘任就必须按照国家政策来规划、发展自己的职业生涯。教育系统的改革也是影响教师职业生涯发展的重要因素。如我国从 20 世纪 90 年代以来推行的以素质教育为目标的教育改革、21 世纪初期开始全面启动的国家基础教育课程改革都极大地影响到了教师的职业生涯,素质教育和课程改革对教师提出了新的要求,教师如果无法适应这种变革将有可能退出教师队伍。科学技术的进步对教师职业生涯发展的影响越来越大。每一项新技术的发明和应用都对教育产生重要的作用。传统的教育手段正在变革,计算机技术、多媒体技术逐渐应用于教育领域,这对教师来说既是机遇又是挑战。教师为了适应这种变化,就必须加强对教育技术的学习和应用,发展自己的职业生涯。

(2)组织因素。人的职业生涯是个人与组织相互作用的结果,组织因素对个人职业生涯的发展作用可想而知。学校系统中的规章制度、管理方式、组织气氛和组织文化等都对教师的生涯发展有重要影响。有关研究发现,不合理的管理制度会给教师造成巨大的心理压力,奖惩制度的公平性和合理性会明显地影响教师的工作热情和满意度。校长的管理类型对教师的生涯发展有明显的影响。如果校长的管理类型能够与教师的职业成熟度有机结合起来,那么,教师的反应就会积极。组织气氛也对教师生涯和工作成效有深远影响。在一个充满关爱、相互合作的组织气氛中,教师会对学校和自己的教学工作充满信心,会合理规划和努力实现自己的生涯发展目标。近些年来,学校组织文化对教师职业生涯发展的影响逐渐受到了人们的重视,组织文化具有导向、约束、凝聚、激励的作用。学校组织文化与教师个人特质的有机结合,会激励个体的工作热情和职业理想,进而促进教师职业生涯发展。

(3)家庭因素。家庭在教师的生涯发展中也扮演着重要角色。由于教师工作在时间和空间上的延伸性,教师工作与家庭生活之间的界限变得模糊,容易使工作与家庭之间的矛盾明显化。当职业生活与家庭对立甚至是竞争时,职业生涯将受到重大的影响;只有职业生活获得了家庭的支持,职业活动的轻松感与创造性才会表现出来。

(4) 个人因素。在影响教师职业发展中的个人因素中,除工作技能、学习经验等条件外,教师的自我洞察能力最为重要。教师在生活中要尽可能准确地对自己的知识、能力、特性、价值观以及工作情境等进行评估,学会与别人或组织相互沟通,从而有效地管理自己的职业生涯。

总之,了解教师职业发展的影响因素及其可能产生的作用,有助于提高教师的生涯意识,兼顾个人与组织的需求,为自己设计出美好的职业蓝图。

第二节　教师职业素质及其成长

俄国教育家乌申斯基认为,教师就是教育的一切。在一定的社会环境中,教育的成败往往取决于教师职业素质的高低。

我国学者林崇德等人经过长期研究认为,教师职业素质就是教师在教育教学活动中表现出来的,决定其教育教学效果,对学生身心发展有直接而显著影响的心理品质的总和。其结构至少应包括职业理想、知识素养、教育观念、教学监控、教学行为等成分。

一、教师的职业理想

职业理想是人们对未来职业类别的选择以及工作上达到某种成就的向往和追求,它是社会理想在职业选择和实践中的具体体现。树立职业理想是成就事业的前提,也是教师献身于教育工作的根本动力。教师的职业理想通过师德体现为对教育事业的积极态度和对教师职业的认同情感。良好的职业理想是教师从事教育事业的必要条件,与教师职业价值观、教师效能感和教师人格等密切相关。

(一)教师的职业价值观

职业价值观是个体根据自身的内在需求,对从事某一职业的过程和结果具有动力作用的信念系统。教师职业价值观是教师对其所从事的教师职业的意义和价值的认知与评价。它反映了教师的需要,影响着教师的教学活动。一方面,职业价值观直接影响教师个人对职业的认知;另一方面教师的工作对象是广大学生,由于教师的行为示范性,其职业价值观也会影响到学生价值观的形成,并间接影响到学生的学习。

传统的教师职业价值观更多地强调教师作为"春蚕"、"蜡烛"、"人梯"、"铺路石"、"园丁"等的社会工具性价值,并未关注教师自身内在的发展需求,难以成为教师职业发展的内在动力;而新型的教师职业价值观将社会对教师职业的外在工具性价值需求和教师自身内在的发展需求有机融合在一起,教师成为自觉创造其职业生命和职业尊严的主体。

持有新型职业价值观的教师把学生看作无数个体外的"自我",通过教育教学活动将自己的本质外化到学生身上,借学生之身巧妙地扩展着自己;教育教学是教师不断超越自我的活动,学生的成长不再是对教师生命的剥夺,而是对教师价值的实现和生命的肯定,由此实现教师发展与学生发展的统一。

持有新型职业价值观的教师是一个优秀而幸福的教师,他实现了角色自我与个性自我的统一。教师既是一种角色,也是一种个性。作为一种角色,教师要按照职业所要求的规范和原则行事;作为一种个性,教师要对自己的内在需求、情感世界加以真实的把握。优秀的教师都在超越角色自我之后展示出丰富的个性自我,也因独特的个性魅力而为学生所喜爱,并因此赢得学生的信赖。

持有新型职业价值观的教师不再以对学生实施"权威教育"来取悦自己,也不以"无私"奉献自我来取悦学生,教师既是幸福的创造者,也是幸福的享受者;学生既是幸福的享受者,也是幸福的创造者。师生双方都在教育活动中享受幸福,自由创造,实现师生创造与享受的内在统一。

在新型的教师职业价值观中,教育不是牺牲,而是享受;不是重复,而是创造;不是谋生的手段,而是生活本身。这种职业价值观对教师的职业发展具有不竭的动力作用。

(二)教师效能感

教师效能感是指教师对自己能在多大程度上影响学生学业任务完成的信念,即教师对自己具有的影响学生学习能力的信念。它是自我效能感在教师发展过程中的反映。

一般认为,教师效能感包括一般教学效能感和个人教学效能感两个方面。一般教学效能感是指教师对教育教学能在多大程度上影响学生发展的信念。如果教师认为其教育教学比家庭等环境因素对学生学习的影响大,表明教师的一般教学效能高;若相反,则表明教师的一般教学效能低。个人教学效能感是指教师对自己所具有的教育教学能力的自信。如果教师认为自己能够教好最困难、最缺乏学习动机的学生,表明他对自己的教育教学能力充满自信,其个人教学效能感高;相反,则表明其个人教学效能感低。

心理学家对教师效能感对教师教学行为和学生学习效果的影响进行了广泛的研究,结果发现,教师效能感高的教师,热爱教育教学工作,教学态度积极,愿意在教学上付出更多的努力,注意运用灵活多变的教学策略,并且对学生宽容、接纳、公平、民主,很少批评学生,也表现出很强的管理能力。同时发现,教师效能感也会影响学生的学习动机、课堂参与、自我效能和情绪情感活动,从而影响学生的学业成就。

教师效能感是发展变化的,无论是预备教师、新手教师,还是熟练教师,其效能信念都具有可塑性,可以通过一定的方法与途径加以改变和提高,使其向更加积极有利的方面发展。对于预备教师和新手教师,其一般教学效能感和个人教学效能感尚未定型,容易通过教学实践锻炼、观摩教学等方式加以改变与发展。对于职业熟练教师,教师效能感已趋于稳定,但也可以通过进一步促使他们尝试新的教学方法、教学策略和教学技术以及进行教学改革等手段,使他们相信自己能够做得更有成效,以重塑、改变和提高原有的教学效能感。

（三）教师人格

教师人格是教师所表现出来的有别于其他职业从业人员的独特而本质的心理特征。教师人格是教师素质的综合体现,塑造完美的人格是教师追求的崇高境界。俄国教育家乌申斯基认为,教师的人格对于年轻的心灵来说,是任何东西都不能代替的,教师的人格是教育事业的一切,只有人格才能影响人格的发展和形成。

教师职业的特殊性质决定了教师人格在整个教育过程中具有重要作用。教师的高尚人格是学生人格形成的榜样,可以促进学生更好地成材。一般来说,学生具有天然的"向师性",对教师有着一种特殊的信任和依赖感,教师的个性修养、成熟状态对学生会产生示范性的潜移默化的影响。

古今中外关于教师人格的研究与论述很多,内容广泛而丰富。概括而言,教师人格的核心内容主要体现在以下四个方面。

（1）对学生的热爱。师爱是教师职业道德的核心与灵魂。人是有偏见的,但教师源于职业使命感的爱,必须超越世俗,必须是一种无条件的爱。在学校里,真正的教师永远是一视同仁地对待全体学生,热爱每一个学生。

（2）探索心灵世界的能力。教师教育能力的一个重要方面就在于深刻地把握每一个学生的精神世界,了解他们的心理素质和各种发展的可能性,从而引导学生按照一定的社会要求实现自我。这是教育取得成效的基本保证。

（3）较高的人际交往技巧。教育活动是一个师生双方交互作用的过程,一方面,教师作为成熟的社会代言人引导和调控学生;另一方面,由于师生双方人格的平等性,教师必须尊重每一个学生的差异,这就要求教师具有较高的人际交往技巧,在师生互动中处理好引导与平等的关系。

（4）强烈的自我意识和自我完善的意愿。言传身教是教师开展教育活动的基本形式。要让学生追求真善美,教师首先应该以身作则、身体力行。教师对自己要有清醒的认识,并能自我肯定、不断完善自我。

二、教师的知识素养

教师知识是教师从事教育教学工作的前提条件,指教师所具备的科学文化知识及其掌握程度。心理学家认为教师的知识结构应该包括本体性知识、实践性知识、条件性知识和人文性知识四个方面的内容。

(一)本体性知识

教师的本体性知识是指教师所具有的特定的学科知识,主要以教师所从事的学科与专业为基础。教师扎实的本体性知识是其取得良好的教学效果的基本保证,但具有丰富的学科知识,并不是成为一个好教师的决定条件。研究表明,教师的本体性知识与学生的成绩之间几乎不存在统计学意义上的显著关系。也就是说,教师的本体性知识一定要有,且要达到某种水平,但并非本体性知识越多教学效果一定越好。

(二)实践性知识

实践性知识是教师为完成教学任务、实现教育目的,在教育教学过程中所形成的情境性知识以及知识传授、能力培养等方面的方法论知识。它是教师教育教学经验的积累和总结,是随着教师的职业实践和专业反思而逐渐获得的。实践性知识是专家型教师和新手教师在知识结构上的本质区别,也是影响两者教学效果差异显著的重要因素。

(三)条件性知识

教师的条件性知识即教育理论知识,是教师有效地将所掌握的本体性知识传授给学生的前提。它主要涉及如何将本体性知识以学生容易理解的方式进行表达,以促进学生的学习。有效的教学过程,就是教师应用条件性知识将学科知识转化为学生可以理解的知识的过程。没有条件性知识,本体性知识的传授便难以得到保障。本书所阐述的学生的发展特点、学生的学习规律及教学设计知识,就是教师专业发展必需的条件性知识。

(四)人文性知识

著名教育家杨叔子曾说,一个民族,没有现代科技,一打就垮;没有民族文化,不打自垮。教育归根结底是培养"人"的活动,学生的全面发展在一定程度上取决于教师所具有的人文性知识的广博性和深刻性。一个优秀的教师应该具有深厚的人文性知识修养,通过人文性知识的传播,将相关的专业知识教给学生,从而启迪学生的智慧、塑造学生的人格、提高学生的素质。教师只有具备了广博的人文性知识,才能把学生引向未来之路,扩展他们的精神世界,激发他们的求知欲。

三、教师的教育观念

观念是行动的先导，任何教育行为都不可能离开教育观念。教师的教育观念是其从事教育工作的心理背景，直接影响着教师的教育教学行为，并最终决定着教师的教育教学效果。

（一）全面发展观

在知识经济时代，教育必须坚持科学教育与人文教育相融合，在重视科学教育的同时，不可偏废人文教育。对学生进行素质教育的实质，就是要使全体学生生动活泼地得到全面发展，使学生的科学素质、文化素质、身体素质、心理素质、道德素质等都得到提高。

（二）人本学生观

教育本质上是对人的主体潜能尤其是创造性潜能的开启过程。在教育过程中，要大力提倡以人为本、以学生为中心的思想，提倡敢于创新、乐于合作和宽容失败的先进理念。教师应更多地关注学生的学习兴趣、学业情绪、思维特性、个性特点，关注学生的个体差异，满足学生的需求，创设能引导学生主动参与的教学环境，使每个学生都得到充分的发展。

（三）创新教育观

创新是一个民族进步的灵魂，是国家兴旺发达的不竭动力；创新也是一个人综合素质的核心体现。在科学技术迅猛发展的今天，创新教育观的基本内涵有以下几点：

（1）在教育思想上，要具有终身学习和创新的思想。随着信息技术的迅速发展，人类正在进入信息社会。在知识经济时代，知识老化速度大大加快，必须把十二年制的学校教育延长为"八十年制"的终身学习，才能在这瞬息万变的时代中求生存、求发展。学习型社会是社会发展的理想和结果，终身学习将成为每一个人的基本生活方式。教师要学为人先，与时俱进，做适应时代要求的学习型教师。

（2）在教育技术上，能熟练应用多媒体技术。新技术把教师从大量重复性的教育活动中解放出来，将创造力献给更具挑战性和个性化的师生交往与共同探索之中。现代教育技术可以帮助教师提高课堂的趣味性和艺术性，集中学生的注意力，增强学生的学习兴趣，为培养学生的创新思维营造宽松、和谐的学习氛围，使学生在主动加工信息的过程中提高创新能力。

（3）在教学方法上，重视学习过程，变灌输式教学为启发式教学，变信息单向输导为以学生为主体的信息多向输导。教学过程应当成为教师与学生、学生与学生的合作交往过程。在教学过程中，教师除了传授知识、指导操作以外，还要加强师生间、学生间的动态信息交流,这种信息包括情感、态度、兴趣、爱好、价值观以及生活经验、行为规范等方面。通过这种广泛的信息交流,实现师生的积极互动。

(4)在教育评价上,要采用多元评价方式。人类的知识表征与学习方式有许多不同的形态,个别差异在教学中客观存在。对学生进行评价时,应当关注学生的发展过程,侧重于评价学生解决问题或创造产品的过程以及他们在这一过程中所表现出来的实践能力和创造能力。有关评价的内容我们在第十三章已经做了详细讨论,在此不再赘述。

四、教师的教学监控

所谓教师的教学监控,是指教师为了保证教学的成功、达到预期的教学目标,在教学的全过程中将教学活动本身作为意识的对象,不断地对其进行积极主动的计划、检查、评价、反馈、控制和调节的能力。它是教师的反省思维或思维的批判性在其教育教学活动中的具体体现。

根据教学监控的对象,可以把教学监控能力区分为自我指向型和任务指向型两种类型。所谓自我指向型教学监控能力,主要指教师对自己的教学观念、教学兴趣、动机水平、情绪状态等心理操作因素进行调控的能力;而任务指向型教学监控能力主要是指教师对教学目标、教学任务、教学材料、教学方法等任务操作因素进行调控的能力。

研究表明,自我指向型的教学监控能力可以通过我们第九章中所介绍的心理模拟法和分阶段训练模式得以提高。此外,使教师的角色由"经验型"向"科研型"转化、由"教书匠型"向"专家型"转化,也是提高自我指向型的教学监控能力的有效方法。

任务指向型的教学监控能力,可以通过以下三种方法得以提高:(1)教学策略培训。首先向受训的教师提供有关所教班级的各种信息;其次让他们观看教学实况录像,从中吸取自己认为重要的成分;最后,指导者向受训教师呈现更恰当的行为,并给予说明。通过这一训练,可以使教师对决策的有效线索更加敏感,而这正是专家型教师的重要特征。(2)教学反馈技术。指通过自我反馈、专家反馈、学生反馈、同行反馈等多种形式,通过现场言语反馈、摄像反馈、测验反馈等多种手段,帮助教师对自己教学的各个环节有一个准确而客观的认识,从而能正确监控自己的教学活动。(3)现场指导技术。专家通过现场听课和指导,帮助教师针对不同的教学情境,选用最佳的教学策略,以达到最佳的教学效果。这也是培养教师教学监控能力的根本目的。

五、教师的教学行为

教学行为是指教师"教"的行为,即教师为完成教学任务、达成教学目标而采取的可观察的、外显的教学活动方式,是教师素质的外在表现,包括教学准备行为、教学实施行为和教学评价行为。相关内容,我们已经在第十三章有过一定的介绍,这里只作扼要补充和说明。

教学准备是指通过教学设计将预设的教学活动转化为富有活力的动态生成的活动。教学准备行为实质上就是对教学活动进行系统设计的过程,它包括教学情境创设和因材施教方案预计。

教学实施的基本方式是教学过程的展开。在以学生为本的背景下,教学过程首先要关注学生的生活世界,把学生的生活世界看作重要的课程资源,把教学理解为学生通过反思与创造以实践和建构人生意义的活动,重新确立教学与社会生活的连续性;其次,要关注学生的自主探究,教师需要努力拓展学生的学习空间,整合校内外课程资源,引导学生在学科领域或现实生活中,通过发现问题、调查研究、动手操作、表达交流等探究性活动,获得知识和技能,体验成长的快乐。

现代教育理念强调,教学评价与教学过程同等重要。教学评价过程不仅要关注学生知识和技能的获得,更要关注过程与方法以及相应的情感、态度和价值观等方面的全面发展,注重过程性评价、鼓励性评价、发展性评价和多元主体评价的落实。

总之,教师职业素质含义广泛,内容丰富。每个教师都必须明白时代对自身素质的要求,清楚自身素质对学生的影响,要以对教育事业的忠诚和对学生的爱心为动力,努力学习,不断提高自身素质,以适应教育改革和知识经济时代的需要。

第三节　教师的角色与角色冲突

角色代表了个人在社会团体中的地位和身份,也包含着社会对个人行为模式的期望。任何角色都有明显的社会规定性,同一个体在不同的社会关系下会充当不同的角色。随着社会的不断变化,学校功能也随之复杂化和多样化,教师的社会角色也正在发生着变化。教师只有了解自己所处的角色情境,扮演好自己必须承担的社会角色,才能成为一名合格的教育工作者。

一、教师的多重角色

随着社会的发展和教学的改革,教师的社会角色也正逐渐走出原有的窠巢而被重新定位。

(一)学生学习的协作者

学生学习的协作者是教师最明显、最直接、最富时代性的角色特征,是教师角色的核心特征,它把教师从过去仅作为知识传授者这一核心角色中解放出来。在科技迅猛发展的今天,人类知识总量迅速膨胀,知识倍增周期不断缩短,网络教学的介入更使学生拥有知识的信息渠道呈现出多样化的特点,教师已不再是学生唯一的信息来源,因此,教师再也不能只关注知识的传授,把主要精力用于检查学生对知识的掌握程度上。建构主义学习理论认为,"协作学习"对知识意义的建构起着关键性的作用,新型教师应承担起激发学生学习动机、促进班级活动与课堂教学、指导学生进行学习活动、把学生的探究引向深入等责任,给学生充分的自主权,让学生自主探究,同时指导学生掌握获取知识的工具、学会根据需要处理各种信息的方法,把教学的重心放在如何促进学生的"学"上,从而真正实现"教是为了不教"。

(二)学生个性的引导者

发展学生个性是素质教育的一项基本要求。学生个性的健康发展需要具有民主意识的教师启蒙和引导。著名教育家梅贻琦先生曾说过:学校犹水也,师生犹鱼也,其行动犹游泳也;大鱼前导,小鱼尾随,是从游也;从游既久,其濡染观摩之效,自不求而至,不为而成。教师,作为前导的"大鱼",其责任主要在于"引"。小学生年龄小,模仿学习是他们的一种非常重要的学习形式,而且学生对教师有一种特殊的信任感,他们往往把自己尊敬与爱戴的教师视为楷模,在学校生活中有意无意地向教师学习。教师的一言一行、一举一动都对学生起着重要的示范作用,并对学生的个性发展产生深刻而久远的影响。这就要求教师注重自身的个性修养,用个性去培养个性。

(三)班级活动的管理者

班级是学校最主要的组织集体。教师的地位、年龄、知识、经验和所拥有的权力,决定了教师在学生集体中负有领导者和管理者的责任。教师传递着社会的核心价值体系,并依此评价学生的行为正确与否。教师要善于和学生共同安排学习活动,并在各项活动中通过有效的管理来培养学生的思想品德,帮助学生形成自律习惯、发展能力、完善个性。教师还应该促进学生彼此的了解、信任,调节学生之间、学生与其他任课教师之间的人际关系,创造一种和谐、民主、进取的集体环境,形成良好班风,使学生自觉接受管理,加强自我管理并积极参与班级管理。作为管理者的教师,具有一些权力,如奖励与惩罚、维持教学秩序、安排班级活动等权力,教师要合理使用权力,防止专制主义的不良倾向,以发挥其正常的管理作用。

(四)学生家长的代言人

教师是儿童继父母之后所遇到的另一个社会权威,代表着成人世界的价值系统和期望。儿童入学后常常自然地把自己父母具有的许多特征、行为模式,以及与父母相处的经验、体会,推及到与教师的交往中,把对父母的期望寄托或转移到教师身上。因此,教师扮演着学生的"家长代言人"角色。这一角色促使教师产生一种对学生的关爱,密切关注学生出现的细微变化,并给予学生各种可能的家庭式的帮助。但教师毕竟不是父母,仅是成人社会的代表者。在教育实践中,有时学生把对父母的期望和在父母面前习惯的行为模式转移到教师身上时,可能会受到教师善意的提醒或批评。学生会在这一系列的尝试和挫折中重新认识和理解教师与父母的差异,走出个人情感的圈子,向社会化前进一步。因此,教师既要扮演父母温暖与关怀的角色,同时也要扮演一般父母不具备的严格要求的角色,要掌握好扮演这一角色的度。

(五)学生心理的调节者

当今时代,社会竞争加剧,学业负担加重,小学生的心理压力也越来越大。这就要求教师必须充当学生的心理调节者的角色,引导学生学会自我调适、自我选择。要扮演好这一角色,教师一方面要指导学生健康地生活和学习,密切关注学生的心理发展,帮助他们克服种种心理失常或心理障碍,避免过度的焦虑、孤僻、羞怯、自卑、嫉妒、抑郁等,发展正常心理,防止各种心理问题的发生;另一方面,对学生的过失或挫折,教师要提供一个宽容和谅解的氛围,及时提供辅导与帮助,给学生以心理和情感上的支持,协助他们顺利度过心理痛苦期,并尽快振作起来。

(六)教育实践的研究者

传统的小学教师只注重教学,几乎没有研究。这种状况,在一定程度上阻碍了教育的发展和教师的成长。随着教育改革的推进,新时代的教师应以研究者的姿态置身于教育教学实践之中,以研究者的眼光来分析教育教学领域的问题,不断地研究自己的教学实践、反思自己的教育经验,并逐渐上升到规律性的认识。只有走教学和研究相结合的道路,才能更有效地提高教学水平,才能创造性地实施课程。

二、教师的角色冲突

教师所要扮演的角色如此之多,各角色之间难免会发生冲突。教师扮演的角色介于校外环境与校内环境之间、成人世界与儿童世界之间，所以其面临的角色冲突具有多样性。在教育改革和发展的大变革时期，教师所承担的新角色与其原有角色之间也常会发生某些冲突。教师的角色冲突既有角色间冲突，也有角色内冲突。

（一）教师的角色间冲突

角色间冲突是由角色紧张造成的。当一个角色承担者所承担的几个角色同时对其提出履行角色行为的要求时，就会发生角色间冲突；当两个角色同时对一个人提出两种相反的角色行为要求时，也会引起角色间冲突。

教师在担任多种社会角色时会产生角色间冲突。在我国，比较明显的是教师的工作角色和家庭角色的冲突。教学要求教师投入超常的工作精力，而家庭的多种负担却又让教师分心。如果学校管理者能感受到这种冲突，注意为教师解决"后顾之忧"，就可缓解教师家庭角色的负担，使之更多地集中于学校角色。社会政策和学校管理者是教师多种社会角色间冲突的重要调节因素。

如前所述，教师在实际的教育教学活动中需要扮演很多不同的角色，常会遇到两个角色同时对他提出两种相反的角色期望的情况，从而造成心理上的冲突。如教师既要树立角色权威，又要成为学生的知心朋友；既要履行教员职责，又要如同学生父母；既要居于领导地位，又要尊重学生的主体地位，顺应学生的身心发展规律——这些都常常使教师陷于两难困境。

（二）教师的角色内冲突

角色内冲突也有两方面的表现：其一是不同群体对同一角色持有相互矛盾的角色期待，使其角色行为发生矛盾，引起角色冲突；其二是当角色行为的主体对规定的角色行为有不同理解甚至持有相反意见，但还必须履行时，在角色内部会发生激烈的冲突。理论上，面向全体学生，使学生得到全面发展，是教师职业角色完美的重要标准。但在现实中，社会、家长和一些教育管理工作者却以学生成绩和升学率来要求教师，并以此作为衡量教师教学工作的首要条件。在巨大的社会压力面前，教师为追求升学率，出现重智轻德的行为倾向。在学生的教育管理上，也存在来自不同教育思想、不同教育方法对教师期望的冲突。学校中不同的人如校领导、教导主任、教研组长等，对教师的角色期待不同，也会给教师造成压力。

教师还可能遇到社会的理想化规范和自身个性表现的冲突。社会期望往往追求教师的完美性，但事实上每个教师不可能十全十美，于是规范角色与富有个性的具体角色间的矛盾就产生了。此外，教师个人内部也存在着冲突。个人潜能与工作需要不相符合就是一种内在冲突。如教师因某项教学能力弱而难以胜任学校分配给他的教学工作，学校要求一个性格急躁的教师去管理一个乱哄哄的班级,都会在教师身上产生这种内在冲突。

三、教师角色冲突的解决

教师在扮演多种社会角色过程中的种种不适和冲突,会导致教师行为不良,削弱教学效果,降低工作效率。一个教师的角色冲突越深,职业满意度、成就感就越低,因此解决和调适教师角色冲突非常重要。

(一)适当分离,缓解冲突

教师的多重社会角色在同一时空中不能共存,通过时间或空间分离,暂时或长久地解除某一角色任务,从而在不同的时间或空间表现不同的角色行为,并及时进行角色转换,可以缓解或减少发生角色冲突的机会。教师在学校(空间)时(时间)为"教师",回家(空间)后(时间)为父母,但现实中教师的工作和生活不像其他职业那样有严格的时间界线,教师的多种角色在时间和场合上经常有延续和交叉。教师有时在家里也要备课、批改作业,节假日还要家访,于是就模糊了学校和家庭的角色关系。有成就的教师往往都是工作上非常投入的人,这就需要获得家庭角色(妻子或丈夫)的支持,才能平衡多种社会角色之间的冲突。作为教师本人而言,应学会协调好自己的各种角色,努力在事业与生活之间寻找平衡点。多重角色在时空上的暂时分离,解除某个角色任务,缓解冲突或减少冲突发生的机会,可以使教师获得角色扮演的成功。

(二)明确工作职责,尊重教师权益

要减少教师的角色冲突,教育管理者对教师的工作不应横加干涉。教师在教室里有不可忽视的独立自主的权利,校长在学生面前不可以公开批评、指责教师。教育管理者应增强管理的科学性,明确工作职责,尊重教师的工作权益,使教师能有一个自由宽松的业务活动范围,把角色冲突降到最低。

(三)分清角色主次,学会角色转换

教师面对多种角色引起剧烈冲突时,应根据具体情境,冷静分析引起冲突的主要矛盾,采取适当的方法,选择重要的角色,暂时放弃其他次要的角色,之后再寻找机会给予适当的补救。增强角色转换的能力,对缓解角色冲突也有重要作用。教师在不同的社会情境中,应及时转换自己所承担的角色。此外,教师还可以适当地运用心理防御机制来缓解冲突的强度,提高角色扮演的技巧,适应有适度冲突的生活。

(四)摆正地位,正视现实

作为教师,对教师的社会地位应该有一个客观公正的看法,避免某些情绪化的东西影响对教师职业的认识。因此,教师应摆正地位,正视现实,这样才能减少角色冲突,求得心理平衡。对教师的工作收入不要有过高期望,尽量减少功利

色彩。要明白教育不同于一般的以"利"为出发点的事业,在教育界"赚大钱,做大官"的愿望是无法实现的,对教育工作要有"不怕苦,不怕穷"的心理准备。教师要负起教育的责任,一心一意地坚守工作岗位,以积极的心态做一个"淡泊、明志"的教育工作者,不全盘接受世俗的"贫富观"。

第四节　教师心理健康的维护

近年来,随着基础教育课程与教学改革的不断深入,随着教师专业标准与教师资格考试的全面启动,社会对教师的期望从理想走向现实,从极端静止走向动态平衡。教师不仅要有良好的教育背景,还必须有情感的持续投入;不但要有较高的"升学率",还要促进学生"全面发展",教师所承受的压力越来越大,带来的心理问题也越来越多,教师心理健康的维护越来越成为教师生涯发展与专业成长过程中不可忽视的重要环节。

一、教师心理健康的标准

教师心理健康的标准既包含一般的心理健康标准的共性,同时也应体现出教师职业的特殊性。根据已有的研究与认识,教师心理健康的标准至少应包括以下几点。

（1）对教师角色有合理的认知。爱岗敬业,能积极投入到工作中去,将自身的才能在教育工作中表现出来,并由此获得成就感和满足感,免除不必要的忧虑。

（2）有良好和谐的人际关系。教师良好的人际关系在师生互动中表现为师生关系融洽,教师能树立自己的威信,善于领导学生,能够理解并乐于帮助学生,不满、惩戒行为较少。

（3）能正确地了解自我、体验自我和控制自我。能根据自身的实际情况确定工作目标和个人抱负;具有较高的个人教育效能感;能在教学活动中进行自我监控,并据此调整自己的教育观念,完善自己的知识结构,做出更适当的教学行为;能通过他人认识自己,学生、同事的评价和自我评价较为一致。

（4）具有教育独创性。在教学活动中不断学习,不断进步,不断创造。能根据学生的生理、认知和社会性发展特点富有创造性地理解教材、选择教学方法、设计教学环节、组织教学活动、布置作业等。

（5）积极情绪为主,并恰如其分地控制消极情绪。保持乐观积极的心态,不将生活中不愉快的情绪带入课堂,不迁怒于学生;能冷静地处理课堂情境中的不良事件;克制个人喜好,对学生一视同仁。

二、教师心理健康的影响因素

教师心理健康问题的表现是多种多样的,导致教师心理健康问题的因素也是多种多样的。下面从社会、职业、个人三个方面来分析教师心理健康问题的成因,以期为教师心理健康的辅导工作提供依据。

(一)社会因素

从宏观上来说,教育的成败关系着未来社会的发展和国家民族的兴衰;从微观上来说,孩子的成长和发展是每个家庭和家长最为关心的问题。因此,社会各界都非常关注教师的工作质量,对他们的角色期望越来越多,要求也越来越高。但是,各方对教师的评价标准又不太一致,如教育行政部门要求教师给学生减负,而大部分家长却要求加负。一旦出现儿童和青少年的学校暴力、家庭暴力或社会暴力情况,社会、政府、家庭、媒体等往往缺乏综合客观分析的态度,常将矛头指向教育部门和教师。过高的期望以及评价的不确定性与不合理性,给教师带来了巨大的心理压力。教师待遇问题始终是社会关注的热点,与公务员、医生等职业相比,教师的收入和社会地位偏低是一个不争的社会现实,付出和收入之间的巨大落差也使相当一部分教师心态失衡。

(二)职业因素

我国的教育正在进行着从课程、教学、评价到教师资格、职业要求、人事制度等全面的改革,在这一系列的变化中,教师必须适应新的教育理念,改变自己的教学方法,进一步提升自己的专业水平,增加自己的职业竞争力等。有调查表明,许多教师认为教育改革的内容、形式和步伐都对他们构成了强大的冲击,使他们感受到了前所未有的压力。

与其他职业不同,教师的工作对象是具有独立思想的个体,学生的思想和行为被教师关注,但学生的思想和行为受到家庭教育、社会舆论、媒体环境等多种因素的影响,且这种影响往往不能为教师所控制,这也对教师构成了心理威胁。学生中的矛盾冲突、不良行为、厌学情绪、较差的学习成绩以及对教师的不良态度等,都是教师每日必须面对并加以解决的问题。在中小学校,半数以上的教师每天工作的时间是8~10小时,1/3的教师每天工作的时间超过10小时,超负荷工作带来的身体疲惫感也极易引发教师们的职业倦怠。

在学校环境中,教师还需要处理各种复杂的人际关系,包括与学校领导、同事、学生、家长等的关系。工作中的竞争,教育理念的不一致,人格特质的差异,领导的不恰当批评,学生家长的不信任等,都可能导致教师在这个人际关系网中心力交瘁,并产生心理健康问题。

（三）个人因素

同样身处教育变革的时代、面对同样令人头疼的学生，有些教师可能会出现心理问题，有些则能维持健康的心理状态。造成这些差别的主要原因在于个体因素，主要有以下几方面。（1）人格因素。研究发现，不能客观认识自我和现实、目标不切实际、理想和现实差距太大的教师，或有过于强烈的自我实现和自尊需要的教师，更容易出现心理问题。此外，那些喜欢怨天尤人的教师比那些乐观积极的教师，更难以应付外界的压力情境或事件，因而心理健康水平也较低。（2）个人生活的变化。在人的一生中，经常会有生活的变化，无论这些改变是积极的（如结婚、升迁）或是消极的（如亲人死亡、离婚），都需要个体作出种种心理调整以适应新的生活模式。在这种调整时期，心理问题更容易发生。尤其是从一个人生阶段到另一个人生阶段的过渡时期，如埃里克森所说的"中年危机时期"，个体需要对自己、家庭及职业生活作出再评价和再定位，这些都可能会显著地影响个体的自尊、婚姻关系以及对工作的投入和忠诚度。因此，持有完美主义或情绪悲观的教师、面临变故或有中年危机的教师，其心理健康问题更值得关注。

三、教师心理健康的维护策略

教师心理健康的维护主要体现在学校、社会及教师自身三个方面，其中，学校和社会的关心与重视是维护教师心理健康的必要外部因素和前提条件，而教师自身积极、主动和科学的自我维护则是保障教师心理健康状态的内部动因和根本途径。

（一）社会支持策略

教师的心理健康问题往往是各种社会问题在教育领域中的反映，因此，维护教师的心理健康仅靠一所学校和教师个体的努力是远远不够的，启动教师心理健康教育的社会工程，建立教师心理健康发展的社会支持系统势在必行。第一，应通过各种媒体宣传和国家法律法规的规定，营造出全社会重视教育、尊重教师、关心教师的社会氛围，真正形成"尊师重教"的社会氛围。第二，要加快教育体制改革，消除教育体制中的一些不合理因素，加强教师的专业化进程，"让专业的人做专业的事"，有助于改善教师与学生、同事、领导及学生家长之间的不和谐现象。第三，把教师心理健康教育纳入全社会公共心理卫生体系中，充分利用社会领域中的专业化心理辅导、心理咨询和心理治疗资源来加强教师心理健康的预防、诊断和矫治工作。

（二）学校发展策略

学校管理者对教师工作与生活的关心和激励，是维护教师心理健康的主要外部因素,同时也是调动教师工作积极性、优化学校管理工作效能的核心内容。学校管理者要善于了解并创造条件满足教师的合理需要,为教师营造一个安全的生活环境和一个民主、开放的政治氛围,关心教师的发展前途,尊重教师的教学自主性,为所有的教师提供进修深造、自我提高和自我实现的机会等。这将有助于教师心情舒畅、满怀热情地投入到教育教学工作之中,避免因不满、烦躁、沮丧、自卑、空虚等负性情绪对教学工作和自身心理健康造成危害。

在对教师进行的职前培养和职后培训中,要注意增加心理健康教育的内容,并通过开展心理健康教育讲座、校本培训以及建立教师心理辅导室等途径来帮助教师学会心理调适,增强应对困难和挫折的能力,减轻教师的精神紧张和心理压力,从而提高教师的心理健康水平。

优化校园文化建设,拓展教师的业余生活空间,帮助教师改变生活单调的局面,开展丰富多彩的文艺、体育、娱乐等健康休闲活动,不仅可以帮助教师缓解心理紧张、焦虑和抑郁等不良情绪,同时还可以帮助教师融洽与同事和领导之间的关系,在工作中能更好地获得来自于同事和领导的支持。

(三) 自我维护策略

在社会高度重视教师心理健康、学校全力促进教师心理健康的前提下,要想真正提高教师的心理健康水平,教师个人加强自我维护才是根本途径。

首先,教师应该树立科学理性的自我概念。自我概念是个人心目中对自己的印象,包括对自己身体、能力、性格、态度、思想等方面的认识。一个树立了正确而稳定的自我概念的个体,能客观评价自己和他人,合理地要求自己与他人,对世事中的不平、不满、不尽善尽美之处能处之泰然。一个有着理性自我概念的个体,会尊重自己的职业选择,敬业乐教,享受教师职业所带来的乐趣,理智地面对工作中的困难与挫折,为自己的心理保持健康发展提供坚实的认知基础。

其次,教师要保持一种开放的心态,勤于学习。现代社会飞速发展,新知识、新技术层出不穷,具有开放心态的教师乐意学习新的知识,紧跟时代要求和社会发展需要,开拓自己的视野。一个开放的教师也会清醒地认识到当代青少年具有不同于自己的身心发展特点,为了更好地教书育人,他会不断地通过学习去了解学生,填补与学生之间因代沟等因素导致的师生沟通障碍,建立和谐融洽的师生关系,体验到为师者的快乐,享受到教师职业带来的幸福。具有开放心态的教师能站在更高的角度看问题,以更平和的心态对待生活和工作中的不尽如人意之处,更少地体验到焦虑和挫折,这些对维护心理健康也有重要意义。

最后,教师要掌握一些压力应对的策略和方法,进行积极的自我调适,避免消极情绪的影响。教师职业是最具压力的职业之一,如果教师的职业压力长期得不到有效的缓解,就会导致职业倦怠。众多研究发现,教师是职业倦怠的高发人群,体验到职业倦怠的教师,容易对学生失去耐心和爱心,对工作的控制感和成就感下降,不能全身心投入到工作中去,从而影响到教育效果的发挥。综合国内外的研究,较为常用的提高教师压力应对能力的方法有放松训练、时间管理技巧、认知重建策略等。放松训练是降低教师心理压力的最常用的方法,它既指一种心理治疗技术,也包括通过各种身体的锻炼、户外活动、业余爱好的培养等来舒缓紧张的神经,使身心得到调节。时间管理技巧是指合理科学地安排好工作与休闲,避免角色呆板和过度负荷,融洽家庭关系,具体包括对时间进行组织和预算,将目标按优先次序进行区分、限定目标,建立一个现实可行的时间表,每天留出一定的时间给自己等。认知重建策略包括对自己面临的压力源进行重新认识,改变自己对待压力的态度,如学会避免将压力解读为对自我的威胁,而将压力看作对自我的挑战,是自我成长和发展的机遇,从而化“危机”为“转机”;同时,学会制订现实可行的、具有灵活性的课堂教育教学目标,并为取得的成功和进步表扬自己、肯定自己。学会自我表扬,敢于肯定自己的能力和成就,是维护教师心理健康非常重要的策略。

总之,只要社会、学校及教师本身都能充分认识到教师心理健康的重要意义,齐心协力,科学对待,教师心理问题严重的现状一定会得到根本缓解,教育事业也将走上更加协调、健康发展的轨道。

理解·反思·探究

1. 根据你的经验和认识,影响教师职业生涯发展的因素有哪些?

2. 在新的社会历史时期,你是如何理解教师所承担的社会角色的? 你对教师在履行这些角色过程中可能引起的心理冲突有何建议?

3. 当代教师应具备怎样的职业素质? 如何促进教师的职业成长?

4. 教师自己在心理健康维护过程中应注意什么?

阅读导航

1. 胡谊:《教育心理学》(第十九章),上海:华东师范大学出版社,2009年。

该章从教学专长的视角阐述了从新手教师到专家型教师的成长历程,介绍了专家型教师的特点,探讨了成为专家型教师的途径等问题。

2. 林崇德:《教育的智慧》,北京:北京师范大学出版社,2007年。

该书是林崇德教授长期研究教师专业发展的心血之作。不仅系统阐述了教师素质中的职业理想、知识结构、教育观念、自我监控、教师行为等内容,而且对教师如何深入了解学生、如何开发学生的智能、如何建构各种学科能力、如何探索品德的形成、如何做好班主任工作、如何激发非智力因素、如何维护学生的心理健康、如何参与教育科研等都发表了独到的见解,值得认真阅读。

3. 申继亮:《新世纪教师角色重塑》,北京:北京师范大学出版社,2006 年。

该书从教师角色转变的视角,系统论述了教师的知识素养、教师的教育观念、教师的教学能力、教师的教学策略、教师的职业动力等在教师角色转变中的重要作用及其促进方法,具有较强的可读性和实用性,推荐大家阅读。

4. 伍新春、张军:《教师职业倦怠预防》,北京:中国轻工业出版社,2008 年。

该书带领广大教师关注自身的心理世界,认识教师职业倦怠对自身生命质量的影响,了解教师职业倦怠形成的内外条件和诱因,进而掌握改变自我、优化环境、提升幸福的方法和策略,并能实际地运用于工作和日常生活之中。

参考文献

中文书目

[1]　陈琦,刘儒德.当代教育心理学[M].2版.北京:北京师范大学出版社,2007.

[2]　陈友庆.儿童心理理论[M].合肥:安徽人民出版社,2008.

[3]　范兴华.家庭处境不利对农村留守儿童心理适应的影响[M].长沙:湖南师范大学出版社,2012.

[4]　冯忠良.智育心理学[M].北京:教育科学出版社,1981.

[5]　冯忠良.结构化与定向化教学心理学原理[M].北京:北京师范大学出版社,1998.

[6]　冯忠良,伍新春,等.教育心理学[M].2版.北京:人民教育出版社,2010.

[7]　郭德俊.动机心理学[M].北京:人民教育出版社,2005.

[8]　胡谊.教育心理学[M].上海:华东师范大学出版社,2009.

[9]　李伯黍,燕国材.教育心理学[M].3版.上海:华东师范大学出版社,2010.

[10]　李丹.人际互动与社会行为发展[M].杭州:浙江教育出版社,2008.

[11]　李晓东.小学生心理学[M].北京:人民教育出版社,2003.

[12]　林崇德.发展心理学[M].杭州:浙江教育出版社,2002.

[13]　林崇德.教育的智慧[M].北京:北京师范大学出版社,2007.

[14]　林崇德.发展心理学[M].2版.北京:人民教育出版社,2009.

[15]　刘儒德.学习心理学[M].北京:高等教育出版社,2010.

[16]　庞维国.自主学习[M].上海:华东师范大学出版社,2003.

[17]　皮连生.教学设计[M].北京:高等教育出版社,2000.

[18]　皮连生.智育心理学[M].2版.北京:人民教育出版社,2008.

[19]　皮连生.教育心理学[M].4版.上海:上海教育出版社,2011.

[20]　申继亮.新世纪教师角色重塑[M].北京:北京师范大学出版社,2006.

[21]　时蓉华.两性世界[M].上海:华东师范大学出版社,1992.

[22]　王耘,叶忠根,林崇德.小学生心理学[M].杭州:浙江教育出版社,1993.

[23] 伍新春.高等教育心理学[M].北京:高等教育出版社,1999.

[24] 伍新春,管琳.合作学习与课堂教学[M].北京:人民教育出版社,2010.

[25] 伍新春,胡佩诚.行为矫正[M].北京:高等教育出版社,2005.

[26] 伍新春,张军.教师职业倦怠预防[M].北京:中国轻工业出版社,2008.

[27] 姚梅林.学习规律[M].武汉:湖北教育出版社,1999.

[28] 姚梅林.学习心理学:学习与行为的基本规律[M].北京:北京师范大学出版社,2006.

[29] 张春兴.教育心理学[M].杭州:浙江教育出版社,1998.

[30] 张大均.教育心理学[M].北京:人民教育出版社,2005.

[31] 张建伟,孙燕青.建构性学习[M].上海:上海教育出版社,2005.

[32] 张庆林.当代认知心理学在教学中的应用[M].重庆:西南师范大学出版社,1995.

[33] 章志光.社会心理学[M].2版.北京:人民教育出版社,2008.

[34] 朱智贤,林崇德.儿童心理学史[M].北京:北京师范大学出版社,1998.

翻译书目

[35] Covington M V,Teel K M.学习障碍的消除策略[M].伍新春,等,译.北京:中国轻工业出版社,2002.

[36] Eggen P D,Kauchak D P.学习与教学策略[M].伍新春,等,译.北京:北京师范大学出版社,2007.

[37] Johnson D W,Johnson R T.合作学习[M].伍新春,等,译.北京:北京师范大学出版社,2004.

[38] Magill R A.运动技能学习与控制[M].张忠秋,等,译.北京:中国轻工业出版社,2006.

[39] McCombs B L,Pope E.学习动机的激发策略[M].伍新春,等,译.北京:中国轻工业出版社,2002.

[40] Sternberg R J,Williams W M.教育心理学[M].张厚粲,译.北京:中国轻工业出版社,2003.

[41] Weinstein C E,Hume L M.终身受用的学习策略[M].伍新春,等,译.北京:中国轻工业出版社,2003.

[42] 艾伦.学生学习评估[M].伍新春,等,译.北京:北京师范大学出版社,2011.

[43] 约翰·安德森.认知心理学及其启示[M].秦裕林,等,译.北京:人民邮电出版社,2012.

[44] 奥苏伯尔,等.教育心理学[M].佘星南,等,译.北京:人民教育出版社,1994.

[45] 班杜拉.社会学习理论[M].陈欣银,李伯黍,译.沈阳:辽宁人民出版社,1989.

[46] 布卢姆,等.教育目标分类学[M].罗黎辉,等,译.上海:华东师范大学出版社,1986.

[47] 布鲁纳.教育过程[M].邵瑞珍,译.北京:文化教育出版社,1982.

[48] 费尔德曼.发展心理学[M].苏彦捷,等,译.北京:世界图书出版公司,2007.

[49] 加涅.学习的条件和教学论[M].皮连生,等,译.上海:华东师范大学出版社,1999.

[50] 加涅.教学设计原理[M].王小明,等,译.上海:华东师范大学出版社,2007.

[51] 罗杰斯,等.自由学习[M].伍新春,等,译.北京:北京师范大学出版社,2006.

[52] 马斯洛,等.人的潜能与价值[M].林方,主译.北京:华夏出版社,1987.

[53] 皮亚杰.发生认识论原理[M].王宪钿,等,译.北京:商务印书馆,1981.

[54] 罗伯特·斯莱文.教育心理学[M].姚梅林,等,译.北京:人民邮电出版社,2004.

[55] 托马斯.儿童发展理论:比较的视角[M].郭本禹,等,译.上海:上海教育出版社,2009.

[56] 维果茨基.思维与语言[M].李维,译.杭州:浙江教育出版社,1997.

[57] 安妮塔·伍尔福克.伍尔福克教育心理学[M].伍新春,等,译.北京:中国人民大学出版社,2012.

英文书目

[58] Alexander P A, Winne P H. Handbook of educational psychology[M]. 2nd ed. Hillsdale, NJ: Lawrence Erlbaum, 2006.

[59] Ausubel D P. The acquisition and retention of knowledge: a cognitive view[M]. Boston: Kluwer Academic, 2000.

[60] Bandura A. Social foundation of thought and action: a social cognitive theory[M]. Englewood Cliffs, NJ: Prentice-Hall, 1986.

[61] Berk L E. Infants, children, and adolescents[M]. 7th ed. Englewood Cliffs, NJ: Prentice-Hall, 2012.

[62] Berliner D C, Calffe R C. Handbook of educational psychology[M]. New York: Simon & Schuster Macmillan, 1996.

[63] Bigge M L, Shermis S S. Learning theories for teachers[M]. 6th ed. New York: HarperCollins, 1997.

[64] Bransford J. D, Brown A L, Cocking R R. How people learn: brain, mind, experience, and school[M]. Washington: National Academy Press, 2000.

[65] Bruning R H, Schraw G J, Ronning R R. Cognitive psychology and instruction [M]. 3rd ed. Englewood Cliffs NJ: Prentice-Hall, 1999.

[66] Cook G, Cook J L. World of children[M]. 2nd ed. Englewood Cliffs, NJ: Prentice-Hall, 2010.

[67] Driscoll M P. Psychology of learning for instruction[M]. 3rd ed. Boston: Allyn and Bacon, 2005.

[68] Feldman R S. Child development[M]. 6th ed. Englewood Cliffs NJ: Prentice-Hall, 2012.

[69] Gagne E D, Yekovich C W, Yekovich F R. The cognitive psychology of school learning [M]. 2nd ed. New York: HarperCollins, 1993.

[70] Gredler M E. Learning and instruction: Theory into practice[M]. 5th ed. New York: Macmillan, 2005.

[71] Joyce B, Weil M, Showers B. Models of teaching[M]. 4th ed. Boston: Allyn & Bacon, 1992.

[72] Mayer R E. The promise of educational psychology [M]. Upper Saddle River, NJ: Merrill, 1999.

[73] Ormrod J E. Educational psychology: developing learner[M]. 7th ed. Upper Saddle River, NJ: Merrill, 2011.

[74] Phye G D. Handbook of academic learning: construction of knowledge [M]. San Diego, CA: Academic, 1997.

[75] Rogers C R. Freedom to learn for the 80's[M]. Columbus, OH: Merrill, 1983.

[76] Sawyer R K. Cambridge handbook of learning science [M]. Cambridge University Press, 2006.

[77] Schunk D H. Learning theories: an educational perspective[M]. 5th ed. NJ: Prentice Hall, 2008.

[78] Slavin R E. Educational psychology: theory into practice [M]. 10th ed. Englewood Cliffs, NJ: Prentice-Hall, 2012.

[79] Sternberg R J,Williams W M. Educational psychology[M]. 2nd ed. Boston: Allyn and Bacon,2010.

[80] Woolfolk A E. Educational psychology[M]. 11th ed. Englewood Cliffs NJ: Prentice-Hall,2010.